해심밀경소 제1 서품
解深密經疏 序品第一

| 동국대학교 불교기록문화유산아카이브사업단(ABC)
본서는 문화체육관광부 지원으로 동국대학교 불교학술원에서 간행하였습니다.

한글본 한국불교전서 신라 4
해심밀경소 제1 서품

2013년 6월 25일 초판 1쇄 발행
2017년 5월 19일 초판 2쇄 발행

지은이 원측
옮긴이 백진순
펴낸이 한태식
펴낸곳 동국대학교출판부

주소 04620 서울시 중구 필동로 1길 30
전화 02-2260-3483~4
팩스 02-2268-7851
Homepage http://www.dgpress.co.kr
E-mail book@dongguk.edu
출판등록 제2-163(1973. 6. 28)
편집디자인 꽃살무늬
인쇄처 보명C&I

© 2013, 동국대학교(불교학술원)

ISBN 978-89-7801-380-2 93220

값 24,000원

이 책의 무단 전재나 복제 행위는 저작권법 제98조에 따라 처벌받게 됩니다.

한글본 한국불교전서 신라 4

해심밀경소 제1 서품
解深密經疏 序品第一

원측圓測
백진순 옮김

동국대학교출판부

해심밀경소解深密經疏 해제

백 진 순
동국대학교 불교학술원 조교수

1. 원측의 생애와 저서

1) 생애

　원측圓測(613~696) 스님은 7세기 동아시아에서 활동했던 신라 출신의 위대한 유식학자 중 한 사람이다. 어린 나이에 입당入唐해서 일생을 중국에서 보냈는데, 그가 활동했던 시대는 중국과 신라의 정치적 격변기에 해당하고, 또 현장玄奘(600~664)이 가져온 많은 유식학 경론들이 새로 번역됨으로써 법상종法相宗이 형성되었던 중국 유식학의 전성기였다. 그는 규기窺基(632~682)와 더불어 법상종 양대 학파의 시조가 되었는데, 그를 따르던 도증道證·승장勝莊·자선慈善 등 신라 출신의 학자들을 그가 주로 주석하던 서명사西明寺의 이름을 따서 '서명파'라고 부른다.
　원측의 행적을 알 수 있는 자료로는, 최치원崔致遠(857~?)이 찬한 「고번경증의대덕원측화상휘일문故翻經證義大德圓測和尙諱日文」(李能和의 『朝鮮佛敎

通史』에 수록, 이하 「휘일문」이라 약칭), 찬녕贊寧(919~1001)의 『송고승전宋高僧傳』에 실린 「당경사서명사원측법사전唐京師西明寺圓測法師傳」(T50, 727b4), 송복宋復(?~1115?)의 「대주서명사고대덕원측법사불사리탑명병서大周西明寺故大德圓測法師佛舍利塔銘幷序」(『玄奘三藏師資傳叢書』 권2(X88, 384b9)에 수록, 이하 「탑명병서」라 약칭), 담악曇噩(1285~1373)의 「신수과분육학승전新脩科分六學僧傳」 권23(X77, 274a21) 등이 있다. 이 중에서 찬녕과 담악의 자료에는 '원측이 현장의 강의를 훔쳐 들었다'는 설 외에는 구체적 정보가 없고, 많은 학자들이 여러 이유를 들어 도청설을 비판해 왔으므로 여기서는 더 이상 언급하지 않겠다.[1] 근래에는 주로 송복의 「탑명병서」와 최치원의 「휘일문」에 의거해서 원측의 생애 및 저술·역경 활동 등을 연구하는 추세다.

먼저 비교적 객관적이고 상세한 정보를 담고 있는 송복의 「탑명병서」에 의거해서 원측의 생애를 재구성해 보면 다음과 같다.

스님의 휘諱는 문아文雅, 자字는 원측圓測이며, 신라 왕손이다. 그는 3세에 출가해서 15세(627년)에 중국 유학길에 올랐다. 처음에는 경사京師의 법상法常(567~645)과 승변僧辯(568~642) 두 법사에게 강론을 들으며 구舊유식의 주요 경론을 배웠다.[2] 정관 연간正觀年間(627~649)에 대종문황제大宗文皇帝가 도첩을 내려 승려로 삼았다. 원측은 장안의 원법사元法寺에 머물며 『비담론毗曇論』·『성실론成實論』·『구사론俱舍論』·『대비바사론大毘婆沙論』 및 고금의 장소章疏를 열람하였는데, 모르는 게 없어 명성이 자자했다고 한다. 이후 현장이 인도에서 귀환해 그에게 『유가사지론瑜伽師地論』·『성유식론成唯識論』 등의 논과 이미 번역되었던 대소승의 경론을 주자 이에 대

---

1 조명기趙明基, 『신라불교의 이념과 역사』(서울: 경서원, 1982), p.159; 박종홍朴鍾鴻, 『한국사상사―불교사상편』(서울: 서문당, 1974), p.63 참조.
2 두 법사 중에서 법상은 섭론종攝論宗과 지론종地論宗을 두루 섭렵한 사람으로서, 왕후의 조칙을 받아 공관사空觀寺의 상좌上座가 되어 『華嚴經』·『成實論』·『毗曇論』·『攝大乘論』·『十地經論』 등을 강의하였다. 승변은 『攝大乘論』을 널리 퍼뜨린 사람으로서, 또한 조칙을 받아 홍복사弘福寺에 머물면서 『攝大乘論』·『俱舍論』 등의 주석서를 저술하였다.

해서도 금방 통달하였다. 이처럼 원측은 법상·승변 등에게서 구舊유식을 두루 배웠을 뿐만 아니라 현장의 도움으로 신역 경론에도 통달하였기 때문에 신·구 유식학 경론에 대한 포괄적 지식을 갖게 되었다.

　그 뒤에 원측은 왕의 칙명을 받고 서명사의 대덕이 되었다. 이때부터 본격적 저술 활동에 들어가서, 『성유식론소成唯識論疏』10권, 『해심밀경소解深密經疏』10권, 『인왕경소仁王經疏』3권, 『금강반야金剛般若』·『관소연론觀所緣論』·『반야심경般若心經』·『무량의경無量義經』등의 소疏를 찬술하였다. 이뿐만 아니라 『대인명론기大因明論記』(『인명정리문론因明正理門論』의 주석서)와 같은 논리학(因明) 주석서도 찬술하였다. 원측은 성품이 산수山水를 좋아해서 종남산終南山 운제사雲際寺에 가서 의지하였고, 또 그 절에서 30여 리 떨어진 한적한 곳에서 8년간 은둔하기도 하였다. 이 시기는 나당羅唐 전쟁이 일어났던 시기(671~676)와 거의 일치한다. 전쟁이 끝난 후에 원측은 서명사 승도들의 요청으로 다시 돌아와 『성유식론』등을 강의하였다. 당唐 고종高宗 말기(측천무후 초기) 중천축中天竺 출신의 일조 삼장日照三藏(S Divākara : 613~687)이 장안에 와서 칙명을 받들어 대덕 다섯 사람을 뽑아 함께 『밀엄경密嚴經』등을 번역할 때는 법사가 그 수장이 되었다. 또 무후가 실차난타實叉難陀(S Śikṣānanda : 652~710) 삼장을 모셔다 동도東都인 낙양洛陽에서 신역 『화엄경』80권을 번역하게 했을 때 증의證義를 맡았는데, 미처 마치지 못한 채 낙양洛陽의 불수기사佛授記寺에서 생을 마감하였다. 이때가 만세통천萬歲通天 원년(696) 7월 22일이었고, 춘추春秋 84세였다.[3]

　그런데 이러한 원측의 생애와 학문 활동에 대해 한번 생각해 볼 점이 있다. 원측은 신라 출신 승려이지만 평생을 중국에서 활동하였고, 게다가 중국 불교적 색채가 그다지 강하지 않은 '법상유식法相唯識'이라는 교학을 연구한 사람이다. 우리는 그가 신라 출신의 유식학자라는 이유만으로 그

---

[3] 송복宋復의 「大周西明寺故大德圓測法師佛舍利塔銘(并序)」(X88, 384b12) 참조.

를 '신라 유식학'의 대변자처럼 간주하지만, 이와는 조금 다른 시각을 최치원의 「휘일문」에서 발견할 수 있다. 이 글은 문학적 미사여구가 많고 또 사료로서의 가치에 대해 논란이 있기는 해도 여기에는 원측을 좀 더 넓은 시야에서 바라볼 수 있게 해 주는 중요한 평가가 나온다.

우선 「휘일문」에서 눈에 띄는 대목은 원측의 선조에 대해 "풍향의 사족(馮鄕士族)이고 연국의 왕손(燕國王孫)"이라고 한 것이다. 여기서 말한 '풍향'에 대해 북연北燕의 집권 세력이었던 풍씨馮氏 일가가 모여 살던 지역을 가리킨다고 하는데, 말하자면 원측의 선조는 '연'에서 한반도로 망명해 온 지배층이었다는 것이다.[4] 원측은 마치 원류를 찾아가듯 어린 나이에 당唐으로 유학길에 올랐다. 그는 특히 6개 국어를 통달할 정도로 어학에 소질이 있어 마침내 천축어로 말을 하면 되풀이해서 중국어로 말할 수 있을 정도였다. 그는 측천무후 시대에 왕성하게 활동하면서 무후의 극진한 대접과 존경을 받았다. 측천무후의 수공垂拱 연간(685~688)에 신라 신문왕神文王이 법사를 사모하여 여러 번 표문表文을 올려 환국을 요청하였으나 무후가 정중하게 거절하였으므로 끝내 돌아오지 못하였다.[5] 「휘일문」에서는 이러한 원측의 일생에 대해 평하기를, "그 온 것은 진을 피해 나온 현명한 후손이고(避秦之賢胤) 그 간 것은 한을 돕는 자비로운 영혼(輔漢之慈靈)"이라고 하였다. 말하자면 불법을 선양하면서 평생 이역 땅에서 보낸 원측의 생애에 대해 '중국에서 망명해 왔던 어진 후예가 다시 중국을 돕는 자비로운 영혼이 되어 돌아간 것'이라 평한 것이다. 이러한 평가는 얼핏 사대주의적 발상의 일면으로 여겨질 수도 있지만, 법상학자 원측이 특정 지역

---

4 남무희, 『신라 원측의 유식사상 연구』(서울: 민족사, 2009), pp.42~50 참조.
5 원측의 귀국 여부와 관련해서, 이능화는 『三國遺事』의 "효소왕대孝昭王代(692~702)에 원측 법사는 해동의 고덕이었는데 모량리牟梁里 사람이었기 때문에 승직을 제수하지 않았다."는 문구에 의거해서 원측이 잠시 귀국했었지만 대우를 받지 못하자 다시 당에 돌아가서 임종했다고 추측하기도 하였다. 이능화李能和, 『朝鮮佛敎通史』下編(서울: 寶蓮閣, 1972), p.166 참조.

에 한정되지 않고 동아시아라는 넓은 지평에서 활동했던 위대한 사상가였음을 새삼스럽게 일깨워 준다.[6]

2) 저서

원측은 규기와 더불어 법상종의 두 학파를 만들어 낸 장본인인 만큼 그가 찬술한 주석서들도 많다. 영초永超의 『동역전등목록東域傳燈目錄』(1094)과 의천義天(1055~1101)의 『신편제종교장총록新編諸宗教藏總錄』 등에 의거해서 원측이 찬술한 문헌들의 목록을 정리해 보면 다음과 같다.

- 『인왕경소仁王經疏』 3권
- 『반야바라밀다심경찬般若波羅蜜多心經贊』 1권
- 『해심밀경소解深密經疏』 10권
- 『무량의경소無量義經疏』 3권
- 『백법론소百法論疏』 1권
- 『이십유식론소二十唯識論疏』 2권
- 『성유식론소成唯識論疏』 10권과 『별장別章』 3권
- 『육십이견장六十二見章』 1권
- 『아미타경소阿彌陀經疏』 1권
- 『관소연연론소觀所緣緣論疏』 2권
- 『광백론소廣百論疏』 10권
- 『대인명론기大因明論記』 2권(『理門論疏』라고도 함.)

---

[6] 이상의 설명은 최치원의 「휘일문」을 참고한 것이다. 이 「휘일문」은 이능화李能和의 『朝鮮佛教通史』 下篇(서울: 寶蓮閣, 1972), pp.167~168에 실려 있다.

이 외에도 송복의 「탑명병서」에는 '금강반야金剛般若에 대한 소疏'도 언급되었는데, 현존하는 목록들에는 나오지 않는다.[7] 위 목록에 열거된 문헌 중에 현재 전해지는 것은 『인왕경소』와 『반야심경찬』과 『해심밀경소』이고 모두 『한국불교전서韓國佛敎全書』 제1책에 실려 있다. 그런데 산실된 것으로 알려진 『무량의경소』와 관련해서, 『천태종전서天台宗全書』 제19권에 수록되어 있는 연소憐昭 기記 『무량의경소』 3권이 원측의 저술이라는 주장이 일본 학자들에 의해 제기되었다.[8] 또 『성유식론측소成唯識論測疏』라는 표제가 붙은 집일본이 국내에 유통되고 있는데, 이 집일본은 혜소惠沼의 『성유식론요의등成唯識論了義燈』 등에 인용된 원측의 『성유식론소』 문장들을 뽑아서 엮은 것이다.

2. 『해심밀경解深密經』의 이역본과 주석서들

1) 네 종류 이역본

『해심밀경解深密經(ⓢ Saṃdhinirmocana-sūtra)』은 유가행파瑜伽行派의 소의

---

7 원측이 『金剛般若疏』를 찬술했다면, 그것은 아마도 『金剛般若經』이나 무착無著의 『金剛般若論』이나 천친天親(세친)의 『金剛般若波羅蜜經論』에 대한 주석서였을 것이다.
8 이 주장을 맨 처음 제기한 것은 다이라 료쇼(平了照)의 「四祖門下憐昭 記 「無量義經疏」에 대하여」(福井康順 編, 『慈覺大師研究』, 天台學會 發行, 1964년 4월, pp.423~438)이고, 다시 그 논지를 더욱 상세하게 보완해서 기츠카와 도모아키(橘川智昭)가 근래에 「圓測 新資料·完本 『無量義經疏』とその思想」(『불교학리뷰』 4, 금강대학교 불교문화연구소, 2008, pp.66~108)이라는 논문을 발표하였다. 필자가 판단하기에도 현담의 내용과 경문 해석의 문체 그리고 인용된 문헌의 종류 등이 『解深密經疏』와 거의 일치하는 점으로 보아 원측의 저술이 분명한 듯한데, 이에 대해 차후에 더 많은 연구가 필요하다.

경전所依經典으로서 유식唯識 사상의 근간을 이루는 기본 교설들이 설해져 있다. 원측 소에 따르면, 『해심밀경』에는 광본廣本과 약본略本 두 종류가 있었다고 한다. 전자는 십만 송으로 되어 있고, 후자는 천오백 송으로 되어 있다. 이 『해심밀경』은 약본이고, 약본의 범본梵本은 한 종류인데, 중국에서 다른 역자들에 의해 네 차례 번역되었고 그에 따라 경문의 차이가 생겼다.

첫째, 남조南朝 송宋대 원가元嘉 연간(424~453)에 중인도 승려 구나발타라求那跋陀羅(S Guṇabhadra : 394~468)가 윤주潤州 강녕현江寧縣 동안사東安寺에서 번역한 『상속해탈경相續解脫經』 1권이다. 이 한 권에는 두 개의 제목이 있는데, 앞부분은 『상속해탈지바라밀요의경相續解脫地波羅蜜了義經』이라 하고, 뒷부분은 『상속해탈여래소작수순처요의경相續解脫如來所作隨順處了義經』이라 하며, 차례대로 현장 역 『해심밀경』의 일곱 번째 「지바라밀다품」과 여덟 번째 「여래성소작사품」에 해당한다.

둘째, 후위後魏 연창延昌 2년(513)에 북인도 승려 보리유지菩提留支(S Bodhiruci)가 낙양의 숭산嵩山 소림사少林寺에서 번역한 『심밀해탈경深密解脫經』 5권이다. 이 경에는 11품이 있는데, 여기서는 제4품(현장 역 『해심밀경』의 「승의제상품」)을 네 개의 품으로 나누었다.

셋째, 진조陳朝의 보정保定 연간(561~565)에 서인도 우선니국優禪尼國 삼장 법사인 구라나타拘羅那陀(S Kulanātha, 진제眞諦 : 499~569)가 서경의 사천왕사四天王寺에서 번역한 『해절경解節經』 1권이다. 이 경에는 4품이 있는데, 현장 역 『해심밀경』의 「서품」과 「승의제상품」에 해당한다.

넷째, 대당大唐 정관貞觀 21년(647) 삼장 법사 현장玄奘이 서경의 홍복사弘福寺에서 번역한 『해심밀경』 5권이다. 이 경은 8품으로 되어 있는데, 「서품」・「승의제상품」・「심의식상품」・「일체법상품」・「무자성상품」・「분별유가품」・「지바라밀다품」・「여래성소작사품」이다.

이상의 네 본 중에서, 현장 역 『해심밀경』은 「서품」을 제외하고 나머지

7품이 『유가사지론瑜伽師地論』(T30) 제75권~제78권에 수록되어 있다. 또 다른 세 개의 본을 현장 역 『해심밀경』과 비교했을 때, 『해절경』에는 단지 맨 앞의 2품만 있고 뒤의 6품은 빠져 있고,[9] 『상속해탈경』은 맨 뒤의 2품에 해당하고 앞의 6품이 빠져 있으며, 『심밀해탈경』에 나온 11품 중에서 4품은 현장 역 「승의제상품」을 네 개로 세분한 것이다.[10] 다른 이역본에 비해 현장 역 『해심밀경』이 비교적 문의文義가 잘 갖추어져 있기 때문에 중국 법상학자들은 대개 이에 의거해서 주석하였다.

2) 원측의 『해심밀경소』

『해심밀경』의 주석서는 중국에서 여러 스님들에 의해 저술되었다. 앞서 언급되었듯, 진제眞諦(구라나타)는 『해절경』 1권을 번역하고 직접 『의소義疏』 4권을 지었는데,[11] 이것은 오래전에 산실되었으며 단지 원측의 인용을 통해 일부의 내용만 간접적으로 확인해 볼 수 있다. 또 현장 역 『해심밀경』에 대한 주석서로는 원측의 『해심밀경소』 10권이 있고, 이외에도 영인슈因의 소疏 11권, 현범玄範의 소 10권, 원효元曉의 소 3권, 그리고 경흥璟興의 소도 있었다고 하는데,[12] 현재는 원측의 소만 전해진다.

---

[9] 『解節經』의 내용은 현장 역 『解深密經』의 「序品」과 「勝義諦相品」에 해당하는데, '서품'의 명칭을 빼고 그 내용을 '승의제상품' 서두에 배치시킨 다음 다시 「勝義諦相品」을 네 개로 세분한 것이다.
[10] 『深密解脫經』의 제2 「聖者善問菩薩問品」, 제3 「聖者曇無竭菩薩問品」, 제4 「聖者善淸淨慧菩薩問品」, 제5 「慧命須菩提問品」은 모두 현장 역 「勝義諦相品」을 네 개로 구분한 것이다. 이 품에서는 승의제의 오상五相을 논하는데, 처음의 두 가지 상(離言·無二의 상)과 나머지 세 가지 상을 설할 때마다 각기 다른 보살들이 등장하여 세존 등에게 청문請問하기 때문에 별도의 네 품으로 나눈 것이다.
[11] 앞서 언급되었듯 이 『解節經』은 현장 역 『解深密經』의 네 번째 「勝義諦相品」만 추려서 번역하여 증의證義를 본 다음 직접 소를 지은 것이다.
[12] 『法相宗章疏』 권1(T55, 1138b8); 『東域傳燈目錄』 권1(T55, 1153a22) 참조.

원측의 『해심밀경소』는 『한국불교전서』 제1책에 실려 있는데, 이는 『만속장경卍續藏經』 제34책~제35책을 저본으로 하여 편찬된 것이다. 이 책은 총 10권이고 본래 한문으로 찬술된 것인데, 그 중에 제8권의 서두 일부와 제10권 전부가 산실되었다. 이 산실된 부분을 법성法成(T Chos grub : 775~849)의 티베트 역(『影印北京版西藏大藏經』 제106책에 수록)에 의거해서 일본 학자 이나바 쇼쥬(稻葉正就)가 다시 한문으로 복원하였고,[13] 이 복원문은 『한국불교전서』 제1책에 함께 수록되어 있다. 또 1980년대 관공觀空이 다시 서장西藏의 『단주장丹珠藏(T Bstan-ḥyur)』에 실린 법성 역 『해심밀경소』에 의거해서 산실되었던 제10권(金陵刻經處刻本에서는 제35권~제40권에 해당)을 환역還譯하였고,[14] 이 환역본은 『한국불교전서』 제11책에 수록되어 있다.

원측의 『해심밀경소』의 찬술 연대에 대해 측천무후가 주周를 건국한 690년 이전이라는 데는 이견이 없는 듯하다. 그 이유는 『해심밀경소』에서는 '대당 삼장大唐三藏'이라는 칭호를 여전히 쓰고 있는 데 반해 측천무후 시대에는 현장을 대당 삼장이라 하지 않고 '자은 삼장慈恩三藏'이라고 칭하기 때문이다. 따라서 원측의 소는 늦어도 689년까지는 찬술되었어야 한다. 그런데 그 상한선에 대해서는, 원측의 소에서 "지파가라(日照三藏)가 신도新都에서 번역할 때······"라는 문구 등을 근거로 해서 지파가라가 장안에 온 681년 이후라고 보는 학자도 있고,[15] 원측의 소에서 동도東都인 낙양을 신도新都라고 칭하고 있음을 근거로 해서 당唐 고종이 죽은 이듬해인 684년 이후라고 보는 학자도 있다.[16] 요컨대 빠르면 681년이나 684

---

13 이나바 쇼쥬(稻葉正就), 「圓測·解深密經疏散逸部分の硏究」, 『大谷大學硏究年報』 第二十四集, 昭和 47.
14 관공觀空 역, 『解深密經疏』, 中國佛教協會.
15 남무희, 앞의 책, p.120 참조.
16 조경철, 「『해심밀경소』 승의제상품의 사상사적 연구」, 이종철 외, 『원측의 『해심밀경소』의 승의제상품 연구』(한국학중앙연구원출판부, 2013), pp.167~168 참조.

년에서 늦게는 689년까지 찬술되었을 것으로 추정된다.

3. 『해심밀경소解深密經疏』의 특징과 내용

1) 원측 소의 주석학적 특징

원측은 경전의 문구를 철저하게 교상教相 혹은 법상法相에 의거해서 해석하는 전형적 주석가다. 그는 '삼승의 학설이 모두 궁극의 해탈에 이르는 하나의 유가도瑜伽道를 이룬다'는 관점에서 각 학파들의 다양한 교설들에 의거해서 경문을 해석한다.[17] 그의 사상을 흔히 '일승적' 혹은 '융화적'이라고 간주하는 일차적 이유를 여기서 찾을 수 있다. 이러한 원측의 태도는 『해심밀경소』에 가장 두드러지게 나타나는데, 그 특징을 몇 가지로 정리하면 다음과 같다.

먼저 원측의 해석에서 가장 두드러진 특징은 정교하고 세분화된 과목표에 의거해서 경문을 해석한다는 것이다. 경전 해석에서는 과목의 세부적 설계 자체가 그 주석가의 원전에 대한 독창적 해석이라 볼 수 있다. 왜냐하면 어떤 주석가가 경전의 문구를 어떤 단위로 분절하는가에 따라 그 경문의 해석이 달라지기 때문이다. 원측의 과목 설계는 삼분과경三分科經의 학설에 따라 경문 전체를 크게 세 부분으로 나누는 데서 시작된다.[18]

---

[17] 원측의 경전 주석학에서 나타나는 종합의 원리는 유가행파의 '유가瑜伽의 이념'에 이미 내재되어 있다. 이에 대해서는 졸고 「원측의 『인왕경소』에 나타난 경전 해석의 원리와 방법」, 『불교학보』 제56호(동국대학교 불교문화연구원, 2010), pp.151~153 참조.
[18] 삼분과경三分科經에 대해서는 뒤의 '2) 경문 해석의 구조 및 주요 내용'(p.17)에서 다시

맨 먼저 삼분의 큰 틀 안에서 다시 계속해서 그 하위의 세부 과목들로 나누어 가면 하나의 세밀하게 짜여진 과목 표가 만들어진다. 원측이 설계한 『해심밀경소』의 과목 표만 따로 재구성해 보면 다른 주석서의 그것과 비교할 때 타의 추종을 불허할 정도로 정교하게 세분화되어 있고, 또한 그 과목들 간의 관계가 매우 정합적이고 체계적이다. 이 과목 표에 의거해서 경문들을 읽어 가면, 마치 하나의 경전이 본래부터 그러한 정교한 체계와 구도에 따라 설해진 것처럼 보인다.

원측 소의 또 다른 특징은 그의 주석서가 방대한 백과사전적 형태를 띤다는 점이다. 그는 정교한 과목 설계에 맞춰서 모든 경문을 세분하고 그 각 문구에 대한 축자적 해석을 시도한다. 이러한 해석 방식을 거치면 하나의 주석서는 다양한 불교 개념들의 변천사를 일목요연하게 보여주는 불교 교리서로 재탄생한다. 이 과정에서 문답의 형식으로 얼핏 상충되는 것처럼 보이는 문구와 주장들의 조화를 모색하는데, 간혹 특정한 설을 지지하거나 비판하기도 하지만 대개는 삼승의 모든 학설들이 각기 일리가 있으므로 상위되는 것이 아니라고 결론짓는다. 그는 언제나 다양한 학파의 해석이 근거하고 있는 나름의 논리를 이해하려고 하였다. 이런 학문적 태도를 갖고, 한편으로 하나의 경문에 대한 대소승의 다양한 해석들 간의 갈등·긴장 관계를 보여주고, 다른 한편으로 적절한 원리와 방법을 동원해서 그것들을 체계적 구조 안에 정리하고 종합해 놓는다.

또 마지막으로 언급될 중요한 특징의 하나는 그 주석서의 정교함과 방대함이 수많은 경론의 인용문들에 의해 이루어졌다는 점이다. 원측 소에서 문헌적 전거가 없이 자의적으로 해석하는 경우는 거의 없다고 해도 과언이 아니다. 우선 눈에 띄는 것은 『해심밀경』의 경문을 그 경의 이역본인 『심밀해탈경深密解脫經』·『상속해탈경相續解脫經』·『해절경解節經』의 문구와

후술된다.

일일이 대조해서 그 차이를 밝힌 점이다. 또 그는 유식학자이기는 하지만 '유식唯識'의 교의에 국한하지 않고 대소승의 여러 학파나 경론들의 학설과 정의正義에 의거해서 그 경문의 의미를 총체적으로 보여주고자 한다. 그는 여러 해석들을 종파별로 혹은 경론별로 나열하기도 하고, 때로는 서방 논사와 중국 논사의 해석을 대비시키기도 하고, 때로는 진제 삼장眞諦三藏의 해석을 길게 인용한 뒤 '지금의 해석(今解)'이나 '대당 삼장' 또는 '호법종護法宗' 등의 해석을 진술함으로써 구舊유식과 신新유식을 대비시키기도 한다.

원측 소에서 인용되는 문헌들의 범위와 수는 매우 광범위하고 방대해서 그 모든 인용 문헌의 명칭을 일일이 열거할 수 없을 정도다. 그러나 원측은 주로 종파별로 해석을 나열하되 그 종을 대표하는 논에서 주요 문장을 발췌하는데, 특히 소승의 살바다종薩婆多宗(설일체유부), 경부經部(경량부), 대승의 용맹종龍猛宗(중관학파), 미륵종彌勒宗(유식학파) 등 네 종파를 중심으로 기술하였다. 원측 소의 인용문을 살펴보면, 거의 대부분 직접 인용의 형태를 띠지만 때로는 원문을 요약·정리해서 인용하기도 하는데, 후자의 경우 간혹 문장을 구분하는 글자나 묻고 답하는 자를 명시하는 문구를 보완하기도 한다.

원측 소에서 각 종파의 견해를 대변하는 논서로 빈번하게 인용된 것은 다음과 같다. 먼저 살바다종의 학설은 『대비바사론大毘婆沙論』·『잡아비담심론雜阿毘曇心論』·『구사론俱舍論』·『순정리론順正理論』 등에서, 경부종의 학설은 『성실론成實論』에서, 용맹종의 학설은 『대지도론大智度論』에서 주로 인용된다. 이에 비해 미륵종의 견해는 상대적으로 광범위한데, 대표적인 것은 『유가사지론瑜伽師地論』·『현양성교론顯揚聖教論』·『집론集論』·『잡집론雜集論』·『변중변론辨中邊論』·『대승장엄경론大乘莊嚴經論』, 그리고 다섯 종류 『섭론攝論』(무착의 『섭대승론』과 그 밖의 세친·무성의 『섭대승론석』 이역본들)·『유식이십론唯識二十論』·『성유식론成唯識論』·『대승광백론석론大乘廣百論釋論』·

『불지경론佛地經論』 등이다. 이 외에도 자주 인용되는 경은 『묘법연화경妙法蓮華經』·『대반열반경大般涅槃經』·『대반야바라밀다경大般若波羅蜜多經』(『대반야경大般若經』)·『십지경十地經』 등이다.

2) 경문 해석의 구조 및 주요 내용

원측의 경문 해석은 법상학자들이 일반적으로 수용하는 삼분과경三分科經에서 시작된다. 삼분과경이란 하나의 경전을 서분序分·정종분正宗分·유통분流通分 등으로 나누는 것을 말하는데, 이는 동진東晉의 도안道安 이후로 경전 해석의 기본 원칙이 되었다. 중국 법상종 학자들은 이 삼분을 특히 『불지경론佛地經論』에 의거해서 교기인연분敎起因緣分·성교정설분聖敎正說分·의교봉행분依敎奉行分이라고 칭한다. '교기인연분'은 가르침을 설하게 된 계기와 이유 등을 밝힌 곳으로서 경전 맨 앞의 「서품」에 해당하고, '의교봉행분'은 그 당시 대중들이 부처님의 설법을 듣고 나서 수지하고 봉행했음을 설한 곳으로서 대개 경의 끝부분에 붙은 짧은 문장에 해당하며, 그 밖의 대부분의 경문은 모두 설하고자 했던 교법을 본격적으로 진술한 '성교정설분'에 해당한다.

그런데 이 삼분과경의 관점에 볼 때, 이 경의 구조에 대해 이견들이 있다. 그것은 이 경의 각 품 말미에 따로따로 봉행분들이 달려 있고 이 한 부部 전체에 해당하는 봉행분은 없기 때문이다.[19] 이런 이유로 '이 경에는 교기인연분과 성교정설분만 있고 마지막 의교봉행분은 없다'는 해석이

---

19 이 『解深密經』은 특이하게 「無自性相品」, 「分別瑜伽品」, 「地波羅蜜多品」, 「如來成所作事品」 등의 끝부분에 각각의 봉행분奉行分이 있고, 이에는 "이 승의요의의 가르침(此勝義了義之敎)을 너희들은 받들어 지녀야 한다."라거나 또는 "이 유가요의의 가르침(此瑜伽了義之敎)을 너희들은 받들어 지녀야 한다."는 등의 문구가 진술된다.

있고, 마지막의 봉행분을 한 부 전체의 봉행분으로 간주하면 '삼분을 모두 갖춘다'는 해석도 가능하다. 원측은 우선 '두 개의 분만 있다'는 전자의 해석을 더 타당한 설로 받아들였다.

교기인연분은 다시 증신서證信序(통서通序)와 발기서發起序(별서別序)로 구분된다. 증신서에서는 경전의 신빙성을 증명하기 위해 몇 가지 사항을 밝히는데, 이를 흔히 육성취六成就라고 한다. 원측은 『불지경론』에 의거해서 '총현이문總顯已聞·시時·주主·처處·중衆' 등 5사五事로 나누어 해석하였다.[20] 발기서란 정설을 일으키기 전에 '여래께서 빛을 놓거나 땅을 진동시키는' 등의 상서를 나타냈음을 기록한 것이다. 『해심밀경』에서 교기인연분은 「서품」에 해당하는데, 이 품에는 증신서만 있고 발기서는 없다.

성교정설분은 「서품」을 제외한 나머지 일곱 개의 품에 해당한다. 원측에 따르면, 이 성교정설분은 경境·행行·과果라는 삼무등三無等을 설하기 때문에 일곱 개의 품도 크게 세 부분으로 나뉜다.[21] 「승의제상품勝義諦相品」·「심의식상품心意識相品」·「일체법상품一切法相品」·「무자성상품無自性相品」 등 네 개의 품은 관해지는 경계(所觀境), 즉 무등의 경계(無等境)를 밝힌 것이다. 다음에 「분별유가품分別瑜伽品」·「지바라밀다품地波羅蜜多品」 등 두 개의 품은 관하는 행(能觀行), 즉 무등의 행(無等行)을 밝힌 것이다. 마지막의 「여래성소작사품如來成所作事品」은 앞의 경·행에 의해 획득되는 과(所得果), 즉 무등의 과(無等果)를 밝힌 것이다.

---

20 『佛地經論』 권1(T26, 291c3) 참조. 중국 법상종에서는 흔히 이 논에 의거해 통서通序를 다섯으로 나누어서, ① 총현이문總顯已聞, ② 설교시說敎時, ③ 설교주說敎主, ④ 소화처所化處, ⑤ 소피기所被機라고 하는 경우가 있다. 이 중에서 '총현이문'은 육성취 중에서 '여시如是'와 '아문我聞'을 합한 것이다.

21 『解深密經』의 내용을 유식의 경境·행行·과果의 구조로 나누는 것은 유식학파의 전형적인 사고방식이다. 여기서 '경境(S viṣaya)'은 보살들이 배우고 알아야 할 대상·이치 등을 가리키고, '행行(S pratipatti)'은 그 경에 수순해서 실천하고 익히는 것을 말하며, '과果(S phala)'는 앞의 두 가지로 인해 획득되는 결과로서 해탈과 보리를 가리킨다. 이 세 가지는 다른 것과 비교될 수 없을 만큼 수승한 것이므로 삼무등이라 한다.

이상의 세 가지 경·행·과 중에서, 먼저 관찰되는 경계를 설한 네 개의 품은 다시 크게 두 종류로 나뉜다. 앞의 두 품은 진眞·속俗의 경계를 밝힌 것이다. 그 중에 「승의제상품」은 진제를 밝힌 것이고, 「심의식상품」은 속제를 밝힌 것이다. 또 뒤의 두 품은 유성有性·무성無性의 경계를 밝힌 것이다. 그 중에 「일체법상품」은 삼성三性의 경계를 밝힌 것이고, 「무자성상품」은 삼무성三無性의 경계를 밝힌 것이다.

다음에 관찰하는 행을 설한 두 개의 품도 차별이 있다. 앞의 「분별유가품」은 지止·관觀의 행문行門을 설명한 것이고, 다음의 「지바라밀다품」은 십지十地와 십도十度(십바라밀)를 설명한 것이다. 지·관의 행문은 총괄적이고 간략하기 때문에 먼저 설하고, 십지에서 행하는 십바라밀은 개별적이고 자세하기 때문에 나중에 설하였다.

마지막으로 획득되는 과를 설한 「여래성소작사품」에서는 여래가 짓는 사업에 대해 설명한다. 이치(경境)에 의거해서 행을 일으키고 행으로 인해 과를 획득하기 때문에 이 품이 맨 마지막에 놓였는데, 여기서는 불과佛果를 획득한 여래께서 화신化身의 사업 등을 완전하게 성취시키는 것에 대해 설한 것이다.

이상의 해석을 도표로 나타내면 다음과 같다.

三分科經	三無等	품 명	내 용	
教起因緣分		「序品」		
聖教正說分	無等境 (所觀境)	「勝義諦相品」	眞諦	眞·俗의 경계
		「心意識相品」	俗諦	
		「一切法相品」	三性	有性·無性의 경계
		「無自性相品」	三無性	
	無等行 (能觀行)	「分別瑜伽品」	止觀의 行門	總相門
		「地波羅蜜多品」	十地의 十度	別相門
	無等果 (所得果)	「如來成所作事品」	境·行에 의해 획득되는 果	
依教奉行分		없음		

「해심밀경소」 품별 해제

서품序品 해제

1. 「서품」 해석에 나타난 교체론教體論[1]

1) 교체론의 철학적 의의

원측圓測의 『해심밀경소解深密經疏』(이하 원측 소라 약칭)에서 우선 언급해야 할 중요한 사항은 본격적 경문 해석에 앞서 진술된 교체론教體論이다. 다른 경론 주석서들과 비교할 때 원측 소의 이 부분이 교체에 관한 상세한 논의로 채워져 있다는 것은 주목할 만한 특징이다. 이 교체론은 원측에 대한 기존의 연구들에서 크게 부각되지 못했지만, 원측을 비롯한 법상종 주석가들의 사상을 이해하는 데 매우 중요한 철학적 주제다. 법상종 학자들은 대부분 교상教相에 의거해서 경론의 말씀에 대해 축자적 해석을

---

[1] 이하에 진술된 교체론은 졸고 「교체론에 나타난 원측과 규기의 언어관」(『가산학보』 제11호, 2003. 12.), 「원측의 교체론과 일음 사상」(『인물로 보는 한국의 불교사상』, 서울: 예문서원, 2004. 10.)의 내용을 요약한 것이다.

시도하는 주석가들이다. 이런 점에 비추어 볼 때, 이들의 교체론에는 자칫 신성시되고 또 다른 집착의 대상이 될 수도 있을 성전의 언어에 대한 파격적인 발상이 담겨 있다.

중국의 불교도들은 '교체敎體'를 다양하게 정의하지만,[2] 일반적으로 '교체'를 '종지宗旨'의 대칭어로 이해한다. 즉 교체란 그 경론의 궁극적 종지를 전달하는 교법 자체를 가리킨다. 그러나 법상종에서 다루는 교체의 문제는 인도의 언어철학적 전통에서 기원한 주제들과 연관되기 때문에 그러한 정의만으로는 충분히 이해되지 않는다. 이들은 언어에서 두 가지 측면을 구분하는데, 하나는 의미를 실어 나르는 언어 자체이고 다른 하나는 그 언어에 의해 현현되는 대상·이치다. 전자를 능전能詮이라 하고 후자를 소전能詮이라 한다. 법상학자들의 주요한 철학적 관심사 중의 하나는 그 두 범주를 통해 일상적 언어뿐만 아니라 성전의 언어의 본성과 한계에 대해 사색하는 것이다. '교체론'이란 바로 성전의 언어에 대한 철학적 사색을 담은 것이다.[3]

언어에 대한 불교도들의 파격적인 논의는 '모든 언어는 일차적으로는 청각의 대상인 무상한 말소리(聲)'라고 보는 데서 시작된다. 또 하나의 말소리와 그에 의해 현현되는 의미(대상) 간에는 본래 필연적 결합 관계가 없고 '가짜로 시설된 것(假施設)'이기 때문에 어떤 말의 의미는 특정 사회의 약정과 관습에 의해 결정되고 이해되는 것이다. 이것은 성전의 언어, 즉 부처님의 말씀에 대해서도 그대로 적용된다. 말하자면 '진여'라든가 '오온' 등과 같이 부처님의 가르침(敎)일지라도 그것은 '말(言)'인 한에서 똑

---

[2] 정영근丁永根, 「圓測의 敎體論」, 『泰東古典研究』 제10집, 1993, pp.614~616 참조.
[3] 유식학자들은 일상어를 포함해서 모든 언어를 일종의 은유적 표현(假說, Ⓢ upacāra)으로 간주한다. 유식학에서 이 '은유' 개념은 실재론적 집착을 해체시키는 주요한 이론적 무기다. 이에 관한 자세한 논의는 졸고 「성유식론의 가설假說에 대한 연구」, 연세대학교 박사학위 논문, 2004. 참조.

같이 '무상한 말소리'이고, 능전의 언어와 소전의 의미 간의 관계에 대한 임시적 약정에 의거해서 작동하는 것이다. 이 『해심밀경』에서도 부처님이 경전 곳곳에서 설하신 '일체법'이란 무엇보다 가짜로 시설된 '말(言)'이라는 점을 상기시키고 있다.[4] 그러므로 우리가 어떤 것의 유有·무無 혹은 가假·실實 등에 대해 사색하기에 앞서, 그것이 일차적으로는 말소리이고 그 말소리에 의해 이해되고 있는 이치나 대상도 일시적으로 가립된 것임을 잊어서는 안 된다.

이러한 불교적 언어관은 성전의 말씀 자체를 신성시하거나 절대시하는 인도의 바라문 전통과는 매우 다른 것이다. 가령 정통 바라문 출신의 문법학자들(성상주론聲常住論)에게 베다라는 계시서에 나타난 말(Ⓢ śabda)은 우주를 통제하는 신성한 힘을 가진 것으로 격상되기도 한다.[5] 그들에게 청각적 소리는 다만 그 말의 의미를 현현시키거나 발생시키는 언어적 작용이 일어나기 위한 조건으로서 무상한 음향에 불과하지만, '말'이란 그것과 구분되는 것으로서 '말'이자 '의미'이기도 한 영원한 실체였다. 그들에게 하나의 말(능전)과 그 의미(소전)는 구분되지 않으며, 그 둘 간의 필연적 결합 관계는 본래 결정되어 있다.[6]

이러한 문법학자들의 언어관은 성전의 언어를 무상한 청각적 소리로 해체시킨 불교도들의 언어관과는 극단적 대조를 이루지만, 다른 한편 불

---

[4] 이 『解深密經』 「勝義諦相品」의 서두에서는 '일체법一切法'에 대해 설명하면서, 맨 먼저 다음과 같은 사실을 상기시킨다. 〈'일체법'이란 대략 유위법有爲法과 무위법無爲法으로 나눌 수 있지만, 유위법이든 무위법이든 그것은 그 자체로는 '가짜로 시설된 말(假施設句)'이다.〉

[5] 고대 리그베다 시대의 바라문 철학의 두드러진 특징은 흔히 제사祭祀의 만능화라고 지적된다. 제사의 효능과 힘을 절대시할 뿐만 아니라 제의서祭儀書로서의 베다의 송가나 기도 혹은 주술의 말들도 점점 추상화되어 우주를 통제하는 근원적인 실재 혹은 브라흐만과 동일시된다.

[6] 이상의 성현론聲顯論과 성생론聲生論에 대해서는 규기窺基의 『義林章』 권1(T45, 251a20) 참조.

교 내에 그와 유사한 사유 방식들도 존재한다. 바로 이『해심밀경소』의 저자 원측 자신이 불교 내에서도 성스런 언어에 대한 사유가 '일음'이라는 영원하고 불가사의한 언어적 실체로까지 확장될 수 있음을 보여준다. 원측은 무상한 말소리에서부터 하나의 우주적 일음에 이르는 다양한 교체론의 역사를 자세히 추적하고 그것들을 특유의 회통의 논리로 종합하여 하나의 총체적 교체론으로 재구성하였다. 이 교체론은 원측의『해심밀경소』에 나타난 가장 중요한 철학적 성과들 중의 하나이고, 또 원측 사상의 백미라고 해도 과언이 아니다. 따라서 이하에서 그것을 좀 더 자세하게 진술하겠다.

2) 능전能詮의 교체敎體

원측의 교체론은 소전의 종지(宗)와 능전의 교체(體)를 구분하는 데서 시작한다. 원측 소에서 '체'란 앞서 언급했던 능전과 소전의 관계에서 능전의 언어에 해당하며, 구체적으로는 부처님의 입에서 발성된 말소리(聲)와 그 말소리 상에 나타나는 특정한 음운굴곡인 명名·구句·문文 등을 가리킨다. 소승·대승의 아비달마 전통에서는 주로 이 네 가지 법에 의거해서 교체의 문제를 다룬다. 그런데 불교 경론에는 매우 다양한 견해들이 나오기 때문에 원측은 먼저 대당 삼장大唐三藏(현장)의 해석을 따라 크게 오문五門으로 나누어 교체를 설명하였다.

우선 앞의 세 가지 문은 대략 세 가지 관점에서 '교의 본질'을 다르게 정의할 수 있음을 보여준 것이다. 첫째, 섭망귀진문攝妄歸眞門에서 보면 교체는 '진여'다. 허망한 것을 거두어 진실한 것에 귀속시켜 논하자면, 모든 성스런 언어의 본질은 그것이 흘러나온 궁극적 진리의 세계인 '진여'라고 말할 수 있다. 둘째, 섭상귀식문攝相歸識門에서 보면 교체는 '식識'이다. 유식의 관점에서 보면 모든 상相들은 '식'에 의해 현현되는 것이고, 성스런 언어라는 것도 결국 식에 현현된 언어적 표상에 불과하다. 셋째, 이가종실문以假從實門에서 보면 교체는 '말소리(聲)'이다. 부처님의 말씀이란 일차적으로는 말소리(聲)와 그 말소리 상에 나타난 명·구·문이고, 말소리는 실재하는 법(實法)인 반면 명·구·문은 그 말소리 상에 나타난 음운 패턴에 의거해서 가립된 법(假法)이므로 별도의 실체는 없다. 이 중에 첫 번째 문은 『유마경』 등에 나온 설이고, 두 번째 문은 『성유식론』의 교체론을 대변하며, 세 번째 문은 『유가사지론』 등에 나온 설이다.

그 다음 네 번째 문은 삼법정체문三法定體門으로서, 교체가 오온·십이처·십팔계라는 삼과법문三科法門 중에 각기 어디에 속하는지를 설명한 것이다. 이처럼 교체와 삼과와의 상호 소속 관계를 따지는 것은 소승·대승 아비달마 논서들에서 공통적으로 행해지던 사유 방식이다. 예를 들어 말소리(聲)를 교체로 본다면 삼과 중에서는 색온色蘊·성처聲處·성계聲界에 속하고, 명·구·문을 교체로 본다면 이는 불상응행법이므로 삼과 중에서는 행온行蘊·법처法處·법계法界에 속하며, 말소리와 명·구·문을 모두 교체로 본다면 오온에서는 색온·행온에 속하고 처·계에서는 성처·법처와 성계·법계에 속한다.

다섯 번째 문은 법수출체문法數出體門으로서, 여기서부터 교체와 관련된 본격적 논의가 시작된다. 원측은 그 논의를 크게 네 가지 주제로 정리하였다. 첫째는 소리와 명·구·문이라는 네 가지 법으로 교체를 규명하는 것이고(法數出體), 둘째는 본질과 영상이라는 두 범주를 통해 교체를 밝히는 것이며(本影有無), 셋째는 하나의 음성이 취집하여 언어로 현현하는 과정을 오심五心에 의거해서 설명하는 것이고(聚集顯現歷心差別), 넷째는 부처님이 일음一音으로 설하셨는지 혹은 상이한 언어(異音)로 설하셨는지를 판별하는 것이다(辨音一異).

이하에서 그 네 가지 주제에 대해 따로따로 자세히 진술하겠다.

(1) 말소리(聲)와 명名·구句·문文

원측 소에서 '체'란 능전의 언어를 가리킨다. 법상학자들은 이 능전의 범주를 말소리와 명·구·문이라는 네 가지 법수法數에 국한시켜 논한다. 그런데 말소리와 명·구·문은 언어적 기능에서는 차별된다. 말소리란 무상한 물리적 소리로서 이식耳識에 의해 파악되고, 명·구·문은 그 소리 상에 나타나는 특정한 음운 유형으로서 의식意識에 의해 파악된다.[7] 언어에 이 두 가지 상이한 측면이 있기 때문에 어느 한쪽을 강조하느냐에 따라 교체론의 차이가 생기는 것이다.

소승의 교체론은 말소리와 명·구·문이라는 네 가지 법을 중심으로 전개된다. 원측은 먼저 『순정리론順正理論』의 문답을 인용해서 '소리' 혹은 '명·구·문' 중 한쪽을 교체로 간주할 경우 생길 수 있는 의문에 답하면서, 인도 논사들은 소리의 교체든 명·구·문의 교체든 모두 일리가 있는 것으로 간주했다고 말한다. 말하자면 설법을 듣는 중생들의 마음에서 기쁨과 감동을 일으키는 데는 설법자의 음성이 미치는 영향이 크기 때문에 이런 정감적 차원에서는 말소리를 교체로 볼 수 있다. 그런데 제법의 의미를 현현시키는 언어적 기능에서는 명·구·문이 더 뛰어나기 때문에 이러한 의미 전달 차원에서는 명·구·문을 교체로 볼 수 있다.

[살바다와 경부] 원측에 따르면 살바다종(설일체유부)에서는 『대비바사론大毘婆沙論』의 비바사 논사들의 정의正義에 따라서 '음성'을 교체로 간주하지만, 초기 논서들에서 명·구·문을 강조하는 설도 있음을 인정한다.

---

7 예를 들어 '소'라는 소리는 사람들의 목소리의 다양한 음색과 톤 그리고 장단의 차이에 따라 청각적으로는 다르게 들리지만, 의식에서는 그것을 모두 '소'라고 알아듣는다. 이처럼 소리 상에 있는 특정한 음성적 유형에 의거해 명·구·문을 가립하는데, 최소의 음운 단위인 음소가 문文이고, 그 음소가 모여 하나의 단어(名)를 이루며, 둘 이상의 단어가 모여 문구(句)를 이룬다. 이식耳識이 소리의 자상自相을 파악하는 것이라면, 명·구·문은 소리의 공통된 음운, 즉 공상共相이므로 의식意識에 의해 파악된다.

그런데 그러한 차이는 근본적인 견해의 차이가 아니라 다만 제시된 법수法數의 차이에 불과하다고 해석한다. 말하자면 교체를 하나의 법으로 제시하면 음성이고, 세 가지 법으로 나타내면 명·구·문이며, 둘의 불가분의 관계를 중시하면 교체는 네 가지 모두다.

또 경량부에는 세 가지 견해가 있는데, 모두 '소리(음성)'를 교체로 보는 점에서는 일치한다. 이 부파에서는 성처聲處 소속의 실유의 소리, 또는 법처法處 소속의 가립된 소리, 또는 실유와 가립의 소리를 모두 교체로 보는 학설이 있었다. 규기窺基의 보완 설명에 따르면, 청각적 소리 자체는 '의미를 드러내는 작용(詮表)'이 없기 때문에 그 자체가 교체로 간주된 것은 아니고, 그 소리에 덧붙은 음운굴곡의 언어적 지시 기능을 교체로 간주했다고 한다.[8] 말하자면 경량부에서는 소리 상의 음운굴곡을 실질적 교체로 보면서도 그것의 소속처에 대해서는 실재의 소리의 영역(聲處)이라거나 혹은 가립된 개념적 영역(法處)이라는 견해 차이가 있었음을 알 수 있다.

[대승의 미륵종] 마지막으로 원측은 여러 대승 경론의 문구들을 인용하여 대승의 교체를 설명하는데, 특히 미륵종彌勒宗(유식학파)의 교체론의 근거가 되는 경론의 문장들을 네 부류로 정리하였다. ① 부처님의 일음一音을 강조하면서 소리의 교체를 강조하는 경우(『유마경』과 『무량의경』), ② 명·구·문의 교체에 대해 말하는 경우(『인왕경』과 『성유식론』), ③ 소리와 명·구·문을 합해 교체로 보는 경우(『인왕경』과 『십지론』 등), ④ 의미를 전달하는 수단인 능전의 언어(文)와 그에 의해 드러나는 소전의 의미(義)를 합해서 교체로 보는 경우다(『유가사지론』). 원측에 의하면, 이와 같은 다양한 교체들은 강조하는 측면이 다를 뿐 서로 상충되는 것은 아니다. 이를 설명하면 다음과 같다. ① 가假·실實의 관점에서 실법을 강조한다면 소리가 교체다. ② 체體·용用의 관점에서 말의 의미를 전달하는 특수한 작용을 강

---

8 규기의 『大乘法苑義林章』 권1(T45, 251c17) 참조.

조한다면 명 등이 교체다. ③ 어떤 소리에 명·구·문의 기능이 없으면 그것은 '말'이 아니고 반대로 명·구·문은 반드시 실사(實事)인 소리에 의지하는 것이기 때문에 둘을 모두 교체로 볼 수도 있다. ④ 하나의 의미(義)는 언어(文)에 의지해서 현현되기 때문에 그 둘을 합해서 교체로 볼 수도 있다.

(2) 본질本質의 교체와 영상影像의 교체

원측의 교체론에서 독특한 것은 본질의 교체와 영상의 교체의 유무(本影有無)를 따지는 것이다. 원측의 정의에 따르면, 본질이란 '여래가 스스로 설한 것(如來自說)'을 뜻하고, 영상이란 그 본질이 '듣는 사람의 식에 전변되어 나타난 것(聞者識變)'을 말한다. '유식唯識'의 교의를 받드는 사람들에게는 부처님이 '교敎'를 설하고 누군가 그것을 들었다고 할 때, 그 '교'란 설법자의 입에서 직접 발화된 음성(본질)을 뜻할 수도 있고 청자의 식에 현현된 언어적 표상(영상)을 뜻할 수도 있다. 따라서 이전까지는 소리와 명·구·문을 중심으로 교체론이 전개되었지만, 이제부터는 본질과 영상을 중심으로 다양한 교체론들이 등장하게 된다.

[본영유무本影有無] 먼저 원측은 소승·대승의 다양한 견해를 사구四句로 정리한다. 〈① 소승의 학파에서는 '본질의 교체만 있고 영상의 교체는 없다'고 한다. 그들은 아직 유식唯識의 의미를 알지 못했으므로 '영상'의 교체를 문제 삼지 않는다. ② 용군龍軍 등의 학자는 '영상의 교체는 있고 본질의 교체는 없다'고 한다. 즉 '교'가 흘러나온 궁극적 진여의 세계는 색깔·소리 등에 의해 표현될 수 없는 것이기 때문에 교체는 영상의 차원에서만 말해질 수 있다. ③ 월장月藏 등의 학자는 '본질과 영상의 교체가 모두 있다'고 한다. 예를 들어 삼신설三身說에 의거하면, 어떤 차원에서 부처님은 색깔·소리 등을 나타내므로 본질의 교체도 있고, 듣는 사람의 식이

그것과 유사한 언어적 표상을 변현해 내므로 영상의 교체도 있다. ④ 청변淸辨은 '본질도 영상도 없다'고 한다. 승의제勝義諦의 차원에서는 본질이든 영상이든 모두 없기 때문이다.

다음에 다시 원측은 호법護法의 학설에 의거해서 대략 두 가지 견해로 정리한다. 첫째는 오직 본질의 교체만 있고 영상의 교체는 없다는 견해인데, 즉 여래가 직접 설하신 언음言音을 교체로 보는 것이다. 둘째는 본질과 영상의 교체가 모두 있다는 견해인데, 즉 듣는 자의 식에 나타난 영상도 결국 여래의 '말의 힘'으로 인해 일어났으므로 또한 교체로 간주된다는 것이다.

원측은 이 두 해석에서 예상되는 논란들을 드러내고 그것을 회통시키는 과정에서 교체론을 새로운 지평으로 이끌고 간다. 논란의 핵심은 모두 '본질의 교체'와 연관해서 생겨난다. '본질'이란 여래의 물리적 음성 자체를 가리킨다. ① 우선 이것은 '여래는 한 글자도 설하지 않았으며(不說) 이러한 설하지 않음이 바로 부처님의 설(佛說)'이라는 『능가경』의 문구 등과 어긋난다. ② 또 "듣는 자의 식에 취집하여 현현한 것이 교체다."라는 무성無性의 『섭대승론석攝大乘論釋』의 문구와도 어긋난다.

먼저 ① '설하지 않는다'는 말의 의미는 다음과 같이 회통시킬 수 있다. 〈첫째, 궁극적인 진여眞如의 세계는 언어로 표현되었다 해도 진여 자체는 부처님의 내적인 깨달음(自內證)에서 진리 그 자체로서 머무는 것(本住法)일 뿐 언설로서 알려지거나 창조되는 것은 아니다. 둘째, 부처님이 설한 진리는 시방의 모든 부처님들이 설하는 것과 조금도 차이가 없기 때문에 무엇을 특별히 설했다고 할 만한 것이 없다. 셋째, 비록 부처님의 설법은 언어의 형식을 빌리면서도 그런 언어에 제약되는 진리를 설한 것이 아니다. 이런 세 가지 의미에서 '설하지 않았다'고 했지만, 실제로는 언어의 형식을 빌려 '부처님이 설한(佛說)' 것이다.〉 다시 ② 인도 유식논사 무성이 '듣는 자의 식에 나타난 것이 교체다'라고 한 것은 영상의 교체를 강조한 것인데, 원측은 이것이 본질의 교체와 상충되는 것은 아니라고 보았다. 여래의 몸과 음성이 인식하는 자의 식에 영상으로 나타나는 것은 여래의 몸에 실제로 색깔이나 소리와 같은 속성이 있기 때문이다. 무성의 주장은 본래 유식논사 내에서 '부처님은 설하지 않는다'는 입장으로 여겨졌지만, 원측은 여래의 삼신三身에 색깔이나 소리와 같은 속성이 있기 때문에 '설한다'는 표현이 가능하다고 회통시킨다.

이상의 본질과 영상의 문제는 표면적으로는 '모든 것은 오직 식이다(一切唯識)'라는 유식의 교의와 연관시켜 교체를 다룬 것이지만, '부처님은 실제로 설법하는가(佛說)' 아니면 '설하지 않는가(不說)'라는 질문과도 직접적으로 연관된다. 유식논사들 사이에서 호법은 '본질의 교체(부처님은 실제로 설한다)'를 대변하는 논사로, 무성은 '영상의 교체'를 대변하는 논사로 알려져 있다. 원측이 이론異論들을 회통시키는 과정을 보면, 호법의 견해를 충실히 따를 뿐만 아니라 나아가서는 무성의 주장까지도 '불설佛說'을 인정한 것이라고 회통시킨다. 이를 통해서 원측은 본질(음성)의 교체에 대한 적극적 사유의 지평으로 나아간다.

[**설법차별**說法差別] 이제 '부처님이 실제로 설하신다'는 결론은 다음과 같은 사색으로 이어진다. 만약 교체라는 것이 단지 듣는 자의 식識에 들린 것을 뜻한다면 '부처님의 가르침(佛敎)'이란 듣는 자의 능력과 한계에 의해 제약된 어떤 것이지만, 듣는 자에게 들려지기 이전에 부처님이 실제로 설한 것을 뜻한다면 '교'의 본질은 불신佛身의 불가사의한 속성과 연관된 어떤 것으로 된다.

이런 맥락에서 원측은 대승 경론에 나온 부처님의 설법의 차별상들을 네 가지로 정리하였다. 첫째는 법신을 제외하고 화신은 화토化土에서 수용신은 수용토受用土에서 설하는 경우다.(『불지론』 제1권) 둘째는 내면에서 성스런 경계를 깨닫는 경우 어떤 앎을 일으킨다는 측면에서는 무형의 법신의 설법도 가능하다.(10권 『능가경』 제2권) 셋째는 각 불국토마다 언어나눈 깜박임이나 생각이나 몸 흔들기 등과 같은 열 종류 설법도 있을 수 있다.(『능가경』 제4권) 넷째는 부처님의 모든 동작과 하시는 일이 모두 무량한 설법이 되는 경우다.(『유마경』 제3권)

원측은 이처럼 부처님의 삼신과 연관해서 설법의 무한한 차별상들을 사유함으로써 성교聖敎의 언어에 대한 사유를 존재자들 간의 근원적 소통의 세계로 확장시켜 간다. 그에 따르면, 여래가 인간의 모습으로 인간의 말을 빌려 진리를 전하기도 하지만, 한 그루 나무나 말없는 적막의 형식으로도 '말 아닌 말'을 설한다. 교체에 대한 이러한 관점에서는 세계의 모든 존재들이 그 자체로 진리의 담지자가 되어 지금 여기서 우리에게 진리를 설하고 있는 것이다.

(3) 음성이 취집·현현하기 위해 거치는 마음의 차별적 단계

이전에는 여래의 '음성(본질)'과 청자의 식에 현현된 언어적 표상(영상)의 관계를 논하였다면, 여기서는 여래의 음성이 청자의 식에 취집해서 언어적 표상으로 현현하는 데 거치는 마음의 차별적 단계를 설명한다. 이에 대한 논의의 계기가 된 것은 무성無性의 『섭대승론석』의 다음과 같은 문장이다. "팔시八時에 맞춰서 듣는 자의 식에 직설直說과 비직설非直說이 취집聚集·현현顯現한 것이 교체다."[9] 이 문장에서 말하고자 하는 것은, 청자의 식에 특정한 말소리와 명·구·문의 영상이 취집하여 현현하게 되면 이것이 이른바 '교'라는 것이다.

---

9 이 문장은 무성無性 논사가 『攝大乘論』의 본문 서두에 나오는 "阿毘達磨大乘經"이라는 문구에서 마지막의 '經' 자를 풀이한 것이다. '경'이란 '부처님의 말씀'을 모아 놓은 것이다. 무성은 이러한 '경'의 본질은 바로 '듣는 자의 식에 언어적 심상들이 모여 하나의 의미 있는 말로 현현한 것'이라고 보았다. 무성의 글 중에 '팔시八時'와 '직설直說과 비직설非直說'에 대해서는 여러 가지 해석이 있다. 이에 대해서는 뒤의 『解深密經疏』의 본문 중 '제2장-1.-5)-(3) 음성이 취집·현현하기 위해 거치는 마음의 차별'(pp.109~111) 참조.

[오심五心] 유식논사들은 일군의 무상한 청각적 심상들이 취집하여 하나의 의미를 가진 언어로 현현하는 과정을 주로 오심설五心說에 의거해 설명한다. 오심이란 어떤 대상을 명료하게 이해하는 마음의 과정을 다섯 단계로 나눈 것이다. 우리가 어떤 대상을 알아차릴 때, 맨 먼저 돌연히 특정한 대상에로 향하는 한 찰나 마음, 즉 솔이심率爾心이 일어난다. 이어서 무간無間으로 의식意識 차원에서 이것이 어떤 것인지 알고자 욕망(欲)하는 심구심尋求心이 발동한다. 만약 우리 마음이 산란되지 않는다면, 다음에는 의식이 '이것은 무엇이다'라는 개념적 단정을 통해 이해하는 단계, 즉 결정심決定心이 생긴다. 이러한 단정이 있은 후, 그것이 친근하거나 싫게 느껴짐에 따라 그에 대한 선악의 마음을 일으키는데, 그것이 염정심染淨心이다. 이것이 원인이 되어 이후의 의식뿐만 아니라 오식五識이 선하거나 악한 성질로 상속하면, 그 여러 찰나의 마음을 총괄해서 등류심等流心이라 한다.

[제행무상의 취집·현현] 중국 법상학자들은 취집·현현의 과정을 오심의 단계로 설명할 때 흔히 '제행무상諸行無常'을 예로 드는데, 원측도 마찬가지다. 우선 이 '제행무상'이라는 문구에는 네 가지 음성(聲)과 네 가지 음소(字)와 네 가지 이름(名)과 하나의 문장(句) 및 하나의 소전所詮의 의미가 갖추어져 있다.[10] 이에 관한 논의의 초점은 하나의 음소·이름을 파악하거나 나아가서는 하나의 문장의 의미를 완전하게 파악하는 데까지 몇 개의 마음을 거치게 되는가 하는 것이다. 이에 관한 해석도 분분하고 복잡하지만, 원측은 크게 세 가지 해석으로 정리하였다. 이 세 가지가 근본적으로 다른 것은 아니고, 다만 앞의 두 종류 마음(솔이심·심구심)이 감각적

---

10 제·행·무·상에 해당하는 실재의 청각적 소리(聲)가 네 개 있고, 의식에서 파악되는 특정한 음운 단위, 즉 음소(字)가 네 개 있다. 한문에서는 이 네 자가 각기 한 단어가 되므로 단어(名)도 네 개다. 그리고 이 단어들의 조합으로 이루어진 구句, 즉 '제행무상'이라는 능전의 문구가 하나이고, 그 문구에 의해 현현하는 소전所詮의 의미가 하나다.

인식(現量)에 속하는지 개념적 이해를 수반한 의식意識인지를 둘러싸고 차이가 생긴 것이다. 만약 솔이심·심구심이 모두 현량現量(직접 지각)이라면 단순한 청각적 표상만 파악된 것이고, 만약 개념적 상기를 동반한 것이라면 비량比量의 의식에 의해 이미 명名·구句·문文이라는 언어적 표상도 파악된 것이다. ① 첫 번째 해석에 따르면, 솔이심(솔이이식率爾耳識과 동시의식同時意識)과 심구심은 오직 현량에 속하므로 '이름(名)' 등을 인식하지 않고, 따라서 이 단계에는 오직 청각적 표상(聲相)만이 있다. ② 두 번째 해석에 따르면, 솔이심은 현량이지만 심구심은 의식意識이므로 이 단계에 소리(聲)뿐만 아니라 이름 등과 같은 언어적 표상이 존재한다. ③ 세 번째 해석에 따르면, 이식동시의식耳識同時意識(솔이이식과 동시에 일어난 의식) 차원에서 이름이 파악되기 때문에 뒤따라 일어난 심구심이 이름(名)에 대해 심구하는 것이다.

　이 중에 첫 번째 해석에 따라 해석하면 다음과 같다. 〈'제'라고 말할 때는 맨 먼저 이식耳識이 돌연히 한 순간 어떤 청각적 소리를 주시한다(솔이심率爾心). 이 '제'라는 소리를 듣자마자 그것이 무슨 말인지 확실히 모르기 때문에 그것을 알려고 욕구하는 의식이 무간無間으로 일어난다(심구심尋求心). 이 솔이심·심구심 두 가지는 무간으로 일어나지만, 이 이후로는 마음이 산란될 수도 있다. 산란되지 않으면 곧이어 결정심이 일어나고, 이 단계에 이르러야 비로소 '제'의 음소·이름에 대한 표상이 갖추어진다. 이것은 그 밖의 '행'과 '무'와 '상'이라는 세 종류에 대해서도 똑같이 적용될 수 있다. 만약 제·행·무·상이라는 네 글자를 다 발음하면 앞서 말한 14종류 언어적 표상이 갖추어진다.[11] 이에 따를 때 최소한 16종류의 마음을 거쳐야 하나의 문장의 의미가 완전하게 현현하는 셈인데, 즉 제·행·무·상이 각기 솔이이식·동시의식(두 가지는 솔이심에 속함)과 심구심과 결정심

11　앞의 각주 10 참조.

등 네 종류 마음을 거쳐야 하기 때문이다. 이 이후로 그 언어적 표상에 대한 염정의 마음을 일으키고, 이후로는 염과 정의 성질이 등류等流의 상태로 이어진다.〉

이러한 해석과는 달리 심구심의 단계에서 이미 이름(名)·문장(句)·음소(文)를 파악한다거나, 혹은 솔이이식과 동시에 일어난 의식 차원에서 이미 이름 등을 파악한다고 보기도 한다. 그러므로 그에 따라 취집·현현하기 위해 거치는 마음의 개수도 달라진다.

(4) 여래의 일음—音과 이음異音

이전의 논의가 여래의 음성(본질)이 청자의 식에 어떤 과정을 거쳐 언어적 표상으로 현현되는가에 초점을 맞춘 것이라면, 이하의 논의는 여래의 음성이 일음—音인지 혹은 상이한 언어(異音)인지를 설명한 것이다. 원측의 교체론은 바라문 계통의 문법학자들의 영원한 '말'과는 다른 무상한 말소리에서부터 출발했지만, 이 '일음'에 대한 사유에 이르면 오히려 바라문들의 언어철학적 사변을 떠올리게 한다.

이 일음의 문제는 이미 초기 불교도에 의해 제기되었던 것이지만,[12] 원측 교체론의 논리 전개에서 자연스럽게 등장하는 것이기도 하다. 원측이 일음에 도달하게 된 것은, 앞의 본질과 영상의 논의에서 언급되었듯, 바로 호법護法의 견해를 충실히 따르는 데서 비롯된 것이다. '본질의 교체(부처님이 실제로 설한다)'에 대한 사유는 필연적으로 다음과 같이 생각하게 만든다. 〈부처님의 '말'은 무상한 존재들에 의해 인식된 것으로서는 무상하지만 그 자체가 본질적으로 무상한 것은 아니다. 왜냐하면 부처님의 말은

---

12 원측은 『異部宗輪論』에 나오는 20부파의 학설을 크게 '부처님은 일음으로 설한다'는 입장과 '그렇지 않다'는 입장으로 양분하였다. 그 다음에 그 둘로 갈리게 된 철학적 배경을 『大毘婆沙論』 권79(T27, 410a5)의 문답들을 인용하여 자세히 설명하였다.

우리에게 인식되기 이전에 부처님 자신의 속성에 속하는 것이기 때문이다. 그 말씀은 수많은 중생들의 식에 다르게 현현하지만, 하나의 영원한 '원음圓音'은 부처님의 내적인 깨달음 속에서 확증되고 있다(自內證).〉

원측 소에 따르면, 여러 대승 경론에서는 한결같이 '여래의 일음'을 인정한다. 가령 '부처님은 일음으로 널리 많은 소리에 응할 수 있다'(『무량의경』), '여래는 한마디 말을 설법하는 중에 무한한 경전을 연설한다'(『대부사의경』), '부처님은 일음으로 법을 연설하나 유정들은 부류에 따라 각기 이해한다'(『무구칭경』), '중생을 위해 법을 설하고자 일체 중생의 언어와 음성을 이해하고서 범음성梵音聲으로 설법하신다'(『대지도론』)는 등의 문구가 그것이다. 원측은 여러 대승 경론에 나오는 일음을 '범음梵音'으로 해석하였다. 이 범음은 부처의 삼십이상三十二相 중의 하나로서 마치 하늘 북이 울리듯 온 우주에 울려 퍼져 듣는 자들이 근기에 따라 이익을 얻게 한다는 부처님의 신비한 음성을 가리킨다.

또 이 범음은 『밀적경密迹經』에 나오는 여래의 불사의한 삼밀三密, 즉 여래의 신업·구업·의업의 비밀스런 작용과 연결된다. 말하자면 여래는 신통력으로 동일한 하나의 음성(본질)을 각 부류의 중생들에게 각기 다른 음색과 크기를 지닌 소리들(영상)로 인식되게 하거나, 그와 반대로 여러 부처님들의 다양한 음성들(본질)을 중생들이 마치 동일한 하나의 소리(영상)처럼 인식하게 할 수도 있다. 이러한 비밀스런 작용은 소리(聲)의 차원뿐만 아니라 색깔(色)의 차원에서도 가능하다. 말하자면 여러 부처님들이 공동으로 변화하여 하나의 화신처럼 보이게 할 수도 있고 혹은 한 부처님이 각각의 중생들에게 각기 다른 모습으로 나타날 수도 있다.

이상의 일음에 대한 사유에서 특히 주목되는 점은, 원측이 본질과 영상의 교체에 내포된 철학적 논란들을 그 특유의 회통의 논리로 해명하고 나서, 이 본질과 영상의 관계를 '부처님의 음성이 중생의 식에 언어적 표상으로 현현하는 관계', 다시 말하면 일종의 진리의 분유 과정으로 전환

시킨 것이다. 이와 같은 원측의 교체론은 불교도들의 성스런 말씀에 대한 사유가 궁극적으로 하나의 우주적 언어(성음聲音)에 몰입하는 밀교적密敎的 세계관으로 연결되는 과정을 압축적으로 보여주는 것이다.

3) 소전所詮의 종지宗旨

지금까지는 능전能詮의 교체敎體에 대해 논하였고, 이하에서는 소전所詮의 종지宗旨에 대해 논하겠다. '소전'이란 하나의 단어나 문구에 의해 드러나는 의미(대상)를 가리키지만, '소전의 종지'라 할 때는 그런 개별적 경문의 의미가 아닌 한 부部의 경에 의해 드러나는 궁극적 의미 혹은 이치를 뜻한다. 그런데 이런 종지를 해석하는 방식은 여러 가지다.

[네 종류 종지] 원측이 경문의 의미나 종지를 해석하는 전형적 방식은 네 부류의 종파를 기준으로 해석하는 것이다. 네 종파란 살바다종(설일체유부)·경부종(경량부)·용맹종(중관학파)·미륵종(유식학파)이고, 이에 의거해서 제교諸敎의 종지를 네 가지로 구분해 볼 수 있다. 첫째는 허망을 보존하고 진실을 감추는 종(存妄隱眞宗)이니, 예를 들면 살바다종에서 사제四諦를 설하지만 진여를 안립하지 않는 경우다. 둘째는 허망을 버리고 진실을 보존하는 종(遣妄存眞宗)이니, 예를 들면 경부종에서 여러 허망한 법을 버리고 법성으로서의 공을 보존하는 경우다. 셋째는 진실과 허망을 함께 버리는 종(眞妄俱遣宗)이니, 예를 들면 청변淸辨 등과 같이 모든 유위·무위를 둘 다 버리는 것을 말한다. 넷째는 진실과 허망을 함께 보존하는 종(眞妄俱存宗)이니, 예를 들면 호법護法 등과 같이 이제二諦와 삼성三性 등의 의미를 보존하는 것을 말한다.

[삼시三時의 교] 또 경이 설해진 시時에 의거해서 종지를 판정할 수 있다. 이것은 『해심밀경』의 「무자성상품無自性相品」에서 제시된 '삼시교三時

敎'의 교설에 의거한 것이다. 그에 따르면, 세존께서 제1시에 『아함경』 등의 사제四諦의 법륜을 설하셨고, 제2시에 모든 반야경의 무상無相의 법륜을 설하셨으며, 제3시에 『해심밀경』 등의 요의교了義敎를 설하셨다. 이 중에 제1시와 제2시에 설해진 법륜들은 그보다 더 고원한 것이 있고 더 수용할 것이 있는(有上有容) 가르침이지만 제3시에 설해진 법륜은 그보다 더 고원한 것도 없고 더 수용할 것도 없는(無上無容) 최상의 가르침이다.[13] 이 『해심밀경』은 제3시에 설해진 요의경了義經이다. 본래 요의·불요의의 구분은 부처님의 본의를 분명하게 드러내어 설했는지 혹은 은밀하게 감춘 채 설했는지를 구분한 것이지만, 이에 대해 경론마다 학자마다 해석이 다르다.[14] 원측에 따르면, 그것은 삼성三性(의타기성·변계소집성·원성실성)이나 유가瑜伽(⑤ yoga) 등의 이치를 분명하게 나타내어(顯了) 설했는가 혹은 은밀하게 숨겨 놓고(秘密) 설했는가를 기준으로 구분한 것이지, 이치의 깊고 얕음을 기준으로 구분한 것은 아니다.[15] 이러한 원측의 해석은 독창적인 것이라기보다는 사실은 『대비바사론』 등과 같은 아비달마 논서의 전통적 해석과 맞닿아 있는 것이다.

[부部·병病에 의한 구분] 다시 각각의 시時에 설해진 십이부十二部의 경이 다르기 때문에 부部마다 따로 종지를 판정할 수도 있다. 각 부마다 궁극적으로 나타내려 했던 종지도 각기 다르기 때문이다. 예를 들면 『법화경』 등은 일승一乘을 종지로 삼고, 『열반경』 등은 불성佛性을 종지로 삼으며, 『화엄경』 등은 '42현성들의 관행觀行'을 종지로 삼고, 『해심밀경』은 삼무등三無等을 종지로 삼는다.[16] 다시 각 부의 경 안에서 중생들의 '병病'

---

13 『解深密經』 권2(T16, 697a23) 참조.
14 이에 대한 자세한 설명은 坂本幸男, 「經典解釋方法論의 硏究」(上), pp.35~38 참조.
15 원측 저, 백진순 옮김, 『인왕경소』(서울: 동국대학교출판부, 2010), pp.55~56 참조.
16 이 『解深密經』은 세 종류의 비할 바 없는 것(三無等)을 설했다고 하는데, 즉 무등無等의 경境·행行·과果를 말한다. 이에 대해서는 '해심밀경소 해제'의 마지막 도표 참조.

을 기준으로 따로 종지를 판정하는 방법도 있다. 모든 중생들은 각기 오온·십이처 등의 팔만 사천 가지 법에 미혹할 수 있기 때문에 모든 법문들이 다 종지로 간주될 수도 있다.

결론적으로 말하면,『해심밀경』은 네 종류 종지 중에서는 네 번째 '진실과 허망을 함께 보존하는 종'에 해당하고, 시時에 의거해서 판정하면 제3시의 요의了義의 가르침에 속하며, 이 한 부의 경만 따로 판정한다면 삼무등을 종지로 삼고, 병통에 따라 종지를 판정한다면 이제와 삼성의 이치 등을 종지로 삼는다.

2.「서품」의 경문 해석

삼분과경三分科經의 학설에 따르면 이「서품」은 교기인연분敎起因緣分이다. 인연분은 증신분證信分과 발기분發起分이 있는데, 이 경에는 증신분만 있다.[17] 이 증신분에서는 일반적으로 경전의 신빙성을 입증하기 위해 설한 주인과 시기와 장소 등을 포함해서 모두 여섯 가지 사항을 진술하는데, 이를 흔히 육성취六成就라고 한다. 원측을 비롯한 중국 법상학자들은 대개 친광親光의『불지경론佛地經論』에서 제시한 오사五事에 의거해서「서품」을 구분하였다. 첫째는 이미 들었던 것임을 총괄해서 나타낸 것(總顯已聞)이고, 둘째는 교를 설한 때(說敎時)를 나타낸 것이며, 셋째는 교를 설한 주인(說敎主)을 나타낸 것이고, 넷째는 교화한 곳(所化處)을 나타낸 것이며, 다섯째는 가르침을 받은 근기(所被機)를 나타낸 것이다.

---

[17] 이에 대해서는 '해심밀경소 해제'의 '3.-2) 경문 해석의 구조 및 주요 내용'(p.17) 참조.

그런데 이 『해심밀경』의 「서품」과 관련해서 한 가지 특이 사항이 있다. 이후 해석에서 드러나듯, 이 경은 여래가 정토에서 설한 것이고, 「서품」에서는 그 정토의 모습과 그곳에 머무는 여래의 공덕을 묘사하고 있다. 이 「서품」에서 진술된 정토의 열여덟 가지 원만함 등의 문장은 정토의 설법으로 분류되는 그 밖의 모든 대승경의 「서품」에도 똑같이 나오는 것이다.[18]

1) 총현이문總顯已聞

총현이문總顯已聞이란 모든 경의 서두에 나오는 '여시아문如是我聞'을 가리킨다. 육성취 중에서 '여시'는 신信성취이고 '아문'은 문聞성취에 해당한다. 이 말을 서두에 배치한 뜻을 총괄해서 말한다면, 부처님의 가르침(敎)을 전하는 아난阿難 등이 예전에 자신이 직접 들었던 것임을 나타내려는 것이다.

(1) 여시如是의 의미

'여시如是'의 일반적 의미에 따르면, 이는 법을 전하는 아난의 믿음을 나타낸 것이다. 그런데 의외로 이에 대한 중국과 서방의 해석들은 이루 다 기술할 수 없을 정도로 다양하다. 우선 눈에 띄는 것은 원측이 본격적 해석에 앞서 자신의 협주夾註에서 승조僧肇(383~414)와 혜원慧遠(523~592) 등의 해석을 포함해서 중국 스님들의 여덟 가지 해석을 자세하게 소개한 것이다. 그런데 그 해석들은 내용적 측면에서는 '여시'에 대한 일반적 정

---

18 이에 관한 자세한 내용은 뒤의 '4) 교화한 장소'(p.45)에서 다시 후술하겠다.

의라고 하기에는 매우 독특하고 자의적인 감도 있다. 이것은 '여시'라는 문구가 경전 주석가들에게 얼마나 다양한 의미를 갖는지를 보여주는 하나의 사례로 이해된다.

[**서방의 세 스님의 해석**] '여시'에 대한 본격적 해석에서는 먼저 서방의 세 논사, 즉 보리유지菩提留支와 장이 삼장長耳三藏과 진제 삼장眞諦三藏의 해석을 소개한다. ① 보리유지에 따르면, '여시'라는 말은 관용적으로 네 종류 맥락에서 쓰일 수 있지만 경에서는 '결정적으로 이와 같다(決定如是)'는 의미에서 '여시'라고 한 것이다. 말하자면 수보리(『금강경』의 전법자)가 스스로 '나는 직접 부처님께서 이치와 교리를 설하시는 것을 들었고, 내가 말하는 것은 부처님이 설하신 것과는 조금도 차이가 없으며 결정코 이와 같다'는 점을 명확히 하는 말이다. ② 장이 삼장은 불佛·법法·승僧에 의거해서 '여시'를 해석하였다. 삼세의 모든 부처님들께서 설한 것은 차이가 없으므로 '여'라고 하고, 동일하게 설하셨기 때문에 '시'라고 한다. 또 제법의 진실한 모습이므로 '여'라고 하고, 진실 그대로(如如) 설하였으므로 '시'라고 한다. 또 아난이 전한 것은 부처님의 교설과 다르지 않기 때문에 '여'라고 하고, 허물과 잘못을 영원히 떠났기 때문에 '시'라고 한다. ③ 진제 삼장에 따르면, '여시'는 '결정決定'의 뜻이다. 말하자면 아난이 전하는 능전能詮의 경문(文)과 소전所詮의 이치(理)가 결정코 부처님께서 설한 것과 똑같다는 뜻이다.

[**서방의 세 논서의 해석**] 다음에 『대지도론』과 『공덕시반야론』과 『불지경론』 등에서 나온 세 가지 해석을 소개한다. ① 『대지도론』에 따르면, '여시'라는 말은 바로 믿음(信)을 뜻한다. '불법佛法'의 바다에 믿음으로 들어갈 수 있으니, 어떤 것을 믿는 자가 '이 일은 이와 같다'고 말하는 것과 같다. ② 『공덕시반야론』에 따르면, '여시아문'이란 세존께서 직접 하신 말씀이지 아난이 지어낸 말이 아님을 나타낸 것이다. ③ 『불지경론』에 따르면, '여시'의 네 가지 의미가 있고 그 중에 일부 혹은 전부에 의거해서 '여시'

라고 말한 것이다. 첫째는 비유의 차원에서, '지금 말하는 이와 같은 문구는 내가 예전에 들은 것과 같다'는 것이다. 둘째는 가르쳐 주는(教誨) 차원에서, 당시 대중에게 '이와 같이 내가 예전에 들었던 대로 들어야 한다'고 한 것이다. 셋째는 문답의 차원에서, '당신이 지금 한 말은 분명 예전에 들었던 것입니까'라고 묻기 때문에 '이와 같이 나는 들었다'고 대답한 것이다. 넷째는 허가許可의 차원에서, 결집 당시 보살 대중들이 '그대가 들었던 대로 그와 같이(如是) 말해야 합니다'라고 하므로 전법 보살이 그 요청을 허락해서(許) '내가 들었던 대로 이와 같이 이제 말할 것입니다'라고 한 것이다.

(2) 아문我聞의 의미

'아문我聞'이라 한 것은 법을 전하는 아난이 자기가 직접 부처님께 들었음을 나타낸 것이다.

[아我를 설한 뜻] 우선 '나'라는 말은 불교의 무아無我의 교리와 어긋난다. 따라서 모든 경전의 서두에 나오는 '나는 들었다'는 말에 대해 의문을 일으킬 수 있다. 이에 대한 대답은 용맹의『대지도론』과 미륵의『유가사지론』에서 찾을 수 있다.『대지도론』에서는 중생을 교화·인도하여 성취시키는 부처님의 교법을 세계世界·각각위인各各爲人·대치對治·제일의第一義 등 네 종류 실단(四悉檀)으로 나눈다. 이에 따르면, '나는 들었다'고 한 것은 세계실단의 차원에서 설한 것이다. 말하자면 일상적 대화에서는 '나'라는 말을 사용해서 의사소통을 하므로 중생에게 쉽게 다가가기 위해 이러한 세간의 관행을 따라 주는 것이다. 그러나 제법의 실상을 설하는 제일의실단 차원에서는 '나'라는 것은 없다. 또『유가사지론』에 따르면, 네 가지 이유에서 '아'를 가설한다. 첫째 세상 사람들이 언설을 알아듣기 쉽게 하려고, 둘째 세상의 사람들을 따라 주고 싶어서, 셋째 결코 아가 없다고 설할

경우 생겨나는 모든 두려움을 없애 주려고, 넷째 자·타의 공덕·과실에 대해 말해 줌으로써 결정적 신해信解를 내게 하려고 '나'라는 말을 가설한 것이다.

[문聞의 의미] '문聞'과 관련해서 맨 먼저 초기 불교에서부터 제기되었던 '귀(耳)가 듣는가 혹은 식識이 듣는가' 하는 문제를 다룬다. 예로부터 오식五識과 관련해서 '근'을 강조하는 경우가 있고 '식'을 강조하는 경우가 있으며 혹은 근과 식의 화합을 강조하는 경우가 있는데, 한 종파 내에서도 일관된 입장이 있는 것은 아니다. 원측은 이와 같은 차이가 생기는 이유를 다음과 같이 설명한다. 〈소리를 듣는 가장 뛰어난 소의所依(근根)를 강조할 때는 '귀가 듣는다'고 한다. 청각적 인식은 일차적으로 '분별' 작용이라는 점에서는 '식이 듣는다'고 한다. 제법에 진실한 작용이 없음을 나타내려 할 때는 '화합하여 듣는다'고 한다. 이 주장들은 각기 일리가 있으므로 서로 어긋나는 것은 아니다.〉

다시 원측은 '들음'의 본질을 '유식唯識'의 도리에 의거해 설명하기 위해 『불지경론』의 두 논사의 해석을 인용하였다. 첫 번째 해석에 따르면, '부처님이 설하셨다'는 것은 모든 중생을 구제하겠다는 여래의 본원本願의 힘에 의해 여래의 식에 어떤 언어적 표상들이 떠오르는 것을 가리키고, '나는 들었다'는 것은 그 여래의 언어적 표상이 다시 청자의 식에 현현하는 것을 말한다. 두 번째 해석에 따르면, 여래의 식에 현현된 언어적 표상은 청자의 선근善根과 본원本願의 힘이 계기(증상연增上緣)가 되어 생겨나지만, 이 언어적 표상은 여래의 이타利他 선근에 의해 일어났기 때문에 '부처님이 설하셨다'고 한 것이다. 또 청자의 식에는 여래의 진실한 언어적 표상이 그대로 재현되지는 않지만 그와 유사한 상이 현현하기 때문에 '나는 들었다'고 한다.

2) 교를 설한 때(說敎時)

'한때(一時)'라는 문구는 육성취 중에서는 시성취時成就에 해당한다. 원측 소에는 '시時'에 대한 불교도들의 다양한 해석들이 소개된다. 불교 내에서 종파를 불문하고 시간이란 실체적 시간(實時)이 아닌 가립된 시간(假時)으로 본다는 점에서는 공통적이고, 반면 외도의 견해와는 근본적으로 다르다. 또 시간과 수數는 모두 그 자체로는 실체가 없고 단지 유위법의 차별적 상태·단계에 의거해서 가립된 것이다. 따라서 시간을 표시할 때 몇 년, 몇 월, 며칠이라고 하지 않고 대개는 어떤 사건·사실에 의거해서 시간의 이름을 붙인다.[19] 또 모든 경에서 설법한 장소 등은 특정해서 가리키는 데 비해 이 '시'에 대해서는 막연하게 '한때(一時)'라고만 설한다. 그런데 경문에 나온 이 '한때'라는 문구가 주석가들의 해석의 대상이 될 때는 매우 다양한 의미로 이해될 수 있다.

[서방의 세 스님의 해석] 원측은 이전과 마찬가지로 보리유지와 장이 삼장과 진제 삼장 등 서방의 세 논사의 해석을 소개한다. ① 보리유지에 따르면, 여기서 '한때'라고 한 것은 '그 경을 설하신 때'라는 뜻일 뿐 그것이 구체적으로 몇 년, 몇 월, 며칠인지는 알 수 없다. ② 장이 삼장은 '시'를 반음시半音時·원음시圓音時 등 두 가지로 나누기도 하고, 분단유전시分段流轉時·부사의변역시不思議變易時·가명시설시假名施設時 등 세 가지로 나누기도 한다. 앞의 두 종류 시는 보리유지의 '경을 설하신 때'와 유사해서 이것을 반교半敎(소승)를 설할 때와 만교滿敎(대승)를 설할 때로 구분한 것이다. 뒤의 세 종류 시에서 앞의 두 가지는 분단생사分段生死와 변역생사變易生死에 의거해서 이름 붙인 것이고, 세 번째 '가명으로 시설된 시간'이

---

19 시를 나타낼 때 '몇 년 몇 월 며칠 몇 시'라고 하지 않고 '……하는 시時'라는 식으로 표기한다.

란 가라迦羅(Ⓢ kala)나 삼마야三摩耶(Ⓢ samaya) 등과 같이 불교 내에서 시간을 가리킬 때 쓰는 용어다.[20] ③ 진제 삼장은 '한때'라는 말을 열 가지 의미로 해석하는데, 그 내용을 살펴보면 그 열 가지는 부처님이 태어나서 정법을 설하고 나아가서는 그 정법을 들은 자가 해탈을 얻고 평등한 사심捨心을 얻기까지 일련의 과정을 열 단계로 구분한 것이다. 요컨대, 법을 설하는 자와 그것을 듣는 자가 화합해서 궁극의 결과를 내는 일련의 총체적 사건에 의거해서 '한때'라고 한 것이다.

[**서방의 세 논서의 해석**] 다음에 『공덕시반야론』과 『대지도론』과 『불지경론』 등 세 종류 논서의 해석을 소개한다. ① 『공덕시반야론』에 따르면 '한때'란 다름 아닌 '그 경을 설하신 때'를 말한다. ② 『대지도론』에 따르면, 부처님은 '가라'라는 용어는 쓰지 않고 '삼마야'라는 용어만 쓰신다. '가라'는 외도들도 사용하는 말이기 때문에 부처님이 삿된 견해를 제거하고 정법을 설파하실 때는 '삼마야'라고 해야 한다. 이 해석에 따르면, '한때'라는 말은 '사견을 깨뜨리실 때(破邪見時)'와 같다. ③ 『불지경론』에 따르면, 세 가지 의미에서 '한때'라고 한다. 첫째 설하고 듣는 것이 완성되었을 때를 총괄해서 가리키거나, 둘째 한 찰나에 설법자는 억지憶持하여 설할 수 있고 청자는 이해하여 받아들일 수 있음을 말하거나, 셋째 설하는 자와 듣는 자가 서로 만난 것을 일컫는 말이다.

---

20 '가라'와 '삼마야'는 모두 '시時'로 번역되는 단어다. 그런데 '가라'라는 단어는 외도들도 사용하는 것이기 때문에 가령 불교도들을 대상으로 율律을 제정할 때만 쓰인다. 가령 '비시식非時食'이라 할 경우에 쓰인 단어는 '가라'이다. 이 외에 경에서 쓰는 '한때(一時)'라는 문구에서는 대개 '삼마야'를 쓰는데, 부처님이 사견을 깨뜨리기 위해 정법을 설하고 계실 때이므로 이 삼마야의 시를 '사견을 깨뜨리는 시(破邪見時)'라고도 한다.

3) 교를 설한 주인(說敎主)

'박가범薄伽梵'이라는 문구는 육성취 중에서 주성취主成就에 해당한다. 그런데 신역·구역의 경마다 교를 설한 주인의 명호가 다르게 표기된다. 원측은 그것을 모두 사구四句로 정리하였다. 첫째는 '불佛'이라고만 한 경우고, 둘째는 '바가바婆伽婆(박가범)'라고만 한 경우며, 셋째는 둘 다 표기해서 '불·바가바'라고 한 경우고, 넷째는 둘 다 표기하지 않은 경우다.

[**명호의 표기가 다른 이유**] 이 중에 네 번째는 하나의 경에서 일부의 내용을 뽑아서 별행別行시킨 것이기 때문에 교를 설한 주인의 명호를 따로 표기하지 않은 것이다. 그 밖의 세 가지 경우에 대해서는 진제 삼장의 『칠사기七事記』와 보리유지의 『금강선론金剛仙論』[21]과 친광의 『불지경론』에 의거해서 자세히 해석하였다. ① 진제 삼장은 경전의 서두에 '불'이라고 한 경우와 '불·바가바'라고 한 경우에 대해 다음과 같이 설한다. 첫째, '불'이라고만 한 것은 부처님의 열 가지 명호 중에 '불'에만 열 가지 의미가 구비되어 있기 때문이다. 둘째, '불·바가바'라고 한 것은 오직 부처님만 그 두 단어의 의미를 구족하고 있기 때문이다. 말하자면 '불'이란 열반의 지혜를 증득한 자를, '바가바'란 공덕행을 닦은 자를 가리키는데, 성문·보살과는 달리 오직 부처님만 불이기도 하고 바가바이기도 하다. ② 보리유지에 따르면, 서방의 정본正本에는 모두 바가바로 되어 있지만, 중국에서 번역된 경에는 '불'이나 '바가바'나 '불·바가바'라고 되어 있다. 이는 모두 역자의 뜻에 따른 것이다. ③ 친광의 『불지경론』의 해석도 보리유지의 해석과 유사하다. 서방에서는 세상에서 존중하는 자를 가리킬 때 '박가범(바가

---

21 『金剛仙論』은 일반적으로 보리유지가 번역한 책으로 알려져 있는데, 그 저자에 대해서는 여러 가지 이설이 있다. 원측의 『解深密經疏』에서는 이것을 보리유지의 저술로 간주하고 인용한다. 앞에서 진술된 보리유지의 해석들도 모두 『金剛仙論』에 의거한 것이다.

바'이라고 부르니, 이 명호에는 부처님의 모든 공덕이 내포되어 있기 때문이다.

[바가바의 어원적 의미] 『열반경』과 『불지경론』 등에 따르면, '바가바'는 어원적으로 두 가지 의미를 갖는다. 그 두 가지는 문장의 차이는 있지만 의미는 동일하다. 『열반경』에 의하면 ① 악을 깨뜨리고(破惡) ② 여섯 가지 공덕을 갖춘다는 뜻이 있다. 『불지경론』에 의하면 ① 여섯 가지 공덕을 갖추고 ② 네 가지 마魔를 깨뜨린다는 뜻이 있다. 『열반경』에서 '악을 깨뜨린다'는 것은 『불지경론』에서 '네 가지 마를 깨뜨린다'는 것과 동일하다. 네 가지 마란 번뇌마煩惱魔·온마蘊魔·사마死魔·천마天魔이고, 이 네 가지 번뇌가 모든 선법을 잃어버리게 하기 때문에 '마'라고 한다. 두 경론에서 '여섯 가지 공덕을 갖춘다'고 한 것은 부처님께서 자재自在·치성熾盛·단엄端嚴·명칭名稱·길상吉祥·존귀尊貴 등의 공덕을 갖추고 있음을 말한다.

4) 교화한 장소(所化處)

「서품」에서 가장 중요한 곳은 바로 경을 설한 장소에 대한 설명이다. 이것은 육성취 중에 처성취處成就에 해당한다. 원측은 본격적 해석에 앞서 '주처住處'와 관련된 논란을 해명하였다. 이 경의 이역본인 『심밀해탈경』에서는 세존께서 머무신 곳을 정토라고 한 반면, 『해절경』에서는 '왕사성王舍城 기사굴산耆闍崛山'이라고 하였다. 교화한 장소가 정토인지 예토穢土인지에 따라 설법의 주인도 화신化身 또는 수용신受用身으로 달라진다. 따라서 원측은 『불지경론』의 세 가지 해석을 인용한 후, 그 세 번째인 '여실의如實義'를 적절한 회통의 논리로 채택하였다. 〈석가모니가 이 경을 설할 때 지전地前 대중은 변화신이 예토에서 그를 위해 설법한다고 보고, 지상

地上 대중은 수용신이 정토에서 그를 위해 설법한다고 본다. 들은 것은 같지만 본 것이 각기 다르고, 모두 기뻐하며 수지봉행하면서도 그 이해의 얕고 깊음이 있어서 행하는 것도 다르다.〉

이 경에서는 박가범이 머물고 있는 정토에 대해 크게 두 가지로 설하였다. 먼저 머무는 처소(住處)의 장엄을 열여덟 가지 원만(十八圓滿)으로 묘사하였고, 다음에 이 정토에 머무는 주인의 스물한 가지 공덕을 찬탄하였다. 이를 통해 이 경은 가장 청정한 정토에서 가장 수승한 공덕을 갖춘 여래가 설하신 것임을 나타내었다. 그런데 이러한 정토에 대한 묘사는 정토에서 설해진 모든 보살장菩薩藏의 경전에 공통적으로 나오는 정형화된 문구로서,[22] 예를 들면 『불지경佛地經』 등에도 동일한 문구가 나온다. 따라서 원측은 이 경문을 해석하면서 친광의 『불지경론』과 세친·무성의 『섭대승론석』에 나온 해석들을 일일이 빠짐없이 대조하였다.[23]

[**정토의 열여덟 가지 원만**] 박가범이 머무는 정토의 대궁전은 열여덟 가지가 원만하게 성취되어 있는 곳이다. 열여덟 가지란 현색顯色, 형색形色, 분량分量, 인因, 과果, 주主, 보익輔翼, 권속眷屬, 주지住持, 사업事業, 섭익攝益, 무외無畏, 주처住處, 길(路), 수레(乘), 문門, 의지依持 등의 원만을 말한다.

① 현색顯色의 원만이란 부처님이 머무는 정토의 대궁전大宮殿이 가장 아름다운 칠보七寶의 빛깔로 장엄된 것을 말한다. ② 형색形色의 원만이란 정토의 대궁전 곳곳이 오묘한 무늬나 모양들로 장엄된 것을 말한다.

---

22 정토의 모습에 관한 정형화된 문구라는 것은, 『解深密經』 「序品」에서 맨 앞의 '如是我聞一時' 여섯 글자 및 끝부분의 '其名曰' 이후에 나열된 보살 이름들을 제외한 그 나머지 경문들을 가리킨다. 말하자면 이 경의 「序品」에 나온 거의 모든 문장들은 정토의 설법으로 분류된 그 밖의 모든 대승 경전의 「序品」에도 똑같이 나오는 것이다.

23 무착無著의 『攝大乘論本』 권3(T31, 151a11), 세친世親의 『攝大乘論釋』 권10(T31, 376c8), 무성無性의 『攝大乘論釋』 권10(T31, 445c6)에는 동일한 문구에 대한 해석들이 나온다.

③ 분량分量의 원만이란 이 정토의 분량은 헤아리기 어렵다는 것을 나타낸다. ④ 방소方所의 원만이란 정토의 처소處所·방역方域이 삼계의 영역을 넘어서 있음을 말한다. ⑤ 인因의 원만이란 정토의 대궁전이 뛰어난 출세간의 선근善根(무분별지·후득지)에 의해 일어난 것임을 말한다. ⑥ 과果의 원만이란 그 뛰어난 인에 의해 일어난 과로서의 대궁전 등의 본질은 바로 여래의 청정한 식識임을 말한다. ⑦ 주主의 원만이란 이 정토는 다른 사람이 아닌 바로 불세존이 다스리는 곳임을 말한다. ⑧ 보익輔翼의 원만이란 이 정토에 한량없는 대보살들이 운집해서 여래를 보좌하고 있는 것을 말한다. ⑨ 권속眷屬의 원만이란 천룡팔부가 항상 보좌하고 있는 것을 말한다. ⑩ 주지住持의 원만이란 마치 음식이 몸을 유지시키듯 이 정토가 대승의 법미法味에 대한 희락喜樂에 의해 유지되는 것을 말한다. ⑪ 사업事業의 원만이란 이 정토에서 여래가 유정의 이익을 실현시켜 주는 것을 말한다. ⑫ 섭익攝益의 원만이란 이 정토가 모든 번뇌와 전구纏垢(번뇌의 이명)를 멀리 떠난 것을 말한다. ⑬ 무외無畏의 원만이란 이 정토가 번뇌마煩惱魔·온마蘊魔·사마死魔·천마天魔 등의 온갖 마를 떠나 있음을 말한다. ⑭ 주처住處의 원만이란 부처님이 머무는 정토의 장엄은 그 밖의 다른 장엄된 거주처들보다 뛰어난 것을 말한다. ⑮ 길(路)의 원만이란 이 정토에서는 대념大念·대혜大慧·대행大行을 통행하는 길로 삼고 있음을 말한다. ⑯ 수레(乘)의 원만이란 이 정토에서는 저 대념 등의 길에 위대한 지止·관觀의 수레를 타고 다니는 것을 말한다. ⑰ 문門의 원만이란 공空·무상無相·무원無願의 해탈문을 들어가는 입구로 삼는 것을 말한다. ⑱ 의지依持의 원만이란 한량없는 공덕과 선에 의해 생기된 대홍련화들이 정토를 떠받치고 있는 것을 말한다.

[세존의 스물한 가지 공덕] 이어서 정토에서 설하는 자의 스물한 가지 공덕이 진술된다. 원측은 특히 친광의 『불지경론』과 세친·무성의 『섭대승론석』을 모두 살펴보고 마지막에 그 해석들의 차이점을 요약해 놓

았다.

① 첫 번째는 두 가지가 현행하지 않는 것이다. 여기서 '두 가지'란 장애 있음과 장애 없음, 또는 안팎의 두 곳에 대한 무지, 또는 생사와 열반에 대한 집착을 뜻할 수 있다. ② 두 번째는 무상법無相法에 나아가는 것이다. 여기서 '무상'이란 유·무의 상을 떠난 진여, 또는 생사·열반의 상에 머물지 않는 무주열반, 또는 색色 등의 열 가지 상이 없는 삼승의 열반을 뜻할 수 있다. ③ 세 번째는 불주佛住에 머무는 것이다. 여기서 '불주'란 무주열반에 머무는 것, 성주·천주·범주에 머무는 것, 공空·대비大悲에 머무는 것, 대비에 머무는 것 등을 뜻할 수 있다. ④ 네 번째는 모든 부처님의 평등성에 도달한 것이다. 여기서 평등성이란 차별이 없음을 뜻한다. ⑤ 다섯 번째는 장애 없는 곳에 도달한 것이다. 이는 번뇌장과 소지장을 모두 끊고 장애 없는 열반에 도달했음을 말한다. ⑥ 여섯 번째는 부처님의 정법을 퇴전시킬 수 없는 것이다. 이는 정법을 외도가 퇴전시킬 수 없다는 뜻이거나, 정법을 마魔가 퇴전시킬 수 없다는 뜻이다. ⑦ 일곱 번째는 소행所行에 장애가 없는 것이다. 여기서 '소행'이란 여덟 가지 바람(八風 : 이익·손해·훼방·명예·칭찬·기롱·고통·즐거움 등 여덟 가지 법) 혹은 신분의 높고 낮음 혹은 마魔의 경계를 뜻할 수 있다. ⑧ 여덟 번째는 안립된 것의 불가사의함이다. 이는 세존께서 안립하신 정법 혹은 십이분교의 교법은 세간의 범부들이 이해할 수 없는 것임을 말한다. ⑨ 아홉 번째는 삼세의 평등법성에 노니시는 것이다. 여기서 '삼세'란 수기되는 경계(所記境)나 '삼세의 부처님'을 뜻할 수 있다. ⑩ 열 번째는 그 몸을 모든 세계에 유포시키는 것이다. 여기서 '몸'이란 수용신과 변화신을 모두 가리키거나 혹은 '화신'의 모습만 가리킬 수도 있다.

⑪ 열한 번째는 일체법을 아는 지혜로 의심과 막힘이 없는 것이다. ⑫ 열두 번째는 모든 행에서 대각을 성취한 것이다. 이는 중생의 근기를 알아서 갖가지 행에 들어가는 공덕을 말한다. ⑬ 열세 번째는 모든 법을 아

는 지혜로 의혹이 없는 것이다. 이는 '미래의 법'을 교묘하게 다 안다는 뜻이거나, 혹은 일체법을 안다는 뜻일 수 있다. ⑭ 열네 번째는 나타내신 몸들을 분별할 수 없는 것이다. 이는 분별에 의하지 않고 자유자재로 몸을 일으키기 때문에 분별할 수 없다는 말일 수도 있고, 유정들 가운데서 삿된 행 등을 나타내시는 것에 대해 우리가 알지 못하기 때문에 분별할 수 없다는 말일 수도 있다. ⑮ 열다섯 번째는 모든 보살들이 구하는 지혜로 유정을 조복시키는 것이다. 이는 부처님의 이타의 공덕을 뜻할 수도 있고, 불종자가 끊어지지 않도록 하는 자리의 공덕을 뜻할 수도 있다. ⑯ 열여섯 번째는 불무이주佛無二住의 바라밀다를 획득한 것이다. 이는 법신에 갖추어진 바라밀다의 공덕을 나타낸 것인데, '무이無二'란 법신이 하나임을 뜻할 수도 있고 법신에 갖가지 차이가 없음을 뜻할 수도 있다. ⑰ 열일곱 번째는 서로 뒤섞이지 않는 여래해탈의 궁극적 묘지로 갖가지 불국토를 나타내는 것이다. '서로 뒤섞이지 않는다'는 것은 나타난 불국토들이 서로 뒤섞이지 않음을 말하고, '여래해탈'이란 승해勝解의 다른 말이고, '궁극적 묘지'란 나타낸 것들을 모두 잘 아시는 것을 말한다. 즉 중생을 관하는 승해의 차별에 따라 불국토를 뒤섞이지 않게 잘 나타내시는 것을 말한다. ⑱ 열여덟 번째는 중中과 변邊이 없는 불지佛地의 평등을 증득한 것이다. 이는 부처님의 세 종류 몸이 처하는 방처方處가 한량없음을 말한다. ⑲ 열아홉 번째는 법계를 지극하게 하는 것이다. 이는 청정한 법계, 즉 법계등류法界等流의 교법을 지극하게 하는 것을 말한다. ⑳ 스무 번째는 허공성을 다하는 것이다. 마치 허공이 끝이 없는 것처럼 모든 중생에게 다함없이 이익과 안락을 주는 것을 말한다. ㉑ 스물한 번째는 미래가 다하도록 부처님의 공덕들도 다함없는 것이다.

5) 가르침을 받는 근기(所被機)

모든 경에서는 그 경의 설법을 직접 들은 대중이 누구인지를 밝힌다. 이것은 육성취 중에 중성취衆成就에 해당한다. 이 『해심밀경』에는 성문중과 보살중이 등장한다. 그런데 이 경을 설한 곳이 정토인지 예토인지에 따라 두 대중의 성격도 달라진다. 앞서 말했듯, 『해심밀경』에서는 이 경을 설한 처소가 정토라고 했지만 이역본인 『해절경』에서는 예토(왕사성의 기사굴산)라고 하였다. 만약 정토라면 보살은 실재(實)이고 이승은 방편(權)이니, 이승은 그 부처님의 정토에 태어나지 못하기 때문이다. 말하자면 정토의 이승은 불보살이 화작해 낸 것이다. 만약 예토라면 이승은 실재이고 보살은 방편이니, 팔지 이상의 보살의 변역신變易身은 원래 보일 수 없기 때문이다. 단 칠지 이하는 분단신分段身이기 때문에 실재의 몸이라고 할 수 있다. 이 해석에 따르면, 이 경에 나온 성문중은 방편이고 보살중은 실재라고 할 수 있다.

가르침을 받는 근기에 대해 설하면서, 이 경에서는 성문중의 열세 가지 공덕과 보살중의 열 가지 위대함(十大)을 차례로 진술하였다. 이 경문들도 앞의 열여덟 가지 원만함 등을 설한 문장들과 마찬가지로 정토의 설법으로 분류된 대승 경전에 공통적으로 나오는 정형화된 문구다.

[성문의 열세 가지 공덕] 정토에서 설법을 듣는 성문의 열세 가지 공덕은 다음과 같다. ① 첫 번째는 일체가 조순調順하는 것이다. 이는 부처님의 뜻을 마음으로 잘 따르는 공덕을 말한다. ② 두 번째는 모두가 불자佛子라는 것이다. 이는 부처님의 종자를 잇고 융성시키는 공덕을 말한다. ③ 세 번째는 심해탈心解脫과 혜해탈慧解脫을 구족했다는 것이다. 이는 탐욕貪欲에서 벗어나 마음의 해탈을 얻었고 무명無明에서 벗어나 지혜의 해탈을 얻은 것을 말한다. ④ 네 번째는 계戒가 아주 청정한 것이다. ⑤ 다섯 번째는 법락法樂을 추구하는 것이다. ⑥ 여섯 번째는 많이 듣고 들은

것을 기억하고 그것이 쌓인 것이다. 이는 삼혜三慧 중에서 문혜聞慧를 세 단계로 나누어 말한 것이다. ⑦ 일곱 번째는 생각과 말과 행동 등 삼업이 지혜에 잘 수순하는 것이다. ⑧ 여덟 번째는 빠르게 아는 지혜(捷慧) 등 아홉 가지 지혜를 구족한 것이다. ⑨ 아홉 번째는 삼명三明을 갖춘 것이다. 여기서 '삼명'이란 과거세의 모든 일을 아는 숙주수념지증통명宿住隨念智證通明과 미래세의 모든 것을 아는 사생지증통명死生智證通明과 현재세의 모든 일을 아는 누진지증통명漏盡智證通明을 말하고, 그 차례대로 육신통 중에 숙주통宿住通과 천안통天眼通과 누진통漏盡通에 해당한다. ⑩ 열 번째는 현법락주現法樂住를 얻은 것이다. 이는 색계 사정려四靜慮에 머물면서 지극한 즐거움을 느끼는 것을 말한다. ⑪ 열한 번째는 크고 깨끗한 복전福田이 되어 주는 것이다. ⑫ 열두 번째는 위의가 고요하고 원만한 것이다. ⑬ 열세 번째는 인욕과 온화함을 성취한 것이다.

[보살의 열 가지 위대함] 다음에 보살중의 공덕이 진술되는데, 원측은 이것을 『불지경론』에 의거해서 해석하였다. 이 논에서는 십대十大·십지十地·십도十度·십원十願 등에 의거해서 네 번에 걸쳐 이 문구를 해석하였다. 그 중에 십대에 의한 해석은 다음과 같다. ① 첫 번째는 모두가 대승에 머무는 것이니, 이는 정진의 위대함(精進大)이다. ② 두 번째는 대승법을 밟아가는 것이니, 이는 그 인의 위대함(其因大)이다. ③ 세 번째는 모든 중생에게 평등한 마음을 갖는 것이니, 이는 소연의 위대함(所緣大)이다. ④ 분별分別과 불분별不分別에 대해 분별하지 않는 것이니, 이는 시간의 위대함(時大)이다. 여기서 '분별'이란 시간을 뜻하고, '불분별'이란 시간에 포섭되지 않는 것을 뜻한다. 즉 수행에 걸리는 시간에 대해 길다거나 짧다는 분별을 일으키지 않는 것이다. ⑤ 다섯 번째는 모든 마魔를 굴복시킨 것이니, 이는 무염의 위대함(無染大)이다. ⑥ 여섯 번째는 성문·독각의 작의를 멀리 떠난 것이니, 이는 작의의 위대함(作意大)이다. ⑦ 일곱 번째는 대승의 광대한 법미의 희락에 의해 유지되는 것이니, 이는 주지의 위대함(持

大)이다. 즉 대승의 법미에 대한 희락을 음식으로 삼아서 오분법신五分法身을 자라게 하는 것을 말한다. ⑧ 여덟 번째는 다섯 가지 두려움을 넘어선 것이니, 이는 청정의 위대함(淸淨大)이다. ⑨ 아홉 번째는 불퇴전不退轉의 지위에 들어간 것이니, 이는 증득의 위대함(證得大)이다. ⑩ 열 번째는 모든 중생의 재앙을 그치게 하는 지위를 현전시키는 것이니, 이는 업의 위대함(其業大)이다. 이 외에 열 가지 공덕을 그 차례대로 보살의 십지十地와 십도十度(십바라밀)에 각기 배당시켜 해석할 수도 있다.

[「서품」 경문 해석의 유식학적 의미] 마지막으로 이상과 같은 '정토의 묘사'에 내포된 유식학적 의미를 간단히 살펴보겠다. 여기서는 여래가 머무는 곳의 원만한 장엄莊嚴과 그곳에 머무는 주인과 대중들의 뛰어난 공덕들을 아름답게 묘사하고 있는데, 그 내용이 매우 비현실적이다. 그것은 이 경을 설한 장소와 주인과 설법을 듣는 대중들이 모두 예토가 아닌 정토에 존재하기 때문이다. 이 정토는 어떤 특정한 물리적 장소가 아니라 여래의 위대한 선정 속에서 현현되고 여래의 청정한 식識에 의해 지탱되고 있는 정신적 세계인 만큼 이곳은 여래의 식만이 현현해 낼 수 있는 가장 아름답고 오묘한 색깔과 모양들로 장식되어 있고 그 규모 등에 있어서도 범부나 지전地前 보살이 상상할 수 있는 한계를 넘어선다. 다시 말하면 높은 경지에 오른 대승 보살들만이 여래의 식이 현현해 낸 정토의 세계에 참여하여 거기에 머무는 여래의 몸(타수용신他受用身)을 보고 또 설법을 들을 수 있다. 이 상황을 유식의 도리에 의거해 말한다면, 부처님과 대보살들의 청정한 식이 깊은 선정 속에서 서로 감응하는 관계에서 법을 설하고 듣는 것이다.

차례

해심밀경소解深密經疏 해제 / 5
서품序品 해제 / 20
일러두기 / 58

제1편 해심밀경 서품解深密經序品

제1장 교를 일으킨 뜻과 경의 제목 60

제2장 경의 종체를 설명함 65
  1. 능전의 교체를 총괄해서 밝힘 65
    1) 섭망귀진문攝妄歸眞門 66
    2) 섭상귀식문攝相歸識門 66
    3) 이가종실문以假從實門 68
    4) 삼법정체문三法定體門 69
    5) 법수출체문法數出體門 71
      (1) 법수로 교체를 나타냄 71
      (2) 본질本質과 영상影像의 유무 87
        ① 본질과 영상의 유무 88
        ② 설법의 차별 101
          가. 삼신에 의거한 설명 102
          나. 불토에 의거한 설명 105
      (3) 음성이 취집·현현하기 위해 거치는 마음의 차별 109
      (4) 일음一音인지 이음異音인지를 판별함 121
  2. 제교의 소전의 종지를 따로 나타냄 139

제3장 교의 근거와 대상을 나타냄 144
  1. 교의 근거를 나타냄 144
  2. 교의 대상을 나타냄 150

1) 모든 교의 설법 대상을 총괄해서 밝힘 ……… 150
2) 『해심밀경』의 가르침을 받는 근기를 따로 밝힘 ……… 152

제4장 경문 해석 ……… 154
1. 광본과 약본의 같고 다름을 밝힘 ……… 154
2. 경문을 갈라서 해석함 ……… 161
   1) 사事의 개수를 판별함 ……… 166
   2) 서분을 설한 의도 ……… 168
   3) 오사五事에 따라 개별적으로 해석함 ……… 173
      (1) 총현이문總顯已聞 ……… 173
         ① '여시아문'에 대한 총괄적 해석 ……… 174
         ② '여시아문'에 대한 개별적 해석 ……… 174
            가. '여시'를 설명함 ……… 175
            나. '아문'을 해석함 ……… 182
         ③ '여시아문'을 합해서 설한 뜻을 서술함 ……… 197
      (2) 교를 일으킨 시분 ……… 198
      (3) 교의 주인을 따로 나타냄 ……… 211
      (4) 경을 설한 장소 ……… 222
         ① 여래가 머무는 곳의 장엄을 설명함 ……… 223
            가. 머무는 곳의 차이를 설명함 ……… 223
            나. 머무는 곳의 차별을 바로 해석함 ……… 230
               가) 현색顯色의 원만 ……… 237
                  (가) 현색의 칠보로 장엄되었음을 나타냄 ……… 237
                  (나) 빛을 놓아 무변계를 비춤을 밝힘 ……… 242
               나) 형색形色의 원만 ……… 243
                  (가) 스무 가지 색을 기준으로 현색과 형색을 분별함 ……… 244
                  (나) 형색과 현색을 네 구로 분별함 ……… 246
               다) 분량分量의 원만 ……… 252
                  (가) 세 가지 의미로 측량하기 어려움을 해석함 ……… 253
                  (나) 국토에 의거해 측량하기 어려움을 해석함 ……… 253
               라) 방소方所의 원만 ……… 256

마) 인因의 원만 257
　　　바) 과果의 원만 261
　　　사) 주인(主)의 원만 263
　　　아) 보익輔翼의 원만 264
　　　자) 권속眷屬의 원만 265
　　　차) 주지住持의 원만 280
　　　카) 사업事業의 원만 283
　　　타) 섭익攝益의 원만 284
　　　파) 무외無畏의 원만 287
　　　하) 주처住處의 원만 289
　　　거) 길(路)의 원만 289
　　　너) 수레(乘)의 원만 292
　　　더) 문門의 원만 293
　　　러) 의지依持의 원만 295
② 부처님의 총체적 공덕과 개별적 공덕을 해석함 297
　가. 부처님의 총체적 공덕 299
　나. 부처님의 개별적 공덕 300
　　가) 공덕의 개수에 대한 신역·구역의 차이를 밝힘 301
　　나) 여러 논서에 의거해 경문을 바로 해석함 302
　　　(가) 첫 번째 공덕 305
　　　(나) 두 번째 공덕 307
　　　(다) 세 번째 공덕 309
　　　(라) 네 번째 공덕 311
　　　(마) 다섯 번째 공덕 313
　　　(바) 여섯 번째 공덕 314
　　　(사) 일곱 번째 공덕 316
　　　(아) 여덟 번째 공덕 318
　　　(자) 아홉 번째 공덕 320
　　　(차) 열 번째 공덕 321
　　　(카) 열한 번째 공덕 322
　　　(타) 열두 번째 공덕 323

(파) 열세 번째 공덕 324
(하) 열네 번째 공덕 328
(거) 열다섯 번째 공덕 331
(너) 열여섯 번째 공덕 335
(더) 열일곱 번째 공덕 338
(러) 열여덟 번째 공덕 341
(머) 열아홉 번째 공덕 345
(버) 스무 번째 공덕 347
(서) 스물한 번째 공덕 348

(5) 가르침을 받는 근기 351
  ① 네 문으로 성문중과 보살중을 분별함 351
    가. 소승과 대승의 유무에 대해 설명함 352
    나. 등장 순서의 전후에 대해 설명함 354
    다. 방편(權)과 진실(實)을 밝힘 358
    라. 그 밖의 대중들의 유무 359
  ② 경문 해석 360
    가. 성문중을 밝힘 360
      가) 수數로 종류를 구분함 360
      나) 성문의 공덕을 자세히 해석함 364
        (가) 마음으로 잘 따르는 공덕 365
        (나) 불종佛種을 잇는 공덕 367
        (다) 심해탈과 혜해탈의 공덕 370
        (라) 계가 아주 청정한 공덕 373
        (마) 법락을 구하는 공덕 376
        (바) 많이 듣고 기억하여 쌓인 공덕 377
        (사) 삼업이 지혜에 따르는 공덕 377
        (아) 여러 지혜들의 차별적 공덕 379
        (자) 삼명을 갖춘 공덕 383
        (차) 현법락주의 공덕 388
        (카) 뛰어나고 깨끗한 복전이 되어 주는 공덕 391
        (타) 위의가 고요한 공덕 392

(파) 인욕과 온화함의 공덕 393
　　다) 이미 봉행하였음을 밝힘 394
　나. 보살중을 나타냄 394
　　가) 수로 종류를 구분함 395
　　나) 보살들의 공덕을 찬탄함 399
　　　(가) 십대十大에 의거해 열 구의 경문을 해석함 399
　　　　㉮ 정진의 위대함 400
　　　　㉯ 그 인의 위대함 400
　　　　㉰ 소연의 위대함 401
　　　　㉱ 시간의 위대함 402
　　　　㉲ 무염의 위대함 405
　　　　㉳ 작의의 위대함 407
　　　　㉴ 주지의 위대함 408
　　　　㉵ 청정의 위대함 409
　　　　㉶ 증득의 위대함 410
　　　　㉷ 업의 위대함 412
　　　(나) 십지에 의거해 십구의 경문을 해석함 413
　　　(다) 십바라밀·십원에 의거해 열 구의 경문을 해석함 419
　　다) 뛰어난 보살부터 이름을 나열함 419
　　　(가) 이름의 해석 420
　　　(나) 열 명의 이름을 설하게 된 이유 422
　　　(다) 문답으로 일생보처에 대해 설명함 423

찾아보기 / 432

일러두기

1. '한글본 한국불교전서'는 문화체육관광부의 지원을 받아 동국대학교 불교학술원에서 수행하고 있는 '불교기록문화유산아카이브사업(ABC)'의 결과물을 출간한 것이다.
2. 이 책의 번역은 『한국불교전서』(동국대학교출판부 간행) 제1책의 『해심밀경소解深密經疏』를 저본으로 하였다.
3. 본 역서의 차례는 저자 원측圓測의 과목 분류에 의거해서 역자가 임의로 넣은 것이다.
4. 본 역서에서는 시각적 효과를 고려하여 『해심밀경』 본문과 원측의 해석을 경 과 석 으로 구분하였다. 다시 원측의 해석에 나온 '問曰'은 문 으로, '答曰'은 답 으로, '解云과 又解云'은 해 로, '論曰'은 논 으로, '頌曰'은 송 등으로 처리하였다.
5. 원문의 협주夾註는 【 】로 표시하였다.
6. 『해심밀경』의 경문을 가리키거나 혹은 다른 경론의 문장을 그대로 직접 인용한 경우는 " "로 처리하였고, 그 밖에 출전의 문장을 요약·정리해서 인용하거나 출처가 확인되지 않는 학설을 진술한 경우는 ' '나 〈 〉로 묶어 주었다.
7. 인용문에 나오는 '乃至廣說'이나 '乃至'가 문장의 생략을 뜻하는 경우, 인용문의 중간에 있으면 '……중간 생략……'으로, 문장의 끝에 있으면 '……이하 생략……'으로 처리하였다.
8. 음역어는 현재의 한문 발음대로 표기하였다.
9. 번역문에 이어 원문을 병기하였다. 원문은 『한국불교전서』를 저본으로 했으며, 띄어쓰기를 표시하기 위해 온점(.)을 사용하였다.
10. 본 역서에서는 『해심밀경소』의 모든 인용문들에 대해 출전을 찾아서 확인·대조해서 원문 아래 별도의 교감주를 달았다. 원은 『한국불교전서』에 이미 교감된 내용이고, 역은 역주자가 새로 교감한 것이다.
    1) 원문을 그대로 직접 인용하였고 그 출전이 현존하는 경우, 원전과 대조해서 글자의 출입이 있거나 오탈자와 잉자剩字로 확인되면 원문 교감주에 표기하였다.
    2) 요약·정리된 인용문들이나 저자의 해석문 중에 전후 문맥상 오탈자나 잉자라고 여겨지면 교감주에 표시하였다.
    3) 『한국불교전서』의 교감주에서 발견되는 오류도 역자 교감주에 따로 표시하였다.
11. 역주에서 소개한 출전은 약호로 표기하였다. T는 『대정신수대장경大正新脩大藏經』, X는 『신찬대일본속장경新纂大日本續藏經』, A는 『금장金藏』의 약자이다.

제1편
해심밀경 서품
解深密經序品

해심밀경소 권1
서명사 사문 원측 찬술하다
해심밀경 서품 제1

解深密經疏卷第一[1]
西明寺沙門 圓測撰
解深密經序品第一

1) ㉮ 저본은 『續藏經』 제1편 34套 4~5책·35套 8~9책이다.

이제 경을 해석하려고 네 문으로 분별하였다. 첫째는 교를 일으킨 뜻과 경의 제목을 밝힌 것이고, 둘째는 경의 종宗과 체體를 설명한 것이며, 셋째는 (교의) 근거와 대상을 나타낸 것이고,* 넷째는 경문을 따라가며 해석한 것이다.

將欲釋經。四門分別。一敎興題目。二辨經宗體。三顯所依爲。四依文正釋。

* 교의 근거(所依)란 『解深密經』이 설해진 교판적敎判的 근거를 말하고, 교의 대상(所爲)이란 설법의 대상이 되는 근기를 말한다.

제1장 교를 일으킨 뜻과 경의 제목

첫째, 교를 일으킨 뜻과 경의 제목을 밝히겠다.

생각건대, 진성眞性은 매우 심오하니 모든 형상을 넘어서면서도 형상으로 드러나고, 원음圓音은 비밀스러우니 무수한 말로 펼쳐지면서도 말한 것이 없다. 이것이 바로 말에 나아가면서도 말이 사라짐이고 형상이 아니면서도 형상으로 드러남이다.

이치는 고요하면서도 말해질 수 있고, 말에 나아가면서도 말이 사라졌으며[1] 언교言敎는 널리 펼쳐지면서도 설한 것이 없다. 설한 것이 없기 때문에 유마는 장실丈室[2]에서 불이不二에 대해 침묵하였고, 말해질 수 있기 때문에 부처님은 정토의 궁전[3]에서 삼성三性에 대해 설명하셨다.

---

1 말에 나아가면서도 말이 사라졌으며 : 이 문장에 해당하는 원문은 '卽言而言亡'인데, 이 다섯 글자는 아마도 연문衍文인 듯하다. 바로 앞에 나왔던 "이것이 바로 말에 나아가면서도 말이 사라짐이고(斯乃卽言而言亡)"라는 문구와 중복될 뿐만 아니라, 이것을 빼야 뒤에 나오는 "설한 것이 없기 때문에……, 말해질 수 있기 때문에……"라는 문장과 오히려 대구가 잘 이루어진다.
2 장실丈室 : 이는 사방이 한 장丈으로 된 방을 뜻하는데 방장方丈·방장실方丈室이라 한다. 여기서는 특히 『維摩經』이 설해진 장소를 가리킨다. 인도의 승방은 대개 사방을 한 장으로 만드는데, 유마維摩의 선실禪室도 이에 의거해서 만들어졌다. 유마는 이 장실에서 온갖 위의를 나타내었는데, 특히 '불이不二'의 법문은 말로 표현될 수 없기에 그것을 침묵으로 나타내 보였다.
3 정토의 궁전(淨宮) : 『解深密經』이 설해진 장소를 가리킨다. 이역본인 『解節經』에는 '왕사성'에서 설한 것으로 되어 있지만, 이 경과 『深密解脫經』에서는 '정토의 대궁전'에서 설했다고 한다. 이 경에서 세존은 삼성三性과 삼무성三無性의 이치에 대해 마치 논서를

따라서 자씨보살[4]은 진眞·속俗을 말하면서 모두 보존하고, 용맹대사[5]는 공空·유有를 말하면서 둘 다 버린 것이다. 그렇다면 보존함은 버림과 어긋나지 않으니 유식唯識의 뜻이 더욱 밝게 드러나고, 버림은 보존함과 어긋나지 않으니 무상無相의 뜻이 항상 성립된다. 공이기도 하고 유이기도 하니 이제二諦의 종지를 잘 이루어 주고, 유도 아니고 공도 아니니 중도中道의 이치에 딱 들어맞는다. 그러므로 미혹에 빠진 자는 공을 설하면서도 유에 집착하지만 깨달아 아는 자는 유를 말하면서도 공에 통달했음을 알 수 있다. 불법의 깊은 근원이 어찌 이와 같지 않겠는가! 다만 인도하는 방법이 여러 가지고 이치를 깨닫는 길이 한 가지가 아닌 것이다.

그래서 법왕은 삼법륜三法輪[6]을 설하셨다. 처음에는 성문승에 발심하여 나아가는 자를 위해 바라나국의 시록림[7]에서 처음으로 생사·열반의 인과

연상시킬 만큼 매우 체계적이고 이론적인 방식으로 설명한다.

4 자씨보살慈氏菩薩(⑤ Maitreya) : 여기서는 유식학의 시조이자 무착의 스승으로서 유식의 교리를 창시하여 무착에게 전수했다고 전해지는 미륵을 가리킨다. 『婆藪槃豆傳』에 의하면, 무착이 도솔천兜率天에 올라가 미륵에게 대승의 공관空觀에 대해 자문을 구했기 때문에 미륵을 무착의 스승이라 한다. 『瑜伽師地論』·『大乘莊嚴經論頌』등의 저술이 있다.

5 용맹대사龍猛大士(⑤ Nāgārjuna) : 인도 대승불교의 중관학파를 창시한 용수龍樹를 말한다. 불멸후 6~7세기경 남인도 출신의 사람이다. 젊어서는 향락에 빠져 왕궁에 출입하며 궁녀들과 내통하다가 목숨을 잃을 위기에 처하기도 했지만, 나중에 대승에 귀의하여 깊은 뜻에 잘 통달하여 대승의 법문을 널리 선양하였다. 모든 대승불교가 그로부터 발흥했으므로 8종의 조사로도 불린다. 저서에는 『大智度論』,『十住毘婆沙論』,『中論』등이 있다.

6 삼법륜三法輪 : 진제와 현장이 세운 교판敎判의 이름을 가리킨다. 여래의 삼시三時 설법을 전轉·조照·지持의 세 가지 법륜으로 구분한 것이다. 전법륜이란 세존께서 처음 녹야원에서 설한 소승의 사제의 교법이며 초전법륜이라고도 한다. 삼시교 중에서 유교有敎에 속한다. 조법륜은 대승을 위해 '제법개공' 등을 설한 『般若經』의 교법이다. 공空으로써 유有를 조파照破했으므로 조법륜이라고 한다. 삼시교 중에서 공교空敎에 속한다. 지법륜은 두 번째 시時에서 집착되는 공을 깨트리고자 세존께서 다시 삼성三性 및 진여불공眞如不空 등의 오묘한 이치를 설한 것이다. 삼승의 사람들에게 모두 수지하도록 하였으므로 지법륜이라고 하였다. 이것은 삼시교 중에 중도교에 해당한다.

7 시록림施鹿林 : 녹야원鹿野苑(⑤ Mṛgadāva)을 가리키며, 세존이 성도 후 처음으로 법

에 대해 설하셨으니, 이것이 첫 번째 사제四諦 법륜이다. 다음에는 보살승에 발심하여 나아가는 자를 위해 취봉산[8] 등 열여섯 번의 법회에서 온갖 반야에 대해 설하셨으니, 이것이 두 번째 무상無相 법륜이다. 마지막에는 일체승에 발심하여 나아가는 자를 위해 연화장 등의 정토와 예토에서 『해심밀경』 등을 설하셨으니, 이것이 세 번째 요의대승了義大乘이다.

이상이 바로 여래께서 가르침을 일으키신 뜻이다.

第一教興及題目者。竊以。眞性甚深。超衆象而爲象。圓音秘密。布群言而不言。斯乃卽言而言亡。非象而象著。理雖寂而可談。卽言而言亡。[1] 言[2]雖弘而無說。故。[3] 嘿不二於丈室。可談故。辨三性於淨宮。是故慈氏菩薩。說眞俗而並存。龍猛大士。談空有而雙遣。然則存不違遣。唯識之義彌彰。遣不違存。無相之旨恒立。亦空亦有。順成二諦之宗。非有非空。契會中道之理。故知迷謬者。說空而執有。悟解者。辨有而達空。佛法甚源。豈不斯矣。但以接引多方。入理非一。是故法王說三法輪。初爲發起聲聞乘者。波羅奈國施鹿林中。創開生死涅槃因果。此卽第一四諦法輪。次爲發趣菩薩乘者。鷲峯山等十六會中。說諸般若。此卽第二無相法輪。後爲發趣一切乘者。蓮華藏等淨穢土中。說深密等。此卽第三了義大乘。是卽如來敎興之意也。

---

1) ㉠ '卽言而言亡' 다섯 글자는 연문衍文인 듯하다. 자세한 설명은 앞의 번역문 역주 참조. 2) ㉮ '言'은 한 곳에는 '敎'로 되어 있다. 3) ㉮ '故' 앞에 '無說'이 탈락된 듯하다. ㉠ '無說'을 넣어 번역하였다.

'해심밀경解深密經'이라는 제명은 이 경전 전체에 해당하는 이름이고, '서품제일序品第一'이란 품 내의 개별적 제목이다.

륜을 굴린 장소다.
8 취봉산鷲峯山 : 영취산靈鷲山이라고도 하며, 중인도 마갈타국 왕사성의 동북쪽에 위치하고 있다. 여기서 여래가 『法華經』 등의 대승경전을 설하셨다고 한다.

'해解'는 해석이고, '심深'은 매우 심오함이며, '밀密'은 비밀을 뜻한다. 이 경은 경境·행行·과果의 세 가지가 비할 바 없이 뛰어남(三無等)을 밝히는 것을 종지로 삼으니,9 이와 같이 매우 심오한 의미를 해석하므로 '해심밀'이라 하였다.

'경'이란 범음으로는 소달람素怛纜(Ⓢ sūtra)이고, 여기 말로 경이라 한다. 세속의 전적에 의하면 경은 '상常'을 말하니, 예로부터 지금까지 교의 의미가 항상 일정하기에 상이라고 부른다. 어떤 경우는 '실綖'이라 번역하는데, 『사분율』에서는 (경이란 비유하면) '실로 꽃들을 꿰어 결코 흩어지지 않게 하는 것과 같다'10고 하였다. 대당의 삼장 법사 현장은 '계경契經'이라 번역하는데, 이는 계합契合하는 것, 즉 도리에 들어맞고 유정의 근기에도 맞는 것을 말한다. 경에는 또한 두 가지 의미가 있으니, 첫째는 꿰어 놓음이고 둘째는 거두어 지님이다. 즉 설해야 할 의미를 꿰고 있고 교화해야 할 유정을 거두어 지닌다는, 이러한 두 가지 의미를 갖추고 있기 때문에 계경이라 한다.

(해심밀경이라는) 이름을 얻게 된 이유를 설명하면, '해·경'이라는 두 글자는 능전의 교(能詮教)이고, '심밀'이라는 말은 소전의 이치(所詮理)를 나타낸 것이니,11 능전과 소전을 따라서 경의 제목을 세운 것이다. 이것은 곧 '심밀의 해경(深密之解經)'이므로 육합석六合釋 중 의주석依主釋에 해당한다.12

---

9 유식학 경론에서 설한 유식의 경境(Ⓢ viṣaya)과 행行(Ⓢ pratipatti)과 과果(Ⓢ phala)가 그에 필적할 만한 것이 없을 만큼 뛰어남을 가리켜서 경·행·과의 삼무등三無等이라고 한다.
10 『四分律』 권1(T22, 569c7) 참조.
11 무엇을 지시하거나 나타내기 위해 사용되는 언어(교설) 자체를 능전能詮이라 한다면, 그 언어에 의해 나타나는 의미(대상)나 이치 등을 소전所詮이라 한다. 본문에서 "해·경은 능전의 교"라고 한 것은, 경이란 교를 모아 놓은 것이고 그 교의 본질은 일차적으로 '언어' 자체이기 때문이다. 또 "심밀은 소전의 이치"라고 한 것은, 그 언교言教에 의해 궁극적으로 언표된 의미는 깊고 비밀스런 유식의 이치이기 때문이다.
12 범어문법에서 두 개 이상의 명사로 이루어진 합성어를 해석하는 여섯 가지 방법을 육

'서품제일序品第一'에서, '서'란 이유(由序)이니 바른 교설을 일으킨 이유이고, '품'이란 품류品類 또는 품별品別의 뜻이다. '이미 들었다는 것' 등[13]을 나타낼 때, 내용의 종류가 서로 따르면 내용을 모아 각기 구별시켜 품이라고 한다. 이 한 책 안에 여덟 개의 품이 있고 이 품이 첫 번째이므로 '제일'이라 한다. 따라서 '해심밀경서품제일'이라 한 것이다.

題云解深密經者。一部總名。序品第一者。品內別目。解謂解釋。深卽甚深。密者秘密。此經宗明境行及果三種無等。解釋如是甚深之義。名解深密。經者。梵音名素怛纜。此云經也。若依俗典。經者常也。經古歷今。教義恒定。目之爲常。或翻爲綖。四分律云。綖貫華定不失落。大唐三藏。翻爲契經。謂契合。契當道理。合有情機。經亦二義。一者貫穿。二者攝持。貫穿所應說義。攝持所化有情。具斯二義。故名契經。辨得名者。解經兩字。是能詮教。深密之言。顯所詮理。從能所詮。以立經目。此卽深密之解經也。故六釋中。是依主釋。序品第一者。序謂由序。起正說之由致。品謂品類。或品別義。顯已聞等。義類相從。攝義各別。目之爲品。於一部內。有其八品。此品最初。故名第一。故言解深密經序品第一。

합석六合釋이라 하는데, 이 중에 의주석依主釋이란 넓은 의미에서는 앞 단어에 의해 뒤 단어가 제한되는 관계에 있는 모든 복합어를 가리킨다. 특히 원측의 주석에서는 두 단어의 관계가 'A之B'의 관계로 분석되면 모두 의주석으로 간주하였고, 이와 비교해서 'A卽B'의 관계로 분석되면 지업석持業釋으로 간주하였다. 이처럼 'A之B'의 관계로 분석되는 복합어에서 앞의 수식어가 반드시 '-의'라는 소유격으로 번역되는 것은 아니다. 예를 들어 '해심밀경解深密經'의 범음 Saṃdhinirmocanasūtra를 의주석으로 간주하면, '심밀深密(Ⓢ saṃdhi)의 해경解經(Ⓢ nirmocanasūtra)'으로 분석되는데, 이 경우 '심밀'은 '깊고 비밀스런 것'을 뜻하고 '해경'이란 그 심밀을 해석해 주는 경이므로 '깊고 비밀스런 것을 해석해 준 경전'으로 번역된다. 또 산사山寺는 '산의 절(山之寺)'로 분석되는데, 이 경우 앞 단어는 처격으로서 '산에 있는 절'을 뜻한다.

13 '이미 들었다(已聞)' 등이란 경전의 서분이 '이와 같이 나는 들었다'는 등의 육성취六成就의 문구로 시작되는 것을 말한다. 이 육성취에 대해서는 '여시아문如是我聞'이라는 경문을 해석하면서 다시 자세히 언급된다.

제2장 경의 종체를 설명함

'종체宗體'라고 한 것에서, '체'란 능전能詮[1]의 교체敎體[2]를 총괄해서 밝힌 것이고, '종'이란 모든 교법의 소전所詮[3]을 따로따로 나타낸 것이다.

言宗體者。體卽總明能詮敎體。宗言別顯諸敎所詮。

1. 능전의 교체를 총괄해서 밝힘

그런데 모든 성스런 가르침에 대해, 대당의 삼장 법사는 다섯 가지 문

---

1 능전能詮 : 유식학자들은 음성 언어에서 두 가지 측면을 구분한다. 첫째는 특정한 음운적 패턴을 지닌 말 자체인데, 이를 능전能詮이라 한다. 둘째는 그러한 말소리에 의해 현현되는 의미나 이치인데, 이를 소전所詮이라 한다.
2 교체敎體 : 『解深密經疏』 서두의 종체에 관한 논의에서는 교체론敎體論이 주를 이룬다. 교체론에서는 성전聖典의 언어의 본질이 무엇인가를 다룬다. 불교의 모든 경론들을 통칭해서 '부처님의 가르침(佛敎)'이라 할 때, 그것은 당시의 지방어(마가다어)로 설해졌으므로 무상無常한 '말(言)'이기도 하고 동시에 그것은 부처님의 깨달음에서 비롯되었으므로 진리 그 자체로 여겨질 수도 있다. 따라서 교의 본질(敎體)은 '부처님의 입에서 발성된 음성(聲)·명名·구句·문文과 같은 언어'라고 보는 입장에서부터 '부처님이 깨달았던 궁극적 진리'라는 입장까지 매우 다양하다. 이런 이유에서 이하의 소승·대승의 교체론에서는 음성·명·구·문, 식識 또는 진여 등 다양한 교체가 등장한다.
3 소전所詮 : 위의 각주 1 참조.

으로 교체를 나타내었다.

然諸聖敎。大唐三藏。五門出體。

1) 섭망귀진문攝妄歸眞門

첫 번째는 허망한 것을 거두어 진실한 것에 돌아가는 문이다. 말하자면 모든 성교의 명·구·문과 음성은 진여를 교체로 삼는다는 것이다. 따라서 『유마경』 등에서 "일체중생은 모두 진여고 모든 법들도 진여다."[4]라고 하였다.[5]

一攝妄歸眞門。謂諸聖敎。名句文身及以音聲。用如爲體。故維摩等云。一切眾生皆如也。一切諸法亦如也。

2) 섭상귀식문攝相歸識門

두 번째는 상相을 거두어 식識에 귀속시키는 문이다. 이에 대략 두 가지 의미가 있다.
첫째는 삼분설로 그 뜻을 설명하는 것이니,[6] 자체분을 '식'이라 하고 견

---

4 『維摩詰所說經』권1(T14, 542b12).
5 첫 번째 '섭망귀진문攝妄歸眞門'에 의하면, 부처님의 말씀은 표면적으로는 음성·명·구·문으로 되어 있지만 그 언어도 궁극적으로는 진여에 바탕을 두고 있다. 그러므로 모든 교법의 본질은 진여라고 한다.
6 이하는 삼분설三分說에 의거해서 유식의 교체를 설명하는 내용이다. '삼분설'은 인도 유식학자 진나陳那의 학설이다. 그에 의하면, 모든 심·심소가 작용할 때마다 삼분, 즉 견

분과 상분을 통괄하여 '상'이라 한다. 따라서 『성유식론』 제1권에서 다음과 같이 말한다. "변變이란 식체가 전변하여 마치 이분二分처럼 나타나는 것이다. 견분과 상분은 모두 자체분에 의지해 일어나기 때문이다."[7] 또 제2권에서 다음과 같이 말한다. "식소변識所變[8]의 상은 수많은 종류이지만 능변식能變識[9]의 종류를 나누면 오직 세 가지뿐이다."[10] 이 해석에 의하면 상相이란 상상相狀(식에 나타난 표상)을 말하니, 견분과 상분이 모두 자체분인 식의 상상이기 때문이다.

둘째는 이분설로 그 뜻을 설명하는 것이니,[11] 견분을 '식'이라 하고 상분을 '상'이라 한다. 따라서 『성유식론』에서는 "혹은 다시 내식이 전변하여 마치 외경처럼 나타나는 것이다."[12]라고 하였다. 이 해석에 의하면, 상분을 '상'이라 하는데 상분은 견분을 떠나지 않으므로 '오직 식이다(唯識)'라고 하였다. 총괄적으로 그 뜻을 설하면, 명·구·문 및 음성은 식의 상이기

분見分·상분相分·자증분自證分을 갖춘다. 이 삼분은 식전변에서 나타나는 식의 삼중구조로서, 상분은 인식되는 대상이고 견분은 대상을 인식하는 작용이며 자증분이란 그 이분의 근거가 되는 식 자체분自體分을 뜻한다.

7 『成唯識論』 권1(T31, 1a29). 이 문장은 호법護法과 안혜安慧의 학설을 서술한 것인데, 이는 모두 진나陳那의 삼분설三分說을 바탕으로 한다. 즉 식이 전변한다는 것은 식체가 마치 이분처럼 나타나는 것이다. 이를 식의 삼분 구조로 나타내면, 자증분에 의거해 견분·상분이 나타나는 것이다. 규기, 『成唯識論述記』(T43, 127ab) 참조.

8 식소변識所變 : 뒤의 능변식能變識의 대칭어로서, 그 능변식에 의해 전변되어 현현된 표상들을 '식소변'이라 하였다.

9 능변식能變識 : 앞의 식소변識所變의 대칭어로서, 이 세계의 모든 법들이 식의 표상이라면 그 표상을 전변해 내는 식을 '능변식'이라 하였다.

10 『成唯識論』 권2(T31, 7b26). '능변식의 종류를 나누면 오직 세 가지뿐이다'라고 했는데, 그 세 가지 식은 이숙식異熟識(제8아뢰야식), 사량식思量識(제7말나식), 요별경식了別境識(제6의식과 전전오식)을 말한다.

11 이하는 난타難陀 등의 이분설二分說을 서술한 것이다. 그에 의하면, 상분은 견분이 전변하여 나타난 것이기 때문에 '유식唯識'이라 한다. 이 상분의 체는 식 안에 있고 식과 분리되지 않는다. 난타 등은 이와 같은 이분만을 인정하고 그 외에 제3분이나 제4분 등을 말하지 않는다. 규기, 『成唯識論述記』(T43, 128ab) 참조.

12 『成唯識論』 권1(T31, 1b2).

때문에 식이라는 것이다.[13]

二攝相歸識門。略有二義。一三分明義。自體名識。見相二分。通名爲相。故成唯識第一卷云。變謂識體轉似二分。見相俱依自體起故。又第二云。識所變相。雖無量種。而能變識類別唯三。若依此釋。相謂相狀。見相皆是自體分識之相狀故。二二分明義。見分名識。相分爲相。故成唯識云。或復內識轉似外境。若依此釋。相分名相。相不離見。說名唯識。總說意云。名句文身及以音聲。識之相故。名爲識也。

3) 이가종실문以假從實門

세 번째는 가립을 실재에 귀속시키는 문이다. 예를 들어 『유가사지론』 등에서 '명·구·문은 가립된 것이고 음성은 바로 실재하는 것이므로 음성을 떠나서 그 밖에 별도의 명·구·문은 없다'고 한 것과 같다.[14]

三以假從實門。如瑜伽等。名等是假。聲卽是實。故離聲外無別名等。

해 또는 위에서 말한 세 가지 문은 각기 두 개의 문으로 나누어 볼 수 있다.

---

13 두 번째 '섭상귀식문攝相歸識門'은 유식종의 입장을 설한 것이다. '유식唯識'의 관점에서 보면, 부처님의 교법은 일차적으로는 음성·명·구·문을 말하고, 이것들은 결국 식의 전변 상에 나타난 차별적 상들이므로 교법의 본질은 식이다.
14 세 번째 '이가종실문以假從實門'에서는 교의 본질을 언어 자체로 보는데, 언어는 음성과 그에 덧붙은 특정한 음운굴곡에 의거해 가립된 이름(名)·문장(句)·음소(文)로 구분된다. 유식종에서 음성 자체는 실법實法이지만 명·구·문은 가법假法이라 보기 때문에, 실재의 말(음성)이 교체라고 보는 것이다.

68 · 신라 4

첫 번째 문의 두 문은 다음과 같다. 첫째는 허망한 것을 거두어 진실에로 돌아가는 문(攝妄歸眞門)이니, 교체는 오직 진실한 것이지 허망한 것은 아니다. 둘째는 진실과 허망을 차별시킨 문(眞妄差別門)이니, 교체는 허망한 것이지 진실한 것은 아니다. 왜냐하면 명·구·문·음성의 네 가지 법은 진여가 아니기 때문이다.

두 번째 문의 두 문은 다음과 같다. 첫째는 상을 거두어 식으로 귀속시키는 문(攝相歸識門)이니, 교체는 오직 식일 뿐 상이 아니다. 둘째는 식과 상을 차별시킨 문(識相差別門)이니, 우선 이 지역의 학설에 의하면 명·구·문·음성의 네 가지 법은 상일 뿐 식이 아니다. 왜냐하면 명·구·문·음성은 모두 상분에 속하기 때문이다.

마지막 문의 두 문은 다음과 같다. 첫째는 가립된 것을 실재하는 것에 귀속시킨 문(以假從實門)이니, 교체는 오직 실재이지 가립된 것은 아니다. 둘째는 가립된 것과 실재하는 것을 차별시킨 문(假實差別門)이니, 교체는 가립과 실재에 통하는 것이다. 왜냐하면 명·구·문은 가립된 것이고 음성은 실재하는 것이기 때문이다.

> 又解。此上三門。各開二門。初二門者。一攝妄歸眞門。唯眞非妄。二眞妄差別門。是妄非眞。名等四法非眞如故。次二門者。一攝相歸識門。唯識非相。二識相差別門。且依此土。名等四法。唯相非識。名等皆是相分攝故。後二門者。一以假從實門。唯實非假。二假實差別門。通假及實。名等是假。聲卽實故。

4) 삼법정체문三法定體門

네 번째는 세 가지 법으로 교체를 결정하는 문이다. 세 가지 법이란 바로 오온·십이처·십팔계라는 삼과법문三科法門을 말하니, 따라서 『잡집론』에서는 (이 삼과를) '삼법품三法品'이라 하였다.

살바다종의 평가정의評家正義[15]에 의하면, 음성을 교체로 삼기 때문에 교체는 삼과 중에서는 색온·성처·성계에 속한다.

경부종은 가립된 음성과 실재의 음성을 둘 다 교체로 삼으니, 교체는 오온문에서는 색온에 속하고 처문·계문에서는 성처·법처와 성계·법계에 속한다.[16] (이에 대해서는 다음의) 법수문法數門에서 자세히 분별하겠다.

이제 대승에 의하면 음성과 명 등의 네 가지 법을 자성으로 삼는 것이니, 교체는 오온에서는 색온·행온에 속하고 처문·계문에서는 성처·법처와 성계·법계에 속한다. 왜냐하면 명 등의 세 가지 법은 의식의 대상이기 때문이다.[17]

第四三法定體門。三法卽是蘊處及界三科法門。故雜集論。名三法品。薩婆多宗評家正義。用聲爲體故。三科中。色蘊聲處聲界所攝。依經部宗。假實

---

15 평가정의評家正義 : 비바사 4대 논사를 가리킨다. 가습미라국 가니색가迦膩色迦王 통치 시절에 오백아라한이 결집하여 『發智論』을 평석하여 『大毘婆沙論』을 편찬하였는데, 그들 중에 법구法救([S] Dharmatrāta)·묘음妙音([S] Ghoṣa)·세우世友([S] Vasumitra)·각천覺天([S] Buddhadeva) 등 4대 논사를 예로부터 사평가 또는 평가정의라고 한다.

16 '실재의 음성'이란 입에서 발성된 말소리(聲)이고, '가립된 음성'이란 그 말소리의 특정한 음운굴곡에 의거해서 가립한 명名·구句·문文을 말한다. 교敎라는 것은 본질적으로 부처님의 '음성', 즉 '말소리'이고, 그 말소리가 의미 있는 말로 이해되는 것은 그 소리에 덧붙은 특정한 음운굴곡 때문이다. 따라서 '말소리(實)와 명·구·문(假)'을 모두 교체로 간주하는데, 말소리는 물리적 소리이므로 색온·성처·성계에 속하고, 명·구·문은 가립법이므로 법처·법계에 속한다는 것이다.

17 이것은 교체가 행온·법처·법계에 포함되는 이유를 설명한 것이다. 예를 들어 '아버지'라는 말에서, '아'라는 소리는 사람들의 목소리의 다양한 음색과 톤 그리고 장단의 차이에 따라 다르지만 의식에서는 그것을 모두 '아'라고 알아듣는다. 이 음성적 패턴에 의거해 명·구·문을 가립하는데, 최소의 음운 단위인 음소가 문文이고, 그 음소가 모여 하나의 단어(名)를 이루며, 둘 이상의 단어가 모여 구절(句)을 이룬다. 이러한 명·구·문은 의식에 의해 파악되는 대상이므로 삼과 중에서는 행온·법처·법계에 속한다.

二聲。以爲敎體。五蘊門中。色蘊所攝。處界門中。聲處法處聲界法界。法
數門中。當廣分別。今依大乘。聲及名等四法爲性。於五蘊中。色行二蘊。
處界門中。聲處法處聲界法界。名等三法。意識境故。

5) 법수출체문法數出體門

다섯 번째는 법수로 교체를 나타내는 것이니, 네 문으로 분별하겠다. 첫째는 법수로 교체를 나타낸 것이고, 둘째는 본질과 영상의 있고 없음을 밝힌 것이며, 셋째는 말소리가 취집하고 현현하기 위해 거치는 마음의 차별적 (단계를) 나타낸 것이고, 넷째는 여래의 설법이 일음一音인지 또는 이음異音인지를 밝힌 것이다.

第五法數出體。四門分別。一法數出體。二本影有無。三聚集顯現歷心差
別。四辨音一異。

(1) 법수로 교체를 나타냄

법수로 교체를 나타낸다고 했는데, 우선 사교邪敎에 대해 밝히겠다.

● 외도

수론외도들은 성제聲諦[18]를 교체로 삼고, 승론종은 성덕聲德[19]을 (교법

---

18 성제聲諦: 수론數論(S) Saṃkhya)의 이십오제二十五諦 중에 오유五唯(聲, 觸, 色, 味, 香), 즉 다섯 가지 물리적 경계 중의 하나인 성聲을 가리킨다. 이 학파에 의하면, 물질을 관조하는 순수 정신인 뿌루샤(S) puruṣa)와 근본 물질인 쁘라끄리띠(S) prakṛti), 그리고 이 쁘라끄리띠가 뿌루샤의 관조를 받아 전변이 시작되어 23제가 생겨난다. 즉 쁘

의) 자성으로 삼는다. 순세외도들은 지·수·화·풍 사대를 교체로 삼는데, 모든 것의 자성은 모두 사대이기 때문이다.[20] 성론의 논사들은 말(聲)을 교체로 삼으니,[21] 『베다(明論)』의 말은 영원하여 일정한 척도가 되어 모든 법을 나타낼 수 있기 때문이다.[22]

言法數出體者。且辨邪敎。數論外道。聲諦爲體。依勝論宗。聲德爲性。順世外道。四大爲體。一切皆用大爲性故。聲論諸師。用聲爲體。明論聲常能爲定量。詮諸法故。

● 소승의 살바다종

이제 불교 내의 종파에 의하면 여러 교설들이 같지 않다.

살바다종에는 모두 75법이 있는데, 그 뜻은 일반적인 해석과 같다. 그

라끄리띠→붓디(S buddhi : 覺)→아함까라(S ahamkara : 我執)→11개의 감각 기관과 오유五唯와 오대五大 등이 발생한다.
19 성덕聲德 : 승론勝論(S Vaiśeṣika)에서 말하는 스물네 가지 속성(德) 중 하나인 성聲을 가리킨다. 이 학파는 세계를 다음과 같은 육구의六句義로 설명한다. 실체(實), 속성(德), 운동(業), 보편(同), 특수(異), 내속(和合)이 그것이다. 여기에 무無(S abhāva)를 추가해서 7구의라고도 한다. 이 중에서 속성은 색色, 향香, 미味, 촉觸, 수數, 양량, 별체別體, 합습, 이離, 피체彼體, 차체此體, 각覺, 낙樂, 고苦, 욕欲, 진瞋, 근용勤勇, 중체重體, 액체液體, 윤潤, 행行, 법法, 비법非法, 성聲 등의 스물네 가지로 구분된다.
20 순세외도順世外道(S Lokāyata)는 지地·수水·화火·풍風의 사대 원소의 존재만을 인정하고, 몸과 감각 기관과 감각의 대상들은 이 네 요소의 상이한 결합에 의한 것으로 본다. 이 학파에 의하면, '교'는 말이고 이 말소리는 결국 지·수·화·풍의 사대 원소로 이루어졌으므로 '교체는 사대다'라고 주장한다.
21 여기서 성聲이란 '말', 즉 언어를 가리킨다. 성론聲論이란 이 우주에 영원한 말이 존재한다고 주장하는 외도들로서, 특히 베다의 언어를 숭배하는 정통 바라문 문법학자들을 가리킨다.
22 바라문 전통에서는 『베다』의 '말'은 누구에 의해 만들어진 것이 아니므로 본래부터 영원불변한 것이고, 모든 존재를 드러내는 언어적 기능을 하며, 절대로 거짓일 수 없는 진리의 척도로 간주된다.

런데 서 교체에 대해 『잡심론』과 『구사론』과 『대비바사론』에 모두 두 가지 설이 있다. 한편에서는 다음과 같이 말한다. 〈여래의 법온法蘊(설법)이란 색온을 자성으로 삼으니, 그것이 음성이기 때문이다.〉 한편에서는 다음과 같이 말한다. 〈여래의 설법은 행온을 자성으로 삼으니, 그것은 명·구·문이기 때문이다.〉

이런 주장에 따라서 이 지역 스님들의 해석도 같지 않으니, 이에 세 가지 학설이 있다.

한편에서는 다음과 같이 말한다. 〈음성의 가르침을 (교체로 보는 것을) 정의正義로 삼으니, 여래의 음성은 선善이지만 명·구·문들은 무기無記이기 때문이다.[23] 따라서 『잡심론』에서는 "경·율·아비담(논)을 세속의 정법이라 하고 삼십칠도품[24]을 제일의라고 한다."[25]고 하였고, 장행의 해석에서 "세속의 정법이란 언설의 정법이다."[26]라고 하였다.〉

한편에서는 다음과 같이 말한다. 〈명·구·문을 정의로 삼으니, 이 명·구·문에 의해 말하려는 의미를 나타낼 수 있기 때문이다.[27] 따라서 『발지

---

23 음성은 어업語業과 관련되므로 선·불선의 범주에 해당하지만, 물리적 음성의 특정한 음운적 패턴에 의거해 시설된 명·구·문은 심도 색도 아닌 불상응법이고 선도 불선도 아닌 무기다. 그런데 여래의 설법을 '말하는 행위'로 간주하면, 그 말은 무루의 선에 해당한다. 따라서 교의 본질(敎體)도 '선'과 연관되는 음성으로 간주해야 한다는 말이다.
24 삼십칠도품三十七道品 : 열반에 이르기 위해 닦는 일곱 가지 수행법을 말한다. 즉 사념처四念處, 사정근四正勤, 사여의족四如意足, 오근五根, 오력五力, 칠각분七覺分, 팔정도八正道 등이다.
25 『雜阿毘曇心論』 권10(T28, 957b22).
26 『雜阿毘曇心論』 권10(T28, 957b24) 참조.
27 불교 언어관에서는, '말'은 청각적 소리(聲)와 거기에 덧붙은 특정한 음운적 패턴에 의거해 가립된 언어인 명名·구句·문文으로 구분된다. 무릇 말이란 단순한 소리가 아니라 그 소리가 우리 의식에서 하나의 이름으로 인식되고 동시에 어떤 관념이 떠오를 때, 그 소리는 '의미 있는 말'로 인식된다. 그런 의미를 현현시키는 기능을 하는 것이 명·구·문이다. 그런데 부처님 가르침의 본질은 제법의 의미를 깨닫게 하는 데 있다. 따라서 명·구·문이 교의 본질이라 주장한다.

론』에서는 '십이부경[28]의 자성은 무엇인가'라고 하고서, 답하길 '명·구·문들이 차례대로 이어져 있는 것'이라 하였다.[29] ······이하 생략······〉

한편에서는 다음과 같이 말한다. 〈음성과 명·구·문을 전부 교체로 삼으니, 앞에서 말했던 두 가지 의미 때문이다.〉

今依內宗。諸說不同。薩婆多宗。總有七十五法。義如常釋。然彼敎體。雜心俱舍。及毗婆沙。皆有二說。一云。如來法蘊。色蘊爲性。以是聲故。一云。行蘊。名句字故。由斯義故。此地諸師解不同。有其三說。一云。音敎以爲正義。以聲是善。名句文身。是無記故。故雜心云。經律阿毗曇。是名俗正法。三十七道品。是說第一義。長行釋云。俗正法者。言說正法。一云。名等以爲正義。以能詮表所說義故。故發智論云。十二部經。以何爲性。答。名身句身文身次第住。乃至廣說。一云。通用音聲名等爲體。由前所說二種義故。

지금의 신역『구사론』제1권에서는 두 가지 해석을 함께 진술하는데, 교체는 음성이라고 설하거나 혹은 명·구·문이라고 설하기도 하면서 (그에 대해) 따로 판별한 것이 없다.

『순정리론』제3권에서도 두 논사의 설을 서술하는데, 이것도『구사론』과 동일한 것이다. 아울러 문답도 쓰여 있는데, 그 논에서는 다음과 같이 말한다. "말(語)은 교敎의 다른 이름이니 교가 바로 말임을 인정하지만, 명名과 교는 체가 다른데 교가 어째서 명이겠는가? 그것은 이렇게 해석할 수 있다. 반드시 명이 있어야만 이를 교라고 설한다. 그러므로 부처님 가

---

28 십이부경十二部經 : 부처님의 일대교설을 그 경문의 성질과 형식에 따라 열두 가지로 나눈 것으로, 계경契經, 중송重誦, 수기受記, 불송게不誦偈, 자설自說, 연기緣起, 비유譬喩, 본사本事, 본생本生, 방광方廣, 미증유未曾有, 논의論議 등이 있다. 십이부경에 대한 자세한 설명은 제3장 각주 3(p.144) 참조.

29 『發智論』권12(T26, 981b6) 참조.

르침의 본질은 바로 명이다. 그 이유는 무엇인가? 의미를 여실하게 나타내기 때문에 부처님 가르침이라 하는데, 명이 의미를 나타내므로 교가 바로 명이다. 이로 인해 부처님 가르침은 결정코 명을 교체로 삼는다. 명을 먼저 쓴 것은 그것이 구句와 문文을 포괄하기 때문이다.[30],[31]

『현종론』제3권도『순정리론』과 동일하다.

삼장(현장)의 풀이에 따르면, 서방의 논사들은 다음과 같이 해석했다고 전해진다.『구사론』과『순정리론』에는 모두 두 가지 설이 있는데 각기 귀착되는 바가 있다. 그 이유는 무엇인가? 중생(物)들을 기쁘게 하는 데는 음성이 뛰어나고, 법을 나타내는 데는 명·구·문이 뛰어나기 때문이다.[32] 따라서 대응되는 경우가 같지 않고 각기 근거가 있음을 알 수 있다. 이에 따를 때, 두 가지 설이 모두 정의다.

今依新翻俱舍第一。具申兩釋。謂說音聲。或說名等。而無別判。正理第三。敍兩師說。亦同俱舍。兼有問答。故彼論云。語教異名。教容是語。名教別體。教何是名。彼作是釋。要由有名乃說爲教。是故似[1]教體卽是名。所以者何。詮義如實。故名佛教。名能詮義。故教是名。由是佛教定名爲體。擧名爲首。以攝句文。顯宗第三。同順正理。三藏解云。西方諸師。傳作此釋。俱舍正理。皆有兩說。各有所歸。所以者何。令物歡喜。音聲爲勝。若約詮法。

---

30 명·구·문에서 말을 이루는 최소의 음운적 단위는 음소(文)이지만 음소 자체로는 아무런 의미를 나타내지 못한다. 의미 있는 말의 기본 단위는 이름, 즉 단어이다. 이 이름을 쪼개면 음소가 되고 조합하면 문구가 된다. 이런 의미에서 이름이 문구와 음소를 포함한다고 한 것이다.
31 『順正理論』권3(T29, 346c13).
32 설법을 듣는 중생의 마음에서 기쁨과 감동을 일으키는 데는 설법자의 음성의 영향력이 크다. 이런 정감적인 차원에서는 음성의 역할이 뛰어나므로 음성을 교체로 볼 수 있다. 그런데 언어적 기호와 그에 의해 드러나는 의미의 관계에 초점을 맞추면, 명·구·문이 제법의 의미를 드러내는 기능을 하는 것이다. 이런 의미 전달 차원에서는 명·구·문을 교체로 볼 수 있다는 것이다.

名等卽勝。故知所對不同。各有准據。由斯兩說。皆是正義。

1) ㉠『順正理論』 권3(T29, 346c15)에 따르면, '似'는 '佛'의 오기다.

이제 여러 논서들을 자세히 살펴보면서, 문장을 따라 판별해 보겠다. 『순정리론』의 의도는 명·구·문을 교체로 보는 것이 정의라는 것이다. 따라서 그 논에서는 "그러므로 부처님의 가르침은 결코 명을 교체로 삼는다."[33]고 결론짓는다. 이에 준해 보면, 『구사론』도 『순정리론』과 같다. 그것을 논파하지 않은 것은 의미상 어긋나지 않기 때문이다. 혹은 후대의 논사가 스스로 결론을 내린 것이지, 『순정리론』의 논사가 우열을 판정한 것은 아니라고 할 수도 있다.

今詳諸論。隨文相判。正理論意。名等爲正。故彼結云。是故佛敎。定名爲體。准此俱舍。亦同正理。以彼不破。義不違故。或可後師自結所立。非正理師刊定勝劣。

『대비바사론』의 평가정의에 의하면, 음성을 (교체로 보는 것을) 정의로 삼는다. 따라서 『대비바사론』 제126권에서는 다음과 같이 말한다.

🔲 문 이와 같은 부처님 가르침(佛敎)은 어떤 것을 체로 삼는가? 그것은 어업語業인가, 명·구·문인가?

🔲 답 '어업을 체로 한다'고 말해야 한다.

🔲 문 이렇다면 그 뒤에 설해진 『발지론』의 문답과 어떻게 회통시키겠는가?[34] 예를 들면 "부처님 가르침이란 어떤 법을 가리키는가? 답하자면,

---

33 『順正理論』 권3(T29, 346c17).
34 『大毘婆沙論』은 『發智論』을 해석한 책인데, 여기서 '그 뒤에 설해진 것(次後所說)'이란 『大毘婆沙論』의 이 문장 다음에 곧이어 나오는 『發智論』의 본문을 가리킨다.

명·구·문들이 차례로 행렬行列하고 차례로 안포安布되고 차례로 연합連合한 것이다.[35]"라고 설하였다.

답 그 뒤의 『발지론』 본문은 부처님 가르침의 작용을 나타낸 것이지, 부처님 가르침 자체를 나타내려 했던 것은 아니다. 즉 차례로 행렬하고 안포하고 연합한 명·구·문들이란 부처님 가르침의 작용을 말한다.

어떤 이는 말하길, '부처님 가르침은 명·구·문을 체로 삼는다'고 한다.

문 그렇다면 이 『발지론』의 본문에서 설한 것과는 어떻게 회통시킬 수 있는가? 예를 들면 "부처님 가르침이란 무엇인가? 답하자면, 부처님의 언어語言·창사唱詞·평론評論·어음語音·어로語路·어업語業·어표語表를 부처님 가르침이라고 한 것이다."라고 설하였다.

답 전전인展轉因[36]에 의거하므로 이렇게 설한 것이다. 마치 대대로 자손들이 연속해서 생겨나는 법이듯, 말이 명을 일으키고 명이 의미를 나타낼 수 있음을 말한다. 이와 같이 설하는 자들은 어업을 교체로 여기니, (부처님 가르침이란) 부처님 마음속으로 말하려 한 것을 다른 이가 들은 것이기 때문이다.[37]

자세한 것은 저 『대비바사론』에서 설한 것과 같다.

若依婆沙。評家正義。音聲爲正。故大婆沙第一百二十六云。問。如是佛敎。以何爲體。爲是語業。爲是名等。答。應作是說。語業爲體。問。若爾。次後

---

35 이것은 『發智論』에 나오는 하나의 견해로서, 불교라는 것은 결국 단어나 문구들이 의미 있는 방식으로 차례로 나열되고 조합된 것이라고 보는 입장이다.
36 전전인展轉因 : A가 B를 초래하고 다시 B가 C를 초래하는 경우에서처럼 연속적 인과관계에서 앞의 것이 뒤의 것에 대해 원인이 되는 것을 말한다.
37 이상의 문답은 모두 『大毘婆沙論』 권126(T27, 659a23) 이하에서 인용된 것이다.

所說。當云何通。如說佛教名何法。答。謂名身句身文身。次第行列。次第
安布。次第連合。答。後文爲顯佛敎作用。不欲開示佛敎自體。謂次第行列
安布連合名句文身。是佛教用。有說。佛敎名等爲體。問。若爾。此文所說。
當云何通。如說佛敎云何。答。謂佛語言。唱詞評論。語音語路。語業語表。
是謂佛敎。答。依展轉因。故作是說。如世子孫。展轉生法。謂語起名。名能
顯義。如是說者。語業爲體。佛意所說他所聞故。具說如彼。

문 어찌『순정리론』이『대비바사론』등에 의거한 것이 아니겠는가? (그런데) 어째서 평가정의를 따르지 않는가?

답 중현[38]은 이치가 우수하면 더 나은 것으로 여기기 때문에,[39] 이치를 별도로 내서 명·구·문을 정의로 삼은 것이다.

해 저 종파에서 음성을 교체로 삼는 경우는 법수문에서는 오직 음성한 개의 법만을 교체로 삼는 것이고, 명·구·문을 교체로 삼는 경우는 곧명·구·문의 세 가지 법을 교체로 삼는 것이다. 합해서 말하면 네 개의 법을 교체로 삼는 것이니, 즉 음성과 명·구·문이다. 그런데 평가정의는 음성이라는 한 개의 법을 교체로 삼는다.

問。豈不正理依婆沙等。如何不依評家正義。答曰。衆賢理長爲勝。故別生
理。名等爲正。解云。彼宗聲爲體者。法數門中。唯用音聲一法爲體。名等
爲體者。卽用名等三法爲體。若合說者。合用四法爲體。謂聲名等。評家正

---

38 중현衆賢(⑤ Saṃghabhadra) : 북인도 가습미라국 사람으로 살바다종의 논사이다. 살바다부에서『大毘婆沙論』을 배웠는데, 세친 보살이『俱舍論』을 짓자 이것을 12년간 연구한 뒤에『順正理論』을 지어 반박하였다.
39 본문의 '이장위승理長爲勝'이란 종파에 상관없이 도리가 수승한 것을 취하여 논을 세우는 것을 말한다. 세친이『大毘婆沙論』에 의거해서『俱舍論』을 지을 때 유부종의 학설에만 의지하지 않고 이치가 옳은 것은 경부의 학설이라도 취하여 쓴 것과 같은 경우이다.

義。用聲一法爲體。

● 경부종

경부종에 의하면, 음성을 교체로 삼는다. 따라서 『순정리론』 제14권에서는 경부종을 논파하면서 "그대들은 '명·구·문이란 곧 음성을 체로 삼는 것'이라 건립해서는 안 된다.[40]"[41]고 하였다. 무성無性[42]의 『섭대승론석』 제1권도 이러하니, 그 논에서는 '모든 계경의 문구들이 말(語)을 자성으로 삼는다는 주장도 이치에 맞지 않다'고 하였다.[43]

그런데 저 경부종에는 세 논사의 설이 있다.[44] 한편에서는 다음과 같이 말한다. 〈교체는 십이처 중에 성처聲處를 자성으로 삼는다. 왜냐하면 음성을 떠나서 별도로 명·구·문은 없기 때문이다.〉 한편에서는 다음과 같이 말한다. 〈법처法處에 (속하면서) 상속하는 가짜 소리(假聲)[45]를 자성으

---

40 설일체유부는 실재의 음성뿐만 아니라 그와 별도로 명·구·문이 실재한다고 주장했다. 위의 인용문은 유부의 입장에서 음성·명·구·문이 독립적 실재임을 논하면서 경부의 주장을 반박한 것인데, 이 문장을 통해서 역으로 경부의 입장을 짐작할 수 있다는 말이다. 이에 따르면, 경부종에서는 '명·구·문의 체가 바로 음성이다'라고 주장하였다. 다시 말하면, 경부종에서는 음성이 실재이고 명·구·문은 그 위에 가립된 것일 뿐 별도의 실재성을 갖지 않는다고 한다.
41 『順正理論』 권14(T29, 414c28).
42 무성無性(S Asvabhāva) : 인도 유식 논사이다. 『攝大乘論釋』 10권을 지었는데, 인도의 대승의 모든 논석論釋들을 총괄해서 쓴 책이다.
43 원측에 의하면, 이 인용문에서 비판의 대상이 되는 것은 바로 경부종이므로, 이에 의거해서 역으로 경부종의 입장을 추측할 수 있다. 그에 따르면, 경부종에서는 교체는 '말(語)', 즉 음성적 언어라고 보았다. 『攝大乘論釋』 권1(T31, 380b13) 참조.
44 경부의 교체론도 음성과 명·구·문의 차원에서 벗어나지 않는다. 부처님의 말씀은 물리적 소리에 대한 청각적 식별만으로 이해되는 것이 아니고, 의식의 차원에서 그 소리 상의 음운굴곡인 명·구·문이 인식될 때 이해되는 것이다. 따라서 경부도 음성뿐만 아니라 명·구·문도 모두 교체와 연관된다고 보았다. 그런데 이들은 말소리는 성처聲處 소속의 실유의 다르마지만 명·구·문은 법처法處 소속의 가립물로 간주했기 때문에, 이 교체를 실유하는 성처 또는 법처 중에 어디에 소속시키는가에서 견해 차이가 나타난 것이다.
45 '법처에 속하면서 상속하는 가짜 소리'란 '명·구·문'을 가리킨다.

로 삼는다. 왜냐하면 그것은 오직 의식의 대상이 되는 것이기 때문이다.〉 한편에서는 다음과 같이 말한다. 〈통틀어 가짜 소리와 실재 소리의 두 가지를 모두 체로 삼는다. 앞에서 말한 두 가지 의미 때문이다.〉

> 依經部宗。以聲爲體。故順正理第十四卷。破經部云。汝不應說[1]名句文身卽聲爲體。無性攝論第一亦爾。彼云。諸契經句。語爲自性。且不應理。然依彼宗。有三師說。一云。十二處中。聲處爲性。離聲無別名句字故。一云。法處相續假聲。以爲自性。唯是意識所緣性故。一云。通用假實二聲爲體。前二義故。
>
> 1) ㉠『順正論』권14(T29, 414c28)에는 '說'이 '立'으로 되어 있고, 후자에 의거해 번역하였다.

문 어째서 경부종에는 이러한 세 가지 설이 있게 되었는가?

답 대당 삼장의 풀이에 따르면, 경經을 판단의 척도(量)로 삼아 모든 의미를 해석하는 사람들을 다 경량부라고 하기 때문에 경부종에 이 세 가지 설이 있게 된 것이다. 그 종에서는 법수에 대한 설들이 다르다. 한편에서는 심心을 떠나 별도의 심소법은 없다고 한다. 그 설에 의하면 열아홉 가지 법이 있다. 즉 색色 중에 열네 개가 있으니, 오근五根과 오경五境 그리고 지·수·화·풍의 사대종을 말한다. 심은 오직 하나뿐이니, (심을 떠난 별도의) 심소법은 없기 때문이다. 불상응법不相應法은 오직 한 가지가 있을 뿐이니, 모든 무작無作[46]을 말한다. 무위법에는 세 개가 있으니, 허공과 택멸擇滅과 비택멸非擇滅이다.[47] 이와 같이 열아홉 가지 법이 있는데 이 중

---

46 무작無作: 무표색無表色을 말한다. 몸짓·말과 같은 표업을 일으킨 다음에 그 업의 과보를 받을 만한 원인을 동시에 훈발하는데, 이것은 다른 이에게 표시할 수 없는 비감각적 색이다.

47 이 세 가지를 삼무위三無爲라고 하며, 인연에 의해 만들어진 것이 아닌 무위법을 가리킨다. 허공은 전혀 질애가 없는 빈 공간을 가리킨다. 택멸擇滅은 열반의 다른 이름으

에 단지 성처聲處만을 교체로 삼으니, 상속하는 가짜 소리는 별도의 실체가 없기 때문이다. 그 밖의 두 가지 설은 '일체법'의 의미를 논하면서 자세히 분별할 것이다.

> 如何經部宗。有此三說。三藏解云。以經爲量。釋諸義者。皆名經部。故經部宗。有此三說。彼宗法數。諸說不同。一云。離心無別心法。若依彼說。有十九法。謂色中有十四。謂五根五境及四大種。心唯是一。無心法故。不相應法。唯有一數。謂諸無作。無爲有三。謂虛空。擇滅。非擇滅。如是有十九種法。於中。但用聲處爲體。相續假聲。無別體故。自餘諸說。一切法義中。當具分別。

● **대승의 용맹종**

이제 대승에 의하면 두 가지 설이 다르다.

첫째, 용맹종(중관학파)은 정확하게 판정해 놓은 문장은 없지만, 법수法數의 개수는 『대지도론大智度論』에서 모든 법상法相에 대해 설명한 것에 준해 볼 때 대개 살바다종과 동일하여 총 761법이 있다. 어떻게 알 수 있는가? 살바다종에서는 75법을 밝혔고, 『십주비바사론十住毘婆沙論』에서는 700개의 불상응법을 세웠다. 따라서 (75법에서) 14불상응법을 빼고 700불상응법을 더해서 761법이 있음을 알 수 있다. 【다시 그 밖의 다른 논들도 조사해 보라.】

이에 따르면, 열한 개의 색법 중에 음성을 교체로 삼은 것이다. 따라서 『대지도론』 제33권에서는 다음과 같이 말한다. "육신통을 얻은 아라한은

로서, 지혜의 간택의 힘, 즉 정확한 판단력으로 멸제滅諦인 열반을 얻는 것을 말한다. 또 제법이 미래로부터 현재로 진행할 때 '생연生緣'이 결여됨으로써 장차 영원히 미래의 상태에 머물면서 절대로 생겨나지 않는 것을 불생법이라 하는데, 이것은 간택의 힘이 아니라 연緣의 결여로 인해 나타난 것이므로 '비택멸非擇滅'이라 한다.

부처님이 법을 설하실 때 비록 그 자리에 있지 않더라도 천안天眼으로 부처님을 보고 천이天耳로 법을 듣는다. 그러나 신통력이 미치지 못하는 곳이라면 보거나 듣지 못할 것이다." 이에 준해 보면, 부처님의 가르침은 성聲[48]을 체로 삼는 것이다.

今依大乘。兩說不同。一龍猛宗。無文正判。法數多少。准智度論。明諸法相。大分同於薩婆多宗。總有七百六十一法。何以得知者。薩婆多宗。明七十五法。十住毗婆沙。立有七百不相應法。故知除十四不相應。加七百不相應法。故有七百六十一法。【更勘餘論。】由斯。卽用十一色中音聲爲體。故智度論三十三云。六通阿羅漢。佛說法時。雖不在座。以天眼見佛。天耳聞法。若神通力所不及處。不得見聞。准此佛敎。用名[1]爲體。

1) ㉾ '名'은 '聲'으로 고쳐야 할 것 같다. 자세한 설명은 앞의 번역문 역주 참조.

● **대승의 미륵종**

둘째, 미륵종에는 총 100법이 있다. 예를 들면 『백법명문론百法明門論』과 같다. 그런데 교체를 나타내는 데 있어 여러 교설들이 다르다.

어떤 곳에서는 오직 '음성'이라고 한다. 예를 들면 『유마경』 등에서는 "부처님은 일음一音으로 설법하시나 중생들은 부류마다 각각 이해한다."[49]고 하였다. 또 『무량의경』에서는 "일음으로 널리 뭇 소리에 응하신다."[50]고 하였다. 또 『대계경大界經』[51]에서는 여래께서는 한 마디의 설법 중

---

48 원문은 '用名爲體'라고 되어 있는데, 전후 문맥상 '名'을 '聲'으로 고쳐서 번역하였다. 앞에서 언급했듯 용맹종에서는 음성을 교체로 간주하며, 이 인용문은 그런 주장의 근거로 제시된 것이다. 따라서 '이에 따르면 부처님의 가르침은 음성을 교체로 삼는다'라는 결론이 나와야 한다.
49 『維摩詰所說經』 권1(T14, 538a2).
50 『無量義經』 권1(T9, 386c6).
51 『大界經』이 어떤 경인지 현재 확인할 수 없다.

에서 한량없는 경전을 설하신다고 하였다. 또 이 『해심밀경』 제5권에서는 "여래의 언음言音에는 대략 세 가지가 있으니, 첫째는 계경契經이고, 둘째는 조복調伏(律)이며, 셋째는 본모本母(論)다."[52]라고 하였다. 『상속해탈경』과 『심밀해탈경』 두 경에서 모두 다음과 같이 말한다. 〈부처님의 말에는 세 가지가 있으니, 첫째는 수다라脩多羅(經)의 말이고, 둘째는 비니毗尼(律)의 말이며, 셋째 마덕늑가摩德勒伽(論)의 말이다.〉[53] 『현양성교론』 등에서는 성인의 가르침을 성량聲量[54]이라고 하였다.

> 二彌勒宗。總有百法。如百法論。然出敎體。諸敎不同。有處。唯聲。如維摩經等。佛以一音演說法。衆生隨類各得解。又無量義經云。能以一音。普應衆聲。又大界經云。如來一語說法中。演說無量契經海。又此經第五云。如來言音。略有三種。一者契經。二者調伏。三者本母。相續深密二經。皆云佛語有三。一脩多羅語。二毗尼語。三摩德勒伽語。顯揚等論。卽說聖敎。名爲聲量。

어떤 곳에서는 다만 명·구·문을 교체로 삼는다. 예를 들어 『인왕경』에서는 '이 경의 명·구·문은 수많은 부처님의 설법'이라 하였다.[55] 또 이 『해심밀경』 제4권에서는 "첫째는 한량없는 설법과 한량없는 법구 문자들,

---

52 『解深密經』 권5(T16, 708c12). 계경契經([S] sūtrānta-piṭaka)은 부처님의 교설들을 모아 놓은 경이고, 조복調伏([S] vinaya-piṭaka)은 부처님이 제정한 교단의 생활 규칙에 관련된 규율들을 모아 놓은 율장律藏이며, 본모本母([S] mātṛkā)는 부처님이 스스로 법상을 문답·결택한 것과 제자나 여러 보살들이 경전의 뜻을 해석하여 변론해 놓은 것을 모아 놓은 논장論藏을 말한다.
53 『深密解脫經』(T16, 685b9)과 『相續解脫經』(T16, 718b21) 참조.
54 성량聲量 : 성교량聖敎量 혹은 성언량聖言量의 다른 말이다. 성인의 교설은 진실하고 오류가 없음을 깊이 믿고서, 이것을 논의의 진위 판단의 척도(量)로 삼는다.
55 『仁王經』 권1(T8, 826a24)에는 "대왕이여, 이 경전의 경명·미味·구句는 백불·천불·백천만의 부처님이 설해 주시는 명·미·구입니다."라는 문구가 나오는데, 여기서 '명미구'는 '명구문'의 구역으로, '미味'와 '문文'은 모두 음소를 가리킨다.

그리고 점점 더 지혜롭게 분별하는 다라니의 자재함에 대한 어리석음이고, 둘째는 변론의 자재함에 대한 어리석음이다."[56]라고 하였다.[57]

해 '한량없는 설법'이란 의무애의 경계이고, '한량없는 법구 문자'란 법무애의 경계이며, '점점 더 지혜롭게 분별하는 다라니의 자재함'이란 사무애의 경계이고, '변론의 자재함'이란 변설무애의 경계이다.[58] 그러므로 (이 『해심밀경』의) 성스런 가르침에서는 명·구·문을 교체로 삼았음을 알 수 있다. 따라서 『성유식론』 제2권에서는 '명·구·문이 음성과 다르지 않다면 법무애와 사무애의 경계는 구별되지 않을 것'이라고 하였다.[59] 이에 준해 볼 때, 명·구·문을 교의 자성으로 삼는다는 것을 알 수 있다.

有處。但用名等爲體。如仁王經云。此經名句百千佛說。又此經第四云。一者。於無量說法無量法句文字。後後慧辯陀羅尼自在愚癡。二者。辯才自在

---

56 『解深密經』 권4(T16, 704b24).
57 이 인용문은 「지바라밀다품」에서 보살의 십지十地 중 제9지에 존재하는 두 가지 어리석음과 추중을 설명하는 대목에서 나온다. 원측에 의하면, '한량없는 설법과 한량없는 법구 문자들'이라는 표현에서 '설법'은 소전의 의미에 해당하고 '법구 문자'는 능전의 교법에 해당한다. 부처님 말씀의 본질은 주로 능전의 차원에서 다루어지는 것이고, 『解深密經』은 그 능전을 '법구 문자'로 보았으므로 '명·구·문'을 교체로 간주했다는 것이다.
58 원측은 앞의 『解深密經』의 인용문을 사무애변四無礙辯에 배당시켜 해석하였는데, 사무애변은 다음과 같다. ① 법무애法無礙는 온갖 교법에 통달한 것이다. ② 의무애義無礙는 온갖 교법의 요의要義를 아는 것이다. ③ 사무애辭無礙는 여러 가지 각종 지방의 방언들을 잘 알아 통달하는 것이다. ④ 변설무애辨說無礙는 온갖 교법을 알아 중생의 근기마다 듣기 좋아하는 것을 자재하게 말해 주는 것이다.
59 명·구·문은 음성에 덧붙은 음운적 차별에 의거해서 가립된 법이다. 이것은 실재의 음성을 떠나서 별도의 실체성을 갖는 것은 아니지만, 그렇다고 음성과 동일한 것도 아니다. 음성이 청각에 의해 파악되는 것이라면, 명·구·문은 의식에 의해 파악된다. 특히 명·구·문은 그 말의 의미를 현현시키는 언어적 기능을 한다. 만약 음성과 명·구·문이 동일한 것이라면, 명·구·문으로 이루어진 교법을 잘 이해하는 것(법무애)과 각 지역의 각종 언어들을 잘 알아듣는 것(사무애)은 서로 구분되지 않을 것이다. 『成唯識論』 권2(T31, 6b) 참조.

愚癡。解云。無量說法者。義無礙境。無量法句文字者。法無礙境。後後慧辨者。辭無礙境。辨才自在者。辨說無礙境。故知聖敎名等爲體。故成唯識第二卷云。若名句文。不異聲者。法辭無礙境應無別。准知。名等以爲自性。

어떤 곳에서는 음성과 명·구·문을 합해서 교체라고 설한다. 예를 들면『인왕경』에서는 '십이부경의 여여함이란 바로 명·구·문·음성'이라고 하였다.[60] 또『유마경』제3권에서는 '음성과 언어와 문자로써 불사佛事를 짓기도 하고, 이와 같이 내지는 모든 부처님의 위의와 동작과 하시는 모든 것이 불사 아님이 없다'고 하였다.[61]『무구칭경無垢稱經』도『유마경』과 동일하다. 또『십지경론』제1권에서는 "설하는 자도 이 두 가지 사事로써 설하고 듣는 자도 이 두 가지 사로써 듣는다."[62]고 했는데, 자세한 것은 그 논에서 설한 것과 같다.

해 (『십지경론』에서 말한) '이 두 가지 사'란 음성과 명·구·문을 말한다.

有處。合說聲及名等。如仁王經云。十二部經如。名句文聲。又維摩經第三卷云。有以音聲語言文字。而作佛事。如是乃至諸佛威儀進止。諸所施爲。無非佛事。無垢稱經。亦同維摩。又十地論第一卷云。說者以此二事說。聞者以此二事聞。具如彼說。解云。言二事者。謂聲及名等。

어떤 곳에서는 문文과 의義를 합해서 교체라고 설한다.[63] 예를 들면『유

---

60 『仁王經』권4(T8, 829b9)에는 "法輪者。法本如。重誦如。受記如。不誦偈如。無問而自說如。戒經如。譬喻如。法界如。本事如。方廣如。未曾有如。論議如。是名味句音聲果文字記句一切如。若取文字者。不行空也。"라는 문구가 나온다.
61 『維摩詰所說經』「菩薩行品」참조.
62 『十地經論』권1(T26, 129a20).
63 지금까지 교체는 주로 능전의 차원에서 다루어졌지만, 이 경우는 의미를 전달하는 능전의 언어(文)와 그에 의해 드러나는 소전의 의미(義)를 합해서 '문의'를 교체로 간주

가사지론』 제81권에서는 다음과 같이 말한다. "말하자면 계경의 체는 대략 두 종류가 있으니, 첫째는 문이고 둘째는 의다. 문이란 소의所依이고 의는 능의能依이니, 이와 같은 두 종류를 '알아야 할 모든 경계'라고 총칭하였다."[64]

有處。文義合說爲體。如瑜伽論八十一云。論[1]契經體。略有二種。一文。二義。文是所依。義是能依。如是二種。總名一切所知境界。

1) ㉯『瑜伽師地論』권81(T30, 750a1)에 따르면 '論'은 '謂'의 오기다.

● 대당 삼장(현장)의 해석

이와 같이 여러 교에서 다르게 말하는 이유에 대해 삼장은 다음과 같이 해석하였다. 실제로는 모두 명 등의 (네 가지 법을) 교체로 삼지만, 모든 성교의 말씀들은 각기 하나의 의미에 의거한 것이므로 서로 위배되는 것은 아니다. 그 이유는 무엇인가? 가假를 실實에 따르게 하여 말할 때는 음성을 교체로 삼는다고 한다. 왜냐하면 음성을 떠나 별도의 명·구·문은 없기 때문이다.[65] 체體를 용用에 따르게 하여 말할 때는 명·구·문을 교체로 삼는다고 한다.[66] 왜냐하면 능전의 제법들은 자성自性과 차별差別 두 가

하는 것이다. 모든 말소리가 단순한 청각적 소리가 아니라 하나의 '말'로서 이해되는 것은 거기에 '의미'가 담겨 있기 때문이다. 이처럼 언어적 기호 자체와 의미의 결합 관계에 의거해 모든 언어적 소통이 이루어진다. 따라서 부처님 말씀의 본질도 그러한 문과 의의 결합이라고 간주한다.

64 『瑜伽師地論』 권81(T30, 750a1) 참조.
65 무엇이 가립(假)이고 실재(實)인가 하는 차원에서 부처님의 언어를 분석하면, 실재의 말소리(音聲)와 가립의 명名·구句·문文으로 나눌 수 있다. 여기서 실재의 다르마를 강조하는 경우 말소리(음성)가 교체라고 주장할 수 있다.
66 붓다의 언어를 체體·용用의 관점에서 볼 때는 물리적인 말소리 자체와 거기에 덧붙어 있는 소리의 음운굴곡의 특수한 작용으로 구분된다. 여기서 의사소통이 본질적으로 서로 말의 '의미'를 주고받는 것이라고 할 때, 말소리 차원에서는 어떤 의미가 파악된다기보다는 명·구·문을 의식적으로 파악하는 차원에서 어떤 의미가 드러나므로 후자

지의 의지처이기 때문이다.[67] 가와 실이 서로 의지한다는 점에서는 합해서 교체라고 설하기도 한다. 왜냐하면 한 가지라도 빠뜨리면 말(說)이 성립되지 않기 때문이다.[68] 이해가 생기는 것은 결국 반드시 문文과 의義에 의한 것이므로 (문의를 교체로 삼기도 한다.[69]) 그러므로 모든 설은 서로 위배되지 않는다.

所以如是諸敎異者。三藏解云。據實皆用名等爲體。而諸聖敎。各據一義。故不相違。所以者何。以假從實。用聲爲體。離聲無別名句等故。以體從用。名等爲體。能詮諸法自性差別二所依故。假實相藉。合說爲體。隨闕一種。說不成故。生解究竟。必由文義。是故諸說。互不相違。

(2) 본질本質과 영상影像의 유무

두 번째는 본질과 영상의 있고 없음이다.[70] 이에 두 가지 내용이 있다.

를 교체로 볼 수 있다는 것이다.
67 『成唯識論』 권2(T31, 6b5)에서는 "명名은 자성自性을 드러내고 구句는 차별差別을 드러낸다."고 하였다. 예를 들어 '이것은 파랗다'라는 단순한 지각 판단에서, '이것'은 아직 분별이 가해지기 이전의 그 법 자체(自性)를 가리키고, '파랗다'는 '이것'을 한정함으로써 다른 것과 차별시키는(差別) 역할을 한다. 이와 같은 자성과 차별은 결국 음소(文)·이름(名)·구절(句), 즉 능전의 언어에 의해 드러나기 때문에 "능전의 제법은 자성과 차별의 의지처"라고 한 것이다.
68 어떤 말소리에 특정한 음성학적 유형(명·구·문)이 결여되었다면 그것은 '말'로 이해되지 않고, 또한 명·구·문도 반드시 실사實事인 말소리(음성)에 의지하고 있다. 이처럼 소리와 명·구·문의 불가분리적 관계를 강조하면 음성·명·구·문을 모두 교체로 볼 수도 있다.
69 앞의 세 가지 교체론은 능전의 언어(文)인 음성·명·구·문에 국한된 논의라면, 이것은 능전의 언어와 소전의 의미(義)의 관계에서 그 둘을 모두 교체로 보는 견해다. 말하자면 모든 언어가 언어로 간주되는 것은 언제나 '의미'를 담고 있는 기호이기 때문이므로 문과 의를 합해서 교체로 보는 것이다.
70 이전의 교체론에서는 음성과 명·구·문 중에 어느 것이 교의 본질인가 하는 문제가 핵심이었다. 그런데 이하부터는 '불교佛敎'라는 것이 설법자가 직접 설한 음성(본질)을

첫째는 본질과 영상의 있고 없음이고, 둘째는 설법의 차별이다.

第二本影有無。有其二義。一本影有無。二說法差別。

① 본질과 영상의 유무

본질과 영상의 있고 없음을 밝히겠다.

여래의 성스런 가르침은 네 가지 법을 교체로 삼으니, 즉 음성·명·구·문이다. 이러한 네 가지 법은 여래께서 스스로 설하신 것을 본질이라 하고, 그것이 듣는 자의 식에 전변된 것을 영상이라 한다.[71] 이와 같은 본질과 영상의 있고 없음의 차별에 대해 총괄하면 여러 종에서 네 가지 구로 말한다.

本影有無者。如來聖敎。四法爲體。所謂音聲名句文身。如是四法。如來自說。名爲本質。聞者識變。名之爲影。如是本影有無差別。總約諸宗。有其四句。

첫째, 본질은 있지만 영상은 없다는 것이다. 이에 대해 여러 설들이 다

가리키는가 아니면 청자의 식識에 나타난 언어적 표상(영상)을 가리키는가 하는 문제가 논의의 핵심을 이룬다. 심과 심소가 대상을 인식할 때 그 대상을 마음속에 현현시켜 이것을 직접적 인식 대상으로 삼아 인식하게 되는데, 이 직접적 인식 대상을 친소연親所緣 혹은 '영상影像'이라 한다. 이에 대해 이 영상의 실질적 근거가 되는 사사 자체를 '본질本質'이라고 한다. 이 본질은 영상의 체가 되어 주지만 우리의 식에 직접 파악되지 않는 간접적 인식 대상이므로 소소연疎所緣이라 한다.

71 여기서 원측이 말하는 본질의 설법이란 듣는 자의 식에 어떤 언어적 심상으로 나타나기 이전에 여래가 '직접 설한 말'을 뜻하며, 구체적으로는 '여래의 음성'을 가리킨다. 반면에 영상이란 청자에게 들려진 것, 다시 말하면 듣는 자의 식에 의해 나타난 언어적 표상을 가리킨다.

른데, 우선 여러 부파들에는 세 가지 교설이 있다. 첫째, 살바다종에서는 모든 부처님의 음성은 오직 유루有漏이고, 또한 명·구·문은 결정코 오직 무기無記라고 설한다. 자세히 분별하면 『대비바사론』 등에서 설한 것과 같다. 둘째, 대중부大衆部·일설부一說部·설출세부說出世部·계윤부鷄胤部 등에서는 모두 다음과 같이 설한다. 모든 불세존은 다 세간을 벗어나 있으므로 유루의 법이 없고, 모든 여래의 말씀은 모두 법륜을 굴리신 것이며, 부처님은 일음一音으로 일체법을 설하신다.[72] 셋째, 다문부多聞部의 설이다. 부처님이 설하신 고苦·공空·무상無常·무아無我·열반적정涅槃寂靜이라는 다섯 가지 음성은 출세간의 말씀이니, 그것은 성스런 도를 이끌어 내기 때문이다. 그 밖의 다른 모든 음성은 모두 세간의 말이다.[73]

이와 같은 부파에서 다 같이 설하길, 교체는 '오직 본질일 뿐 영상은 아니다'라고 한다. 왜냐하면 저 종들은 아직 유식唯識의 뜻을 밝히지 못했기 때문이다.[74]

一有本無影。諸說不同。且依諸部。有其三說。一薩婆多宗。一切佛聲。唯是有漏。亦說名等定唯無記。若廣分別。如婆沙等。二大衆部。一說部。說出世部。鷄胤部等。皆作是說。諸佛世尊。皆是出世。無有漏法。諸如來語。皆轉法輪。佛以一音。說一切法。三多聞部說。佛五種音。是出世間。所謂苦空無常無我涅槃寂靜。引聖道故。所餘諸聲。皆是世間。如是等部。皆作是說。唯本非影。彼宗不明唯識義故。

---

72 이상의 내용은 『異部宗輪論』 권1(T49, 15b25) 참조.
73 『異部宗輪論』 권1(T49, 16a12) 참조.
74 유식학자들에 따르면, 우리가 말을 알아듣는다는 것은 실재의 소리(본질)를 인식하는 것이 아니라 우리의 식에 의해 어느 정도 변형되어 나타난 언어적 표상(영상)을 인식하는 것이다. 이러한 영상의 문제는 초기 불교에서는 아직 다루어지지 않았기 때문에 교체도 오직 본질의 차원에서만 다루어졌다는 것이다.

둘째, 영상은 있고 본질은 없다는 것이다. '나가서나'는 여기 말로 용군 龍軍이라 하니, 구역『삼신론三身論』의 논주를 말한다.[75] 그는 불과佛果에는 오직 진여와 진여지眞如智만 있고 색·성 같은 거친 상의 공덕은 없다고 한다. 견혜[76] 논사와 금강군[77]도 모두 이렇게 해석한다. 견혜 논사는 바로 구역『보성론寶性論』의 논주이며 오인도[78]의 북쪽 사람이다.

二有影無本者。諸[1)]那伽犀那。此云龍軍。即是舊翻三身論主。彼說佛果。唯有眞如及眞如智。無色聲等麁相功德。堅慧論師。及金剛軍。皆同此釋。堅慧論師。即是舊翻寶性論主。五印度北也。

1) ㉠ '諸'는 문맥상 어색하고, '謂' 혹은 '一者'의 오기인 듯하다.

셋째, 본질과 영상이 모두 있다는 것이다. 월장[79] 보살【호월護月이라고도 한다.】 및 친광[80] 등은 다 같이 '모든 여래는 세 가지 몸(三身)과 색·성 등의 공덕을 갖춘다'고 한다.『금광명경』에서는 "여래께서는 세 종류 법륜을 굴

---

75 용군龍軍이라는 이름을 지닌 승려는 두 명 있다. 그 중 한 명이 여기서 말하는 삼신론주三身論主이고 대승의 논사로 분류되는 사람이다. 다른 한 명은 나선那先(Ⓢ Nāgasena) 비구로서 기원전 2세기 후반의 인도 승려이다. 그와 희랍의 미란다彌蘭陀(Ⓟ Milinda)왕과의 대화를 담은『那先比丘經』이 유명하다.
76 견혜堅慧(Ⓢ Sthiramati) : 서력 4~5세기경 중인도 나란타사의 학승으로서 덕혜德慧와 더불어 유명하다. 저서로『大乘法界無差別論』1권,『究竟一乘寶性論』5권(T31)이 있다.
77 금강군金剛軍 : 인도 사람으로 사적이 분명치 않다.『華嚴經傳記』권1에 의거하면, 이 사람은 일찍이 세친이 지은『十地經論』을 주석하였다고 한다.
78 오인도五印度 : 고대에 인도의 전역을 동·서·남·북·중의 다섯 구역으로 나눈 것을 말한다.
79 월장月藏(Ⓢ Candra-gupta) : 호월護月이라고도 한다. 중인도 나란타사의 사문으로 호법 논사와 동시대 사람이다.
80 친광親光(Ⓢ Bandhu-prabha) : 중인도 마갈타국 나란타사의 학자로 대승불교 유가행파의 논사다. 대략 6세기 중엽에 생존하였으며, 호법의 문인으로 전해진다. 저술에『佛地經論』이 있다.

리셨으니, 즉 전전轉·조조照·지지持[81]의 법륜이다."[82]라고 하였다. 이와 같은 경전적 근거는 한둘이 아니다. 혹은 듣는 자의 식이 전변하여 마치 저 본질의 음성과 유사해진다고 한다. 그러므로 본질과 영상이 둘 다 있다고 했음을 알 수 있다.

> 三本影俱有者。月藏菩薩【亦名護月】及親光等。皆作是說。一切如來。具有三身色聲等德。金光明云。如來能轉三種法輪。謂轉照持。如是等敎。誠證非一。或能聞者。識變似彼。故知俱有本質影像。

넷째, 본질과 영상이 모두 없다는 것이다. 청변[83] 보살은 승의제勝義諦에 의거하여 일체법의 본성이 모두 공하다고 주장하였다. 혹은 호법護法[84]도 승의제에 의거해서 이와 같이 설했다고 할 수도 있다. 여래의 성교에는 본질과 영상이 둘 다 없으니, 승의제에는 언어 따위가 없기 때문이다.

> 四本影俱無者。清辨菩薩。依勝義諦。立一切法其性皆空。或可護法。就勝義諦。作如是說。如來聖敎。本影俱無。勝義諦中。無言等故。

이와 같은 네 구의 차별이 있다 해도, 대당 삼장 법사와 호법종에서는 두 가지 주장이 있다. 첫째, 실제의 정교正敎에 의거해서 말하자면, 본질은 있지만 영상은 있지 않다. 왜냐하면 본질의 음성이야말로 여래가 설한

---

81 전轉·조照·지持의 삼법륜에 대해서는 제1장 각주 6(p.61) 참조.
82 『合部金光明經』권2(T16, 368b10).
83 청변淸辨(ⓈBhāvaviveka) : 6세기경 남인도 스님이다. 호법 보살이 마갈타국에서 아뢰야 연기론을 주장한 데 대항하여, 용수와 제바가 주장하던 일체개공의 학설을 선양하는 데 힘쓴 사람이다. 저서로는 『大乘掌珍論』2권, 『般若燈論』15권이 있다.
84 호법護法(ⓈDharmapāla) : 유식의 10대 논사 중의 한 명으로 6세기경 사람이다. 저술에 『大乘廣百論釋論』, 『成唯識寶生論』, 『觀所緣論釋』 등이 있다.

바로 그것이기 때문이다. 둘째, 정교를 겸하여 다 말한다면, 본질과 영상에 모두 통한다. 왜냐하면 (본질의 교체든 영상의 교체든) 모두 여래의 말의 힘으로 인해 일어난 것이기 때문이다.[85]

> 雖有如是四句差別。大唐三藏及護法宗。有其二義。一就實正教。唯本非影。本卽如來正所說故。二兼正俱說。通於本影。皆由如來說力起故。

● 불설不說에 대한 해석[86]

문 만약 정교正敎가 부처님께서 직접 설하신 것이라면, 『능가경』 등의 다음과 같은 말과 어떻게 회통시켜 해석할 수 있는가?[87] 즉 4권 『능가경』 제3권에서 다음과 같이 말한다. "나는 어느 날 밤 최정각을 얻고 나서부터 어느 날 밤 반열반에 들기까지 그 중간에 한 글자도 설하지 않았다. 과거에도 설하지 않았고 미래에도 설하지 않을 것이니, 설하지 않음(不說)이 바로 부처님의 설(佛說)이다."[88] 또 『대반야경』 제567권에서는 "중생은 각각 '부처님께서 유독 나를 위해 설법하신다'고 하지만 부처님은 본래 설함도 없고 보여줌도 없다."[89]고 하였고, 또 제571권에서는 "모든 부처님과

---

85 부처님이 실제로 정식으로 설하신 교를 기준으로 말하자면, 본질로서의 부처님 음성만이 실재하는 것이고 그것이 바로 교체다. 그러나 교라는 것은 넓은 의미에서는 듣는 자의 식에 나타난 모든 언어적 표상들을 포괄하는 개념이다. 따라서 듣는 자의 식에 나타난 그 영상은 결국 본질의 힘으로 인해 일어난 것이므로 영상의 교체도 있다고 주장하기도 한다.
86 이상으로 '부처님의 가르침(佛敎)의 본질(體)'에 대해 논해 왔는데, 이하의 문답들을 통해서 특히 여러 불교 경론에서 나오는 '불설佛說' 혹은 '불설不說'이라는 모순된 진술과 관련해서 어떤 의미에서 '부처님은 설하시고, 설하지 않는가'에 대해 철학적 해석을 시도한 것이다. 이하에서는 먼저 '부처님은 설하지 않는다'는 말의 의미를 묻고 있다.
87 이것은 '부처님은 설하신다(佛說)'고 하는 호법종의 첫 번째 종지에 대한 반문인데, 이에 대해 답하면서 '부처님은 설하지 않았다(不說)'고 한 말의 의미를 해석하고 있다. 원측은 이를 통해 상반된 두 종지를 회통시키려 한다.
88 4권 『楞伽經』 권3(T16, 498c17).
89 『大般若經』 권567(T5, 928a30).

보살들은 처음부터 끝까지 한 글자도 설하지 않았다."⁹⁰고 하였다.

問。若正敎佛自說者。楞伽等說。如何會釋。四卷楞伽第三卷云。我從某夜
得最正覺。乃至某夜入般涅槃。於其中間。不說一字。亦不已說當說。不說
是佛說。又大般若第五百六十七云。衆生各各謂佛獨爲說法。而佛本來無
說無示。又五百七十一云。諸佛菩薩。從始至終。不說一字。

해 '설하지 않았다'고 한 데는 세 가지 뜻이 있다.

첫째, '진여는 언설 등의 갖가지 모습을 떠났다'는 점에서 설하지 않았다고 한 것이다. 따라서 4권 『능가경』 제3권에서는 다음과 같이 말한다. "어째서 설하지 않음을 부처님의 설이라고 합니까? 부처님께서 대혜보살에게 말씀하셨다. 나는 두 가지 법으로 인해 이와 같이 설하였으니, 두 가지 법이란 무엇인가? 스스로 증득한 법(自得法)과 본래 머무는 법(本住法)으로 인한 것이다.⁹¹"⁹² 또 10권 『능가경』 제5권에서는 "첫째는 자신이 내면에서 증득한 법에 의지하고, 둘째는 본래 머무는 법에 의지한다."⁹³고 하였다. 자세한 것은 그 경에서 설한 것과 같다.

해 경의 의도는 하나의 진여에 두 가지 의미가 있다는 것이다. 첫째는 내면에서 스스로 증득한 것이고, 둘째는 부처님이 계시든 부처님이 안 계

---

90 『大般若經』 권571(T5, 948a8).
91 이 경에는 이 인용문에 바로 이어서 자득법自得法과 본주법本住法에 대한 다음과 같은 설명이 나온다. 저 여래가 증득한 것을 내가 증득해도 진리의 세계에서는 전혀 늘거나 줄어듦이 없으니, 자득법의 경계는 궁극적으로 언설과 망상을 떠난 것이기 때문이다. 또 진리의 세계(法界)는 여래가 출현하든 출현하지 않든 간에 이 세계에 본래 머무는 것(本住法)이다. 이런 이유에서 부처님의 언설을 통해 진리의 세계에 특별히 만들어진 것도 추가된 것도 없다. 따라서 아무것도 '설하지 않았다'고 한다. 『楞伽經』 권3(T16, 498c24) 참조.
92 4권 『楞伽經』 권3(T16, 498c20).
93 10권 『楞伽經』 권5(T16, 541c5).

시든 성性과 상相이 상주한다는 것이다. 이와 같이 진여는 언설을 떠나 있기 때문에 '설하지 않았다'고 한다. 따라서 4권 『능가경』의 게송에서 다음과 같이 말한다.

이때 세존께서 이 의미를 거듭 펼치기 위해 게송으로 말씀하셨다.

나는 어느 날 밤 도를 이루고
어느 날 밤 열반에 들기까지
이 두 중간의 시기에
나는 전혀 설한 것이 없도다
자득한 법과 본래 머무는 법으로 인해
나는 이와 같이 말하였으니
저 부처님과 나는 아무 차별 없도다[94]

10권 『능가경』 제5권도 앞의 게송과 거의 똑같다.【다섯 번째 구만 '내면에서 스스로 증득한 것과 법성'이라 하였다.[95]】또 『인왕경』에서는 "들음도 없고 설함도 없어서 마치 허공과 같으니, 법이 법성과 하나이고 들음도 설함도 법성과 하나여서, 일체법이 모두 여여하도다."[96]라고 하였다.

解云。不說有其三義。一依眞如離言說等種種相故。故言不說。是故四卷楞伽第三卷云。何因說言不說是佛說。佛告大慧。我因二法故。作如是說。云何二法。謂緣自得法及本住法。又十卷楞伽第五卷云。一者依自身內證

---

94 4권 『楞伽經』 권3(T16, 499a6).
95 10권 『楞伽經』 권5(T16, 541c25)에는 다섯 번째 구가 '內身證法性'이라고 되어 있다. 여기서 '내신증'은 자득법을 뜻하고, '법성'은 본주법을 뜻한다.
96 『仁王經』 권1(T8, 826b13).

法。二者依本住法。廣說如彼。解云。經意。於一眞如。有其二義。一內自所證。二有佛無佛性相常住。如是眞如。離言說故。名爲不說。故彼四卷頌云。爾時世尊。欲重宣此義。而說偈言。我某夜成道。至某夜涅槃。於此二中間。我都無所說。緣自得法住。故我作是說。彼佛及與我。悉無有差別。十卷第五。大同前頌【第五句云。內身證法性。】又仁王經云。無聽無說如虛空。法同法性。聽同說同。一切法皆如也。

또 천친 보살의 『반야론』에서는 다음과 같이 말한다.

(경에서) "어떤 사람이 여래께서 법을 설하신 것이 있다고 말한다면 이는 부처님을 비방하는 것이다. 왜냐하면 그는 '내가 설한 것'[97]을 이해할 수 없기 때문이다."라고 했는데, 이것은 무슨 뜻인가? 게송으로 말한다.

> 불법이 또한 그러하듯
> 설해진 두 가지 차별은
> 법계를 떠나지 않으니
> 설법에는 자상이 없도다[98]

『반야론』에서 이것을 직접 해석하면서, '두 가지 차별'이란 설해진 법法과 의義라고 하였다.[99]

해 이 논의 뜻은, 화신 여래는 진여를 떠나서 그 밖에 따로 자상自相이

---

97 이것은 경에서 부처님이 수보리에게 하신 말씀을 인용한 것이다. 여기서 '내가 설한 것'이란 부처님 자신이 설한 것을 가리킨다.
98 『金剛般若波羅蜜經論』 권3(T25, 793a25).
99 『金剛般若波羅密經論』 권3(T25, 793b3) 참조.

없으니, 마치 부처님이 진여 외에 따로 자상이 없는 것처럼 설해진 교법과 설해진 의미도 또한 이와 같다는 것이다.

> 又天親菩薩波若論云。若人言如來[1]說法。則爲謗佛。不能解我所說法[2]故。此義云何。偈曰。如佛法亦然。所說二差別。不離於法界。說法無自相。論自釋云。二差別者。所說法及義。解云。論意。化身如來。離眞如外。無別自相。如佛離眞如外。無別自相。所說教法及所說義。亦復如是。
>
> 1) ㉠『金剛般若波羅密經論』권3(T25, 793a27)에는 '來' 다음에 '有所'가 있다. 2) ㉠『金剛般若波羅密經論』권3(T25, 793a28)에는 '法'이 없다.

둘째, '모든 부처님들이 설했던 것과 다름이 없다'는 점에서 설하지 않았다고 한다. 따라서 『반야론』에서는 다음과 같이 말한다. "예를 들어 경에서 '수보리여, 여래에게는 설한 법이 없기 때문이다'라고 했는데, 이것은 무슨 뜻인가? 유독 여래만 설하고 다른 부처님은 설하지 않은 법은 하나도 없기 때문이다."[100]

> 二約諸佛所說無異。故言不說。故波若論云。如經言。須菩提。如來無所說法故。此義云何。無有一法唯獨如來說餘佛不說故。

셋째, 문자에 떨어진 법을 (설한 것이 아니라는) 점에서 설하지 않았다고 한다. 따라서 4권『능가경』제4권에서는 다음과 같이 말한다. "여래는 문자에 떨어진 법을 설하지 않으셨으니, 문자의 유·무를 얻을 수 없기 때문이다. 문자에 떨어지지 않는 법은 제외된다. 어떤 사람이 '여래는 문자에 떨어진 법을 설하셨다'고 말한다면 이는 그릇된 말이니, 법은 문자를

---

100 『金剛般若波羅密經論』권2(T25, 787a12).

떠나 있기 때문이다. 그러므로 여러 부처님들과 보살들은 한 글자도 설하지 않았고 한 글자도 답하지 않았다.……이하 생략……"[101] 또 저 『능가경』에서는 다시 다음과 같이 말한다. "대혜여, 만약 일체법을 설하지 않는다면 교법은 무너질 것이다. 교법이 무너지면 모든 부처님·보살·연각·성문도 없을 것이다. 모두가 없다면 누가 누구를 위해 설하겠는가?"[102] 10권 『능가경』 제6권도 이 설법과 거의 같으니,[103] 번거롭게 서술하지 않겠다.

위의 경문에 의하면, 비록 문자에 떨어지는 법을 설할 수는 없지만 문자에 떨어지지 않는 삼장의 성스런 가르침을 펼치신 것이다. 그러므로 『유마경』에서 다음과 같이 말한다. "법을 설하는 자는 설함도 없고 보여줌도 없으며, 법을 듣는 자는 들음도 없고 얻음도 없다. 비유하면 환술사가 환인幻人을 위해 법을 설하는 것과 같다. 마땅히 이러한 뜻을 세워서 법을 설해야 한다."[104]

三約墮文字法。故言不說。是故四卷楞伽第四云。如來不說墮文字法。文字有無不可得故。除不墮文字。若有人言。如來說墮文字法者。此則妄說。法離文字故。是故諸佛及諸菩薩。不說一字。不答一字。乃至廣說。又彼復云。大慧。若不說一切法者。教法則壞。教法壞者。則無諸佛菩薩緣覺聲聞。若無者。誰說爲誰。十卷第六。大同此說。故不繁述。准上經文。雖不能說墮文字法。而能宣說不墮文字三藏聖教。故維摩云。夫說法者。無說無示。其聽法者。無聞無得。譬如幻士。爲幻人說法。當建是意。而爲說法。

---

101 4권 『楞伽經』 권4(T16, 506c2).
102 4권 『楞伽經』 권4(T16, 506c7).
103 10권 『楞伽經』 권6(T16, 551b16) 참조.
104 『維摩詰所說經』 권상 「弟子品」(T14, 540a18).

● 불설佛說에 대한 해석[105]

문 정교를 겸하여 다 말하는 경우 교체가 본질과 영상에 통한다고 한다면, 무성 보살의 『섭대승론석』의 설과 어떻게 회통시켜 해석하겠는가?[106] 그 글에서는 다만 '듣는 자의 식識에 취집하여 현현한 것을 자성으로 삼는다'고 하였다.[107]

해 호법은 그 논의 주장을 정량定量으로 삼은 것이 아니므로, 그것은 논란이 되지 않는다.

해 또는 호법이 무성과 동일하게 설한 것일 수 있다. 저 무성의 뜻은 삼신과 색·성 등의 공덕이 있어서 여래도 법을 설한다고 인정한 것이다. 그러므로 그 논에서 수용신과 변화신은 '바로 후득지의 차별'이라고 하였다.[108]

> 又問。兼正俱說。通本影者。如何會釋。無性菩薩攝大乘論。彼文。但用聞者識上聚集顯現。以爲自性。解云。護法不依彼論以爲定量。故不成難。又解。護法同無性說。彼無性意。許有三身色聲等德。亦能說法。故彼論云。受用變化。卽是後得智之差別。

---

105 이하의 문답은 '부처님이 설하신다'고 할 때, 설함과 들음의 본질에 대해 유식학적 해석을 시도하고 있다.
106 이것은 앞에서 언급했던 대당 현장 법사와 호법종에서 수용한 두 가지 해석 가운데 두 번째 것에 대한 반문이다. 그 종에서는 부처님이 실제로 정식으로 설한 정교正敎의 차원에서는 본질의 음성만이 교체이지만, 정교를 겸해서 다 말하는 경우에는 교체는 본질과 영상에 모두 통한다고 한다. 왜냐하면 본질이든 영상이든 모두 여래의 말의 힘(如來說力)으로 인해 일어난 것이기 때문이다. 이 두 번째 견해가 다음의 무성의 주장과 어긋난다는 것인데, 그 주장에 의하면, 교체란 듣는 자의 식에 나타난 영상을 가리킨다.
107 이것은 무성의 『攝大乘論釋』 권1(T31, 380b8)에 나오는 "聞者識上直非直說。聚集顯現。以爲體性。"이라는 문구를 가리킨다. 여기서는 이 문구가 '영상의 교체'를 인정한 대표적 견해이므로 이것을 호법종의 두 번째 견해와 회통시키기 위해 언급한 것이다. 그런데 이 문장에는 많은 철학적 쟁점들이 내포되었기 때문에 다음의 '(3) 음성이 취집·현현하기 위해 거치는 마음의 차별'(p.109)에서 다시 자세하게 다룬다.
108 무성無性의 『攝大乘論釋』 권1(T31, 381c21) 참조.

문 그렇다면 어째서 듣는 자의 식에 취집·현현한 것을 교체로 삼는다고 하면서, 보는 자의 식에 현현한 색신色身을 화신으로 삼는다고 하지는 않았는가?

해 영략影略하여 서로를 드러낸 것이니,[109] 실제로는 여래의 몸(身)과 교敎에는 모두 본질과 영상이 있다.[110] 따라서 서로 위배되지 않는다.

> 問. 若爾. 如何聞者識上. 聚集顯現. 以爲敎體. 而不說言. 見者識上. 所現色身. 以爲化身. 解云. 影略互顯. 據實. 身敎皆有本影. 故不相違.

문 ('삼신과 색·성 등의 공덕'이라는 말에서) '등'이 영략을 뜻한다면, 어째서 보는 자의 식에 나타난 상相을 두 가지 몸(二身)으로 삼는다고 하지 않는가?

해 반드시 통하게 할 필요는 없으니, 이는 논란을 떠날 수 없기 때문이다.

해 또는 교라는 것은 이해를 내도록 하기 위한 것이고, 듣는 자의 식에 나타난 상相이 직접 이해를 내는 것이라고 볼 수도 있다. 몸은 불체佛體에서 나오는 것이니, 이로 인해 우선 부처님의 색·심 등을 설한 것이다.

> 問. 等是影略. 如何不說. 見者識相. 以爲二身. 解云. 不必須通. 不離難故. 又解. 敎爲生解. 聞者識相. 親能生解. 身出佛體. 由斯. 且說佛色心等.

---

109 영략호현影略互顯이란 간략하게 설명하는 방법을 말한다. 서로 관계되는 두 가지 사실에서 각각 한 측면씩 말로 표현하고 다른 한 측면은 생략하여 다른 이로 하여금 미루어 알게 하는 설명법이다. 예를 들면 자부慈父·비모悲母라고 하는 경우, 아버지에게 비悲가 없다거나 어머니에게 자慈가 없는 것은 아니지만 각각 하나씩을 들고 하나를 생략하여 전자에서 생략된 것을 후자에서 거론하는 방식으로 나타내는 것이다.

110 듣는 자의 식에 나타난 음성·명·구·문(영상의 교)이 있고 그 영상의 근거가 되는 여래의 음성(본질의 교)이 있듯이, 보는 자의 식에 나타난 색깔·모양(영상의 몸)이 있고 그 영상의 근거가 되는 여래의 몸(본질의 몸)이 있다는 말이다.

🈷️ 듣는 자의 식에 의해 전변된 영상의 교체는 유루인가 무루인가?

🈷️ 대당 삼장은 서방에 두 가지 해석이 있다고 하였다. 한편에서는 다음과 같이 말한다. 〈무루심에 의해 전변된 것은 결정코 오직 무루이다. 유루심에 의해 전변된 것은 두 가지 의미가 있지만 굳이 말하면 유루라고 해야 한다. 왜냐하면 유루심에 의해 전변된 경계이기 때문이다. 법계에서 흘러나온 것이라는 의미에서는 무루라고 한다.〉 무성의 『섭대승론석』의 종지는 이 해석에 많이 의지하였다. 다른 한편에서는 다음과 같이 말한다. 〈유루심에 의해 전변된 것은 반드시 유루이고, 무루심에 의해 전변된 상은 결정코 오직 무루이다.〉

비록 두 가지 교설이 있지만, 대당 삼장과 호법 보살의 뜻은 후설에 있다. 따라서 『성유식론』 제10권에서는 다음과 같이 말한다. 〈견분과 상분은 유루·무루의 성질에 있어서 반드시 동일하지만, 선·악·무기의 삼성에 있어서 반드시 동일한 것은 아니다. 왜냐하면 삼성의 인연이 뒤섞여 이끌어 내기 때문이다.〉[111]

問。聞者識上所變教體。爲是有漏。爲無漏耶。大唐三藏釋云。西方兩釋。一云。無漏心變。定唯無漏。有漏心變。自有二義。橫豎而言。名爲有漏。以有漏心所變境故。若從法界所流義邊。名爲無漏。無性論宗。多依此釋。一

---

[111] 이 부분은 『成唯識論』의 다음과 같은 내용을 요약한 것이다. "무루식에서 변현된 것들은 능변식과 동일하게 다 같이 선이고 무루이다.……유루식에서 변현된 것들은 능변식과 동일하게 모두 유루이다. 왜냐하면 그것은 순전히 유루의 인연(종자)에서 생겨난 것이기 때문이고, 또 이것은 고제·집제에 속하지 멸제·도제에 속하는 것은 아니기 때문이다. 선(·악·무기의) 식의 상분은 반드시 (견분과) 모두 동일한 것은 아니다. 왜냐하면 [마치 허공 등을 인식하는 마음은 삼성에 통하지만 허공 자체는 무기인 것처럼] 삼성의 인연이 뒤섞여서 이끌어 내기 때문이다.(無漏識上所變現者。同能變識俱善無漏。純善無漏因緣所生……有漏識上所變現者。同能變識。皆是有漏。純從有漏因緣所生。是苦集攝。非滅道故。善等識相。不必皆同。三性因緣雜引生故。)" 『成唯識論』 권10(T31, 58c28) 참조.

云。有漏心所變者。定是有漏。若無漏心所變相者。定唯無漏。雖有兩說。大唐三藏。護法菩薩。意存後說。故成唯識論第十卷云。見相二分。有漏無漏。定是同性。善等三性。不必同性。三性因緣。雜引生故。

문 유루식이 정교正敎를 전변해 내는 경우 정교가 유루가 된다면, 무루식이 사교邪敎를 전변해 낼 경우 사교는 무루가 될 수 있다는 말인가.[112]

해 인정해도 과실이 없다. 왜냐하면 무루식이 전변한 것이기 때문이다.

문 교에 삿됨과 바름의 차이가 있는데도 둘 다 유루·무루에 통한다면, 혹은 사람에게 범부와 성인의 차이가 있어도 둘 다 성聖·비성非聖에 통한다고 할 수 있는가.

해 인정해도 과실이 없다. 왜냐하면 전변하는 마음(能變心)은 두 종류에 통하기 때문이다.

問。有漏變正敎。正敎成有漏。無漏變邪敎。邪敎應無漏。解云。許亦無失。無漏變故。問。敎有邪正殊。皆通漏無漏。或可。人有凡聖異。皆通聖非聖。解云。許亦無失。以能變心。通二種故。

② 설법의 차별

설법의 차별이라 했는데,[113] 이에 두 가지가 있다. 첫째는 삼신三身에

---

112 번뇌 있는(有漏) 마음에 현현된 '정교正敎에 대한 언어적 표상'이 그 마음과 마찬가지로 유루라고 한다면, 마찬가지 논리로 '사교邪敎'의 경우도 성자의 번뇌 없는(無漏) 마음에 현현된다면 그것을 무루라고 할 수 있는가를 묻고 있다.
113 지금까지 본질과 영상의 문제를 통해, 이른바 '불교佛敎'란 부처님이 실제로 설한 음성(본질)이지만, 또한 듣는 자의 식에 나타난 영상이기도 하다는 것에 대해 논했다. 원측은 이를 근거로 해서 다시 부처님 몸과 음성의 불가사의한 능력에서 비롯되는 다양한 설법 방식에 대해 논하는데, 이 논의는 여래의 신비한 일음一音으로 종결된다.

의거한 것이고, 둘째는 여러 불토들(諸土)에 의거한 것이다.

가. 삼신에 의거한 설명

삼신三身에 의거해서 (차별을 설하면 다음과 같다.)

문 부처님은 어떤 몸에 의지하여 설법하시는가?

답 살바다종에서는 부처님은 두 종류라고 한다. 첫째는 생신불生身佛이니, 즉 부모가 낳아 준 유루의 몸을 말한다. 둘째는 법신불法身佛이니, 즉 오분법신五分法身[114]을 말한다. 생신은 설법하지만 법신은 그렇지 않으니, 관觀에 든 지위에서는 설법하지 않기 때문이다.

경부종에 의하면, 부처님의 몸은 또한 두 종류이고 둘 다 설할 수 있다. 그 종에서는 무루의 몸도 음성을 발하여 성스런 가르침을 설할 수 있다고 한다.

言說法差別者。自有二種。一約三身者。[1] 二依諸知。[2] 約三身。[3] 問。依何身而能說法。答。薩婆多宗。佛有二種。一者生身佛。謂父母所生有漏身。二法身佛。謂五分法身。生身說法。而非法身。入觀位中不說法故。依經部宗。亦有二身。皆能說法。彼宗無漏。能發音聲。說聖教也。

---

1) ㉠ '者'는 뒤에 나오는 '約三身' 뒤에 붙여야 한다. 2) ㉠ '知'는 '土'의 오기다. 이하에서는 삼신三身과 불토佛土를 기준으로 여래의 설법의 다양한 방식에 대해 논한다. 따라서 '諸知'를 '諸土'로 수정해야 한다. 3) ㉮ '二依諸知約三身'은 한 판본에는 방서傍書로 되어 있다. ㉠ 이 문구는 '二依諸土。約三身者。'의 오기인 듯하다. 앞의 '一約三身者。二依諸知。'라는 문구의 교감주 참조.

---

114 오분법신五分法身(S asamasama-pañca-skandha) : 대승·소승의 무학위無學位의 성자, 즉 부처님과 아라한에게 갖추어진 5종의 공덕을 말한다. 계신戒身·정신定身·혜신慧身·해탈신解脫身·해탈지견신解脫知見身을 말한다. 앞의 3공덕은 무학의 몸에는 계·정·혜가 갖추어져 있는 것을 가리킨다. 또 해탈신이란 이승인二乘人이 번뇌의 속박에서 벗어난 자유자재한 몸을 가리키는데, 이에 유위해탈과 무위해탈의 2종이 있다. 해탈지견신이란 부처님이 스스로 일체번뇌에서 벗어난 자유자재한 몸인 줄을 아는 것이다.

이제 대승에 의하면 부처님은 삼신을 갖추고 있는데, 삼신이 설하는지 설하지 않는지에 대해 네 구가 있다.

첫째, 하나는 설하지만 둘은 설하지 않는다는 것이다. 즉 수용신受用身[115]은 법락法樂을 받기 위해 스스로 설하기 때문이다. 법신은 설하지 않으니, 법신에는 언설이 없기 때문이다. 화신化身도 설하지 않으니, 진실로 설하는 것이 아니기 때문이다. 혹은 화신은 설하지만 나머지 둘은 설하지 않는다고 할 수도 있다. 법신에는 언설이 없고, 수용신은 하는 바가 없기 때문이다. 비록 타수용신他受用身이 근기에 맞춰 법을 설한다 해도 이는 실제로 화신이 하는 것이다.

둘째, 둘은 설법하고 하나는 설법하지 않는다는 것이다. 부처님의 법신과 수용신은 설하니, 법신은 안으로 성스런 행위의 경계를 증득했기 때문이고, 수용신은 법락을 수용하기 때문이다. 혹은 수용신과 변화신變化身은 모두 설법할 수 있지만, 법신은 설하지 않는다고 할 수 있다. 왜냐하면 법신에는 언설이 없기 때문이다.

셋째, 삼신이 모두 법을 설한다는 것이다. 예를 들면 10권 『능가경』 제2권에서는 다음과 같이 말한다. "법신이 설법한다는 것은 안으로 성스런 행위의 경계를 증득하였기 때문이고, 보신불이 설법한다는 것은 일체법의 자상自相(특수상)과 동상同相(보편상)을 설하기 때문이며, 화신불이 설법한다는 것은 육도六度(육바라밀) 등을 설하기 때문이다.……이하 생략……"[116] 4권 『능가경』 제1권에서 설한 것도 앞의 설과 거의 동일하다.

---

115 수용신受用身 : 삼신三身의 하나로서, 이것은 다시 자수용신自受用身과 타수용신他受用身으로 나뉜다. 자수용신이란 다른 보살이 보고 들을 수 없는 불신으로서 자신이 얻은 법락法樂을 홀로 자기만이 즐기는 몸이다. 타수용신이란 십지의 초지 이상의 보살이 볼 수 있고 자기가 받는 법락을 다른 보살에게도 주는 불신이다. 이를 법신·보신·응신에 배당시키면 자수용신은 보신이고 타수용신은 응신이며, 혹은 두 수용신을 모두 보신이라고 하는 등 여러 학설이 있다.
116 『入楞伽經』 권2(T16, 525b29).

넷째, 삼신이 모두 다 설하지 않는다는 것이다. 어째서 그러한가? 진여법신에는 언설이 없기 때문이고, 자수용신은 하는 바가 없기 때문이며, 변화신 등은 진실로 설하는 것이 아니기 때문이다.

> 今依大乘。具有三身。說與不說。有其四句。一一說二不說。謂受用身。爲受法樂。能自說故。非法身者。無言說故。亦非化身。非眞說故。或可。化身非餘二身。無言說故。無所爲故。雖他受用。對機說法。而實是化。二二說一不說。謂佛法身。及受用身。內證聖行境界故。受用法樂故。或可。受用變化。皆能說法。而非法身。無言說故。三三皆說法。如十卷楞伽第二卷說。法身說法者。內證聖行境界故。報佛說法者。說一切法自相同相故。化佛說法者。說六度等。乃至廣說。四卷楞伽第一卷說。大同前說。四三皆不說。所以者何。眞如法身。無言說故。自受用身。無所爲故。變化身等。非眞說故。

그런데 『불지경론』은 우선 '설하신다'는 의미에서 대략 세 가지 설을 서술한다. 따라서 『불지경론』 제1권에서는 다음과 같이 말한다. "수용토·변화토의 두 불토 중에 지금 이 정토는 어느 불토에 속하고 이 경을 설하신 부처님은 어떤 몸인가? 어떤 이는 '변화토에서 변화신이 설법한다'고 주장한다. 어떤 이는 '수용토에서 수용신이 설법한다'고 주장한다."[117] 자세히 설하면 그 논과 같다. "진실한 의미를 말하자면, 석가모니께서 이 경을 설하실 때, 십지 이전의 대중들은 변화신이 이 예토에 계시면서 그들을 위해 설법한다고 보고, 십지 이상의 대중들은 수용신이 부처님의 정토에 계시면서 그들을 위해 설법한다고 본다. 들은 것은 같아도 본 것이 각기 다른 것이다."[118] 자세한 설명은 그 논과 같다.

---

117 이상의 두 설에 관한 내용은 『佛地經論』 권1(T26, 292c4) 참조.
118 『佛地經論』 권1(T26, 293a3).

진실한 의미에서는 삼신 가운데 수용신·변화신 두 몸은 설법하고 법신은 설법하지 않는 것이다.

然佛地論。且依說義。略敘三說。故佛地論第一卷云。受用變化二佛土中。今此淨土。何土所攝。說此經佛。爲是何身。有義。化土化身說法。有說。受用土受用身說法。廣說如彼。如實義者。釋迦牟尼。說此經時。地前大衆。見變化身。居此穢土。爲其說法。地上大衆。見受用身。居佛淨土。爲其說法。所聞雖同。所見各別。具說如彼。准如實義。於三身中。二身說法。而非法身。

나. 불토에 의거한 설명

불토佛土에 의거해서 (차별을 설하면 다음과 같다.)

『능가경』에 의하면 열 가지 설법이 있으니, 첫째는 언어로 설법하는 것이고 나아가 열 번째는 몸을 움직여 설법하는 것이다. 따라서 10권『능가경』제4권에서 다음과 같이 말한다.

대혜가 다시 말하였다. "세존이시여, 언어로 설함이 있으면 마땅히 갖가지 법이 있을 것이고, 갖가지 법이 없다면 마땅히 언어로 설함도 없을 것입니다."

부처님께서 대혜에게 말씀하셨다. "법은 없어도 언어가 있는 경우도 있으니, 가령 토끼 뿔과 같은 것이다. 대혜여, 토끼 뿔은 있는 것도 아니고 없는 것도 아니니, 그것은 단지 말로만 있는 것이다. 따라서 네가 문제 삼았던 것은 이런 의미로써 이미 논파하였다.

대혜여, 모든 불토에서 언어로만 설법하는 것은 아니다.[119] 왜냐하면

---

119 이것은 첫 번째 언어로 설법하는 경우에 해당하고, 이하의 아홉 가지는 언어로 설하

어떤 불국토에서는 직접 보면서 눈도 깜빡이지 않고 입으로 말하지도 않는 것을 설법이라고 한다. 【4권 『능가경』에서는 쳐다보기만 해도 법을 나타낸다고 하였다.】

어떤 불국토에서는 단지 시현하는 모습(示相)을 설법이라 한다. 【혹은 동작하는 모습인 경우도 있다.】

어떤 불국토에서는 단지 눈썹을 움직이는 모습(動眉相)을 설법이라 한다. 【4권 『능가경』에서는 '혹은 눈썹을 치켜뜬다'고 하였다.】

어떤 불국토에서는 단지 눈을 움직이는 모습(動眼相)을 설법이라 한다. 【4권 『능가경』에서는 '혹은 눈동자를 움직인다'고 하였다.】

어떤 불국토에서는 웃음을 설법이라고 한다. 【4권 『능가경』도 똑같다.】

어떤 불국토에서는 하품(欠) 소리를 설법이라 한다. 【4권 『능가경』도 똑같다.】

어떤 불국토에서는 기침 소리를 설법이라 한다. 【4권 『능가경』에서는 혹은 경해謦咳(기침)라고 하였다.】

어떤 불국토에서는 염念하는 것을 설법이라 한다. 【4권 『능가경』에서는 '혹은 찰토刹土를 염한다'고 하였다.】

어떤 불국토에서는 몸을 움직이는 것을 설법이라 한다. 【4권 『능가경』에서는 '혹은 몸을 흔든다'고 하였다.】"[120]

依土差別者。依楞伽經。有十種說法。一語言說法。乃至第十動身說法。故十卷經第四卷云。大慧復言。世尊。有語言說。應有諸法。若無諸法。應無言說。佛告大慧。亦有無法而有言說。如兔角等。大慧。兔角非有非無。而有言說。故汝所難。此義已破。大慧。非一切佛土言語說法。何以故。有佛

    지 않는 경우에 해당한다.
[120] 『入楞伽經』 권4(T16, 534b19) 참조.

國土。直親¹⁾不瞬。口無言說。名爲說法。【四卷楞伽云。瞻視顯法。】有佛國土。直²⁾示相。名爲說法。【四卷楞伽。或有作相。】有佛國土。但動眉相。名爲說法。【四卷楞伽。或有揚眉。】有佛國土。唯動眼相。名爲說³⁾【四卷楞伽。或有動精。】有佛土。嘆⁴⁾名爲說法。【四卷亦同。】有佛國土。欠名爲說法。【四卷亦同。】有佛國土。咳⁵⁾名爲說法。【四卷云。或磬咳。】有佛國土。念名爲說法。【四卷經云。或念刹土。】有佛國土。動⁶⁾身名爲說法。【四卷云。或動搖。】

1) ㉓『入楞伽經』권4(T16, 534b27)에 따르면 '親'은 '視'의 오기다. 2) ㉓『入楞伽經』권4(T16, 534b28)에는 '直' 다음에 '爾'가 있다. 3) ㉓『入楞伽經』권4(T16, 534c1)에 따르면, '說' 다음에 '法'이 누락되었다. 4) ㉓『入楞伽經』권4(T16, 534c2)에 따르면, '嘆'은 '笑'의 오기다. 5) ㉓『入楞伽經』권4(T16, 534c3)에는 '咳'가 '欬'로 되어 있다. 6) ㉓『入楞伽經』권4(T16, 534c4)에는 '動'은 없고 '身'만 있으나, 문맥상으로 '動身'이 맞는 듯하다.

또『유마경』제3권에서는 다음과 같이 말한다. 〈어떤 때는 (부처님의) 광명으로 불사를 짓고, 어떤 때는 보살이나 부처가 화현한 사람으로, 어떤 때는 보리수로, 어떤 때는 의복과 침구로, 어떤 때는 음식으로, 어떤 때는 정원과 누각으로, 어떤 때는 삼십이상과 팔십수호[121]로, 어떤 때는 부처님의 몸으로, 어떤 때는 허공으로, 어떤 때는 꿈의 비유 등으로, 어떤 때는 음성과 언어와 문자로 불사佛事를 짓는다. 어떤 불토에서는 적막하여 언어가 없고 설함도 없으며 보여줌도 없고 앎도 없으며 지음도 없고 함도 없이 불사를 짓는다. 이와 같이 아난아, 모든 부처님은 그의 위의 및 행동거지와 행하시는 모든 일마다 불사가 아닌 것이 없다.〉[122] 자세히 분별하면『무구칭경』제5권에서 설한 것과 같다.

---

121 삼십이상三十二相과 팔십수호八十隨好는 불보살의 몸에 구족되어 있는 수승한 용모·형상을 뜻한다. 그 중에서 그 특징이 현저해서 알아보기 쉬운 것을 삼십이상이라 하고, 미세하고 은밀해서 알아보기 어려운 것은 팔십수호라고 하며, 이 둘을 합해서 상호相好라고 한다. 이 상호를 갖춘 이가 세속에 있으면 전륜왕轉輪王이 되고, 출가하면 부처님이 된다고 한다.
122 이상은『維摩詰所說經』권3(T14, 553c16) 이하의 내용을 요약한 것이다.

又維摩經第三卷云。有以光明。而作佛事。或以菩薩。或佛化人。或菩提樹。或以衣服臥具。或以飯食。或以園林臺觀。或以三十二相八十隨好。或以佛身。或以虛空。或夢喩等。或以音聲語言文字。而作佛事。或有佛土。寂漠無言無說。無示無識。無作無爲。而作佛事。如是。阿難。諸佛威儀進止。諸所施爲。無非佛事。若廣分別。如無垢稱第五卷說。

● 총괄적 결론

이와 같이 교설들이 다른 까닭은, 대승종에 의거해 설법에 대해 일반적으로 논하자면 대략 네 가지 의미가 있기 때문이다. 첫째는 언어로 설하는 것이다. 예를 들어 『불지경론』에서 수용신·변화신의 두 불신은 설법하지만 법신은 하지 않는다고 한 것이다.[123] 둘째는 이해를 내게 하는 설법의 경우는 법신에도 통하니, 이는 10권 『능가경』 제2권에서 설한 것과 같다.[124] 셋째는 불토의 차별에 따라 열 가지 설법으로 구분하는 것이니, 이는 10권 『능가경』 제4권에서 설한 것과 같다.[125] 넷째는 여러 부처님의 행동거지와 하시는 모든 일이 곧 무량한 설법을 이룬다는 것이니, 예를 들면 『유마경』 등에서 설한 것과 같다.[126]

(이 네 가지 의미들은) 각기 근거하는 바가 있으므로 서로 어긋나는 것이 아니다. 혹은 불사佛事란 이로움을 드러내 주는 일이니, 오직 설법에만 국한된 것은 아니라고 할 수도 있다.

所以如是諸敎異者。依大乘宗。汎論說法。略有四義。一語言說。如佛地論。二身說法。而非法身。二生解說法。亦通法身。如楞伽經。三依土差別。十

---

123 '가. 삼신에 의거한 설명'에서 『佛地經論』의 세 가지 설에 대한 해석(p.104) 참조.
124 '가. 삼신에 의거한 설명'에서 대승의 세 번째 견해(p.103) 참조.
125 '나. 불토에 의거한 설명'에서 『楞伽經』의 10종 설법(p.105) 참조.
126 '나. 불토에 의거한 설명'에서 『維摩經』 내용(p.107) 참조.

種說法。如楞伽經。四諸佛進止諸所施爲。乃成無量。如維摩等。各有所據。故不相違。或可。佛事顯利益事。非唯說法。

🔲문 이상과 같은 설법들에는 모두 명名·구句·문文이 있는가, 아니면 일정하지 않은 것인가?

🔲해 일정하지 않다. 법신의 설법과 허공 등도 이해를 생기게 하기 때문에 설법이라고 하지만 명·구·문은 없다. 왜냐하면 모든 무위법은 분위分位의 차별이 없기 때문이다. 그 (『유마경』에서) "설함도 없고 보여줌도 없으며……"라고 한 것은, 적막하고 말 없는 마음 상에서 명·구·문을 가립한 것이니, 이치상으로 과실이 없다. 왜냐하면 유위의 마음 등에는 분위의 차별이 있기 때문이다.

問。上諸說。[1] 皆有名等。爲不定耶。解云。不定。法身說法。及虛空等。能生解故。名爲說法。而無名等。諸無爲法。無分位故。若其無說無示等者。寂嘿心上。假立名等。於理無失。有爲心等。有分位故。

1) ㉠ '說' 다음에 '法'이 누락된 듯하다.

(3) 음성이 취집·현현하기 위해 거치는 마음의 차별

셋째, 음성이 취집聚集하고 현현顯現하기 위해 거치는 마음들의 차별에 대해 밝히겠다.

● **무성無性의 해석**

『섭대승론석』에서 무성無性은 다음과 같이 해석한다. "하나로 꿰서 엮어 놓은 것이기에 경經이라 한다. 이 가운데 팔시八時에 맞춰서 듣는 자의 식에 직설直說과 비직설非直說이 취집하여 현현한 것을 교체의 자성으로

삼는다.[127]•[128]

해 '팔시八時'에 대해 두 가지 해석이 있다. 한편에서는 팔시란 팔전성八轉聲[129]이라고 한다. 이는 (범어 단어의) 일곱 가지 격에다 호격을 더한 것이니, 예를 들면 '오, 뿌루샤(補盧沙 ⑤ puruṣa)여!'[130]라고 말하는 것과 같다. 이 팔전성에 대해서는 뒤에 가서 분별할 것이다. 부처님께서 법을 설하실 때는 이 여덟 가지 격 중에서 경우에 따라 어느 한 가지 격을 사용하기 때문에 '팔시에 맞춘다'고 하였다. 한편에서는 다음과 같이 말한다. 성명론聲明論[131]에 의하면, 밤과 낮에 각기 사시四時가 있으므로 합하면 팔시가 있다. 여래께서 법을 설하실 때 팔시 가운데 어느 한 시에 맞춰 설하시기 때문에 '팔시에 맞춘다'고 하였다.

'직설直說과 비직설非直說'에 대해서는 세 가지 해석이 있다. 한편에서는

---

127 이 문장은 무성無性 논사가 『攝大乘論』을 해석하면서 본문 서두에 나오는 '阿毘達磨大乘經'이라는 문구에서 마지막의 '經' 자를 풀이한 것이다. '경'이란 붓다의 말들을 모아 놓은 것이다. 무성은 이러한 '경'의 본질은 바로 '듣는 자의 식에 언어적 심상들이 모여 하나의 의미 있는 말로 현현한 것'이라고 보았다. 이 무성의 『攝大乘釋』의 문구는 원측圓測이나 규기窺基와 같은 중국 법상학자들이 유식의 교체론을 설명할 때 자주 인용된다.
128 무성無性의 『攝大乘釋』 권1(T31, 380b8).
129 팔전성八轉聲 : 범어에서 단어의 여덟 가지 격변화를 가리킨다. 이것을 '사람'을 예로 들어 설명하면 다음과 같다. ① 체격體格은 주격으로 '사람은'이고, ② 업격業格은 목적격으로서 '사람을'이며, ③ 구격具格은 '사람에 의해'이고, ④ 위격爲格은 '사람을 위해'이며, ⑤ 종격從格은 '사람으로부터'이고, ⑥ 속격屬格은 '사람의'이며, ⑦ 어격於格은 '사람에 대해'이고, ⑧ 호격呼格은 '사람이여'이다.
130 '係補盧沙'는 뿌루샤의 제8호격으로 여겨진다. 제8격은 醯補盧沙 또는 稧補盧沙로도 표기된다. 범어 puruṣa의 제8호격은 puruṣa인데 係나 醯라는 접두어가 붙은 것은 호격 앞에 붙이는 특수 감탄사 '오!(⑤ he)' 때문이다. 참고로 규기의 『成唯識論掌中樞要』 권상(T43, 613c29)에 나온 뿌루샤의 8격변화는 다음과 같다. "一補盧沙(夾夫體)。二補盧衫。三補盧崟拏。四補盧沙耶。五補盧沙頞。六補盧殺婆。七補盧鍛。第八迦呼聲云。醯補盧沙."
131 성명론聲明論(⑤ śabda-vidyā) : 인도의 다섯 가지 학문(五明) 중의 하나다. 문자와 음운, 어법에 관한 학문이다. 성명은 '언어(śabda)'에 관해 연구하는 일종의 문법학 또는 언어철학을 가리킨다.

자성自性을 드러내므로 직설이라 하고 차별差別을 드러내므로 비직설이라한다.¹³² 한편에서는 장행을 직설이라 하고 게송을 비직설이라 한다. 한편에서는 십이부경 중에 계경이 직설이고 그 나머지 11부경은 비직설이라 한다.

이 논의 의도를 말하자면, 팔시에 맞춰서 듣는 이의 식識에 십이부경의 명·자·구 등이 취집하여 현현한 것이 교체라는 것이다.

> 三聚集顯現歷心差別者。如攝大乘無性釋云。貫穿縫綴。故名爲經。此中卽是隨墮八時。聞者識上。直非直說。聚集顯現。以爲體性。解云。八時有其二釋。一云。八時卽八轉聲。謂於七轉。加呼召聲。如言係補盧沙。此八轉聲。後當分別。謂佛說法。於八轉中。隨用一聲。故云隨墮八時。一云。依聲明論。晝夜各有四時。合有八時。如來說法。於八時中。隨墮一時。故云隨墮八時。直非直說。有其三釋。一云。詮自性故。名爲直說。詮差別故。名非直說。一云。長行名爲直說。偈頌爲非直說。一云。十二部中。契經爲直說。餘十一部。爲非直說。此中意說。隨墮八時。聞者識上。十二部經名字句等。聚集顯現。以爲敎體。

● **오심五心에 대한 해석**

문 어떤 것을 듣는 자의 식심識心이라 하고, 어떤 방식으로 말소리가 식에 취집하여 현현하는 것인가?

해 『유가사지론』에서는 우선 여섯 가지 식(오식과 제6의식)에 의거하여 오심五心¹³³을 분별하였다. 따라서 그 논의 제1권에서 다음과 같이 말한다.

---

132 '자성自性'이란 예를 들어 색色이 질애를 자성으로 삼는 것처럼 제법 자체의 상(自相)을 뜻한다. '차별差別'이란 예를 들어 '색이 파랗다'거나 '색이 무상하다'고 하는 경우처럼 그 법에서의 차별적 상을 뜻한다. 위 해석에 따르면 직설은 그와 같은 제법의 자성을 가리키고, 비직설은 그 법의 차별적 상들을 가리킨다.

133 오심五心 : 어떤 대상을 명료하게 이해하는 마음의 과정을 다섯 단계로 나눈 것이다. 우리가 어떤 대상을 알아차릴 때, 맨 먼저 돌연히 특정한 대상에로 향하는 한 찰나

"안식이 발생함에 따라 세 가지 마음이 일어날 수 있으니, 그 순서대로 말하면 솔이심率爾心·심구심尋求心·결정심決定心이다. 처음의 솔이심은 안식이고, 두 번째 심구심은 의식에서 일어나며, 결정심이 일어난 후에야 염정심染淨心이 있게 된다. 이 이후에 등류等流의 안식이 있고 선善·불선不善의 성질이 일어난다. 그것은 안식 자체의 분별력에 의한 것이 아니고, 이 의식이 다른 경계에 주의를 돌리지 않고 어느 정도 시간이 경과하면 안식과 의식이 선하거나 오염된 채로 상속하면서 일어나는 것이다. 안식이 발생하는 경우와 마찬가지로 (이식·비식·설식·)신식도 이와 같이 발생함을 알아야 한다."[134]

해 다섯 가지 마음 중에 첫 번째 솔이심과 다섯 번째 등류심은 여섯 가지 식에 모두 통하며, 첫 번째 다음의 세 가지는 오직 의식意識에만 있다. 또한 앞의 세 가지는 무기無記이고, 뒤의 두 가지는 선과 악에 통한다. 또한 솔이오식率爾五識 뒤에는 반드시 심구심이 있고, 심구심 뒤에는 산심散心이 되기도 하고 불산심不散心이 되기도 하는데, 산심이 되면 곧이어 다시 솔이오식이 일어나고 불산심이 되면 바로 세 번째 결정심이 일어나서 등류심에 이르게 된다.

問。何等名爲聞者識心。如何說爲聚集顯現。解云。依瑜伽論。且約六識分

마음, 즉 솔이심率爾心이 생긴다. 이어서 즉각적으로(無間) 의식意識 차원에서 이것이 어떤 것인지 알고자 욕망(欲)하는 심구심尋求心이 발동한다. 만약 우리 마음이 산란되지 않는다면, 다음에는 의식이 '이것은 무엇이다'라는 개념적 단정을 통해 이해하는 단계, 즉 결정심決定心이 생긴다. 이러한 단정이 있은 후, 그것이 친근하거나 싫게 느껴짐에 따라 그에 대한 선악의 마음을 일으키면, 그것이 염정심染淨心이다. 이것이 원인이 되어 이후의 의식뿐만 아니라 오식五識이 선하거나 악한 성질로 이어지면, 그 여러 찰나의 마음을 총괄해서 등류심等流心이라 한다. 이 오심에 관한 자세한 설명은 『瑜伽師地論』 권1(T30, 280a22), 규기의 『大乘法苑義林章』 권1(T45, 255c) 참조.
134 『瑜伽師地論』 권1(T30, 280a22).

別五心。故彼第一卷云。復次由眼識生三心可得。如其次第。謂卒[1]爾。[2] 尋求。[3] 決定心。初是眼識。二在意識。決定心後。方有染淨。此後乃至等流眼識善不善轉。而彼不由自分別力。乃至此意不趣餘境。經爾所時。眼意二識。或善或染。相續而轉。如眼識生。乃至身識亦[4]爾。解云。五中。初後通六。次三唯意。又前三是無記。後二通善惡。又卒*爾五識後。必有尋求心。尋求心後。或散不散。散卽復起卒*爾五識。不散卽起第三決定。乃至等流。

1) ㉯ '卒'은 '率'과 같다. 이하도 동일하다. 2) ㉯『瑜伽師地論』권1(T30, 280a23)에는 '爾' 다음에 '心'이 있다. 3) ㉯『瑜伽師地論』권1(T30, 280a23)에는 '求' 다음에 '心'이 있다. 4) ㉯『瑜伽師地論』권1(T30, 280a27)에는 '亦' 앞에 '應知'가 있다.

의식의 솔이심도 두 종류로 나뉜다. 첫째는 오식과 동시에 일어나는 솔이의식率爾意識이고, 둘째는 독두의식獨頭意識[135]의 솔이타심率爾墮心이다.

따라서『유가사지론』제3권에서는 다음과 같이 말한다. "또한 의식이 저절로 일어나 산란된 상태에서 경험하지 않은 경계를 대상으로 삼을 때는 욕欲 등이 발생하지 않는데, 이때의 의식을 솔이타심이라 하고, 오직 과거의 경계를 대상으로 한다.[136] 오식에 이어 즉각적으로 생겨난 의식은 심구하기도 하고 결정하기도 하는데, 이는 오직 현재의 경계를 대상으로 한다고 해야 한다.[137] 이런 경우, 곧 그 경계를 대상으로 하여 '생기했다'고 한다."[138]

(이『유가사지론』의 문장에 대해) 해석가들은 네 가지로 설명한다.

한 논사는 다음과 같이 말한다. 〈의식이 저절로 일어나되 앞의 세 가지 마음의 차례에 따르지 않기 때문에 '산란'이라 한다. (어떤 것에 집중하지

---

135 독두의식獨頭意識 : 오식五識과 함께 일어나지 않고 단독으로 일어난 의식을 말한다.
136 이것은 오식과 함께 일어나지 않고 단독으로 일어난 의식意識의 솔이심率爾心, 즉 독두의식獨頭意識의 솔이타심率爾墮心을 말한다.
137 이것은 오식과 일어난 솔이의식率爾意識을 말한다.
138 『瑜伽師地論』권3(T30, 291b17).

않고) 멍청하게 있는 상태에서 경험하지 않은 경계를 대상으로 할 때는 오변행五遍行[139]심소는 있지만 오별경五別境[140]심소는 없다. 이때의 의식을 솔이타심이라 하니, 오직 과거에 일찍이 인식한 적이 있었던 경계를 인식하는 것이다.[141] 만약 오식에 이어 즉각적으로 발생한 의식을 말한다면, 심구심이거나 결정심인데, (이 의식은) 전오식과 같은 종류인 현재의 경계를 대상으로 한다고 말해야 할 것이다. 이 심구심과 결정심은 바로 저 오식과 같은 종류의 경계를 대상으로 삼아 발생한 것이다.[142]〉

나머지 세 논사의 설명은 「오심장」의 설명과 같다.

又意識卒[1]爾。自有二種。一五識同時卒*爾意識。二獨頭意識卒*爾墮心。

---

139 오변행五遍行 : 모든 심·심소에 상응하여 모든 때 모든 곳에서 두루 일어나는 다섯 가지 마음의 작용을 가리킨다. ① 촉觸(Ⓢ sparśa) : 어떤 대상에 대한 인식은 그때 그곳의 대상(境)과 감각 기관(根) 그리고 식識의 알아차림이라는 세 가지 조건의 접촉(觸) 속에서 주어진다. ② 작의作意(Ⓢ manaskāra) : 마음을 그 대상에로 초점을 맞추게 하는 '주의 작용(作意)'이다. ③ 수受(Ⓢ vedanā) : 특정 대상을 인식할 때 수반되는 '정적인 느낌(受)'을 말한다. ④ 상想(Ⓢ saṃjñā) : 대상에 대한 인식이 하나의 '앎'이 되기 위해서는 반드시 '그것은 무엇이다'라는 판단과 결부되어야 한다. 그러한 직접적이고 순간적인 판단에는 하나의 이름을 떠올리는 개념적·언어적 상기(想) 작용이 있다. ⑤ 사思(Ⓢ cetanā) : 이와 같은 촉·작의·수·상에 의해 성립된 앎은 언제라도 행동 혹은 실천과 연결될 수 있다. 이처럼 인간의 마음을 조작하여 당장 행동으로 드러내게끔 하는 인식적 요소가 바로 사思이다.
140 오별경五別境 : 특정 개별적 대상을 인식할 때 발생하는 다섯 가지 마음의 작용을 말한다. 그 다섯 가지는, 즉 욕欲(Ⓢ chanda)·승해勝解(Ⓢ adhimokṣa)·염念(Ⓢ smṛti)·정定(Ⓢ samādhi)·혜慧(Ⓢ prajñā)이다. 이 중에서 정·혜는 동일한 경계에서 작용하지만, 다만 욕·승해·염 등은 서로 다른 경계에서 작용하기 때문에, 많은 경우를 따라서 '별경'이라 한 것이다. 『百法問答鈔』권1에 의하면, 마음이 좋아하는 경계를 인식할 때는 욕심소에 의해, 결정의 대상을 인식할 때는 승해심소에 의해, 관하는 경계를 인식할 때는 정과 혜의 두 심소에 의해, 일찍이 경험한 적이 있던 경계를 인식할 때는 염심소에 의해 경계가 인식되는 것이다. 그것이 각기 다른 경계를 인식 대상으로 하여 생겨나기 때문에 별경심소라고 하였다.
141 이것은 의식의 두 종류 솔이심率爾心 중에서 독두의식의 솔이타심을 설명한 것이다.
142 이것은 의식의 두 종류 솔이심率爾心 중에서 오식五識과 동시에 일어난 솔이의식率爾意識을 설명한 것이다.

故瑜伽論第三卷云。又意識任運散亂。緣不串習境時。無欲等生。爾時意
識。名卒*爾墮心。唯緣過去境。五識無間。所生意識。或尋求。或決定。唯應
說緣現在境。若此即緣彼境生。釋家四說。一云。意識任運。不依前三心次
第。故名散亂。汎爾漫緣不串習境時。有五遍行。無別境五。爾時意識。名
卒*爾墮心。唯能緣過去曾所緣境。若說五識無間所生意識。或尋求心。或
決定心。唯應說緣前五識種類現在境。若此尋求決定二心。卽緣彼五識種
類境生。餘三師說。如五心章。

---

1) ㉥ '卒'은 '率'과 같다. 이하도 동일하다.

● 오심五心에 의거해서 '음성(聲)의 취집'에 대해 설명함

여기서는 우선 앞의 다섯 가지 마음에 의거해 취집聚集에 대해 설명하
겠다.

취집이란 (무엇인가?) 예를 들면 경에서는 다음과 같이 말한다. 〈제행
은 무상하다. 일어났다 사라지는 법이 있으니, 생겨나면 반드시 없어지기
때문이다. (이로 인해) 저 고요함을 즐거움으로 삼는다.〉

해 이것은 바로 계경에서 비량比量**143**으로 상견常見에 집착하는 자를 논
파한 것이다. '제행은 무상하다'는 것은 주장(宗)이다. '일어났다 사라지는
법이 있다'는 것은 동법유同法喩이니, 등燈의 불빛 등을 (실례로) 든 것이
다. '생겨나면 반드시 없어지기 때문'이란 이유(因)다. 이런 도리로 인해,
저 고요한 열반을 수승한 즐거움으로 삼는다는 것이다.**144**

---

143 비량比量(Ⓢ anumāna-pramāṇa) : 인명논리의 용어로서, 추리 또는 추론을 뜻한다.
    이미 알고 있는 사실(因)을 근거로 하여 새로운 사실을 추리하여 증명함으로써 바른
    지혜를 생기게 하는 것이다.
144 이 경의 구절을 종·인·유라는 삼지작법 논증 구조로 분석한 것은 『瑜伽師地論』권
    82(T30, 75b4, 10)에 의거한 것인데, 이 논증 자체는 '취집·현현'이라는 주제와 직
    접적 연관은 없다. 여기서는 다만 이 '제행무상'을 음성으로 표현했을 때 그 무상한
    말소리가 어떻게 듣는 자의 식에서 인식되는가를 해명하는 데 그 목적이 있다.

此中。且依前五種心。以明聚集。言聚集者。如契經說。諸行無常。有起盡法。生必滅故。彼寂爲樂。解云。此卽契經比量。破執常者。諸行無常宗。有起盡法者。是同法喩。擧燈光等。生必滅故者。是因。由是道理。彼寂涅槃。以爲勝樂。

우선 ('제행무상'이라는) 첫 구에 의거해서 '취집'에 대해 설명하겠다. 이 구에는 네 가지 음성(聲)과 네 가지 음소(字)와 네 가지 이름(名)과 하나의 문장(句) 및 소전所詮의 의미가 갖추어져 있다.[145]
이 문제에 대해 인도 여러 논사들은 우선 세 가지로 해석한다.

且約初句。以辨聚集。於中具有。四聲四字。四名一句。及所詮義。於此義中。西方諸師。且作三釋。

어떤 이는 다음과 같이 말한다. 〈'제諸'라는 자를 말할 때, 솔이이식率爾耳識과 동시의식同時意識과 심구심에는 오직 음성의 상(聲相)만이 존재한다. 어째서 그러한가? 오구의식五俱意識[146]은 현량現量[147]이므로 이름(名) 등을

---

145 중국어는 표의문자이므로 한 음소(字)가 한 단어(名)인 경우가 있지만, 범어는 표음문자이므로 그렇지 않다. 여기서는 편의상 한역 문장인 '제·행·무·상'을 예로 든 것이다. 우선 제·행·무·상에 해당하는 실재의 음성(聲)이 네 개 있고, 그에 대응해서 의식에서 파악되는 특정한 음운적 단위, 즉 음소(字)가 네 개 있다. 한문에서는 이 네 자가 각기 한 단어가 되므로 단어(名)도 네 개다. 그리고 이 단어들의 조합으로 이루어진 구句, 즉 '제행은 무상하다'라는 능전能詮의 문장이 하나이고, 그에 대응해서 이 문장으로 나타내려 했던 소전所詮의 의미가 하나다.
146 오구의식五俱意識 : 오식五識과 동시에 생기하는 의식을 가리킨다.
147 현량現量(S pratyakṣa-pramāṇa) : 언어적 분별이 배제된 상태에서 그 경계를 직접 인식하는 것을 말한다. 그 대표적인 것이 다섯 가지 감관으로 외계의 현상을 직접 지각하는 경우이다. 이러한 감관지感官知(S indriya-jñāna) 이외에도, 전찰나의 감각적 자극에 곧바로 대상의 현전을 마음에 느끼는 '의지각意知覺(S mano-vijñāna)', 모든 심과 심소에 직감적으로 따르는 '자증지自證知(S ātma-saṃvedana)', 그리고 요가행자가 관을 계속하여 최고도에 달하면 생기는 '요가적 직관(S yogi-jñāna)' 등이

인식하는 것은 아니기 때문이다.[148] 심구심의 경우도 오식과 동등한 소연경계를 심구하기 때문에 아직 이름 등을 인식하는 것은 아니다. 비록 이 세 가지 식에 의해 전변되어 나타난 음성에도 모두 이름 등이 있기는 하지만 이는 마치 (그 이름 등의) '생상生相'[149] 등과 같아서, (이 세 가지 식이 그것을) 인식하는 것이 아니기 때문에 '취집'이라 하지 않는다.[150] 결정심 이후에 세 가지의 상이 있게 되는데, 즉 음성(聲)과 이름(名)과 음소(字)이다. '행行'이라는 자를 말할 때에도 솔이이식 · 동시의식 · 심구심은 단지 '행'이라는 음성만을 파악하는데, 이는 앞에 준해서 알 수 있다. 결정심 등이 또한 아홉 가지 상을 획득하는 경우도[151] 앞에 준해서 알 수 있다. '상常'이라는 자를 말할 때 솔이심 등은 '상'이라는 음성을 파악한다. 결정심 이후에는 열네 가지 상을 얻을 수 있다. 말하자면 네 가지 음성과 네 가지 음소와 네 가지 이름과 하나의 문장 및 (그에 의해) 언표된 (하나의) 의미다. 이에 따르면 최소한 십육심을 거쳐야만 (취집이) 갖추어지니, 즉 (제 · 행 · 무 · 상이라는) 네 개의 자字마다 각기 모두 솔이이식 · 동시의식 · 심구심 · 결정심의 네 가지 마음을 갖고 있는 것을 말한다. 마음이 산란되지 않

모두 '현량'에 속한다.
148 실재의 물리적 음성을 파악하는 것은 현량의 이식耳識이고, 그 음성의 특정한 음운적 패턴, 즉 명名 · 구句 · 자(文)를 인식하는 것은 의식意識이다. 오구의식은 현량이기 때문에 이 차원에서 명 등이 파악되는 것은 아니라는 말이다.
149 생상生相 : 유위법의 사상四相의 하나로서, 아직 일어나지 않은 유위법이 미래에서 현재로 유입되게 하는 원인이다. 이 생상은 별도의 실체가 있는 것이 아니라, 다만 인연의 힘에 의해 유위법이 생겨날 때 '본래 없다가 지금 있게 되는 것'을 가립하여 '생상'이라 한 것이다.
150 세 가지 마음에 의해 언어의 청각적 음성이 인식되고 거기에도 명 · 자 등의 상이 전혀 없는 것은 아니지만, 그것은 다만 명 · 자 등의 '생상生相'과 같은 것으로서 의식적으로 명료하게 파악된 것은 아니다. 따라서 이 세 가지 마음의 단계에서는 하나의 언어적 상이 '취집'했다고 말할 수 없다는 것이다.
151 이것은 '무無'라는 자를 발음할 때를 말한다. '제'와 '행'과 '무'는 결정심 단계에서 각기 음성 · 이름 · 음소의 세 가지 상이 있는데, '무'를 인식하는 결정심의 단계에는 모두 아홉 가지 상이 있다는 것이다.

으면 (이 네 마음에 이어) 염정심을 일으키니, 이치에 맞게 생각해 보아야 한다.〉

有云。說諸字時。卒¹⁾爾耳識。同時意識。及尋求心。唯有聲相。所以者何。五俱意識。是現量故。不緣名等。若尋求心。尋五識等所緣境故。不緣名等。雖此三識所變聲上。皆有名等。如生等相。而不緣故。不說聚集。決定心後。有三種相。謂聲名字。至說行時。卒*爾耳識。同時意識。及尋求心。唯得行聲。准前可知。²⁾ 決定心等。亦得九種。准前可知。說常字時。卒*爾心等得常聲。決定心後。得十四種。謂四聲四字四名。一句及所詮義。由此極少。經十六心。乃得具足。謂從四字。皆有四心。謂卒*爾耳識同時意識。尋求決定。若不散者。起染淨心。如理應思。

1) ㉠ '卒'은 '率'과 같다. 이하도 동일하다. 2) ㉮ '知' 다음에 한 본에는 문장이 누락되었고, 세 글자는 방서傍書로 되어 있다.

어떤 이는 다음과 같이 주장한다. 〈솔이이식과 동시의식은 이름 등을 인식하는 것이 아니다. 그 의미는 앞에서 설한 것과 같으니, (두 가지 마음은) 현량이기 때문이다. 심구심 이후는 더 이상 현량이 아니다. 이에 따를 때 또한 음성·이름·음소 등을 얻을 수 있다. 네 개의 심구심이 그 차례대로 셋·여섯·아홉·열네 개를 얻을 수 있으니, 앞의 논의에 준하여 알 수 있다.[152]〉

이 해석에 의거하면, 열두 가지 마음을 거쳐야 문장의 의미를 갖출 수 있다.[153] 결정심 등이 몇 개를 얻느냐는 것은 이치에 따라 생각해 보면 알

---

[152] '제'와 '행'과 '무'의 심구심이 각각 성聲·명名·자字를 파악하고, 네 번째 '상'의 심구심에서 다시 성·명·자가 파악되는데, 이 마지막 심구심에서는 문장의 의미가 드러나므로 문장(文)과 의미(義)를 파악한 마음이 있게 된다. 따라서 모두 열네 마음이 취집한다.

[153] 이 학설에 의하면, 심구심 단계에서 언어가 파악된다. 제·행·무·상에 각기 솔이이

수 있다.

> 有義。卒¹⁾爾耳識。同時意識。不緣名等。義如前說。是現量故。尋求已去。卽非現量。由斯。亦得聲名字等。四尋求心。如其次第。得三六九及以十四。准前應知。若依此釋。經十二心。方得具足。決定心等。所得多少。如理應知。

1) ㉠ '卒'은 '率'과 같다.

어떤 이는 다음과 같이 말한다. 〈이식과 동시에 일어난 의식(耳識同時意識)도 이름 등을 인식한다. 그렇지 않다면, 심구의 의식이 어떤 이름에 대해 심구하겠는가? 이런 도리에 따를 때, '제諸'라는 자를 말할 때 솔이이식은 '제'라는 음성만을 파악하고, 동시의식은 음성과 이름 등을 파악하는 것이다.〉

이 주장과 관련해서 두 가지 해석이 구별된다.

한편에서는 다음과 같이 말한다. 〈네 개의 솔이심은 각각 오직 (음성·이름·음소) 세 가지만을 파악한다. 어째서 그러한가? '상'이라는 음성을 말할 때는 '제·행·무'의 음성과 이름·음소를 인식하는 것은 아니다. 왜냐하면 오식과 동시에 일어난 솔이타심은 모두 현량이기 때문이다.[154] 만약 인식할 수 있다고 인정하면, 당연히 산심散心의 현량으로 과거 대상을 인식하는 경우도 있을 것이기 때문이다. (그러나 이미 사라진 '제·행·무'라는 음성과 이름·음소의 상相은) 심구심이 일어나야 원만해질 수 있으니, 심구심 등이 몇 개를 얻는가는 두 번째 설명과 같다.〉

식·동시의식·심구심이 있기 때문에 열두 가지 마음이 갖춰질 때 언어적 심상이 취집하는 조건이 갖추어진다고 한다.

154 현량(직접 지각)은 현재의 경계만을 인식하는 것이다. '상'을 인식하고 있을 때는 이미 사라진 '제·행·무'라는 음성은 과거의 경계이므로 직접 들을 수 없다.

한편에서는 다음과 같이 말한다. 〈오식과 동시에 일어난 의식은 현량이 아니라고 인정하기 때문에 과거의 이름(名) 등을 인식할 수 있다. 이 해석에 의하면, 마음에 (음성과 이름·음소가) 갖추어져 취집한다.〉

有義。耳識同時意識。亦緣名等。若不爾者。尋求意識。尋何等名。由斯道理。說諸字時。卒[1]爾耳識。唯得諸聲。同時意識。得聲名等。於此義中。分成兩釋。一云。四卒*爾心。各唯得三。所以者何。說常聲時。不緣諸等聲及名字。五識同時卒*爾墮心。皆現量故。若許緣者。應有散心現量。緣過去故。其尋求心。方得圓滿。尋求等心。所得多少。如第二說。一云。五識同時意識。容非現量。故得緣過去名等。若依此釋。卽以心中。具足聚集。

1) ㉠ '卒'은 '率'과 같다. 이하도 동일하다.

■문 만약 앞에서 설한 것처럼 오구의식五俱意識이 결정코 현량이라면, 어떻게 또한 이름 등을 인식한다고 할 수 있는가?

■해 현량도 그럴 수 있으니, 이름 등의 자상自相을 인식한다. 그런데 『인명정리문론』에서 (현량은) 이름을 인식하지 않는다고 한 것은[155] '의미(義)'와 연관되기 때문이다.[156] 간혹 단지 등류이식等流耳識에 의해 인발됨으로써 (이름의 의미가) 현현하는 경우가 있으니, 반드시 솔이이식率爾耳識에 의해 유발되고 나서야 비로소 취집할 수 있는 것은 아니다.

이상으로 우선 아직 전의轉依하지 못한 지위에서 솔이심 등의 취집·현

---

[155] 이것은 『因明正理門論』에서 "이 게송에서 '현량은 분별을 배제한 것이다'라고 한 것은 색 등의 경계에 대한 지가 있는데 그것이 일체의 종種·유類와 명언을 멀리 떠난 것을 말한다.(此中現量除分別者。謂若有智於色等境。遠離一切種類名言。)"라고 한 문구를 가리킨다. 『因明正理門論』 권1(T31, 3b15) 참조.

[156] 이 문장의 의미가 불분명하다. 『因明正理門論』에서는 이름의 의미가 완전히 알려졌을 때에 '이름을 인식한다'고 하기 때문에, 그런 의미에서는 현량은 이름을 인식하지 않는다고 했다는 말인 듯하다.

현에 대해 설명하였다. 전의한 지위에서는 일념 중에 (오심이) 다 갖추어져서 현현하니, 이치에 맞게 생각해 보아야 한다. 오심에 대해 자세하게 해석하자면, 구체적인 것은 앞의 「오심장」과 같다.

> 問。若如前說。五俱意識。定是現量。如何亦說緣名等耶。解云。現量亦然。名等自相。而因明理門。說不緣名。義相繫故。或有但由等流耳識所列[1]發故。而顯現者。未必要待卒[2]爾耳識之所列*生。方能聚集。上來。且說未轉依位。卒*爾心等聚集顯現。若轉位。於一念中。具足顯現。如理應思。廣釋五心。具如前章。

---

1) ㉗ '列'은 '引'인 듯하다. 이하도 동일하다. 2) ㉠ '卒'은 '率'과 같다. 이하도 동일하다.

(4) 일음一音인지 이음異音인지를 판별함

넷째, 일음인지 이음인지를 판별하는 문이다.

🟦문 여래의 설법은 일음一音인가 아닌가?[157]

🟦답 여러 설이 다르다. 『이부종륜론異部宗輪論』[158]에 의하면 20부파가 있

---

157 여기서 다루는 주제는 여래의 일음一音이다. 이 일음 사상의 단초는 초기 부파불교에서부터 나타난다. 초기 부파불교에서는 주로 부처님이 설법하실 때 각국의 여러 언어들을 사용하시는지 아니면 하나의 성어聖語만을 사용하시는지 하는 문제를 다루고 있다. 전자를 강조하는 경우는 부처님의 다재다능한 언어 구사 능력을 강조하고, 후자를 강조하는 경우는 일음으로 모든 중생을 교화하시는 부처님의 신비한 능력을 강조한다고 볼 수 있다. 이 후자의 입장이 더욱 발전해서 후기 대승불교에서는 영원한 우주적 '원음圓音'에 대한 사유가 등장하며, 이것은 원측의 교체론에서 대표적으로 잘 나타난다.
158 『이부종륜론異部宗輪論』: 세우世友가 짓고 당唐의 현장玄奘이 번역한 책이다. '이부異部'란 각기 다른 부파들을 가리키며, '종륜宗輪'이란 각 부파의 종지가 각기 다른 것이 마치 바퀴의 굴림이 일정하지 않은 것과 같음을 가리킨다. 소승불교의 작품으로

었는데,¹⁵⁹ (그들의 학설은 크게) 두 가지 해석으로 나뉜다.

● 소승의 부파불교의 학설

첫 번째로 대중부大衆部 · 일설부一說部 · 설출세부說出世部 · 계윤부雞胤部 는 모두 다음과 같이 말한다. 〈모든 여래의 말씀은 모두 전법륜이며, 부처님은 일음으로 일체법을 설하신다.〉¹⁶⁰ 【진제의 『부집이론기部執異論記』에서는 다음과 같이 말한다. 〈여래의 언음言音은 본래 두 가지가 있다. 첫째는 입에서 나온 것으로, 이는 모두 법륜이다. 둘째는 위덕威德으로 나타낸 것으로, 이는 입에서 나온 것이 아니므로 법륜과 상관이 없다. 가령 아난에게 '어디에서 왔느냐'라는 등의 질문을 하시거나, 가령 부처님이 설법하실 때 앞뒤에서 다 부처님의 얼굴이 보이는 상태에서 그를 마주하고 설법하시는 경우와 같다. 이것은 또한 부처님의 위덕으로 드러낸 것이다. 운운〉】

서 설일체유부說一切有部의 교의를 기초로 해서 소승불교의 20부파가 발생하는 과정과 그 교의의 같고 다름을 서술하였다. 부파불교사를 연구하는 데 필수적인 자료로 간주된다. 이 책의 동본 이역으로서 『십팔부론十八部論』 · 『부집이론部執異論』 등이 있다. 또 그 주석서로는 규기窺基의 『이부종륜론술기異部宗輪論述記』가 있다.

159 『異部宗輪論』에 따르면, 20부의 발생 계보는 다음과 같다. 불멸후 2세기경에 ① 대중부大衆部에서 여러 부파가 흘러나오는데, ② 일설부一說部, ③ 출세부出世部, ④ 계윤부雞胤部, ⑤ 다문부多聞部, ⑥ 설가부說假部이다. 다음에 불멸후 2세기 말에 대천大天이라는 외도비구가 귀의해서 제다산에 머물렀는데 대중부 스님들이 여기에 많이 거주했다. 그런데 대천의 오사五事를 둘러싸고 이견이 생겨 다시 세 부파로 나뉘었는데, ⑦ 제다산부制多山部, ⑧ 서산주부西山住部, ⑨ 북산주부北山住部이다. 이상의 부파를 근본 대중부와 합치면 9부다. 근본 두 부파가 분열된 이후, 상좌부上座部는 히말라야산 일대에 이르러 있었는데, 약간의 다툼으로 인해 불멸후 3세기경에 분열되기 시작한다. 먼저 ⑩ 설일체유부說一切有部와 원래 상좌부로서 설산에 거주했던 ⑪ 설산부雪山部가 갈라진다. 또 설일체유부에서 ⑫ 독자부犢子部가 갈라져 나온다. 또 독자부는 ⑬ 법상부法上部와 ⑭ 현주부賢冑部와 ⑮ 정량부正量部와 ⑯ 밀림산주부密林山住部로 갈라진다. 그와 동시에 설일체유부에서 다시 ⑰ 화지부化地部가 나오고, 이 화지부에서 ⑱ 법장부法藏部가 갈라져 나온다. 불멸후 3세기 말에 설일체유부에서 다시 ⑲ 음광부飮光部가 나오고, 불멸후 4세기 초에 설일체유부에서 다시 ⑳ 경량부經量部가 갈라져 나온다. 이상으로 상좌부의 11부와 대중부의 9부를 합하면 모두 20개의 부파가 된다. 『異部宗輪論』 권1(T49, 15) 참조.
160 『異部宗輪論』 권1(T49, 15b28) 참조.

둘째, 설일체유부說一切有部와 경부經部 등은 모두 다음과 같이 말한다. 〈여래의 말씀이 모두 전법륜인 것은 아니고, 부처님이 일음으로 모든 법을 설하시는 것도 아니다.······이하 생략······〉[161]

四辨音一異門。問。如來說法。爲一音不。答。諸說不同。若依異部宗輪論。有二十部。分成兩釋。一大衆部。一說部。說出世部。雞胤部。皆作此說。諸如來語。皆轉法輪。佛以一音。說一切法。【眞諦記云。如來言音。自有二種。一從口出。皆是法輪。二威德所顯。不從口出。不關法輪。如問阿難。從何處來等。如佛說法時。前後悉見佛面。對其說法。此亦佛威德所顯。云云】二一切有部。及經部等。皆作此說。非如來語皆轉法輪。非佛一音能說一切法。乃至廣說。

『대비바사론』 제79권에도 두 가지 설이 있는데, 『부집이론部執異論』[162]과 동일하다. 그 논에서는 다음과 같이 말한다.

大毗婆沙第七十九。亦有兩說。同部執論。彼云。

문 부처님은 성어聖語[163]로 사성제를 설하여 교화 대상들을 모두 이해시킬 수 있는가 없는가? 그렇다면 무슨 과실이 있는가? (이해시킨다고 해도 아니라고 해도) 둘 다 오류가 있을 것이다. 그 이유는 무엇인가?

이해시킬 수 있다면, 비나야毗奈耶(S vinaya : 律)에서 다음과 같이 설

---

161 『異部宗輪論』 권1(T49, 16c6) 참조.
162 『部執異論』은 『異部宗輪論』의 이역본이다.
163 성어聖語(S āryabhāsa) : 고인도의 언어인 중인도(中天竺)의 정음正音을 가리키거나, 혹은 부처님 자신이 사용하던 언어를 가리킨다.

한 것과 어떻게 회통시킬 수 있는가? 〈세존이 언젠가 사천왕四天王을 위해 먼저 성어로 사성제를 설했는데, 사천왕 중에 두 명은 이해했고 두 명은 이해하지 못했다. 세존은 그 둘을 불쌍히 여겨 이익을 주려고 다시 남인도 변방의 속어로 사성제를 설했는데, 두 명의 천왕 중에서 한 명은 이해했고 한 명은 이해하지 못했다. 세존은 그를 불쌍히 여겨 이익을 주려고 다시 한 종류 멸려차[164]어로 사성제를 설했다. 이때 사천왕이 모두 이해할 수 있었다.〉[165]

이해시킬 수 없다면, 가타伽他(⑤ gāthā : 풍송·게송)에서 설한 것과 어떻게 회통시킬 수 있겠는가? 예를 들면 어떤 게송에서 다음과 같이 말한다.

> 부처님은 일음으로 설법하시나
> 중생은 부류마다 제각기 알아듣고서
> 모두가 세존께서 내가 쓰는 말로
> 오직 나만 위해 온갖 뜻을 설하신다 하네

일음一音이란 범음梵音[166]이다.[167] ······중간 생략······

---

164 멸려차蔑戾車(⑤ mleccha) : 변지邊地·변이무소지자邊夷無所知者·비천비천卑賤 등으로 의역한다. 변방지역의 비천한 종족, 또는 그 지역을 가리키는 말이다.

165 이 비나야의 기록에 따르면, 부처님은 평상시에는 마갈타국의 속어를 주로 사용하여 교화하셨지만, 때로는 성어와 남인도 변방의 속어와 멸려차어 등을 번갈아 사용하시면서 사제의 이치를 설하여 사천왕을 교화하셨다. 따라서 질문자는 세존께서 여러 나라의 다양한 언어를 구사하셨으므로 '일음으로 설법하신다'는 주장과 모순된다고 지적한 것이다.

166 범음梵音(⑤ brahma-svara) : 범음성梵音聲, 즉 불·보살이 내는 청정하고 오묘한 음성을 가리킨다. 부처님의 삼십이상 중에 범음상梵音相이 있는데, 『大智度論』 권4에 의하면 다음과 같다. 부처님의 청정한 범음은 큰 소리가 온 곳에 두루 퍼지는 것이 마치 천고天鼓가 울리는 것과 같다. 이는 부처님이 인위因位에 있는 무량한 시간 동안 나쁜 말을 하지 않고 오직 진실하고 아름다운 말만 하며 선한 말을 가르치고 정법

問。佛以聖語。說四聖諦。能令所化皆得解不。設爾何失。二俱有過。所以者何。若言能者。毗奈耶說。如何會釋。世尊有時。爲四天王。先以聖語。說四聖諦。四天王中。二能領解。二不領解。世尊憐愍饒益彼故。以南印度邊國俗語。說四聖諦。二天王中。一能領解。一不領解。世尊憐愍饒益彼故。復以一種篾戾羊¹⁾語。說四聖諦。時四天王。皆得領解。若不能者。伽他所說。當云何通。如有頌言。佛以一音演說法。衆生隨類各得解。皆謂世尊同其語。獨爲我說種種義。一音者。謂梵音。乃至廣說。

1) ㉗ '羊'은 '車'인 듯하다. ㉑ 『大毘婆沙論』 권79(T27, 410b6)에 따르면 '車'가 바르다.

🅳 이에 대해 두 가지 설이 있다.

첫 번째, 어떤 이는 다음과 같이 말한다. 〈부처님은 성어로 사성제를 설하여 모두 다 이해시킬 수 있지만, 사천왕의 의요意樂[168]에 차이가 있어서 그 의요를 만족시키기 위해 부처님은 다르게 설한다.……중간 생략……다시 세존은 모든 언어를 다 잘 이해하신다는 것을 나타내려고 이렇게 말하기도 한다. 말하자면 '부처님은 오직 성어의 설법만 잘하시지 모든 언어에 반드시 자재한 것은 아니다'라고 의심을 내는 수가 있는데, 그런 의심을 제거하기 위해 부처님은 갖가지 언음으로 설법한 것이다. 다시 어떤 교화 대상자는 부처님의 변형되지 않는 언어(不變形言)에 의지하고, 혹은 (어떤 교화 대상자는) 변형된 언어(變形言)에 의지한다.……중간 생략……그러므로 세존은 세 가지 언어를 설한 것이다.〉[169]

을 훼방하지 않았던 결과로서 받은 오묘한 상이다. 이 소리를 듣는 자들은 그 근기에 따라 이익을 얻고 선한 마음을 내며 모두 미혹을 끊고 의심을 소멸시킬 수 있다고 한다.
167 이상의 질문은 『大毘婆沙論』 권79(T27, 410a5) 이하의 내용을 재구성한 것이다.
168 의요意樂([S] aseya) : 어떤 목적을 향하여 나아가려 하는 의향을 뜻한다.
169 첫 번째 해석은 『大毘婆沙論』 권79(T27, 410a27) 참조.

두 번째의 설은 다음과 같다. 〈부처님은 일음으로 사성제를 설하지만 모든 이들이 다 이해할 수 있도록 하지는 못한다. 세존이 자재한 신통력을 갖고 있다 해도 경계를 뒤바꿀 수는 없으니, 이는 마치 귀가 여러 색깔을 보게끔 한다거나 눈이 소리를 듣게끔 할 수 없는 따위와 같다.〉[170]

答。有二說。一有作是說。佛以聖語。說四聖諦。皆能領解。而四天王意樂有異。爲滿彼意。故佛異說。乃至廣說。復次。世尊欲顯於諸言音皆能善解。故作是說。謂有生疑。佛唯能作聖語說法。一切[1]言音。未必自在。爲決彼疑。佛以種種言音說法。復次。有所化者。依佛不變形言。或依變形言。乃至廣說。是故世尊說三種語。二云。佛以一音。說四聖諦。不令一切皆能領解。世尊雖有自在神力。而於境界。不能改越。如不能令耳見諸色眼聞聲等。

1) ㉠『大毘婆沙論』권79(T27, 410b9)에는 '一切'가 '於餘'로 되어 있는데, 문맥상 의미는 차이가 없다.

문 그렇다면 앞의 게송과는 어떻게 회통시키겠는가?

답 반드시 회통시킬 필요는 없다. (가타는) 삼장三藏이 아니기 때문이다. 부처님을 찬탄하는 여러 게송의 말들은 실제보다 과장되는 경우가 많다. 마치 분별론자分別論者[171]들이 세존을 찬탄하면서 "마음은 항상

---

170 두 번째 해석은『大毘婆沙論』권79(T27, 410b21) 참조.
171 분별론자分別論者Ⓢ Vibhajya-vādin）: 분별설부分別說部라고도 한다. 이치를 다하지 못한 설에 대해 반드시 분별해서 논구하기 때문에 분별론자라고 부른다. 기록에 따르면 이들의 정체에 대한 이설異說이 있다. 인도불교사가들은 이들이 상좌부上座部와 밀접한 연관이 있는 것으로 여기는데, 대개 남방에서 전해지는 상좌부의 학설은 정종正宗이 아니므로 그것을 상좌부의 별전別傳이라고 간주해서 항상 '분별설分別說'이라는 이름으로 구별한다. 그러나 중국 법상학자들은 그들을 근본 대중부大衆部에서 갈라져 나온 한 부파로 간주한다. 예를 들면 현장이 번역한 무성無性의『攝大乘論釋』에서는 상좌부上座部가 아뢰야식을 유분식有分識의 하나로 여겼다는 것을 언급하면서 "이와 같은 것들은 분별설부도 또한 설한다."고 하였고, 규기의『成唯

선정 속에 있고,……중간 생략……"라고 하는 것과 같다.

또 여래의 언음은 모든 음성의 경계에 두루 미치기에 말하고 싶은 대로 모두 그것을 말할 수 있다. 즉 부처님이 지나支那(⑤ Cīna)국의 말을 하실 때면 지나 중화中華에서 태어난 자보다 뛰어나다.……중간 생략……[172]

또 부처님의 말은 날렵하고 재빠르게 회전하기 때문에 비록 여러 가지 언어라도 일시에 할 수 있다. 즉 지나어를 하자마자 곧바로 다시 책가磔迦(⑤ Śaka)국어를 하고, 내지는 다시 박갈라博喝羅(⑤ Bokkara)어를 한다. (부처님은 말을) 빠르게 바꾸기 때문에 모두 '일시에 말한다'고 하니, 마치 선화륜旋火輪[173]을 바퀴가 아닌데도 바퀴라고 생각하는 경우와 같다. 이전의 게송도 이에 의거하기 때문에 또한 위배되지 않는다. 또 여래의 언음은 여러 종류가 있더라도 똑같이 유익하기 때문에 일음이라 한다.[174]

問。若爾。前頌當云何通。答。不必須通。非三藏故。諸讚佛頌言多過實。如

識論述記』권4(T43, 354a25)에서는 "분별론자는 예전에는 분별설부라고 하였고, 요즈음은 설가부說假部라고 한다. 이들은 '유분식의 체는 영원하며 단절되지 않는다'고 설한다."고 하였다. 이 설가부는 『異部宗輪論』권1(T49, 15a29)에 따르면, 근본 대중부에서 갈라져 나온 여덟 가지 부파 중의 하나다.

172 '구체적인 설명은 그 논과 같다(其說如彼)'는 문구는 통상적으로 전후로 많은 내용을 생략하거나, 혹은 이하의 자세한 설명을 생략할 때 사용되는 문구다. 그런데 이 경우는 하나의 문장을 제외하고『大毘婆沙論』의 전후 문장이 이어지므로 '구설여피'를 "……중간 생략……"으로 처리하였다. 중간에 생략된 문구는 "부처님의 말소리는 모든 음성의 경계에 두루 미치기 때문에 그 가타에서 이와 같이 설했던 것이다.(以佛言音遍諸聲境故。彼伽他作如是說。)"이다.

173 선화륜旋火輪: 이는 불통을 빨리 돌릴 때 그것이 마치 불로 된 둥근 바퀴처럼 보이는 것을 말한다. 이 화륜火輪은 실재하는 것처럼 보이지만 그렇지 않다. 이 선화륜의 비유는 현상 세계가 가상假相임을 비유할 때 자주 쓰인다.

174 이상의 문답은 모두『大毘婆沙論』권79(T27, 410a5) 이하의 내용을 문답으로 재구성한 것이다.

分別論者。讚說世尊心常在定。乃至廣說。復次。如來言音。遍諸聲境。隨所欲言。皆能作之。謂佛若作支[1]那國語。勝在支*那中華生者。其說如彼。復次。佛語輕利速疾迴轉。雖種種語。而謂一時。謂佛若作支*那語已。無間復作礫[2]迦國語。乃至復作博[3]羅語。以速轉故。皆謂一時。如旋火輪。非輪輪相。[4] 前頌依此。故亦無違。復次。如來言音。雖有多種。而同有益。故說一音。

1) ㉠『大毘婆沙論』 권79(T27, 410c1)에는 '支'가 '至'로 되어 있는데, 음사어이므로 의미상 차이는 없다. 이하도 동일하다. 2) ㉠『大唐西域記』 등에는 '礫'이 '礫'으로 되어 있다. 후자를 따랐다. 3) ㉠『大毘婆沙論』 권79(T27, 410c6)에 따르면, '博' 다음에 '喝'이 누락되었다. 4) ㉠『大毘婆沙論』 권79(T27, 410c7)에는 '相'이 '想'으로 되어 있는데, 후자를 따랐다.

해 『대비바사론』에는 본래 두 가지 설이 있다.

한편에서는 '여래는 일음으로 이해시킬 수 있다'고 한다. 이것은 『부집이론』에서 말한 대중부 등의 주장에 해당한다. 일음이란 범음梵音을 말한다. 그런데 여래가 세 가지 언어로 두루 설했던 것에는 세 가지 의도가 있다.[175] 첫째로 그들의 의요를 만족시켜 주고, 둘째로 그들의 의심을 끊어 주며, 셋째로 교화 대상에 따라 주는 자가 변형되지 않은 언어에 의지하거나 반대로 변형된 언어에 의지하여 (교화하기 때문이다.)

한편에서는 일음으로 모두 이해시킬 수 없다고 한다. 이것은 『부집이론』에서 말한 설일체유부 등의 주장에 해당한다. 그런데 가타에서 '이해시킬 수 있다'고 설한 것과 반드시 회통시킬 필요는 없다. 가타는 삼장이 아니기 때문이고, 가타의 말은 사실보다 과장되기 때문이다. 예를

---

175 이것은 앞의 첫 번째 질문에 대한 첫 번째 대답, 즉 '부처님은 성어로 모든 이들을 이해시킬 수 있는가' 하는 물음에 대한 대답에서 첫 번째 견해를 가리킨다. 즉 여래가 사천왕을 모두 교화하기 위해, 성어와 남인도 변국의 속어와 멸려차어 등의 세 종류 언어를 사용하여 사제의 이치를 이해시킨 것을 말한다.

들면 분별론자들이 '세존의 마음은 항상 선정 속에 있다'고 하는 등과 같다.

(요컨대) 세 가지 의미로 일음一音의 뜻을 회통시킬 수 있다. 첫째, 처하신 곳마다 (그곳의 언어를 구사하는 능력이) 제일이므로 일음이라 한다. 둘째, (여러 언어를) 아주 빠르게 말해서 마치 하나의 언어처럼 여겨지기 때문에 일음이라 한다. 셋째, 이익이 똑같기 때문에 일음이라 한다.

> 解云。婆沙自有二說。一云。一音能令得解。此當部執大衆部等。言一音者。謂梵音也。而三遍說。有三種意。一滿彼意故。二斷彼疑故。三隨所化者。依不變形言。反變形言。一云。不得一音皆令得解。此當部執說一切有部等計。而伽陀說能令解者。不必須通。非三藏故。言過實故。如分別論者云。世尊心常在定等。復以三義。會一音義。一隨處第一。故名爲一。二速疾似一。故名爲一。三利益同。故名爲一。

● 일음에 관한 대승의 학설

이제 대승에 의하면, 부처님은 일음으로 설한다. 따라서 『무량의경』에서는 "일음으로 널리 뭇 소리에 응하신다."[176]고 하였고, 또 『대부사의경』에서는 "여래는 한 마디 설법하시는 중에 무한한 경전들을 연설하신다."[177]고 하였으며, 『무구칭경』에서는 "부처님은 일음으로 설법하시지만 유정들은 부류마다 제각기 알아듣는다."[178]고 하였다.

또 『불지경론』 제6권에서는 다음과 같이 말한다. "(여래는) 성소작지成

---

176 『無量義經』「說法品」(T9, 386c6) 참조.
177 『大不思議經』은 『화엄경』을 가리킨다. 불타발다라 역 『大方廣佛華嚴經』「盧舍那佛品」(T9, 405c20)의 게송에는 다음과 같은 구절이 나온다. "如來所說一語中。演出無邊契經海。"
178 현장 역 『說無垢稱經』「序品」(T14, 558c19)에 나오는 게송의 문구다.

所作智[179]로 중생들의 의요의 차별에 따라 화어化語[180]의 업을 나타내어 갖가지 뜻을 설하고 모든 의혹을 끊어 버린다. 즉 일음을 발하여 일체의 의미를 나타내면 반드시 모든 유정들은 부류마다 이익을 얻음을 말한다. 예를 들면 계경에서 '부처님이 일음으로 제법을 설하면 중생들은 부류마다 제각기 알아듣는다'고 했는데, 어떤 이는 두려워하고 어떤 이는 기뻐하며 어떤 이는 세간을 싫어하여 떠나려는 마음을 내고 어떤 이는 다시 의혹을 끊기도 한다. 이것은 여래의 본원本願으로 이끌어 낸 불가사의한 힘에 의해 발성된 화어이니, 일음으로 일체의 온갖 의심을 끊을 수 있는 것이다."[181]

이와 같은 말들은 다 갖추어 진술할 수 없을 정도다.

그런데 일음이란 바로 하나의 범음梵音이다. 따라서『무량의경』에서는 "머리 숙여 범음성梵音聲에 귀의합니다."[182]라고 하였다. 또『대지도론』제86권에서는 "(여래는) 중생에게 설법하시기 위해 모든 중생들의 언어와 음성을 이해하시고 범음성으로 설법하신다."[183]고 하였다.

今依大乘。一音能說。故無量義經云。能以一音。普應衆聲。又大不思議經云。如來說法一語中。演說無邊契經海。無垢稱云。佛以一音演說法。有情隨類各得解。又佛地論第六卷云。成所作智。隨諸衆生意樂差別。現化語

---

179 성소작지成所作智 : 불과佛果에 이르면 얻게 되는 네 가지 지혜 중의 하나다. 유루의 전오식과 그에 상응하는 품들을 전사轉捨하고 나서 얻는 지혜. 십지 이전의 모든 사람들에게 이익과 즐거움을 주기 위해서 신身·구口·의意의 삼업으로 여러 가지 변화하는 일을 보여주는 지혜를 말한다.
180 화어化語 : 부처님이 신통력으로 나타내는 세 가지 화사化事, 즉 화신化身·화경化境·화어化語 중의 하나다. 위의『佛地經論』인용문에서처럼 '일음으로 설법하여 모든 중생들을 이해시키는' 등 신비한 언어적 행위를 변화해 내어 중생을 교화하는 것을 가리킨다.
181 『佛地經論』권6(T26, 320a2).
182 『無量義經』권1「德行品」(T9, 385b11)의 게송에 나오는 구절.
183 『大智度論』권86(T25, 663a6).

業。說種種義。斷諸疑惑。謂發一音。表一切義。定諸有情隨類獲益。如契經言。佛一⁾音演說諸法。衆生隨類各得開解。或有怖畏。或有歡喜。或生厭離。或復斷疑。此是如來本願所列²⁾不思議力所發化語。一音能斷一切衆疑。如是等說。不可具述。然一音者。是一梵音。故無量義經云。稽首歸依梵音聲。又智度論八十六云。欲爲衆生法說。³⁾解一切衆生語言音聲。以梵音聲。而爲說法。

1) ㉑ '一' 앞에 '以'가 탈락된 듯하다. ㉒『佛地經論』권6(T26, 320a5)에 따르면, '以'가 탈락되었다. 2) ㉑ '列'은 '引'인 듯하다. ㉒『佛地經論』권6(T26, 320a7)에 따르면, '引'이 바르다. 3) ㉒『大智度論』권86(T25, 663a6)에 따르면, '法說'은 '說法'으로 수정해야 한다.

● 일음에 있어서 본질·영상의 문제

문 이 여래의 일음으로 설해진 것은 본질인가, 영상인가? 본질이라면 무성의 『섭대승론석』과 어떻게 회통시키겠는가?[184] 영상이라면, 듣는 자에 따라 여러 종류일 텐데 어째서 '일一'이라고 하는가?

해 호법종 등은 진실한 정교正教에서는 오직 본질만 있고 영상은 있지 않지만, 정교를 아울러 다 설하는 경우는 본질과 영상에 통한다고 한다. 그리고 '일'이라 한 것은 동일한 범음을 가리킨다.

난 '소리'라는 점에서 따르는 것(본질)과 어긋나는 것(영상)을 분별하여 동일한 범음이라고 한다면,[185] 혹은 '색깔'이라는 점에서 파랑·노랑을 분

---

184 이것은 무성이 "듣는 자의 식 상에 직설과 비직설이 취집해서 현현한 것이 교체의 본질이다."(『攝大乘論釋』권1(T31, 380b9))라고 했던 것을 가리킨다. 무성에 의하면, 교의 본질은 부처님의 입에서 직접 발성된 음성(本質)이 아니라, 듣는 자의 식에 현현한 언어적 심상(影像)을 말한다. 다시 말하면, 본질과 영상 중에서 무성은 영상을 교체로 간주한 것이다. 따라서 본질인 음성을 교체로 보는 경우, 이런 무성의 입장과 어떻게 회통시킬 수 있느냐고 반문한다.
185 소리(聲)라는 점에서 볼 때 부처님의 음성(본질)은 일음이라고 할 수 있지만 중생의 식에 나타난 영상은 모두 다르므로 일음이라고 할 수 없다. 여기서 '따르는 것'이란 본질의 음성을 가리키고, '어긋나는 것'이란 중생의 식에 나타난 영상을 말한다.

별하면 파랑·노랑은 동일한 색이 될 수 있다는 말인가?

해 인정해도 과실이 없다. 예를 들면 『잡집론』에서 '가말라병迦末羅病으로 눈이 손상되면 청색을 보고 황색이라 여긴다'고 한 것처럼,[186] 이것도 이와 같아서 부처님의 신통력으로 인해 하나의 색 등을 각기 달리 보는 것이다. 따라서 『불지경론』 제6권에서는 '(여래가) 성소작지成所作智로 화신化身을 일으키는 경우에 또한 중생들로 하여금 하나의 본질을 달리 보게 함으로써 이로움과 즐거움을 주는 일을 이루신다'고 하였다.[187]

問。此如來一音所說。爲是本質。爲影像耶。若本質者。無性攝論。如何會釋。若影像者。隨能聞者。卽成多種。如何言一。解云。護法等宗。就實正敎。唯本非影。兼正俱說。通本及影。而言一者。同一梵音。難。約聲辨。順違同一聲。或可約色辨靑黃。靑黃應成一。解云。許亦無失。如雜集說。迦末羅病。損壞眼根。見靑爲黃。此亦如是。由佛神力。於一色等。各各異見。故佛地論第六卷云。成所作智。若作化身。亦令衆生一質異見。利樂事成。

문 신통력의 자재함을 얻어서 동일한 본질을 달리 보이게 할 수 있다면, 어떤 경우 신통력의 자재함을 얻어서 상이한 본질을 동일하게 보이게 할 수도 있는가?

해 대승에서는 사구四句가 모두 성립한다.

---

[186] 『雜集論』 권2(T31, 703b6) 참조. 이 논에서 위의 인용문은 조금 다른 맥락에서 진술된 것이다. 즉 가말라병의 비유는 '근根에 의거해 식의 명칭을 붙인 이유'를 설명하는 과정에서 등장한다. 그에 따르면, 식의 명칭을 부여할 때 가령 안식이라 하고 색식이라고 하지 않은 이유는, 식의 발생은 대상보다는 감각기관에 더 영향을 많이 받기 때문이다.

[187] 『佛地經論』 권2(T26, 320a8) 참조. 여래가 화어化語를 일으킬 때면 여래의 일음에 대해 모든 중생들이 제각기 다른 소리로 알아듣는 것처럼, 화신化身을 일으킬 때면 여래의 일신一身에 대해 모든 중생들이 제각기 다른 모양·색깔을 가진 몸으로 본다는 말이다.

첫째, 동일한 본질이 다르게 보이게 하는 것이다. 예를 들면 하나의 화신이 중생 각각에게 다르게 보이는 경우다.

둘째, 상이한 본질이 똑같이 보이는 것이다. 예를 들면 하나의 화신을 여러 부처님들이 함께 변화해 내는 경우이니, 실제로 (부처님 몸은) 여럿이지만 (중생에게는) 하나로 보이는 것이다. 따라서 『성유식론』 제10권에서는 다음과 같이 말한다. "타수용신他受用身과 변화신變化身은 여래가 교화하는 중생들에 따라 공共·불공不共의 차이가 있다. 교화되는 중생이 공동(共)의 (여러 불신과 불토에 의지하는) 경우,[188] 동일한 장소와 동일한 시간에 여러 부처님들이 각기 변화해서 몸과 국토를 만들어 낸 것이다. 그것들은 형상이 서로 비슷해서 서로 장애하지 않으니, 서로 간에 뒤섞인 상태에서 증상연增上緣이 되어 줌으로써 교화되는 중생 자신의 식으로 하여금 변현하게 한다.[189] (이때 그 중생은) 어떤 한 불토에 한 불신이 계시는데 신통을 나타내어 법을 설해서 이익을 준다고 말한다. (교화되는 중생이) 특정한(不共) (불신과 불토에 의지하는) 경우, 그것은 오직 한 부처님이 변화해 낸 것이다. 모든 중생의 부류들은 시작 없는 때부터 종성種姓에 자연히 서로 속박되는데, 어떤 경우는 여러 중생들이 한 부처님에 속하고 어떤 경우는 한 중생이 여러 부처님에 속하기도 한다. 따라서 교화되는 중생이 (여러 불신과 불토에) 공동으로 의지하는 경우와 공동으로 의지하지 않는 경우가 있는 것이다. 그렇지 않다면, 여러 부처님께서 오랫동안 세간에 머물면서 각기 수고롭게 일하시는 것은 실로 무익할 것이

---

[188] 이 경우 여러 부처님들이 각기 자신들의 불신과 불토를 변화해 낸 것이므로 실제로는 여러 개의 불신과 불토가 있는 것이지만, 교화되는 중생의 입장에서는 마치 하나의 불토에 한 부처님이 계신 것처럼 보인다.
[189] 서로 유사한 부처님들의 형상들이 뒤섞여 겹쳐서 마치 단일한 형상인 것처럼 나타나는데, 이 형상이 중생들의 식에 나타난 영상을 일으킨 '직접적 원인(因緣)'은 아니지만 그 영상을 일으키는 데 도움을 주는 '간접적 조건', 즉 증상연增上緣의 역할을 한다는 것이다.

다. 왜냐하면 한 분의 부처님이 모든 중생에게 이익을 줄 수 있기 때문이다."¹⁹⁰

셋째, 동일한 본질이 동일하게 보이는 것이다.

넷째, 상이한 본질이 다르게 보이는 것이다.

이상은 여러 종에서 공통적으로 인정하는 것이니, 그 의미는 분명히 알 수 있을 것이다.

問。神力得自在。同質得異見。或可神力得自在。異質得同見。解云。大乘四句皆成。一同質異見。如一化身。衆生各各所見不同。二異質同見。如一化身。諸佛共變。據實衆多。而見爲一。故成唯識論第十卷云。他受用身及變化身。¹⁾ 隨諸如來所化有情。有共不共。所化共者。同處同時。諸佛各變爲身爲土。形狀相似。不相障礙。展轉相雜。爲增上緣。定²⁾所化生自識變現。謂於一土。有一佛身。爲現神通說法饒益。於不共者。唯一佛變。諸有情類。無始時來。種姓法爾。更相繫屬。或多屬一。或一屬多。故所化生。有共不共。不爾。多佛久住世間。各事劬勞。實得³⁾無益。一佛能益一切生故。三同質同見。四異質異見。諸宗共許。義顯可知。

1) ㉑『成唯識論』권10(T31, 58c19)에는 '他受用身及變化身'이 '餘二身土'라고 되어 있는데, '二身'을 구체적으로 명시해 준 것이므로 의미상 차이는 없다.　2) ㉑『成唯識論』권10(T31, 58c22)에 따르면, '定'은 '令'의 오기다.　3) ㉑『成唯識論』권10(T31, 58c26)에는 '得'이 '爲'로 되어 있다.

🔲 색깔의 측면에서 파랑과 노랑을 분별하는 경우 파랑과 노랑이 하나라고 할 수 있다면, 마음의 측면에서 분별할 때는 팔식八識들도 당연히 하나라고 할 수 있는가?

🔲 색깔과 소리는 거친 물질(麁法)이므로 동일한 본질을 다르게 볼 수

---

190 『成唯識論』 권10(T31, 58c19~27).

도 있지만, 심법은 미세하여 알기 어려우므로 하나라고 해서는 안 된다.

問。約色辨靑黃。靑黃得成。[1] 可約心辨。八識應成一。解云。色聲是麤法。
同質得異見。心法細難知。不應說爲一。

1) ㉠ 문장의 의미가 명확하지 않다. 뒤의 문장을 참조할 때 '成' 다음에 '一'을 추가해야 할 듯하다.

● **일음을 여래의 삼밀三密 중의 하나로 설명함**

또 일음 등은 바로 여래의 삼밀三密[191] 가운데 신밀身密과 어밀語密이다. 예를 들면 『대지도론』 제1권에서 다음과 같이 말한다. "부처님께서 최초로 법륜을 굴리실 때 응지應持[192]보살이 타방에서 와서 불신佛身을 헤아리려 했는데, 위로는 허공의 수많은 불국토를 지나 화상세계華上世界에 이르러서도 불신이 이전과 다름없이 보였으므로 게송을 설하여 찬탄하였다."[193]

又一音等。卽是如來三密之中身語密也。言身密者。如智度論第一卷云。佛
初轉法輪時。應持[1]菩薩。從他方來。欲量佛身。上過虛空無量佛土。至華上

---

[191] 삼밀三密 : 밀교密敎에서 말하는 신身·구口·의意 삼업을 말한다. 밀교에서는 불·중생의 두 방면에서 두 가지로 해석한다. ① 부처님 삼업의 활동은 매우 미묘하여, 범부로서는 알 수 없는 경계이므로 '밀密'이라 한다. 밀교에서는 우주의 본체인 육대六大를 인격화한 것이 대일법신여래大日法身如來이므로, 그 신밀身密은 우주의 전체적 활동이며, 어밀語密은 우주 간의 온갖 언어·음성의 활동이며, 의밀意密은 우주 간의 온갖 정신 활동을 말한다. 그러므로 삼밀은 각각 서로 섭입攝入하니, 찰나의 신밀도 그 자체에 어밀·의밀을 갖추고, 잠깐의 의밀에도 그 순간에 신밀·어밀을 갖추며, 한 구의 어밀에도 신밀·의밀을 갖추었다고 한다. ② 부처님과 중생은 그 체體에서 일체 불이一體不二이므로 중생도 부처님같이 미묘한 삼업의 활동이 있지만, 오직 수련한 사람만이 아는 세계이고, 범부로서는 알 수 없는 작용이므로 '밀'이라 한다.
[192] 응지應持 : 응지는 『密迹經』에 나오는 보살의 이름으로서, 응지보살은 불신佛身의 정도를 헤아리기 위해 타방에서 온 보살이다.
[193] 『大智度論』 권1(T25, 58c18~20).

世界。見佛身如故。說偈讚歎。

1) ㉠『大智度論』권1(T25, 58c18)에는 '持'가 '時'로 되어 있는데, 『密迹經』에 나오는 보살의 이름이므로 '持'가 바르다.

또 『밀적경密迹經』[194]에서는 다음과 같이 말한다.

又密迹經云。

부처님께는 삼밀이 있으니, 신밀·어밀·의밀이다. 그러나 모든 천天·인人들이 이를 이해하지도 못하고 알지도 못한다.

어떤 한 모임의 중생은 때로는 불신을 황금색이나 백은색 그리고 여러 보배가 섞인 색으로 보고, 혹은 불신을 1장 6척으로 보며, 혹은 1리·10리·백천만억 리 나아가 끝없고 한량없는 허공 가운데 두루 있는 것으로 보니, 이러한 것들을 '신밀'이라 한다.

어밀이란 어떤 사람은 부처님 음성이 1리 밖에서도 들리고, 어떤 사람은 10리·백천만억 리 나아가 셀 수 없고 헤아릴 수 없는 허공에서 두루 들리며, 어떤 한 모임의 사람은 혹은 보시를 설하는 것을 듣고, 혹은 지계·인욕·정진·선정·지혜를 설하는 것을 들으니, 이와 같이 십이부十二部·팔만법취八萬法聚에 이르기까지 각자 마음에 따라 듣는 것을 '어밀'이라 한다.[195]

---

194 『密迹經』(T11)은 『大寶積經』(T11) 중 8권~14권에 이르는 「密迹金剛力士會」 7권을 일컫는다. 이 경의 내용은 먼저 보살과 여래의 신밀·어밀·의밀에 대해 설명하고, 나중에는 부처님이 입멸한 후 500년 동안 이 경을 호지하는 것에 대해 비밀주秘密主가 청하는 내용으로 되어 있다.
195 이상의 신밀과 어밀에 관한 내용은 『大寶積經』 권10(T11, 53b14) 이하의 내용을 요약한 것이다.

佛有三密。身密語密意密。一切諸天人。皆不解不知。有一會衆生。或見佛身黃金色。白銀色。諸雜寶色。或見佛身一丈六尺。或見一里十里百千萬億。乃至無邊無量遍虛空中。如是等。名爲身密。言語密者。有人聞佛聲一里。有聞十里百千萬億無數無量遍虛空中。有一會人。或聞說布施。或聞說持戒忍辱精進禪定智慧。如是乃至十二部。八萬法聚。各各隨心所聞。是名語密。

이때 목련존자가 마음에서 부처님 음성이 가까이서만 들리는지 멀리까지 들리는지를 알고 싶은 생각이 일어나서 곧장 신족력神足力[196]으로 서방의 광명번光明幡이라는 세계까지 갔는데, 여기로부터 96항하사 세계만큼 떨어진 곳이었다. (거기서) 스스로 부처님의 음성을 들어 보니 가까이서 듣는 것과 다름없었다. 그곳 부처님의 신장은 40리里이고 보살들의 신장은 20리이며 음식 담는 발우의 높이는 1리였다. 그곳 부처님께서 대중들과 함께 막 공양을 하려는데 대목건련이 발우 가장자리를 걸어 다니니까 그 불토 대중들이 괴이하게 여겨 세존에게 물었다. "사람 모양을 한 이 조그만 것은 어디서부터 왔기에 사문의 옷을 입고 발우 가장자리를 걸어 다닙니까?"……중간 생략……그곳의 부처님께서 목련에게 말씀하셨다. "그대가 항하사겁이 지나도록 부처님 음성을 심구해 보아도 끝내 찾을 수 없을 것이다." 목련존자가 돌아와 석가모니 부처님 앞에서 잘못을 참회하였다.[197]

---

196 신족력神足力 : 육신통력六神通力 가운데 하나이다. 부사의하게 경계를 변하여 나타내기도 하고 마음대로 날아다니기도 하는 신통을 말한다.
197 목건련의 일화는 『大寶積經』 권10(T11, 56c10)의 이야기를 요약해 놓은 것이다. 이 일화는 먼저 목건련이 석가모니 부처님의 음성이 멀리서도 들리는지에 대해 의심을 품는 대목에서 시작한다. 이에 석가모니 부처님은 목건련의 의심을 알아차리시고, 신통력을 발휘하여 목건련을 저 멀리 서방의 광명당 세계에 이르게 하였다. 목건련은 서방세계에서 석가모니 부처님의 음성을 들어 보았지만, 그 음성은 여전히 가

是時目連。心念欲知佛聲近遠。卽以神足力。往至西方光明幢[1]世界。去此九十六恒河沙世界。自聞佛聲。如近無異。其佛身長四十里。菩薩身長二十里。所食鉢器。其高一里。其佛與大衆方食。大目犍連行鉢際上。彼土大衆。恠問世尊。此人頭虫。從何處來。被沙門服。行鉢際上。乃至。彼佛告目連曰。汝過恒河沙劫。尋佛音聲。終不可得。目連還來佛前悔過。

1) ㉠『大寶積經』권10(T11, 56c20)에 따르면, '幢'은 '幡'의 오기다.

의밀이란 여래께서 성도에서 멸도에 이르는 날까지 그 중간에 여래에게는 의심이 없었고 마음을 돌리는 일도 없었으며 사행思行 등도 없었음을 말한다.[198]

言意密者。如來成道。至滅度日。於其中間。如來無疑。亦不迴轉心。無思行等。

자세한 설명은 그 경과『대지도론』제9권에서 설한 것과 같다. 이상에서 설한 내용은 모두 여래의 부사의를 설한 것이니, 이에 대해 생각해 보려 하면 마음이 미쳐 어지러워질 것이다. 이는『대반야경』제567권과『현양성교론』제17권의 설명과 같다.[199]

廣說如彼及智度論第九。如上所說。皆是如來不思議。若思議者。心則狂

까이에서 들리는 것과 마찬가지였다. 그 과정에서 목건련은 광명당 세계의 부처님과 대중을 만나 부처님의 어밀에 대한 의심을 이야기하게 되는데, 이것이 바로 본문에 소개된 내용이다. 결국 목건련은 석가모니 부처님의 신통력으로 다시 서방세계로부터 돌아와서 부처님의 '어밀'에 대해 의심했던 자신의 마음을 석가모니 부처님께 참회하는 것으로 이야기가 종결된다.

198 이상의 의밀意密, 즉 심밀心密에 대해서는『大寶積經』권11(T11, 59c10) 참조.
199 『大般若經』권567(T5, 930a18)과『顯揚聖教論』권17(T31, 564a4) 참조.

亂。如人般若五百六十七。顯揚十七說。

2. 제교의 소전의 종지를 따로 나타냄

소전所詮의 종지에는 대략 네 종류가 있다.

첫째, 허망을 보존하고 진실을 감추는 종(存妄隱眞宗)이다. 예를 들면 살바다(설일체유부) 등에서 비록 사제를 설하지만 진여를 안립하지 않는 경우와 같다.

둘째, 허망을 버리고 진실을 보존하는 종(遣妄存眞宗)이다. 예를 들면 경부 논사들이 여러 허망한 법을 버리고 법성으로서의 공을 보존하는 경우와 같다.

셋째, 진실과 허망을 함께 버리는 종(眞妄俱遣宗)이다. 예를 들어 청변淸辨 등이 모든 유위·무위를 함께 버리는 경우와 같다.

넷째, 진실과 허망을 함께 보존하는 종(眞妄俱存宗)이다. 예를 들어 호법護法 등이 이제와 삼성 등의 뜻을 보존하는 경우와 같다.

이와 같은 의미에 대해 그 본문에 가서 설명할 것이다.

所詮宗者。略有四種。一存妄隱眞宗。如薩婆多等。雖說四諦。不立眞如。二遣妄存眞宗。如經部師。遣諸妄法。存法性空。三眞妄俱遣宗。如淸辨等。雙遣一切有爲無爲。四眞妄俱存宗。如護法等。存立二諦三性等義。如是等義。至文當說。

또는 모든 종지들은 대략 세 종류라고 해도 된다. 첫째는 (경전이 설해진) 때(時)에 의거해 종지를 분별한 것이다. 둘째는 (경전의) 부部마다 따로 종지를 나타낸 것이다. 셋째는 (중생의) 병病에 따라 종지를 구별한 것이다.

或可諸宗。略有三種。一約時辨宗。二部別顯宗。三隨病別宗。

먼저 (경전이 설해진) 때에 의거해 종지를 분별하면 세 가지가 있다.
첫째는 사제의 법륜이다. 예를 들면 사아급마四阿笈摩에는 비록 여러 부가 있지만 사성제를 종지로 삼는 경우와 같다. 【범음 '아급마(S āgama)'를 여기 말로 번역하면 '전傳'이다. 따라서 『유가사지론』 제85권에서 다음과 같이 말한다. "부처님께서 남인도에 이르시어 오아급마五阿笈摩를 세우셨고 제자들이 계속 전승하여 오늘에 이른 것이기 때문에 '급마'라고 한다. (오아급마란) 사아급마 이외에 별도로 세워진 백 부部의 아급마경(아함경)을 말한다. 사아급마는 첫째는 잡아급마이고, 둘째는 중아급마이며, 셋째는 장아급마이고, 넷째는 증일아급마다." 자세한 것은 『유가사지론』 제85권의 해석과 같다.[200]】 둘째는 무상無相의 대승이다. 예를 들어 여러 『반야경』에서 소집성所執性을 버리고 '무상'을 종으로 삼은 경우와 같다. 셋째는 요의了義의 대승이다. 예를 들어 이 『해심밀경』 등에서 삼성三性 등을 소전의 종지로 삼은 경우와 같다.
이상의 세 종류 법륜에 대해 제2권에 가서 자세히 분별하겠다.

約時辨宗。有其三種。一四諦法輪。如四阿笈摩。雖有諸部。四諦爲宗。【梵音阿笈摩。此翻云傳。故瑜伽論八十五云。佛及南印度。立五阿笈摩。弟子展轉傳來于今。故名笈摩。謂四阿笈摩外。別立百部阿笈摩經。四阿笈摩

---

[200] 『瑜伽師地論』 권85(T30, 772c)에는 사아급마에 대한 간략한 설명은 나오지만 오아급마에 대한 설명은 나오지 않는다.

者。一雜。二中。三長。四增壹。廣如瑜伽八十五釋。】二無相大乘。如諸般若。遣所執性。無相爲宗。三了義大乘。如此經等。用三性等。爲所詮宗。三種法輪。至第二卷。當廣分別。

🟦문 모든 반야경의 종지는 '무상'을 밝히는 것이고 이 경은 '요의'를 (밝히는 것인데,) 그 깊고 얕음에 어떤 차이가 있는가?

🟦해 청변은 다음과 같이 풀이하였다.《해심밀경》등은 유소득有所得을 나타내므로 얕은 것이고 깊지 않지만, 모든 부의『반야경』은 무소득無所得을 드러내므로 가장 심오한 것이다.〉 호법 등은 다음과 같이 설명하였다. 〈두 시기에 설해진 무상의 이치는 이치상으로는 얕고 깊음이 없다. 그런데『해심밀경』을 요의라고 설한 것은, 삼성의 뜻에 의거해서 여러 경전들을 판정해 보면 유무有無의 도리[201]를 분명하게 드러내서(顯了) 설했기 때문에 요의라고 한 것이지, 무상의 이치에 얕고 깊음이 있기 때문에 요의라고 한 것은 아니다.〉

🟦문 모든 부의『반야경』이 제2시時에 해당한다는 것을 어떻게 알 수 있는가?

🟦해 이 의미는 제2권『경기經記』에서 설한 것과 같다.

問。諸般若宗明無相。此經了義。淺深何異。淸辨解云。深密等經。辨有所得。淺而非深。諸部般若。顯無所得。爲最甚深。護法等說。二時所說無相

---

201 원문에는 '有道理'라고 되어 있지만, 전후 문맥상 의미가 통하지 않는다. 이것은 청변 淸辨의 해석에 대해서 호법護法이 반박한 것인데, 이 경이 '유의 도리만 밝혔다'고 하는 것은 맞지 않고 '유무의 도리를 밝혔다'고 해야 한다. 또 뒤에서 이 교의 대상을 논한 곳에서도 "이 경은 일체 제법의 유무의 도리를 밝히는 것을 종지로 삼는다.(此經宗明一切諸法有無道理。)"고 하였다. 참고로『續華嚴略疏刊定記』권1(X3, 579c13)에는 위의 원측 소와 동일한 문구가 나오는데, 거기에서는 "約三性義。決判諸經。有無道理。顯了說故。名爲了義。"라고 하였다.

之理。理無淺深。而說深密爲了義者。約三性義。決判諸經。有[1]道理。顯了
說故。名爲了義。非無相中有淺深故說了義也。問。如何得知。諸部般若。
爲第二時。解云。此義如第二卷經記中說。

1) ㉠ '有' 다음에 '無'가 누락된 듯하다. 자세한 설명은 해당 번역문 주석 참조.

둘째는 경전의 각 부部마다 따로 종지를 나타낸 것이다.

시時에 의거하면 세 종류이지만, 하나하나 시마다 모두 여러 부들이 있고 하나하나 부마다 소전의 종지도 각기 달라진다.[202]

『법화경』 등은 일승一乘을 종지로 삼고, 『무구칭경』 등은 불가사의해탈不可思議解脫을 종지로 삼으며, 『열반경』 등은 불성佛性을 종지로 삼고, 『화엄경』 등은 '42현성들의 관행觀行'을 종지로 삼는다.

이 『해심밀경』 한 부는 세 가지 무등無等(비할 바 없이 뛰어남)을 소전의 종지로 삼는다. 첫째는 경무등境無等이니, 즉 이제二諦 및 삼성三性 등을 말한다. 이제는 삼승에 공통된 경계고, 삼성 등의 이치는 오직 보살의 경계다. 둘째는 행무등行無等이니, 이른바 지관止觀 및 십바라밀 등이다. 지관은 삼승에 공통된 수행이고, 십바라밀은 오직 보살의 수행문이다. 셋째는 과무등果無等이니, 즉 지智·단斷 그리고 삼신三身의 과보를 말한다. 지와 단은 곧 보리와 열반이고 이는 삼승에 공통되는 것이며, 삼신은 오직 보살만 증득하는 것이다.

이와 같은 부部들의 소전의 종지는 각기 다르므로 전부 기술할 수가 없다.

二部別顯宗者。約時雖三。而一一時。皆有多部。隨一一部。所詮各別。如

---

202 이전에는 삼시三時에 의거해 종지의 차이를 분별했다면, 지금은 각각의 시 안에서 설해진 여러 부部의 경전들에서 각 경의 내용의 차이에 따라 종지의 차이를 밝힌 것이다.

法華等。一乘爲宗。無垢稱等。不可思議解脫爲宗。涅槃經等。佛性爲宗。華嚴經等。四十二賢聖觀行爲宗。此經一部。三種無等。爲所詮宗。一境無等。卽是二諦及三性等。二諦卽是三乘通境。三性等理。唯菩薩境。二行無等。所謂止觀及十度等。止觀卽是三乘通行。行[1]十度唯是菩薩行門。三果無等。卽是智斷及三身果。智斷卽是菩提涅槃。此通三乘。三身唯是菩薩所得。如是等部。所詮各別。不可具述。

1) ㉘ '行'은 잉자인 듯하다.

셋째는 (중생의) 병에 따라 종지를 구별한 것이다.

각 부마다 따로 하나의 의미를 드러내지만, 모든 유정들은 오온·십이처 등의 8만 4천 가지 법문에 미혹하기 때문에 모든 부에서는 그 설해지는 대상에 따라 오온·십팔계·십이처 등을 소전의 종지로 삼는다.

三隨病別宗者。雖隨部別各詮一義。而諸有情。迷蘊處等八萬四千法門。故諸部中。隨其所說。蘊界處等。爲所詮宗。

● **총괄적 결론**

이제 이 한 부의(『해심밀경』은), 네 종류의 종지 가운데서는 '진실과 허망을 함께 보존하는 종'에 해당한다. (세 종류의 종지 가운데) 시를 기준으로 종지를 판별하면, '요의'를 종지로 삼은 것이다. 부에 따라 종지를 구별하면, '세 종류 무등'을 소전의 종지로 삼은 것이다. 병에 따라 종지를 구별하면, '이제와 삼성' 등을 소전의 종지로 삼은 것이다.

今此一部。四種宗中。眞妄俱存宗。約時辨宗。了義爲宗。隨部別宗。三種無等。爲所詮宗。隨病別宗。卽用二諦及三性等。爲所詮宗。

제3장 교의 근거와 대상을 나타냄

세 번째는 교의 근거(所依)와 대상(所爲)을 나타내는 것이다.[1] 이에 두 가지가 있다. 첫째는 교의 근거를 나타낸 것이고, 둘째는 교의 대상을 나타낸 것이다.

第三顯所依爲。自有二種。一顯敎所依。二顯敎所爲。

1. 교의 근거를 나타냄

교의 근거를 말하자면, 성인의 가르침이 많기는 해도 전체적으로는 이장·삼장[2]과 십이부경[3]을 벗어나지 않는다. 십이부경은 이 책의 제3권에

---

1 교의 근거(所依)를 밝힌다는 것은 『解深密經』의 내용이 어떤 장장에 속하고 교판敎判에서 어떤 교에 해당하는지를 설명하는 것이고, 교의 대상(所爲)을 밝힌다는 것은 이 경전의 가르침이 어떤 근기를 위해 설해졌는지를 설명하는 것이다.
2 이장二藏·삼장三藏 : 이장은 성문장과 보살장을 뜻하며, 전자는 협소·천박·열등한 소승의 교, 후자는 광대·심묘·원만한 대승의 교라고 정의된다. 혜원慧遠과 길장吉藏 등은 이에 의거해 교판을 세웠다. 삼장이란 소달람장素怛纜藏(경)과 달마장達摩藏(논)과 비내야毗奈耶(율)를 말한다.
3 십이부경十二部經 : 이 십이부경은 부처님의 일대교설을 그 형식과 내용에 따라 열두

가서 자세히 분별할 것이고, 이장·삼장은 제5권에 가서 해석할 것이다. 구체적인 내용은 『별장別章』⁴과 같으니, 번거롭게 서술하지 않겠다.

言所依者。聖敎雖多。總相不出二藏三藏十二部經。十二部經。至第三卷。當廣分別。二藏三藏。至第五卷。自當解釋。具如別章。故不繁述。

● 중국 법사들의 다섯 가지 교판

그런데 이 여래의 일대성교一代聖敎에 대해 이 나라 논사들의 의취意趣가 같지 않다.

어떤 이는 일교一敎라고 하니, 이른바 일음一音이다. 그 의미는 앞에서 설한 것과 같다.⁵

어떤 이는 이교二敎라고 하니, 이른바 점교漸敎·돈교頓敎다. 돈교는 『화엄경』을 가리키고 그 나머지는 모두 점교다. 점교에서는 『열반경』을 요의

가시로 나눈 것으로, 즉 계경契經·응송應誦·기별記別·풍송諷誦·자설自說·인연因緣·비유譬喩·본사本事·본생本生·방광方廣·희법希法·논의論議 등을 말한다. ① 계경은 산문체의 경전이다. ② 응송은 산문체의 경문 뒤에 그 내용을 운문으로 노래한 것이다. ③ 기별은 문답의 해석 혹은 제자의 다음 세상에 날 곳을 예언한 것이다. ④ 풍송은 4언·5언·7언의 운문이다. ⑤ 자설은 남이 묻지 않는데 부처님이 스스로 말씀한 경을 말한다. ⑥ 인연은 경 중에서 부처님을 만나 설법을 듣게 된 인연을 말한 것이다. ⑦ 비유는 비유를 통해 은밀한 교리를 밝힌 것이다. ⑧ 본사는 부처님과 제자들의 지난 세상 인연을 말한 것이다. ⑨ 본생은 부처님 자신의 지난 세상에 행하던 보살행을 말한 것이다. ⑩ 방광은 광대한 진리를 말한 것이다. ⑪ 희법은 부처님이 여러 신통력을 나타내는 것을 말한 것이다. ⑫ 논의는 교법의 의리를 문답으로 논의한 경문을 말한다.

4 『별장別章』: 지금은 확인할 수 없으나 원측의 저술 중에 『別章』 3권이 있었다고 한다. 『新編諸宗敎藏總錄』 권3(T55, 1175c11)의 기록에 따르면 이 책은 『成唯識論』의 주석서였던 것 같다.

5 부처님은 오직 일음一音으로 설법하였으나 중생이 각자 근기와 성품의 차이에 따라 달리 알아듣는다는 주장을 가리킨다. 원측에 의하면, 초기 부파불교 가운데 대중부大衆部·일설부一說部 등이 이 설을 채용하였고, 대승 학파들은 공통적으로 일음의 설법을 수용한다. 이에 관한 설명은 '제2장-1.-5)-(4) 일음인지 이음인지를 판별함'(pp. 128~130) 참조.

라고 하며, 나머지는 모두 불요의라고 한다. 【혜탄 법사[6] 등이 이렇게 말했다.】

어떤 이는 삼교三敎를 설하니, 이른바 통교通敎·별교別敎·원교圓敎다.[7] 【광통光統 법사 등이 이와 같이 설한다. 혜광 법사는 국통國統이었기 때문에 그를 광통이 라 불렀다.】

어떤 이는 사교四敎라고 한다. 첫째는 삼장교다. 【소승의 (경·율·론) 삼장】 둘째는 통교이니, 『반야경』 등을 말한다. 셋째는 별교이니, 『열반경』 등을 말한다. 넷째는 원교이니, 『화엄경』 등을 말한다.

어떤 이는 오시교五時敎·칠계교七階敎를 설한다. 【무도산武都山 은사隱士였 던 유규劉虯[8]는 다음과 같이 말한다. 《화엄경》 등의 가르침은 돈교이고, 점교에는 오시가 있는데 혹은 칠계로 나눈다. '오시'란 다음과 같다. 첫째, 부처님이 처음 성도하시어 제위 와 파리[9]를 위해 오계五戒·십선十善을 설하셨으니, 이는 인천교人天敎의 법문이다. 둘째, 부처님이 성도하신 뒤 12년 동안 삼승의 차별적 교를 설하였으니, 차례대로 사제·연기·

---

6 혜탄慧誕: 당초唐初의 승려. 담연曇延에게 배웠으며 『涅槃經』과 『攝大乘論』을 연찬하 였다.
7 이것은 후위後魏의 광통光統이 세운 교판으로서 광통삼교光統三敎라고 한다. 이 삼교 를 위의 본문에서 원측은 광통의 교판을 통교通敎·별교別敎·원교圓敎의 체계로 구분 하였는데, 이에 대해 『화엄오교장』 등에서는 삼교를 점교漸敎·돈교頓敎·원교圓敎로 구 분하였다. 이는 법상학자와 화엄학자 간의 견해 차이에 의한 것이라 생각된다. 이 삼교 의 사전적 정의로는 점·돈·원이 더 잘 알려져 있다. ① 점교는 미숙자를 위해 먼저 무 상無常을 설하고 다음에 상常을 설하거나, 먼저 공空을 설하고 다음에 불공不空을 설 한다. ② 돈교는 이미 성숙된 자를 위해 하나의 법문에 상·무상과 공·불공을 한꺼번에 설한 것을 말한다. ③ 원교는 상달자上達者를 위해 가령 『華嚴經』 등에서 궁극적 깨달음 의 원융무애한 법문을 설한 것을 말한다.
8 유규劉虯: 생존 연대는 437~495이다. 남제南齊·남양南陽 열양涅陽(河南鎭平縣南) 사 람이다. 건무建武(494~497) 초년初年에 거듭 명을 받고도 관직에 나아가지 않고 집에 서 불교를 공부하여 경장經藏에 널리 통달하고 선법禪法에도 밝았다고 한다. 그가 지 은 『注法華經』은 상실되었고, 단지 지의智顗의 『法華經文句』 및 길장吉藏의 『法華玄論』, 『法華義疏』 등의 책에 실린 해서該書의 인문引文만 있다. 또 『大乘義章』 권1 및 『三論遊 意章』 중에는 유규가 창립했다고 하는 '오시칠계설五時七階說'이 실려 있다.
9 제위와 파리: 두 상인의 이름이다. 전자는 제리부사帝梨富娑, 후자는 발리가跋梨迦라고 음역한다. 세존은 그들에게 처음으로 인간에 나고 천상에 나게 되는 가르침을 설하고, 또 머리카락과 손톱을 주어 탑을 만들었다고 한다.

육도행을 설하였음을 알아야 한다. 그러나 아직 공의 이치를 설하지 않았다. 셋째, 부처님이 성도하신 지 30년이 될 때까지 공종空宗인 『반야경』・『유마경』・『사익경』을 설하였다. 그러나 아직 일승一乘을 설하여 삼승을 타파하고 일승으로 돌아가게 하지는 않았다. 넷째, 성도하신 지 30년 뒤 8년 동안 『법화경』을 설하여 일승의 뜻을 밝힘으로써 삼승을 타파하고 일승으로 돌아갔다. 그러나 아직 불성佛性을 설하지 않았고 불상佛常을 밝히지도 않았으니, 이는 불요의교不了義敎다. 다섯째, 부처님이 멸도하시기 전 하루 동안 『열반경』을 설하여 '모두 불성을 갖고 있으며 법신이 항상 머문다'고 하였으니, 이는 요의교了義敎다. '칠계'란 제2시에서 삼승교를 나눈 것이다. 혜원 법사는 그것을 논파하면서, '설해진 연・월들에 대해 모두 정확한 문장은 없다'고 하였다.)】

然此一代如來聖敎。此國諸師。意趣不同。有說一敎。所謂一音。義如上說。或說二敎。所謂漸頓。頓卽華嚴。餘皆是漸。漸中涅槃以爲了義。餘皆不了。【誕法師等。作如是說。】或說三敎。所謂通敎別敎圓敎。【光統法師等。作如是說。慧光法師。是國統故。名光統也。】或說四敎。一三藏敎。【小乘三藏。】二者通敎。謂波若等。三者別敎。謂涅槃等。四者圓敎。謂華嚴等。或說五時敎及七階敎。【武都山隱士劉虬云。華嚴等敎。以爲頓敎。漸中五時。或開七階。言五時者。一佛初成道。爲提謂波利。說五戒十善。卽是人天敎門。二佛成道已。十二年中。說三乘差別敎。如次應知。四諦緣起及六度行。未說空理。三佛成道已。三十年中。說空宗般若維摩思益。未說一乘破三歸一。四成道已。三十年後。於八年中。說法華經。辨一乘義。破三歸一。未說佛性。未明佛常。是不了敎。五佛將滅度。一日一夜。說涅槃經。悉有佛性。法身常住。是了義敎。言七階者。第二時中。開三乘敎。遠法師破云。所說年月。皆無正文也。】

● 서방 논사들의 다섯 가지 교판

이제 서방 여러 논사들의 주장을 서술하겠다.

어떤 이는 일교一敎를 설하니, 이른바 '일음'이다. 예를 들면 구마라집 등의 설이다.

어떤 이는 이교二敎를 설하니, 이른바 반교半敎·만교滿敎[10]다. 예를 들면 담무참曇無懺의 설이다.

어떤 이는 삼교三敎를 설한다. 예를 들면 대당 삼장이 『해심밀경』 등에 의거해 사제四諦·무상無相·요의了義의 교를 설한 것과 같다. 이는 앞에서 이미 설했던 것과 같다.[11]

그런데 일음과 반교·만교 등을 설한 것은 각기 일리가 있으므로 서로 위배되지 않는다. 이른바 『화엄경』과 『능가경』은 모두 세 번째 요의교에 속한다. 그런데 '삼시三時에 설해진 교'라고 한 것은, (그 경에서 설한) 이치(義)의 얕거나 깊음, 자세하거나 간략한 이치를 기준으로 말한 것이지, 연도·월일의 전후를 기준으로 삼시를 설한 것은 아니다.

어떤 이는 사교四敎를 설한다. 이른바 사제, 무상, 예를 들면 『능가경』 등에서 법상法相을 설한 것, 예를 들면 『화엄경』 등에서 관행觀行을 설한 것이다. 진제 삼장이 이와 같이 설했다.[12]

어떤 이는 오교를 설한다. 첫째는 사제이고, 둘째는 무상이며, 셋째는

---

10 반교半敎·만교滿敎 : 교판의 방법으로 담무참·혜원·보리유지·지의·규기·담연 등이 반半·만滿 두 글자의 본래 의미에 의거하여 교상판석의 독특한 해석으로 사용하였다. 각 논사들마다 조금 다르긴 하지만 대체로 소승과 대승의 두 가지 교를 나타낸다. 이 이교의 설은 담무참이 『涅槃經』에 의거하여 성문장聲聞藏은 반자교半字敎에 속하고 보살장菩薩藏은 만자교滿字敎에 속한다고 본 데에서 유래한 것이다.
11 이는 삼시三時에 의거해 종지를 구분하는 곳에서 설명한 것을 가리킨다. 그에 의하면, 제1시의 『阿含經』에서 사제법륜을 설하고, 제2시의 『般若經』에서 무상대승을 설하며, 제3시의 『解深密經』 등에서 요의대승을 설했다.
12 원측 소에서는 진제眞諦가 사교四敎를 세웠다고 했는데, 즉 ①『阿含經』의 사제, ②『般若經』의 무상, ③『楞伽經』 등의 법상 즉 제법연기의 모습을 분별한 것, ④『華嚴經』 등의 관행 즉 법계에 증입하는 관행을 설한 것을 말한다. 그런데 『華嚴經探玄記』 권1에서는 사교는 수隋의 급다岌多 삼장이 세운 것이라 하고, 진제의 교판은 돈頓·점漸의 이교라고 한다.

관행이다. 넷째는 안락安樂이니, 예를 들면 『열반경』에서는 '상락常樂'의 열반의 과를 설하기 때문이다. 다섯째는 수호守護이니, 예를 들어 『금광명경』 등에서는 여러 신왕神王이 국토를 수호하는 일을 설하기 때문이다. 바파婆頗 삼장[13]이 이와 같이 설한다.

今述西方諸師所立。有說一敎。所謂一音。如羅什等。或說二敎。所謂半滿。如曇無讖。或說三敎。如大唐三藏。依深密等所說四諦無相了義。如上已說。而說一音及半滿等。各據一義。互不相違。所說華嚴及楞伽等。皆第三了義所攝。而言三時所說敎者。約義淺深。廣略義說。非約年歲日月前後說三時也。或說四敎。所謂四諦無相。或說法相。如楞伽等。或說觀行。如華嚴等。眞諦三藏。作如是說。或說五敎。一者四諦。二者無相。三者觀行。四者安樂。如涅槃經。以說常樂涅槃果故。五者守護。如金光明等。說諸神王護國事故。婆頗三藏。作如是說。

● 총괄적 결론

이제 이 『해심밀경』 한 부는 이장 중에서는 보살장에 속하고, 삼장교 중에서는 달마장達摩藏(논)에 속하며, 십이부경 중에서는 논의경論議經[14]에 속한다. 삼시교 중에서는 요의교에 속하고, 사교 중에서는 법상과 관행에

---

13 바파婆頗 삼장 : 당대唐代 바파밀다라波頗蜜多羅(S Prabhākaramitra) 삼장을 가리키며, 그의 오시교五時敎는 구체적으로 다음과 같다. ① 사제교 : 『阿含經』에서 진공과 열반의 이치를 깨닫는 내용을 설한 것을 말한다. ② 무상교 : 『般若經』에서 법공의 이치를 깨닫는 내용을 설한 것을 말한다. ③ 관행교 : 『華嚴經』 등에서 각종 관심행법을 설하여 수인계과修因契果의 이치를 설한 것을 말한다. ④ 안락교 : 『涅槃經』 등에서 상·낙·아·정의 사덕과 상주적멸의 이치를 설하여 중생들이 대안락을 얻게 하는 것을 말한다. ⑤ 수호교 : 『大集經』 등에서 정법을 수호하여 중생에게 호지하여 잃지 않게 한다는 내용을 설한 것을 말한다.
14 논의경論議經 : 십이부경 중에서 특히 교법의 의리를 문답으로 논의한 경문을 논의論議라고 한다.

속하며, 오교문 중에서는 관행문에 속한다.

> 今此一部。二藏之中。菩薩藏攝。三藏敎內。達摩藏收。十二部中。論議經攝。三時敎中。了義敎收。四敎之內。法相觀行。五敎門中。觀行門也。

2. 교의 대상을 나타냄

교의 대상(所爲)이란 본래 두 가지가 있다. 첫째는 모든 교의 대상들을 총체해서 밝힌 것이고, 둘째는 이 (『해심밀경』의) 교를 받아들이는 대상을 따로 밝힌 것이다.

> 言所爲者。自有二種。一者總明諸敎所爲。二者別明此敎所被。

1) 모든 교의 설법 대상을 총괄해서 밝힘

모든 교의 대상으로는 다섯 가지 종성이 갖추어져 있으니, 즉 삼승과 부정성不定性과 무성無性을 말한다.
따라서 『보살선계경』 제3권에서 다음과 같이 말한다. "중생을 조복시키는 데에 네 가지가 있다. 첫째, 성문종성이 있으면 성문의 도를 얻는다. 둘째, 연각종성이 있으면 연각의 도를 얻는다. 셋째, 불종성이 있으면 불도를 얻는다. 넷째, 인人·천天의 종성이 있으면 인·천의 즐거움을 얻는다."[15]

『보살지지경』제3권의 내용도 『보살선계경』과 같으니, 그 경에서는 다음과 같이 말한다. "사람을 성숙시키는 것에 대해 대략 네 가지로 설한다. 성문종성을 가진 이는 성문승으로써 성숙시키고, 연각종성을 가진 이는 연각승으로써 성숙시키며, 불종성이 있는 이는 무상승無上乘으로써 성숙시키고, 무종성인 자는 선취善趣를 통해 성숙시킨다. 이와 같은 네 종류 사람들을 모든 불보살은 이 네 가지 일로써 성숙시키는 것이다."[16]

『유가사지론』제37권에서도 『보살지지경』과 같이 설한다.[17]

해 부정종성은 삼승을 떠나지 않기 때문에, 모든 승마다 안에 보살종성이 포함되어 있기 때문에, (위의 경론들에서 그 두 종성에 대해) 따로 말하지 않았다. 또 이 경문에 준해 보면, 삼법륜 외에도 따로 인천교人天教의 문이 있어야 하지만, 수승한 것에 의거해서 설했기 때문에 우선 삼시의 법륜을 설한 것이다. 혹은 인천교는 '고苦·집集의 교'에 포함된다고 볼 수도 있다.[18]

諸教所爲。具有五性。所謂三乘不定無性。故善戒經第二[1)]卷云。衆生調伏。有其四種。一者有聲聞性。得聲聞道。二者有緣覺性。得緣覺道。三者有佛性。得佛道。四者有人天性。得人天樂。地持第二。[2)] 亦同善戒經。彼云。人成就[3)]者。略說四種。有聲聞性。以聲聞乘而成就*之。有緣覺性。以緣覺乘而成就*之。有佛種性。以無上乘而成就*之。無種性者。則以善趣而成熟之。如是四人。諸佛菩薩。以此四事而成熟之。瑜伽三十七。亦同地持。解云。不定不離三乘。乘乘之內。菩薩性攝。故不別說。又准此文。三法輪外。理

---

15 『菩薩善戒經』 권3(T30, 974a19).
16 『菩薩地持經』 권3(T30, 900a16).
17 『瑜伽師地論』 권37(T30, 496c) 참조.
18 인천교가 삼시교 중에서 제1시에 설해진 사제의 가르침 안에 포함될 수도 있다는 말이다.

應別有人天敎門。就勝說故。且說三時法輪。或可攝在苦集敎中。

1) ㉠ '二'는 '三'의 오기다. 위의 인용문은 『菩薩善戒經』 제3권에 나온다. 2) ㉡ '二'는 '三'의 오기다. 위의 인용문은 『菩薩地持經』 제3권에 나온다. 3) ㉢ 『菩薩地持經』 권3(T30, 900a16)에는 '就'가 '熟'으로 되어 있는데, 의미는 다르지 않다. 이하도 동일하다.

2) 『해심밀경』의 가르침을 받는 근기를 따로 밝힘

이 경의 가르침을 받는 근기에 대해 따로 밝히면 다음과 같다.

다섯 종성 중에서 다만 보살과 부정성을 위해 이 계경을 설한 것이다. 따라서 다음의 『해심밀경』의 경문에서 다음과 같이 말한다. "아타나식은 매우 깊고 미세하며, 일체종자식은 마치 폭류와 같다. 나는 어리석은 범부에게 이를 설하지 않으니, 그들이 분별하여 '나'라고 집착할까 봐 염려해서다."[19]

해 또는 『해심밀경』은 무종성을 제외하고 통틀어 네 종류 종성을 위해 설했다고 볼 수도 있다. 따라서 다음 경문에서 '발심해서 일체승에 나아가고자 하는 자를 위해 세 번째 요의대승을 설했다'고 하였다.[20] 그 이유는 무엇인가? 모든 반야부는 다만 보살을 위해 여러 공空의 의미를 설한 것이고, 이 『해심밀경』은 모든 법의 유무有無의 도리를 밝히는 것을 종지로 삼는다.[21] 따라서 삼승의 사람들이 모두 뛰어난 이익을 얻을 수 있다.

혹은 이 경은 공통적으로 다섯 가지 종성을 위해 설했다고 볼 수도 있

---

19 『解深密經』 권1(T16, 692c22).
20 『解深密經』 권2(T16, 697b4) 참조.
21 이 경에서 유무有無의 도리를 밝혔다는 것은, 증익과 손감의 집착을 떠나서 '있는 것은 있고 없는 것은 없음'을 밝혔다는 것이다. 이것을 삼성설에 의거해서 명료하게 드러낸 것이 『解深密經』인데, 그에 따르면 변계소집은 범부의 정情 속에서만 있고 이치상으로는 무無이며, 반면에 의타기와 원성실은 유有이다.

으니, 통틀어 인·천과 일체승에게 설한 것이기 때문이다. 오성五性의 의미를 설명하는 가운데서 다시 분별할 것이다.

別明此敎所被機者。於五種性。但爲菩薩及不定性。說此契經。故下經云。阿陀邪識甚深細。一切種子如暴流。我於凡愚不開演。恐彼分別執爲我。又解。此經通爲四性。唯除無性。故下經云。爲欲發趣一切乘者故。說第三了義大乘。所以者何。諸部波若。但爲菩薩。說諸空義。此經宗明一切諸法有無道理。故三乘者。皆得勝利。或可此經通爲五性。通說人天一切乘故。五性義中。當更分別。

제4장 경문 해석

네 번째는 경문에 의거해 바로 해석하는 것이니, 이에 두 가지가 있다. 첫째는 광본廣本과 약본略本의 같고 다른 점을 밝힌 것이고, 둘째는 경문을 갈라서 해석한 것이다.

第四依文正釋。自有二種。一廣略同異。二判文解釋。

1. 광본과 약본의 같고 다름을 밝힘

광본과 약본의 같고 다름을 밝히겠다.
이 경에는 본래 두 종류가 있다. 첫째는 광본이니, 십만 송으로 되어 있는 것이다. 둘째는 약본이니, 천오백 송으로 되어 있는 것이다. 그런데 이것은 약본 『해심밀경』으로서 범본은 오직 한 종류인데, 역자에 따라 달라져서 네 종류가 된 것이다.

廣略同異者。此經一部。自有二種。一者廣本。有十萬頌。二者略本。千五百頌。然此略經。梵本唯一。隨譯者異。乃成四部。

● **약본의 네 종류 이역본**

첫째, 송宋대 원가元嘉 연간(424~453)에 중인도 승려【예전에는 '천축'이라고 하였다.】 구나발타라求那跋陀羅(Ⓢ Guṇabhadra : 394~468)【송에서는 '공덕현功德 賢'이라고 불렀다.】가 윤주潤州 강령현江寧縣 동안사東安寺에서 한 본으로 번역해 냈는데, 이를 『상속해탈경相續解脫經』이라 하고 단 1권으로 되어 있다. 혹은 2권으로 된 경우도 있으니, 모두 17장(紙)이다. 이는 한 권 안에 두 개의 제목이 있는 것이니, 앞부분 10장 반은 『상속해탈지바라밀요의경相續解脫地波羅蜜了義經』 1권이라 하고, 뒷부분 6장 반은 『상속해탈여래소작수순처요의경相續解脫如來所作隨順處了義經』이라 한다. 비록 품의 제목은 없지만 차례대로 현장 역 『해심밀경』의 마지막 두 품에 해당한다.[1]

一者。宋時元嘉年中。中印度僧。【舊云。天竺。】求那跋陀羅。【宋云。功德賢。】在於潤州江寧縣東安寺。翻出一本。名相續解脫。唯有一卷。或兩卷成。總十七紙。於一卷內。有二題目。初十紙半。名相續解脫地波羅蜜了義經一卷。後有六紙半。名相續解脫如來所作隨順處了義經。雖無品目。如其次第。當解深密最後二品。

둘째, 후위後魏 연창延昌 2년(513)에 북인도 승려 보리유지菩提留支(Ⓢ Bodhiruci)【위나라에서는 '도희道希'라고 하였다.】가 낙양의 숭산嵩山 소림사少林寺에서 한 본을 번역해 냈는데, 이를 『심밀해탈경深密解脫經』이라 한다. 그것은 5권이고, 11품이 있으며, 67장으로 되어 있다.【첫째는 「서품」, 둘째는 「성자선문보살문품」, 셋째는 「성자담무갈보살문품」, 넷째는 「성자선청정혜보살문품」, 다섯째는 「혜명수보리문품」, 여섯째는 「성자광혜보살문품」, 일곱째는 「성자공덕림보살문품」,

---

1 구나발타라求那跋陀羅 역 『相續解脫地波羅蜜了義經』은 현장 역본의 제7품인 「地波羅蜜多品」에 해당하고, 『相續解脫如來所作隨順處了義經』은 현장 역본의 제8품인 「如來成所作事品」에 해당한다.

여덟째는「성자성취제일의보살문품」, 아홉째는「성자미륵보살문품」, 열째는「성자관세자재보살문품」, 열한째는「성자문수사리법왕자보살문품」이다.】

二者。後魏延昌二年。北印度僧。菩提留支【魏云道希】在於洛陽嵩高[1)]山少林寺。翻出一本。名深密解脫經。有其五卷。品有十一。六十七紙。【一序品。二聖者善問菩薩問品。三聖者曇無竭菩薩問品。四聖者善淸淨慧菩薩問品。五慧命須菩提問品。六聖者廣慧菩薩問品。七聖者功德林菩薩問品。八聖者成就第一義菩薩問品。九聖者彌勒菩薩問品。十聖者觀世自在菩薩問品。十一聖者文殊師利法王子菩薩問品也。】

1) ㉑ '高'는 잉자인 듯하다.

셋째, 진조陳朝의 보정保定 연간(561~565)에 서인도 우선니국優禪尼國 삼장 법사인 구나라타拘那羅陀(Ⓢ Kulanātha, 499~569)【진나라에서는 '친의親依'라고 하거나, 혹은 '진제眞諦(Ⓢ Paramārtha)'라고 한다. 이 삼장 법사는 중국에 와서 주周·양梁·진陳의 세 왕조를 거쳤다.[2)]가 서경의 고성 안에 있는 사천왕사四天王寺에서 다시 한 본으로 번역해 냈는데, 이는 『해절경解節經』이라 한다. 단 1권으로 되어 있고, 4품이 있으며, 지면은 9장 반이다. 이는 현장 역 『해심밀경』의 처음 두 품에 해당하는데, '서품'의 명칭은 없고 「승의제상품」을 네 개 품으로 만든 것이다. 【첫째는 「불가언무이품」, 둘째는 「과각관경품」, 셋째는 「과일이품」, 넷째는 「일미품」이다.】 진제의 번역 목록에 의하면, 진나라 때 천가天嘉 2년(561)에 건조사建造寺에서 『해절경』 1권을 번역하고 『의소義疏』 4권을 지었다고 한다.

三者。陳朝保定年中。西印度內。優禪那[1)]國三藏法師。拘那羅[2)]陀【陳云親

---

2 주周는 북조(557~581)이고, 양梁은 남조(502~557)이며, 진陳은 남조(557~589)이다.

依。或名眞諦。此三藏入漢國。歷三朝。謂周梁陳。】於西京故城內四天王寺。更翻一本。名解節經。唯有一卷。有其四品。紙九張半。當解深密初之二品。無序品名。開勝義諦。以爲四品。【一不可言無二品。二過覺觀境品。三過一異品。四一味品也。】若依眞諦翻譯目錄云。陳時天嘉二年。於建造寺。譯解節經一卷義疏四卷。

1) ㉠ '那'는 '尼'의 오기인 듯하다. '優禪那'로 쓴 용례는 거의 없고 대개 '優禪尼'라고 한다.   2) ㉠ '那羅'는 '羅那'로 된 곳도 있다. 범어 음사로는 후자가 바른 듯하나, 전자의 용례가 더 많으므로 그대로 두었다.

넷째, 대당大唐 정관貞觀 21년(647) 삼장 법사 현장玄奘(602?~ 664)이 서경의 홍복사弘福寺에서 다시 한 본으로 번역해 냈는데, 이는 『해심밀경解深密經』이라고 한다. 모두 5권이 있고 8품으로 나누었으며 68장이다.【첫째는 「서품」, 둘째는 「승의제상품」, 셋째는 「심의식상품」, 넷째는 「일체법상품」, 다섯째는 「무자성상품」, 여섯째는 「분별유가품」, 일곱째는 「지바라밀다품」, 여덟째는 「여래성소작사품」이다.】

四者。大唐貞觀二十一年。三藏法師玄奘。在於西京弘福寺。更翻一本。名解深密。總有五卷。開品爲八。六十八紙。【一序品。二勝義諦相品。三心意識相品。四一切法相品。五無自性相品。六分別瑜伽品。七地波羅蜜多品。八如來成所作事品。】

● 네 종류 이역본의 차이

그런데 이 네 판본에 차이가 있으니, 이에 대략 두 가지 의미가 있다. 첫째는 제명에서 차이가 있고, 둘째는 문文·의義의 완전한 구비에서 차이가 있다.

然此四本。有同異者。略有二義。一題名有異。二文義圓足。

⊙ 제명의 차이

제명의 차이를 말하면, 네 본이 모두 다르다. 첫 번째는 『상속해탈경』이라 하고, 두 번째는 『심밀해탈경』이라 하며, 세 번째는 『해절경』이라 하고, 네 번째는 『해심밀경』이라 한다.

'해심밀解深密'은 범음으로는 열모절나산지涅謨折那삭訓地(S nirmocanasaṃdhi)이다. '열모절나(S nirmocana)'는 여기 말로는 '해解'라고 번역하며, '산지(S saṃdhi)'는 '심밀深密'이라 번역한다. 그 이름의 뜻을 해석하면 앞에서 설한 것과 같다.[3]

'해절解節'이라 한 것은, 『진제기眞諦記』[4]에서 다음과 같이 말한다. 〈'해'는 해석解釋이고 '절'은 견결堅結이다. '견'이란 견고한 것이고 '결'은 동여매는 것이니, 즉 나무의 마디나 사람의 뼈마디와 같이 견고하게 맺히고 얽힌 것을 말한다. 이 경에서 밝힌 매우 깊고 은밀한 의미는 통달하기 어렵고 해석하기 어려우므로 범부나 신행新行 보살이 이해할 수 있는 것이 아니다. 따라서 이 '의미'를 '견결'이라 하고, 이 경에서 그것을 풀어 주므로 '해절'이라 한 것이다. '해절'의 의미에는 다섯 가지가 있다. 첫째, 가령 법신 등과 같이 깊고 은밀한 의미는 통달하기 어려우므로 '의미의 마디(義節)'라고 하는데, 이 경에서 그것을 풀어 주기 때문에 해절이라 한다. 둘째, 무명無明·습기習氣·심혹心惑은 범부나 이승이 깨뜨릴 수 없는 것이므로 이러한 미혹을 견결이라 하는데, 진실을 반연함에 따라 이 미혹을 없앨 수 있으므로 '진

---

3 이전의 '제1장. 교를 일으킨 뜻과 경의 제목' 중에서 경의 제목을 풀이한 부분(p.63~64) 참조.
4 앞에서 진제 역 『解節經』에 대해 설명하면서 그가 『解節經』 주석서인 '의소義疏'를 지었다고 했는데(p.156), 『眞諦記』는 아마도 그 주석서를 가리키는 것 같다. 지금은 현존하지 않는다.

실'을 해절이라 한다. 셋째, 지혜로써 이 진실을 반연하므로 또한 이 '지혜'를 해절이라 하니, 경계를 따라서 이름을 붙인 것이다.[5] 넷째, 이 경의 '문구'를 해절이라 하니, 현현되는 것을 따라서 이름을 붙인 것이다.[6] 다섯째, 모든 삼승의 가르침 중에서 미세하여 요의를 파악하기 어려운 모든 것들을 이 경에 모아 놓았는데, 이 경에서 그것을 분명하게 풀어 주기 때문에 이 경을 해절이라고 한 것이다.〉 자세히 분별하면 『진제기』와 같다.

言名異者。四本不同。一相續解脫。二深密解脫。三者解節。四解深密。解深密者。若依梵音。涅謨折那剬地。言涅謨折那。此翻名解。剬地。翻爲深密。釋其名義。如前已前。[1] 言解節者。如眞諦記。解卽解釋。節謂堅結。堅是堅固。結縛。楯[2]如木節及人骨節。並有堅固拘結纏縛。此經所明甚深密義。難可通達。難可解釋。故非凡夫新行菩薩所能解了。故說此義。名爲堅結。此經能解。故名解節。解節之義。凡有五種。一深密義。如法身等。難可通達。名爲義節。此經能釋。故名解節。二者無明習氣心惑。凡夫二乘所不能破。故說此惑。名爲堅結。由緣眞實。能滅此惑。故說眞實。名爲解節。三者智慧。緣此眞實。亦說此智。名爲解節。從境得名也。四者此經文句。名爲解節。從所顯得名。五者一切三乘敎中。所有微細難可了義。聚在此經。分明解釋。故說此經名爲解節。若具分別。如眞諦記。

1) ㉯ '前'은 '說'인 듯하다.　2) ㉯ '楯'은 '猶'인 듯하다.

이른바 '상속해탈'과 '심밀해탈'에 대해서는 설명한 곳을 찾을 수 없다.

5　지혜로 진실을 반연한다는 의미에서 지혜를 일컬어 '마디를 풀어 주는 것(解節)'이라 했다면, 지혜와 그 경계(진실)의 관계에서 '해절경'이라는 이름을 붙인 것이다.
6　경의 문구를 일컬어 '마디를 풀어 주는 것(解節)'이라 했다면, 어떤 의미를 능히 현현시키는(能顯) 문구와 그에 의해 현현되는(所顯) 의미(대상)의 관계에서 '해절경'이라는 이름을 붙인 것이다.

(범어의 어원적) 정의에 준하여 해석하면 다음과 같다.

'열모절나'에는 두 가지 뜻이 함축되어 있다. 첫째는 '해석'의 뜻이다. 이는 앞에서 이미 설명한 것과 같다. 둘째는 '해탈'의 뜻이다. 따라서 두 판본의 경에서 모두 '해탈'이라는 말을 쓴 것이다.

'산지'에는 세 가지 뜻이 함축되어 있다. 첫째는 '심밀'의 뜻이고, 둘째는 '견결'의 뜻이니, 이는 앞에서 이미 해석한 것과 같다. 셋째는 '상속'의 뜻이다. 그러므로 두 개의 경 중에 하나는 '상속해탈'이라 하였고, 또 하나는 '심밀해탈'이라고 한 것이다. 이상의 두 해석은 진제의 해석에 준해서 알 수 있을 것이다.

'상속'이란 소지장所知障[7]을 말한다. 견고하게 맺혀 상속하는 것에서는 해탈하기 어려운데, 지금 한 부의 경에서 매우 깊은 뜻을 해석하여 번뇌의 상속에서 곧 해탈할 수 있으므로 '상속해탈경'이라 한 것이다. 이는 『진제기』에서 두 번째 '번뇌해절'의 뜻에 해당한다.

'심밀해탈'이란 지혜의 힘으로 깊고 비밀스런 이치를 반연하여 번뇌에서 해탈하므로 심밀해탈이라 한 것이다. 이는 『진제기』의 세 번째 '지혜해절'에 해당한다.

이러한 해석들이 있기는 하지만, 이는 사실 번역가들의 오류다.

所言相續解脫深密解脫。未見說處。准義釋者。涅謨折削。含有二義。一者解釋義。如上已說。二者解脫義。故二本經皆云解脫。言削地者。含有三義。一者深密義。二者堅結義。如上已釋。三者相續義。是故二經。一名相續解脫。二名深密解脫。此上二釋。准眞諦而可了知。言相續者。謂所知障。堅結相續。難可解脫。今一部釋甚深義。便能解脫煩惱相續。故名相續解脫經。

---

[7] 탐·진·치 등의 번뇌는 알아야 할(所知) 진상을 그대로 알지 못하게 장애하므로 이 번뇌들을 소지장所知障이라 한다. 진지眞智가 발현하는 것을 장애한다는 점에서 지장智障이라고도 한다.

卽當眞諦記中第二煩惱解節義。言深密解脫者。由智慧力。緣深密理。解脫
煩惱。故言深密解脫。卽當第三智慧解節也。雖有此釋。據實卽是譯家謬也。

⊙ 문·의의 구비에서의 차이

문·의의 완전한 구비라고 한 것은, 예를 들면 『해심밀경』처럼 8품을 갖추고 있는 것을 말한다. 그런데 (이 『해심밀경』과 비교했을 때) 차이점은 『해절경』에는 단지 맨 앞의 2품만 있고 뒤의 6품은 빠져 있고, 『상속해탈경』은 맨 뒤의 2품에 해당하고 앞의 6품이 빠져 있으며, 『심밀해탈경』은 11품이 있는데 승의제품을 네 개 품으로 나눈 것이다. 이에 따르면 (『심밀해탈경』은) 이 『해심밀경』과 더불어 문·의를 완전하게 구비한 것이다. 그런데 『해심밀경』은 설한 모든 곳마다 문·의가 분명하고 문장마다 대조해서 해석하였다. 따라서 이제 이 대당 현장 역 『해심밀경』 한 본을 해석하는 것이다.

言文義圓足者。如解深密。具有八品。而差別者。解節唯有最初二品。闕無後六。相續解脫。當後二品。闕無前六。深密解脫。有十一品。於勝義諦。開爲四品。由斯。與此文義圓足。然解深密。諸所說處。文義明淨。至文對釋。故今釋此大唐一本。

2. 경문을 갈라서 해석함

경 이와 같이 나는 들었다.

如是我聞。

석 이하는 경문을 갈라서 해석한 것이다.

釋曰。自下判文解釋。

● **삼분과경**三分科經

그런데 이 경문의 구분에 대해 세 가지 해석이 있다.[8]

한편에서는 다음과 같이 말한다. 〈이 경전에는 오직 두 부분이 있다. 첫째는 '교기인연분敎起因緣分'이니, 이는 처음의 서품에 해당한다. 둘째는 '성교정설분聖敎正說分'이니, 이는 뒤의 7품을 말한다. 비록 뒤의 경전 끝 부분에 '의교봉행분依敎奉行分'이 있긴 하지만, 이는 그 마지막 품 안의 봉행분이지 한 부 전체의 봉행분은 아니다.[9]〉

한편에서는 다음과 같이 말한다. 〈한 부에 모두 세 부분이 있다. 처음 1품은 '교기인연분'이고, 다음에 7품이 있는데 이는 '성교정설분'이며, 마지막 제5권 끝 부분의 "이때 만수실리曼殊室利" 이하부터는 '의교봉행분'이다. 이 봉행은 여러 품에 흩어져 있지만, (그 끝부분을 전체의 봉행분으로

---

[8] 이하에서 다루는 문제는 삼분과경三分科經에 대한 것이다. 삼분과경이란 경론의 내용을 일반적으로 서분序分·정종분正宗分·유통분流通分의 세 부분으로 나누는 것을 말한다. 첫째 서분은 서설序說 혹은 교기인연분敎起因緣分이라 하는데, 여기서는 한 경전의 교설이 생겨난 유래 등을 설한다. 둘째 정종분은 정종설正宗說 혹은 성교정설분聖敎正說分이라 하는데, 여기서는 한 경전의 종지를 진술하고, 성교에서 설한 법문을 바로 나타낸다. 셋째 유통분은 유통설流通說 혹은 의교봉행분依敎奉行分이라 하며, 여기서는 본 경전을 수지受持하고 봉행奉行하는 이익을 서술하고, 다시 대중들에게 널리 유전시켜 오랫동안 유통되도록 하여 말세의 중생들이 이 교에 의지해 봉행하게끔 한다.

[9] 이『解深密經』에는「無自性相品」·「分別瑜伽品」·「地波羅蜜多品」·「如來成所作事品」등의 끝 부분에 각기 독자적 '依敎奉行分'이 달려 있기 때문에, 맨 마지막에 있는 봉행분이 이『解深密經』전체의 봉행분은 아니라고 하였다.

보아도) 이치에 어긋나지 않는다.〉

한편에서는 다음과 같이 말한다. 〈이 경전에는 다섯 부분이 있다. 첫째는 '교기인연분'이니, 이는 서분에 해당한다. 둘째는 '무등경계분無等境界分'이니, 이는 다음의 4품에 해당한다. 셋째는 '무등행분無等行分'이니, 이는 그 다음의 2품에 해당한다. 넷째는 '무등과분無等果分'이니, 이는 마지막 1품에 해당한다.[10] 다섯째는 '의교봉행분'이니, 이는 경전 끝부분에서 "기뻐하며 봉행하였다."라고 한 것을 말한다.〉

然判此經。有其三釋。一云。此經唯有二分。一教起因緣。卽初序品。二聖教正說。謂後七品。雖後經末。依教奉行。品中奉行。非一部也。一云。一部總有三分。初一品。名教起因緣分。次有七品。名聖教正說分。後第五卷末。爾時曼殊室利下。依教奉行分。然此奉行。散在諸品。於理無違。一云。此經有其五分。一教起因緣。卽是序分。二無等境界分。謂次四品。三無等行分。謂次二品。四無等果分。謂後一品。五依教奉行分。謂卽經末歡喜奉行。

비록 이상의 세 해석이 있지만, 우선 처음의 설에 의거하겠다. 한 부의 (경전 전체에) 공통되는 봉행분이 있지 않기 때문이다.

해 또는 세 해석 중에 두 번째 것을 정설로 여길 수도 있다. 이것은 모든 경론이 세 부분을 갖춘다는 뜻과 어긋나지 않기 때문이다. 이는 구설의 서序・정正・유통流通에 해당한다.[11] '서'는 유서由序이니, 즉 정설을 일

---

10 이것은 『解深密經』의 내용을 경경・행행・과과로 삼분하는 경우다. 이 경전에서 설해진 경계와 수행과 결과들은 다른 것과 비유될 수 있거나 이보다 뛰어난 것이 없기 때문에 '무등無等'이라 하였다.
11 서분・정종분・유통분의 삼분으로 나누는 것은 동진東晉의 도안道安에서 시작되어 유송劉宋 이래의 경전 해석에 사용되었다고 한다. 그런데 도안이 저술한 『人本欲生經註』에서는 아직 이와 같은 구분이 보이지 않기 때문에 혹은 전설상의 오류일 수 있다. 당조唐朝 현장이 번역한 『佛地經論』에는 교기인연분・성교정설분・의교봉행분 등의 구

으키게 된 유래(由致)를 말한다. '정'은 바른 종지(正宗)이니, 소전所詮의 종의宗義를 말한다.[12] '통'은 유통流通이니, 후세에 뛰어난 이익을 유통시키는 것이다.

지금 '교기인연' 등이라 했는데, 박가범薄伽梵[13]은 경전을 설한 본래 주인이므로 '인因'이라 하고, '이미 들었다'는 것 등을 나타내는 것은 정설에 해당하지는 않으므로 '연緣'이라 한다. 따라서 서분을 인연분이라 이름한다. 소전의 법문을 바로 나타낸 품류이기 때문에 일곱 개의 품을 성교소설분이라 이름한다. 당시 대중들이 가르침을 듣고 나서 기뻐하며 믿고 받아들였음을 나타내는 것을 봉행분이라 이름한다.

> 雖有三釋。且依初說。無有一部通奉行故。又解。三中第二爲正。具足三分義不違故。此當舊說序正流通。序謂由序。起正說之由致。正卽正宗。所詮之宗義。通謂流通。通後世之勝利。今言敎起因緣等者。以薄伽梵說經本主。名之爲因。顯已聞等。非正說故。名之爲緣。故說序分。名因緣分。正顯所詮法門品類。故說七品。名聖敎所說分。時衆聞敎。歡喜信受。名奉行分。

● 증신분과 발기분

인연분에는 두 가지 내용이 있다. 첫째는 증신분證信分[14]이고 둘째는 발

분이 나오는데, 이것이 경전을 세 부분으로 나누는 전형이 되었다.
12 소전의 종의(所詮宗義) : 이 경전의 언어(能詮)에 의해 언표되는 종지·이치(所詮)를 말한다.
13 박가범薄伽梵[S] bhagavat) : 부처님의 열 가지 명호 중의 하나이자 제불의 통호通號의 하나다. 의역하면 유덕有德·능파能破·세존世尊·존귀尊貴라고 한다. 즉 덕이 있어서 세상에서 존중받는 자라는 뜻이다. 인도에서는 유덕한 신神이나 성자聖者의 경칭으로 사용되었다. 불교에서도 부처님의 존칭이 되었는데, 붓다가 덕을 지니고 잘 분별하며 대중의 존경을 받고 번뇌를 잘 깨뜨리는 등 여러 공덕을 갖고 있기 때문이다.
14 증신분證信分 : 증신서證信序 또는 통서通序라고도 한다. 모든 경전들의 서두에서 이

기분發起分[15]이다. 그런데 이 두 부분은 대략 세 가지 의미에서 차이가 있다.

첫째는 이름이 다르다. 이른바 증신서證信序와 발기서發起序는 통서通序와 별서別序라고도 한다. '나는 들었다'는 것 등을 말해 줌으로써 중생들로 하여금 믿음을 내게 하므로 '증신'이라 하니, 이것은 모든 경전들에서 동일하므로 '통서'라고 한다. '빛을 놓는' 방식 등으로 바른 종지(正宗)를 일으키는 것을 '발기'라고 하니, 이것은 경전(部)마다 각기 다르므로 '별서'라고 한다.

둘째는 때가 다르다. 여래께서 ('빛을 놓는' 방식으로 종지를) 일으키는 것을 경전의 전서前序라고 하고 아난阿難이 청하는 것을 경전의 후서後序라고 한다. 그 두 가지 서분을 설한 때가 다르기 때문이다.

셋째는 사람이 다르다. 여래의 서序는 모든 경전들에서 여래가 일으키신 것이고, 아난의 서는 아난의 청으로 인해 이 서를 설한 것이기 때문이다.

지금 이 경문과 『불지경론』 등에는 증신서만 있고 발기서는 없다. 증신서 안에서 의미상 발기서를 설해도 이치에 어긋나지 않는다.

就因緣分。有其二義。一證信分。二發起。[1)] 然此二分有差別者。略有三義。一者名別。所謂證信及發起序。亦名通序。及名別序。說我聞等。令物生信。

경의 신빙성을 입증하기 위해서 여섯 가지 사실을 기록하는데, 이를 육성취六成就라고 한다. 이를 분명하게 밝혀 줌으로써 중생들로 하여금 듣고 있는 법문이 확실하여 오류가 없는 것이라고 알게 하고 이로 인해 믿음을 일으키게 한다. 또 이것은 모든 경전의 서분에서 공통적으로 있는 것이므로 통서라고 부른다.

15 발기분發起分 : 발기서發起序 또는 별서別序라고 한다. 어떤 경전이 일으켜진 유래를 상서로운 일들과 관련하여 기록한 부분을 말한다. 이런 상서로운 일들은 다만 그 경전에서만 발기한 것이므로 별서라고 한다. 가령 『法華經』에서는 '이때 세존은 사방으로 대중에게 둘러싸여(爾時世尊爲四衆圍繞)' 등의 경문 다음부터, 입정入定·우화雨華·동지動地·방광放光 등의 상서로운 일들을 서술한다.

名爲證信。諸經皆同。名爲通序。以放光等發起正宗。名爲發起。隨部各別。名爲別序。二者時別。如來發起。名經前序。阿難所請。名經後序。說彼二序時分別故。三者人別。一如來序。於諸經中。如來發起。二阿難序。由阿難請說此序故。今此經文。及佛地等。唯有證信。而無發起。於證信中。義說發起。理亦無違。

1) ㉑ '起' 다음에 '分'이 탈락된 듯하다.

증신분을 밝힌 곳에는 세 가지 내용이 있다. 첫째는 (경전의 신빙성을 증명하는) 사事의 개수(多少)를 판별한 것이고,[16] 둘째는 서분을 설한 의도를 설명한 것이며, 셋째는 사에 따라 개별적으로 해석한 것이다.

就證信中。有其三義。一辨事多少。二說序之意。三隨事別釋。

1) 사事의 개수를 판별함

사의 개수를 설명하면 본래 세 가지 설이 있다.
첫 번째, 진제 삼장의 『반야기般若記』에서는 칠사七事를 열어 보인다.[17]

---

16 여기서 '사事'란 경전의 증신서에서 경전의 신빙성을 증명하는 여섯 가지(혹은 다섯 가지) 사를 가리킨다. 이것을 육성취六成就라고 한다. ① '如是'는 신信성취라고 하며, 곧 아난의 믿음을 가리킨다. ② '我聞'은 문聞성취라고 하며, 아난 자신이 직접 부처님의 설법을 들었음을 뜻한다. ③ '一時'는 시時성취라고 하며, 곧 법을 설한 시간을 가리킨다. ④ '佛'은 주主성취이니 곧 설법의 주인을 가리킨다. ⑤ '在~處'는 처處성취이니, 설법하신 장소를 가리킨다. ⑥ '與衆~'은 중衆성취인데, 곧 설법을 듣는 대중을 가리킨다. 이와 같은 여섯 가지 사를 분명하게 밝힘으로써 경전의 내용이 믿을 만한 것임을 증명한다.
17 현재로서는 진제의 『般若記』를 확인해 볼 수 없으나, 내용상 칠사는 육성취六成就에서 '아문我聞'을 '我'와 '聞'으로 나눈 것이다.

첫째, '여시如是'라고 한 것은 들었던 법문의 한 부部의 문리文理는 결정코 믿을 만함을 나타낸 것이다. 둘째, '아我'라고 한 것은 들은 사람, 즉 아난阿難[18]을 나타낸 것이다. 셋째, '문聞'이라 한 것은 (여래의) 언음의 종지를 친히 받들었음을 나타낸 것이다. 넷째, '일시一時'라고 한 것은 들었던 법문이 때와 근기에 잘 맞았음을 나타낸 것이다. 다섯째, '불세존佛世尊'이란 설하신 스승을 나타낸 것이다. 여섯째, '주처住處'란 설법하신 어떤 장소를 나타낸 것이다. 일곱째, '대비구들(大比丘)'이란 (아난) 혼자서만 들은 것이 아님을 나타낸 것이다.

그런데 이 칠사는 네 가지 뜻으로 정리할 수 있다. 처음의 '여시'는 아난이 들었던 법임을 밝히는 것이고, '아문'은 들은 사람을 나타내는 것이며, 다음의 둘은 들었던 법을 증명하는 것이고, 뒤의 둘은 들은 사람을 증명하는 것이다. 자세한 것은 진제의 『칠사기七事記』[19]의 해석과 같다.

두 번째, 용맹龍猛(용수)의 『대지도론』에 의하면 서분에서는 육의六義를 열어 보이니, 첫째는 믿음(信)이고, 둘째는 들음(聞)이며, 셋째는 때(時)이고, 넷째는 주인(主)이며, 다섯째는 장소(處)이고, 여섯째는 대중(衆)이다.[20] 세친 보살의 『등론燈論』[21]의 설명에서도 또한 육의가 있다고 한다. 따라서 그 논의 게송에서는 "앞의 셋은 제자들을 밝힌 것이고 뒤의 셋은 스승의 설임을 증명한 것이니, 모든 경전에 나오는 그 사들은 모두 이와 같

---

18 아난阿難([S] Ānanda) : 부처님의 사촌 동생으로서 부처님의 10대 제자 중의 한 사람이다. 그는 출가한 후에 20년간 부처님을 항상 수행했고, 기억력이 좋아서 부처님이 설법하신 것을 대부분 잘 암송해 내었기 때문에 '다문제일多聞第一'이라고 불린다. 부처님 생전에는 아직 깨치지 못하여 부처님이 입멸하실 때 슬프게 통곡하기도 했는데, 나중에 가섭의 가르침을 받고 발분하여 깨달았다고 한다. 마하가섭이 아난에게 법을 맡겼기 때문에 부법장의 제2조로 간주된다. 그는 첫 번째와 그 다음의 경전 결집에서 경문을 암송해 내는 자로 선택되었으므로 그 공적이 지극히 막대한 사람이다.
19 『七事記』가 별도의 책인지 혹은 『般若記』의 내용을 가리키는지 확인할 수 없다.
20 『大智度論』 권2(T25, 62c17) 참조.
21 양분良賁의 『仁王經疏』(T33, 436a26) 등에도 '세친의 『燈論』'이 『般若燈論』으로 표현되어 있다. 그러나 세친의 논 중에는 이러한 제명을 가진 것은 없다.

다."고 하였다.

세 번째, 친광의 『불지경론』에 의하면 다섯 가지로 포괄할 수 있다.[22] 첫째는 '(아난이) 이미 들었음'을 총괄해서 나타낸 것이고, 둘째는 경을 설한 때를 나타낸 것이며, 셋째는 경을 설한 주인을 나타낸 것이고, 넷째는 경을 설한 장소를 나타낸 것이며, 다섯째는 청중을 나타낸 것이다.

辨事多少者。自有三說。一者眞諦般若記中。開爲七事。一如是者。標所聞法一部文理。決定可信。二言我者。出能聞人卽是阿難。三言聞者。親承音旨。四一時者。顯所聞法善合時機。五佛世尊。出能說師。六住處者。顯說有處。七大比丘。顯非獨聞。然此七事。總唯四意。初如是者。明所聞法。次我聞者。辨能聞人。次二證所聞法。後二證能聞人。廣如眞諦七事記釋。二依龍猛大智度論。於序分中。開爲六義。一信。二聞。三時。四主。五處。六衆。世親菩薩燈論中說。亦有六義。故彼偈云。前三明弟子。後二[1]證師說。一切修多羅。其事皆如是。三依親光佛地論中。攝多五種。一總顯已聞。二說經時。三者說主。四顯說處。五顯聽衆。

1) ㉘ '二'는 '三'인 듯하다.

2) 서분을 설한 의도

서분을 설한 의도를 밝히겠다.

🈷 무슨 이유로 모든 경전의 첫머리에서 모두 '이와 같이 나는 들었다'

---

22 『佛地經論』 권1(T26, 291c3) 참조. 중국 법상종에서는 흔히 이 논에 의거해 통서通序를 다섯으로 나누어서, ① 총현이문總顯已聞, ② 설교시說教時, ③ 설교주說教主, ④ 소화처所化處, ⑤ 소피기所被機라고 하는 경우가 있다. 이 중에서 '총현이문'은 육성취 중에서 '如是'와 '我聞'을 합한 것이다.

는 등의 사事를 설하는가?

(답) 진제 삼장의 『칠사기七事記』에 의하면 '세 가지 의심을 끊기 때문'이다. 따라서 그 기에서는 다음과 같이 말한다. 〈또 미세율微細律[23]에서 이렇게 설명한다. 아난阿難이 높은 자리(高座)에 올라 법장法藏을 낼 때에는 몸은 마치 부처님처럼 온갖 상호相好를 갖추었다가 높은 자리에서 내려오면 다시 본래 모습으로 돌아왔다. 대중들이 이런 상서로운 모습을 보고 세 가지 의심을 갖게 되었다. 첫 번째 의심은 '위대한 스승인 석가가 자비 때문에 열반에서 일어나 다시 깊은 법문을 설하시는 것인가' 하는 것이다. 두 번째 의심은 '다른 세존들께서 타방에서 오신 것인가' 하는 것이다. 세 번째 의심은 '아난 비구는 부처님 아우니까 그 형을 대신할 수 있으므로 몸을 부처님으로 바꾼 것인가' 하는 것이다. 지금 이 세 가지 의심을 버리게 하려고, 따라서 '이와 같이 나는 들었다'는 등의 일곱 가지 일을 설한 것이다. 이것은 내가 직접 부처님에게 들은 것이지 부처님이 자비로 열반에서 일어나신 것이 아니고, 다른 부처님들이 타방에서 오신 것도 아니며, 아난이 이미 몸을 부처님으로 바꾸어서 스스로 경을 설한 것도 아님을 밝힌 것이다.〉

說序意者。問。何因緣一切經首。皆說如是我聞等事。眞諦三藏七事記云。斷三疑故。彼云。又微細律。明其阿難。當登高座。出法藏時。身卽如佛。具諸相好。若下高座。還復本形。衆見此瑞。有三種疑。一疑。大師釋迦。以慈悲故。從涅槃起。更宣深法。二疑。諸餘世尊。從他方來。三疑。阿難比丘。

---

[23] '미세율'에 대해 『四分律飾宗義記』 권10(X42, 291b19)에는 다음과 같은 주석이 달려 있다. "미세율이란 건도 중에서 미세한 죄를 판별해 놓은 것이다. 스님들이 잘 알지 못한다.(微細律者. 卽犍度中. 辨微細罪也. 諸師未曉。)" 여기서 건도犍度는 범어 skandha의 음역이다. 이는 특히 수계受戒·포살布薩·안거安居 등 승단 내의 의식 작법, 일상생활의 규정 조문과 함께 경에서 분류·정리해 놓은 것을 가리킨다.

旣是佛弟。堪代其兄。轉身成佛。今欲遣三疑。故云如是我聞等七事。明乃
是我親從佛聞。非關慈悲從涅槃起。亦非餘佛他方來。又非我已轉身成佛
自說經也。

『대지도론』에서는 "경을 설했던 때와 지역과 사람에 대해 말하여 중생
들의 마음에 믿음이 생기도록 하기 위해서"[24]라고 하였다. 또 『대지도론』
제2권에서는 다음과 같이 말한다.

智度論云。說時方人。欲令衆生心生信故。又智度第二卷云。

부처님이 열반하실 때 구시나가라국 사라수 사이에서 머리를 북쪽으
로 하고 누워 막 열반에 들려 하는데, 이때 아난이 (부처님에 대한) 친속
親屬의 애정을 아직 버리지 못하고 욕망을 떠나지 못했기 때문에 마음이
근심의 바다에 빠져 스스로 벗어나질 못했다.

이때 장로 아누루두阿㝹樓豆[25]가 아난에게 말하였다. "그대는 부처님
의 법장을 수호하는 자인데 보통 사람처럼 스스로 근심의 바다에 빠져
있으면 안 됩니다. 모든 유위법들은 다 무상한데, 그대는 어찌 시름에 빠
져 있습니까? 또 불세존은 손수 그대에게 법을 부촉하셨습니다. 그대가
지금 시름하고 번민하면 전수받은 일을 잃게 됩니다. 그대는 부처님에게

---

24 『大智度論』 권3(T25, 75c15).
25 아누루두阿㝹樓豆([S] Aniruddha) : 아나율阿那律·아니로두阿泥盧豆 등으로 음사하
며, 무멸無滅·여의如意·무장無障 등으로 의역한다. 부처님의 10대 제자 중의 한 사람
이다. 고대 인도의 가비라위성迦毘羅衛城의 석씨釋氏로서 부처님의 종제從弟이다. 『起
世經』 권10·『五分律』 권15 등의 기록에 따르면 곡반왕斛飯王의 아들이라고 하고, 『佛
本行集經』 권11·『大智度論』 권3 등의 기록에 따르면 감로반왕甘露飯王의 아들이라고
한다. 부처님이 성도한 후 귀향했을 때, 아누루두와 아난阿難·난타難陀·우바리優波離
등이 그 당시에 출가하여 부처님의 제자가 되었다. 부처님의 제자 중에서 천안제일天
眼第一이라고 불리는 사람이다.

물어봐야 합니다. 부처님이 반열반하신 후에 우리들은 어떻게 수행하고 누가 스승이 되어야 하는지, 악구惡口 차익車匿[26]과는 어떻게 함께 살아야 할지,【『장아함경』제4권에서는 '천노闡弩 비구와는 어떻게 함께 살아야 하는가'라고 하였다.】모든 불경의 첫머리에 어떤 말을 써야 할지에 대해."

아난이 곧 이 말을 부처님에게 물어보자 부처님께서 아난에게 일러주셨다. "사념처[27]를 행하고, 계율과 경전을 스승으로 삼으며, 차익 비구는 범법梵法[28]대로 다스려야 하느니라."[29]

佛涅槃時。於俱夷那竭國。薩羅樹間。北首而臥。將入涅槃。爾時。阿難親[1]愛未除。未離欲故。沒[2]憂悔。[3] 不能自出。爾時。長老阿㝹樓豆。[4] 語阿難言。汝是守護佛法藏者。[5] 不應如凡人自沒憂悔。[6] 諸有爲法。皆是無常。汝何愁憂。又佛世尊。手付汝法。汝今愁悶。失所受事。汝當問佛。佛涅[7]槃後。云[8]何修行。[9] 誰當作師。惡口車匿。云何共住。【長阿含經第四卷云。闡弩比丘。云何共住。】佛諸[10]經首。[11] 作何等語。阿難卽以此語問佛。佛告阿難。行四念處。戒經爲師。車匿比丘。如梵法治。

---

26 악구惡口 차익車匿(⑤ Chandaka) : 싯달타 태자가 성을 넘어 고행의 길을 떠날 때 흰 말을 끌던 마부를 가리킨다. 차익은 천노闡弩·천다闡陀 등으로 음역하기도 한다. 뒤에 출가하여 부처님 제자가 되었으나, 말버릇이 나빠 '악구惡口 차익'이라 불렸다. 부처님이 입멸하실 때 아난에게 이 차익을 묵빈법黙擯法으로 대치하라고 분부하셨는데, 차익은 나중에 과를 증득하였다.
27 사념처四念處 : 소승의 수행자가 삼현위三賢位에서 오정심관五停心觀 이후에 닦는 관으로, 신身·수受·심心·법法의 염처다. 신념처는 자기 육신이 부정하다고 관하는 것이고, 수념처는 재물이나 음행 등을 낙樂이라 보는 것은 실로 참다운 즐거움이 아니라 고苦라고 관하는 것이다. 심념처는 우리 마음은 항상 그대로 있지 않고 늘 변화하는 무상한 것이라고 관하는 것이고, 법념처는 이전의 셋 이외의 모든 것들이 실로 '무아'이고 실체가 없음을 관하는 것이다.
28 범법梵法 : 범단梵壇(⑤ brahma-daṇḍa) 혹은 묵빈黙擯이라고도 한다. 즉 계를 범한 비구·비구니의 죄를 대치하는 법으로서, 계를 범한 자와는 말하는 것을 금지하는 것이다.
29 이상은 『大智度論』 권2(T25, 66b22) 참조.

1) ⓨ『大智度論』권2(T25, 66b24)에 따르면, '親' 다음에 '屬'이 누락되었다. 2) ⓨ 『大智度論』권2(T25, 66b24)에 따르면, '沒' 앞에 '心'이 누락되었다. 3) ⓨ『大智度論』권2(T25, 66b25)에 따르면, '悔'는 '海'의 오기다. 4) ⓨ『大智度論』권2(T25, 66b24)에는 '阿㝹樓豆'가 '阿泥盧豆'라고 되어 있는데, 의미상 차이는 없다. 5) ⓨ 『大智度論』권2(T25, 66b26)에는 '者'가 '人'으로 되어 있는데, 의미상 차이는 없다. 6) ⓨ『大智度論』권2(T25, 66b27)에 따르면, '悔'는 '海'의 오기다. 7) ⓨ『大智度論』 권2(T25, 66b29)에는 '涅' 앞에 '般'이 있다. 8) ⓨ『大智度論』권2(T25, 66b29)에 는 '云' 앞에 '我曹'가 있다. 9) ⓨ『大智度論』권2(T25, 66b29)에는 '修行'이 '行道'로 되어 있다. 10) ⓨ『大智度論』권2(T25, 66c1)에는 '諸'가 없다. 11) ⓨ『大智度論』 권2(T25, 66c1)에는 '首'가 '初'로 되어 있는데, 의미상 차이는 없다.

『장아함경』제4권과 『증일아함경』제36권에서 모두 '범법대로 다스리라'고 한 것은 '그 사람과 함께 말하지 말라'는 것이다. 자세한 것은 그 경들에서 설한 것과 같다.

불경의 첫머리를 모두 '이와 같이 나는 들었다'는 등으로 시작하라는 말씀은 『집법경集法經』과 『열반경후분』에 의거한 것이다.[30] 대체로 『대지도론』과 동일하므로 번거로울까 봐 서술하지 않겠다.

『대비경大悲經』에서는 (장로 아누루두가 아니라) 우바리憂波離[31]가 아난에게 시켜 청문하도록 했다고 한다. 경론의 설들이 같지 않은 까닭은 두 사람이 다 아난에게 시킨 것이지만 각기 하나의 의미에 의거해 썼기 때문이니,[32] 서로 어긋나는 것은 아니다.

30 『集法經』은 현재 확인할 수 없고, 『大般涅槃經後分』(T12, 901c8)에 위와 같은 내용을 언급하고 있다.
31 우바리憂波離[S] Upāli) : 부처님의 10대 제자 중 한 명으로, 인도 가비라위국 사람이다. 수드라 계급 출신으로 궁정의 이발사가 되었다. 부처님이 성도하신 후 6년째에 왕자 발제跋提, 아나율阿那律, 아난阿難 등의 일곱 사람이 출가할 때 우바리도 따라 함께 출가했다. 우바리는 계율에 정통했으므로 지계제일持戒第一이라는 명예를 얻었다. 후에 제1차 결집 때 율부律部를 암송해 냈다.
32 앞의 『大智度論』권2에서는 장로 아누루두가 아난에게 부처님께 중요한 문제들에 대해 물어보라고 시켰다고 했으나, 이 『大悲經』에는 우바리가 시킨 것으로 되어 있다. 원측에 의하면, 두 사람이 모두 아난에게 청문하게 했던 것은 사실인데, 각 경론에서 각기 한 내용에 의거해 진술한 것일 뿐이므로 이치상 크게 문제 될 것은 없다는 것이다.

長阿含經第四。增一阿含第三十六。皆云梵法治者。卽是不共語也。廣說如彼。諸佛經者¹⁾首。皆稱如是我聞等語。依集法經及涅槃後分。大同智論。恐繁不述。大悲經說。憂波離敎阿難請問。所以經論。說不同者。二人共敎。各據一義。互不相違。

1) ㉑ '者'는 잉자인 듯하다.

3) 오사五事에 따라 개별적으로 해석함

다시 경문에 의지하여 사事에 따라 개별적으로 해석하겠다.³³

復依經文。隨事別釋。

(1) 총현이문總顯已聞

'이와 같이 나는 들었다'는 것은 진제의 칠사 중에서 들었던 법문(所聞), 들은 자(能聞), 말씀하신 종지를 직접 받았다는 것(親承音旨) 등의 세 가지 사에 해당한다. 용맹·세친의 육의六義 중에서는 신信·문聞이라는 두 가지 사에 해당한다. (친광의 『불지경론』의) 오사五事 중에서는 첫 번째 (총현이문에) 해당한다. 비록 세 가지 설이 있지만, 우선 『불지경론』에 의거하겠다.

'이와 같이 나는 들었다'는 것을 해석하자면 세 가지 내용이 있다. 첫째는 '이와 같이 나는 들었다'는 문구를 총체적으로 해석하는 것이고, 둘째는 '이와 같이 나는 들었다'는 문구를 개별적으로 해석하는 것이며, 셋째

---

33 '사事에 따라 개별적으로 해석하겠다'는 이 문장부터 서품의 경문에 대한 해석이 본격적으로 시작된다. 원측은 이 서품의 경문을 친광親光의 오사五事에 의거해 다섯 가지로 구분하여 해석하는데, '이와 같이 나는 들었다'는 그 중에 첫 번째에 해당한다.

는 그 문구를 합해서 설한 뜻을 진술하는 것이다.

> 言如是我聞者。卽七事中。所聞能聞親承音旨三種事也。於六義中。信聞二事。五中第一。總顯已聞。雖有三說。且依佛地。如是我聞。釋有三義。一總釋如是我聞。二別釋如是我聞。三者申其合說之意。

① '여시아문'에 대한 총괄적 해석

(첫째, '여시아문'을) 총체적으로 해석하면 다음과 같다. 즉 부처님의 가르침을 전하면서, 문수사리와 아난 등이 다 '이와 같이 설하신 매우 깊은 가르침 등을 내가 예전에 일찍이 들은 적이 있습니다'라고 말한다는 것이다. 【『금강선론』에서는 세 종류 아난 중에 대승의 아난이 대승의 가르침을 전했다고 하였다.[34]】

> 言總釋者。謂傳佛敎。曼殊室利及阿難等。皆作此言。如是所說甚深等。我昔曾聞。【金剛仙論云。三種阿難中。大乘阿難。傳大敎也。】

② '여시아문'에 대한 개별적 해석

(둘째, '여시아문'의) 개별적 해석에서는 먼저 '여시'를 설명하고, 나중

---

[34] 『金剛仙論』권1(T25, 800c26)에는 '세 종류 아난이 대승大乘·중승中乘·소승小乘의 세 종류 법장을 전승하였다'는 말이 나온다. 또 원측은 '●문聞의 의미'를 해석한 곳에서 "문 아난은 성문인데 어떻게 대승 경전을 기억할 수 있는가?"라는 질문에 답하면서 이 세 종류 아난에 대해 다시 언급한다. 그에 따르면, 『大乘集法經』 등에서 말한 세 종류 아난이란 아난타阿難陀와 아난현阿難賢과 아난해阿難海이다. 그 중에서 첫 번째 아난타는 성문법을 기억하였고, 두 번째 아난현은 연각법을 기억하였으며, 세 번째 아난해는 대승법을 기억하였다.

에 '아문'을 해석하겠다.

言別釋者。先辨如是。後釋我聞。

가. '여시'를 설명함
● 중국 스님들의 해석

'이와 같이(如是)'에 대해 여러 교설들이 서로 다르다.

【이 나라의 여러 스님들은 대략 여덟 가지로 해석하는데, 의미는 일반적으로 설명하는 것과 같다. 여덟 가지 해석은 다음과 같다.

첫째는 믿고 따름(信順)에 의거해 해석한 것이다. '이와 같이'는 믿고 따름을 표현하는 말이다. 믿으면 말해진 이치를 따르게 되고, 따르면 스승과 제자의 도가 이루어진다. 경문에는 덜거나 보랜 것(豊約)[35]이 없는데 이를 믿지 않으면 전하지 못하기 때문에 '이와 같이'라고 건립한 것이다. 이것은 『주유마힐경』에 있는 승조 법사의 해석이다.[36]

둘째는 문文과 의義에 의거해 해석한 것이다. 경문을 '여如'라고 하고 이치를 '시是'라고 한 것이다. 경문은 교묘히 나타내는(巧詮) 것이므로 '여'라고 하였고, 이치는 거짓 없는(無非) 것이므로 '시'라고 한 것이다.[37] 지자智者 선사가 『유마기』에서 이렇게 해석하였다.[38]

셋째는 진제와 속제에 의거해 해석한 것이다. 진제가 속제와 어긋나지 않는 것을 '여'라고 하고, 속제가 진제에 따르는 것을 '시'라고 한다. 이것은 전해 내려오는 해석이다.

---

35 풍약豊約 : 넉넉하여 남아도는 일과 줄여 아끼는 일, 풍부함과 절약함 등을 뜻한다.
36 이것은 승조僧肇(383~414)가 『維摩經』에 나온 '여시如是'라는 경문을 해석한 것이다. 『注維摩詰經』(T38, 328a12) 참조.
37 이 학설에서는 '여시如是'라는 문구를 능전能詮의 문文과 소전所詮의 의義의 관계에서 설명하고 있다. 경전의 본문에 나온 모든 문장들은 경에서 말하고자 하는 궁극적 의리 義理를 '있는 그대로(如)' 잘 나타낸 것이므로 '여如'라고 하였고, 그 문장에 의해 나타내려 했던 의미·이치는 '거짓(非) 없는' 바른 것이므로 '시是'라고 했다는 것이다. 이것은 능전과 소전의 관계에 의거하면서도 그와 동시에 '같을 여如'와 '바를 시是'라는 한 문의 의미를 교묘하게 살려서 해석한 것이다.
38 이는 담연湛然(711~782)이 저술한 『維摩經略疏』에 나오는 지의智顗(538~597)의 학설을 소개한 것이다. 『維摩經略疏』 권1(T38, 568b20) 참조.

넷째는 제자에 의거해 해석한 것이다. 아난이 말한 것은 부처님의 말씀과 똑같기 때문에 '여'라고 하고, '비슷하다'는 뜻의 '여'를 배제하기 위해 '시'라고 한 것이다.[39]

다섯째는 오직 부처님에 의거해 해석한 것이다. 아난이 일러 준 부처님의 설법은 과거의 부처님들이 설한 것과 같아서(如) 다르지 않으므로 '여'라고 하고, 모든 부처님의 교설처럼 바른 것이지(是正) 그릇된 것이 아니므로 다시 '시'라고 한 것이다.[40]

이상의 두 해석은 원원 법사의 설명이다.[41]

여섯째는 부처님과 제자에 의거해 해석한 것이다. '여시'는 감응感應의 표시이다. '여'라는 단어는 부처님이 중생 근기에 따라 준다는 뜻에서 붙인 것이고, '시'라는 단어는 중생들이 그릇됨이 없다는 뜻에서 쓴 것이다. 중생은 그릇됨이 없으므로 '감'하게 되고, 여래는 근기에 따라 주므로 '응應'하게 된다. 경을 전하는 자는 언어적 가르침을 (중생과 여래가) 감응한 경험에서 암송해 내었기 때문에 '이와 같이(如是)'라고 하였다. 『주법화경注法華經』에 이런 해석이 있다.[42]

일곱째 광택 법사[43]에 의하면, '여시'라는 말은 장차 들었던 법문을 전하기에 앞서 한 부의 경을 가리킨 것이다. '이와 같은(如是)' 한 부의 경은 내가 직접 부처님으로부터 들은 것이니, 곧 '내가 들었다(我聞)'고 한 것이다.[44]

여덟째 양 무제에 의하면, '여시'라는 것은 '이와 같은 말(如斯之言)'은 바로 부처님께서 설하신 것(是佛所說)'이라는 뜻에서 '여시'라고 한 것이다.

---

39 『維摩義記』 권1(T38, 423c27) 참조.
40 『維摩義記』 권1(T38, 424a17) 참조.
41 앞의 넷째 해석과 다섯째 해석은 『維摩義記』에 나온다. 이 주석서는 수대隋代의 혜원慧遠(523~592)이 편찬한 것이다.
42 이 문장은 『法華經』 주석서들에서 자주 등장하는데, 모두 『注法華經』에서 인용한 것이다. 이 『注法華經』은 중국 스님의 저술인 것은 분명한데 누구의 저술을 가리키는지 확인할 수 없다.
43 광택 법사光宅法師 : 남조南朝의 승려로서 법호는 법운法雲(467~529)이다. 일찍이 광택사光宅寺에 주지하였기 때문에 세상에서 광택이라고 칭하였다. 이 스님은 『法華經』에 대한 설법을 잘하였고, 『法華經義記』를 찬술하였다.
44 위의 문장은 『法華義疏』 권1(T34, 454b11)에서 재인용한 것이다. 광택의 학설은 『法華經義記』 권1(T33, 576c26)에 자세히 나와 있다.

이에 대한 설들을 자세하게 기술할 수는 없다.】

言如是者。諸說不同。【此地諸師。略有八釋。義如常說。言八釋者。一約信順釋。言如是者。信順之辭也。夫信則所言之理順。順則師資之道成。經無豊約。非信不傳。故建言如是。注維摩中。肇法師釋也。二約文義釋。以文爲如。以理爲是。文巧[1]詮爲如。理以無非爲是。智者禪師維摩記中。有此釋也。三約眞俗釋。眞不違俗。名之爲如。俗順於眞。稱之爲是。相傳釋也。四約弟子釋。阿難所說。如於佛語。故名爲如。爲欲簡去相似之如。故稱是。五唯約佛釋。阿難道[2]佛所說之法。如過去佛所說不異。[3] 故名爲如。如諸佛說。是正非邪。故復言是。此上二釋。遠法師說。六約佛及弟子釋。言如是者。感應之瑞也。如以順機受名。是以無非立稱。衆生以無非爲感。如來以順機爲應。傳經者。以名敎出於感應。故言如是。注法華經。有此釋也。七光宅師云。言如是者。將傳所聞。前題擧一部也。如是一部經。我親從佛聞。卽爲我聞。八梁武帝云。言如是者。如斯之言。是佛所說。故言如是。等[4]說。不可具述也。】

---

1) ㉠『維摩經略疏』권1(T38, 568b20)에 따르면, '巧' 앞에 '以'가 누락되었다. 2) ㉠『維摩義記』권1(T38, 424a17)에는 '道'가 '導'로 되어 있다. 3) ㉠『維摩義記』권1(T38, 424a18)에는 '異'가 '變'으로 되어 있는데, 의미상 차이는 없다. 4) ㉣ '第' 앞에 '如是'가 누락된 듯하다. ㉠ 원주의 '第'는 '等'의 오기다.

● **서방 논사들의 해석**

서방 논사들의 경우는 세 가지 설이 서로 다르다.

첫 번째, 보리유지는 『금강선론』에서 다음과 같이 말한다.[45]

---

45 『金剛仙論』의 저자에 대해서는 의견이 분분한데, 위와 같은 원측의 해석에 의거해서 보리유지가 이 논을 지었다는 학설도 제기된다.

西方諸師。三說不同。一菩提留支金剛仙論云。

　　세간의 설명에 의거하면 ('여시'의 뜻에) 여러 가지가 있지만, 간략하게 말하면 네 종류가 있다. 첫째는 발심한 것이 이와 같고(發心如是), 둘째는 다른 이를 교화함이 이와 같으며(敎他如是), 셋째는 비유하면 이와 같고(譬喩如是), 넷째는 결정적으로 이와 같다(決定如是)는 것이다. 발심한 것이 이와 같다는 것은 스스로 '나는 마땅히 이와 같이 보리심을 발하여 모든 선행 등을 닦겠다'고 생각하는 것이다. 다른 이를 교화함이 이와 같다는 것은 앞에 있는 사람을 가르치면서 '그대는 마땅히 이와 같이 보리심을 발하여 선한 행을 닦아야 한다'는 말 등을 하는 것이다. 비유하면 이와 같다는 것은 '이 사람은 위덕이 치성한 것이 마치 태양의 광명과 같고, 지혜가 깊고 넓은 것이 마치 큰 바다와 같으며, 용모가 단정한 것이 마치 보름달과 같고,……중간 생략……'라고 말하는 것이다. 결정적으로 이와 같다는 것은 '내가 이와 같이 보고 들었으니 이는 결정적으로 이와 같다'는 것이다.

　　지금 '여시'라고 한 것은 다만 네 번째 결정여시의 뜻을 취한 것이다. 즉 수보리가 스스로 말하길, '나는 직접 부처님에게서 이치와 교리를 설하시는 것을 들었고, 내가 말하는 것은 부처님이 설하신 것과 같아서 많지도 않고 적지도 않으며 착오도 없고 오류도 없으며 결정코 이와 같아서 전해진 것에 과실이 없다'고 한 것임을 명확히 하기 위해 '이와 같이'라고 한 것이다.[46] 【해 이 말의 의취는 친광親光의 설과 대체로 같다.[47]】

若依世辨。乃有多途。略而言之。凡有四種。一者發心如是。二者敎他。三

46　이상은 『金剛仙論』 권1(T25, 800c9) 참조.
47　다음에 나오는 '여러 논서들에 나온 세 가지 해석'에 대한 설명 참조.

者譬喩. 四者決定. 發心如是者. 自念. 我當如是發菩提心修善行.[1] 敎他如是者. 敎前人言. 汝當如是發菩提心修善[2]行等也. 譬喩如是者. 是人[3]威德熾盛. 如日光明. 智慧深廣. 猶如大海. 面貌端正. 猶如滿月. 乃至廣說. 決定如是者. 我如是見聞等. 是名決定如是. 今言如是者. 但取第四決定如是. 明須菩提.[4] 我[5]從佛. 聞所說理敎. 我之所說.[6] 不多不少. 不錯不謬. 決定如是. 無所傳之失. 故曰如是.【解云. 意趣大同親光.】

1) 옌『金剛仙論』 권1(T25, 800c12)에는 '善行'이 '諸善行等'으로 되어 있다. 2) 옌『金剛仙論』 권1(T25, 800c14)에는 '善' 앞에 '諸'가 있다. 3) 옌『金剛仙論』 권1(T25, 800c15)에는 '是人'이 '又'로 되어 있는데, 문맥상 차이는 없다. 4)『金剛仙論』 권1(T25, 800c19)에 의거해, '須菩提' 다음에 '自云'을 보완하였다. 5) 옌『金剛仙論』 권1(T25, 800c19)에 의거해, '我' 다음에 '親'을 보완하였다. 6) 옌『金剛仙論』 권1(T25, 800c19)에 의거해, '我之所說' 다음에 '如佛所說'을 보완하였다.

(두 번째,) 장이 삼장長耳三藏[48]의 해석에는 세 가지 의미가 있다. 첫째는 부처님(佛)에 의거한 해석이다. 삼세의 모든 부처님들께서 설한 것은 차이가 없기 때문에 '여'라고 하고, 동일하게 설하셨기 때문에 '시'라고 하였다. 둘째는 법法에 의거한 해석이다. 제법의 진실한 모습이므로 '여'라고 하고, 진실 그대로(如如) 설하였으므로 '시'라고 하였다. 셋째는 승가(僧)에 의거한 해석이다. 아난이 전한 바가 부처님의 교설과 다르지 않기 때문에 '여'라고 하고, 허물과 잘못을 영원히 떠났기 때문에 '시'라고 하였다.

(세 번째,) 진제 삼장의 해석에서 '여시'는 '결정'의 뜻이니, 이에 두 종류가 있다. 첫째는 경문(文)이고, 둘째는 이치(理)다. 경문은 능전能詮이고, 이치는 소전所詮이다.[49] 자세한 것은 그의 설명과 같다. 총괄적으로 그

---

48 장이 삼장長耳三藏 : 우영遇榮의『仁王護國般若經疏法衡抄』 권3(X26, 444c18)에는 다음과 같은 설명이 나온다. "'장이 삼장'이란 수隋의 개황開皇 초기(580년경)의 사람으로, 범어로는 '나련제리야사那連提梨耶舍'【수나라 말로는 '존칭尊稱'이라 한다.】라고 한다. 그는 북인도의 오장국烏萇國 사람인데, 생김새가 기이해서 정수리에 육계肉髻가 있고 귀가 길고 높이 치솟았다고 한다. 이로 인해 ('장이'라는) 이름을 붙인 것이다."

49 경문이란 이치를 드러내기 위한 언어적 수단이므로 능전能詮이라 하고, 이치는 그 경

뜻을 해석하면, 아난이 전한 경문과 이치는 결정코 부처님께서 설한 바와 동일하기 때문에 '이와 같이'라고 했다는 것이다.

> 長耳三藏。釋有三義。一者就佛。三世諸佛所說無異。故名爲如。以同說故。稱之爲是。二者約法。諸法實相。故名爲如。如如而說。故稱爲是。三者約僧。阿難所傳。不異佛說。故名爲如。永離過非。稱之曰是。眞諦三藏釋。如是者。決定義。有其二種。一文。二理。文是能詮。理卽所詮。廣說如彼。總釋意云。阿難所傳。文理決定。如佛所說。故曰如是。

● 여러 논서들에 나온 세 가지 해석

여러 논의 설명에도 세 종류가 있다.

첫 번째, 『대지도론』 제1권에서는 다음과 같이 말한다. 〈'이와 같이'의 의미는 바로 믿음(信)이다. 불법의 큰 바다에 믿음으로 들어갈 수 있고 지혜로 건널 수 있으니, 믿고 따르는 자는 '이 일이 이와 같다'고 하지만 믿지 않는 자는 '이 일이 이와 같지 않다'고 한다.〉[50] 자세한 것은 그 논의 설명과 같다.

두 번째, 『공덕시반야론』에서는 다음과 같이 말한다. "'이와 같이 나는 들었다'는 말은 이 경이 세존께서 깨달음을 이루고서 연설하신 것이지 아난 자신이 지은 것이 아님을 나타낸 것이다."[51]

세 번째, 『불지경론』에 의하면 네 가지 의미가 있는데, 제1권에서 다음과 같이 말한다. 〈'이와 같이'라는 총괄적 말은 네 가지 의미에서 다르게

문에 의해 궁극적으로 드러나는 대상이므로 소전所詮이라 하였다.
50 『大智度論』 권1(T25, 63a2) 참조.
51 『金剛般若波羅蜜經破取著不壞假名論』 권1(T25, 887a24) 참조. 이 논은 공덕시보살功德施菩薩이 짓고 당唐 지파가라地婆訶羅 등이 번역한 『金剛般若經』 주석서로서, 『破取著不壞假名論』 또는 『功德施論』이라고도 부른다.

해석된다. 첫째는 비유에 의거한 해석이다. 즉 지금 말하려 하는 이와 같은 문구는 내가 예전에 들었던 것과 같다는 말이다.【이것은 옛날의 것을 현재의 것에 비유한 것이다.】둘째는 가르침(敎誨)에 의거한 해석이다. 즉 당시 대중에게 '이와 같이 내가 예전에 들었던 대로 들어야 한다'고 가르쳐 주는 말이다. 셋째는 문답에 의거한 해석이다. '그대가 지금 말하려고 하는 것은 분명히 예전에 들었던 것입니까'라는 물음이 있기 때문에, 이에 대한 대답으로 '이와 같이 나는 들었다'라고 말한 것이다. 넷째는 허가許可에 의거한 해석이다. 즉 결집할 당시 보살 대중들이 모두 함께 청하면서 '그대가 들었던 대로 이와 같이(如是) 말해 주셔야 합니다'라고 하므로, 전법 보살이 곧장 그들의 말을 받아들여(許) '내가 들었던 대로 이와 같이 이제 설할 것입니다'라고 한 것이다. 이 네 가지 의미에 대해 세 논사가 다음과 같이 해석한다. 어떤 이는 네 가지 의미 중에 오직 네 번째에 의거해서 말한 것이라 한다. 어떤 이는 이 중에 오직 뒤의 두 가지 의미에 의거해서 말한 것이라 한다. 어떤 이는 네 가지 의미 중에 네 가지 의미 전부에 의거해서 말한 것이라고 한다.〉[52] 구체적으로 설명하면 그 『불지경론』에서 설한 것과 같다.

諸論所說。亦有三種。一依智度論第一卷云。如是義者。卽是信也。佛法大海中。信爲能入。智爲能度。其信順者。是事如是。其不信者。此事不如是。廣說如彼。二依功德施波若論云。如是我聞者。顯示此[1]是世尊現覺而演。非自所作。三依佛地論。有其四義。故第一云。如是總言。依四義轉。一依譬喩。謂當所說。如是文句。如我昔聞。【此卽以昔喩今。】二依敎誨。謂告時衆。如是當聽我昔所聞。三依問答。謂有問言。汝當所說。皆定聞耶。故此答言如是我聞。四依許可。謂結集時。諸菩薩衆。咸共請言。如汝所聞。當

---

52 이상은 『佛地經論』 권1(T26, 291c16) 이하의 내용을 요약한 것이다.

如是說。傳法菩薩。許²⁾彼言。如是當說如我所聞。於此四義。有三師釋。一
云。四中唯依第四。一云。此中唯依後二。一云。四中總依四義而說。具說
如彼。

---

1) ㉕『金剛般若波羅蜜經破取著不壞假名論』권1(T25, 887a24)에 따르면, '此' 다음
에 '經'이 누락되었다. 2) ㉕『佛地經論』권1(T26, 291c18)에는 '許' 앞에 '便'이 있
다.

나. '아문'을 해석함

'나는 들었다(我聞)'에 대해 개별적으로 해석하겠다.

전법 보살과 아난 등은 오온으로 이루어진 몸에서 '나'를 가립하고, 귀에서 식이 일어나 설법을 들었기 때문에 '나는 들었다'고 하였다. 따라서 『불지경론』에서는 다음과 같이 말한다. "'나'란 오온이니 세속제의 가명이다. '들었다'는 것은 귀에서 식이 일어나 알아듣는 것이다. (아와 문을) 따로 말하지 않고 총괄해서 말하였기 때문에 '나는 들었다'고 한 것이다."⁵³

別釋我聞者。傳法菩薩及阿難等。五蘊身上。假立爲我。耳根發識。聽聞所
說。故言我聞。故佛地論云。我謂諸蘊世俗假者。聞謂耳根發識聽受。廢別
就總。故說我聞。

● '아'의 의미

🔲 불법 중에는 남도 없고 나도 없는데, 어째서 여러 경전에서 모두 '나는 들었다'라고 하는가?

🔲 이 의미에 대해 여러 교설이 서로 다르다.

용맹종에서는 사실단四悉檀에 의거해 '나는 들었다'에 대해 해석한다.【법음 '실단悉檀(Ⓢ siddhānta)'에 대해 여러 교설이 서로 다르다. 한편에서는 번역하

---

53 『佛地經論』권1(T26, 291c24).

지 말아야 한다고 하니, (이 '실단'에) 다양한 의미가 내포되어 있기 때문이다. 혹은 번역해야 한다고 한다. 어떤 경우는 '종宗'·'성成'으로 번역하기도 하고, 혹은 '묵墨'으로 번역하기도 하고, 혹은 '인印'으로 번역하기도 하고, 혹은 '정定'으로 번역하기도 하고, 혹은 '성취구경成就究竟'으로 번역하기도 한다. 이와 같이 번역이 다르므로 일정한 기준을 찾기 어렵다. 남악 선사는 다음과 같이 말한다. 〈실단은 '대열반大涅槃'이라는 말처럼 인도 범어와 한자어를 함께 표기한 것이니, '실'은 수나라 음이고 '단'은 인도 범어다. '실'은 '두루(遍)'라는 말이고 '단'은 '베푼다(施)'로 번역되니, 부처님께서 네 가지 법으로 중생에게 두루 베풀기 때문에 실단이라 한다.〉 지자 선사가 『유마기』에서 이상과 같이 설하였다.[54] 4권 『능가경』에 의하면 그것은 세 종류가 있다. 따라서 제2권의 경문 주석에서 "실단이란 뜻을 번역하면, 혹은 종宗을 말하거나 혹은 성成(성취)을 말하거나 혹은 묵默을 말한다."[55]라고 해석하였다.】

問。佛法中無人無我。如何諸經。皆說我聞。解云。此義諸說不同。依龍猛宗。約四悉檀。以釋我聞。【梵音悉檀。諸說不同。一云。不翻。含多義故。或說翻之。或翻宗成。或翻爲墨。或翻爲印。或翻爲定。或翻或[1])就究竟。如是異翻。難可定准。南岳禪師云。如大涅槃。胡漢並稱也。悉是隋音。檀是胡語。悉之言遍。檀翻名施。佛以四法。遍施衆生。故名悉檀也。智者師維摩記中。作如是說。若依四卷楞伽經。有其四[2])種故。第二卷注經釋云。悉檀者。謂[3])或言宗。或言成。或言理[4])也。】

1) ㉠ '或'은 '成'의 오기다. 2) ㉠ '四'는 '三'의 오기인 듯하다. 다음에 진술된 것은 '세 종류'이다. 3) ㉠ 『楞伽阿跋多羅寶經』 권2(T16, 493a9)에는 '謂'가 '譯義'로 되어 있는데, 후자에 의거해서 번역하였다. 4) ㉠ '理'는 '默'으로 되어 있다. 해당 번역문 역주 참조.

---

54 천태 지의天台智顗, 『維摩經玄疏』 권1(T38, 520b17) 참조.
55 구나발타라 역 『楞伽阿跋多羅寶經』 권2(T16, 493a9)에는 '실단'이라는 경문 아래 "悉檀者。譯義。或言宗。或言成。或言默。"이라는 각주가 달려 있는데, 여기에는 '理'가 '默'으로 되어 있다. 『楞伽經纂』 권2(X17, 297b15)에도 동일한 문구가 나오고, 여기에는 '默'이 '理'로 되어 있다. 전자에 의거해서 번역하였다.

사실단의 의미는 예를 들어 『대지도론』 제1권의 설명과 같다.[56]

첫째는 세계실단世界悉檀이다. 이는 예를 들면 '오온으로 사람(人)이 이루어진다'거나 '이와 같이 나(我)는 들었다'고 하는 경우, (사람 또는 '나'란) 세계실단에서는 있는 것이지만 제일의실단에서는 없는 것이다.[57]

둘째는 각각위인실단各各爲人悉檀이다. 이는 사람들의 마음(心行)을 살펴 가면서 설법해 주는 것이다. 어떤 일에 대해 들으려 하는 경우도 있고 듣지 않으려는 경우도 있으니, 단견斷見을 가진 이에게는 생生의 상속을 설해 주고, 상견常見을 가진 이에게는 '사람(人)'이란 있는 것이 아니라고 설해 주는 것이다.[58]

셋째는 대치실단對治悉檀이다. 예를 들면 부정관不淨觀은 탐욕을 대치하지만 성냄을 대치하지 못하는 것과 같다.[59]

넷째는 제일의실단第一義悉檀이다. 즉 제법의 실상은 언어의 길이 끊어진 것이고 마음의 작용이 소멸된 것이니, 게송으로 설하면 다음과 같다. "모든 것은 진실하고, 모든 것은 진실하지 않으며, 모든 것은 진실하면서 또한 진실하지 않기도 하고, 모든 것은 진실한 것도 아니고 진실하지 않은 것도 아니다. 이것을 모든 법의 진실한 모습이라 한다."[60] 【이 게송에 대한 자세한 해석은 『중론』의 제3권의 설과 같다.[61]】

---

56 이하의 사실단에 대한 설명은 『大智度論』 권1(T25, 59b19) 참조.
57 '나'라든가 '사람'이라는 말은 세계실단의 차원에서 설한 것이다. 말하자면 세상 사람들의 일상적 대화에서는 이러한 말을 사용해서 의사소통을 하므로, 세존도 설법할 때 중생에게 쉽게 다가가기 위해 이러한 세간적 관행을 따라 준다. 그러나 제법의 실상을 설하는 제일의실단 차원에서는 '나'라는 것은 없다.
58 단견斷見을 가진 자에게는 생生의 상속을 설해 주고 상견常見을 가진 자에게는 '사람'이란 있는 것이 아니라고 설해 주는 경우처럼 사람들의 성향이나 심리 상태를 살펴 가면서 그가 받아들일 수 있게끔 법을 설하는 것을 각각위인실단이라 한다.
59 예를 들어 탐욕을 대치시키기 위해 부정관不淨觀을 설해 주는데 이것이 '진에瞋恚'의 번뇌를 대치시키지는 못한다. 이처럼 특정 번뇌를 대치시키려는 의도에서 설하는 것을 대치실단이라 한다.
60 『中論』 권3(T30, 24a5).

또 그 『대지도론』에서 다음과 같이 말한다. 〈또한 세계의 언어에는 세 가지가 있으니, 첫째는 그릇된 것이고, 둘째는 교만한 것이며, 셋째는 명자名字다. 세 번째 의미에서 '나'라고 한 것이다.[62]〉[63] 이것은 『유가사지론』에서 말한 '가설의 아(假說我)'에 해당한다.[64]

四悉檀義。如智度論第一卷說。一世界悉檀。如蘊成人。如是我聞。世界故有。第一義故無。二各各爲人悉檀。觀人心行。而爲說法。於一事中。或聽不聽。爲斷見故。說有續生。爲常見故。說無有人。三對治悉檀。如不淨觀於貪對治。於瞋則無。四第一義悉檀。謂諸法實相。言語道斷。心行處滅。卽說偈言。一切實一切非實。及一切實亦非實。一切非實非非實。是名諸法之實相。【廣釋此偈。如中論第三。】又彼論云。復次世界語言有三。一邪。二慢。三者名字。依第三故。名之爲我。卽當瑜伽假說我也。

문 『중론』에서는 실상에 대해 물으면서 '아도 아니고 무아도 아니다'라고 하지 않았는가? 그런데 어째서 『대지도론』에서는 무아라고 하는가?
답 이는 서로 어긋나는 것이 아니다. 세계실단에서는 '아'를 말하지만,

---

61 『中論』 권3(T30, 25a14) 참조.
62 여기서 말하는 세간의 삼종언어는 사견邪見·만만慢·명자名字 등 세 종류를 근본으로 하는 언어를 말한다. 이 중에서 범부는 세 가지 언어를 모두 사용하고, 견도의 학인은 사견을 제거하였으므로 만과 명자의 2종 언어를 사용한다. 이에 비해 성인들은 사견과 자만을 벗어났으므로 앞의 2종 언어를 벗어난다. 다만 실법實法과 어긋나지 않으면서 세상 사람들을 따라 주기 위해 언어를 사용하는데, 이것을 일컬어 '명자라는 한 종류 언어만 사용한다'고 하였다.
63 이상은 『大智度論』 권1(T25, 64a27)의 내용을 요약한 것이다.
64 성인은 제법의 실상이 언어로 전달될 수 없으며 언어와 맞지 않음을 알지만, 언어가 지닌 능전能詮으로서의 기능(名字 : 언어문자)을 적절히 구사하면 그것이 훌륭한 방편이 된다는 것을 안다. 따라서 중생 교화에서 언어문자를 사용하면서도 삿된 견해(邪見)나 자만(慢)에 사로잡히지 않는다. 지금 경문에서 '여시아문'이라고 할 때의 '아'도 그와 같은 교화의 방편으로서 가설한 언어라는 말이다.

제일의실단에서는 무아라고 설한다. 각각위인실단에서는 간혹 아와 무아라는 두 가지 집착을 둘 다 버리게 하려고 또한 '아도 아니고 무아도 아니다'라고 설할 수도 있다. 따라서 『중론』에서는 "여러 부처님께서 때로 아를 설하기도 하고 무아를 설하기도 하지만, 제법의 실상에서는 아도 아니고 무아도 아니다."[65]라고 하였다. 오직 아집我執만 대치하는 경우에는 곧 무아를 실상實相이라고 설하였고, 두 가지 집착을 모두 버리게 하는 경우에는 '아도 아니고 무아도 아닌 것'을 실상이라고 설하였다. 이는 각기 일리가 있는 말이므로 서로 어긋나는 것이 아니다. 『열반경』에 의하면 진아眞我를 실상이라고 설하였으니, 이치에 맞게 알아야 할 것이다.

> 問。豈不中論實相問中非我非無我。如何智度論中。說爲無我。答不相違。世界悉檀。即說爲我。第一義中。說爲無我。各各爲人。或我無我。雙遣二執。亦得說言非我非[1]無我。故中論云。諸佛或說我。或說於無我。諸法實相中。非我非無我。若偏對我。即說無我。以爲實相。若雙遣執。非我非無我。以爲實相。各據一義。故不相違。若依涅槃。即說眞我。以爲實相。如理應知。

1) ㉠ '非非'에서 한 글자는 잉자다. 전후 문맥상 '非我非非無我'는 '非我非無我'로 수정해야 한다. 원측의 『仁王經疏』(H1, 21a)에도 '非我非無我'로 되어 있다.

미륵종에 의하면 네 가지 의미에서 오온을 '아'라고 가설한 것이다. 따라서 『유가사지론』 제6권에서 다음과 같이 말한다. "박가범께서 말씀하셨다. '필추들이여, ······네 가지 이유에서······아我가 있다고 가설했음을 알아야 한다. 첫째는 세상 사람들이 언설을 쉽게 (알아듣게) 하려고 했기 때문이고, 둘째는 세상 사람을 따라 주고 싶었기 때문이며, 셋째는 결코 아

---

65 『中論』 권3(T30, 24a1).

가 없다고 말함으로써 생겨나는 모든 두려움을 제거해 주고자 했기 때문이고, 넷째는 자타自他의 득실得失을 말해 주어 결정적인 신해信解의 마음을 일으키게 하려고 했기 때문이다.'"⁶⁶

『현양성교론』 제9권과 『대법론』 제13권의 내용도 『유가사지론』과 같다.⁶⁷

依彌勒宗。四義故於諸蘊中假說爲我。故瑜伽論第六卷云。薄伽梵說。苾芻當知。由四因故。假說¹⁾有情。²⁾ 一爲³⁾世間言說易故。二⁴⁾欲隨順諸世間故。三爲⁵⁾斷除決⁶⁾定無我諸怖畏故。四爲宣說自他得失。⁷⁾ 令其⁸⁾決定信解心故。顯揚第九。對法十三。同瑜伽說。

1) ⓔ『瑜伽師地論』 권6(T30, 307b27)에는 '說'이 '設'로 되어 있는데, 의미는 다르지 않다. 2) ⓔ『瑜伽師地論』 권6(T30, 307b27)에는 '情'이 '我'로 되어 있다. 3) ⓔ『瑜伽師地論』 권6(T30, 307b27)에는 '爲' 다음에 '令'이 있다. 4) ⓔ『瑜伽師地論』 권6(T30, 307b28)에는 '二' 다음에 '爲'가 있다. 5) ⓔ『瑜伽師地論』 권6(T30, 307b28)에는 '爲' 다음에 '欲'이 있다. 6) ⓔ『瑜伽師地論』 권6(T30, 307b29)에는 '決'이 '謂'로 되어 있다. 7) ⓔ『瑜伽師地論』 권6(T30, 307b29)에는 '得失'이 '成就功德成就過失'이라 되어 있는데, 의미는 다르지 않다. 8) ⓔ『瑜伽師地論』 권6(T30, 307c1)에는 '其'가 '起'로 되어 있다.

● '문'의 의미

'들었다(聞)'고 한 것에 대해 여러 설명들이 서로 다르다.

살바다종에서는 귀가 듣는 것이지 식이 듣는 것이 아니라고 한다.⁶⁸ 법구法救 논사는 식이 듣는 것이지 귀가 듣는 것이 아니라고 하니, 예를 들

---

66 『瑜伽師地論』 권6(T30, 307b24).
67 『顯揚聖敎論』 권9 「攝淨義品」(T31, 525a6), 『雜集論』 권13(T31, 753a3) 참조.
68 이러한 설일체유부說一切有部의 주장을 근견설根見說이라 한다. 유부에 따르면, '본다'라는 인식은 눈과 그 대상과의 관계에서 생겨나는 것으로 이러한 인식의 주체는 눈(眼根)이다. 이와는 달리, '색을 본다'거나 '소리를 듣는다'는 것은 감관에 의해서가 아니라 의식에 의해 명료하게 요별了別되는 것으로 이러한 인식 작용의 주체는 식識이라는 주장도 있다. 이를 식견설識見說이라 한다.

면 『대비바사론』 제13권의 설과 같다.⁶⁹

경부종에서는 식이 듣는 것이지 귀가 듣는 것이 아니라고 하니, 예를 들면 『성실론』 제6권의 설과 같다.⁷⁰ 비유논사들은 귀와 식이 화합하여 듣는다고 하니, 예를 들면 『대비바사론』 제13권의 설과 같다.⁷¹

> 言聞者。諸說不同。薩婆多宗。耳聞非識。法救論師。識聞非耳。如大毗婆沙第十三等。依經部宗。識聞非耳。如成實第六。譬喩論師。和合能聞。如婆沙十三。

이제 대승의 용수 보살에 의하면 본래 두 가지 해석이 있다. 첫째는 '천안天眼으로 색을 본다'고 하는데, 이에 준해서 귀가 소리를 듣는 것임을 알 수 있다.⁷² 둘째는 화합하여 듣는다고 하니, 예를 들면 『대지도론』 제1권 등에서 설한 것과 같다. 두 가지 설이 있지만 '화합하여 듣는다'는 것이 바른 견해다. '들음(聞)'에 대해 정의를 내려 해석하는 부분에서 '화합하여 듣는다'는 것에 대해 설하기 때문이다.⁷³

---

69 『大毘婆沙論』 권13(T27, 61c7)에는 한 눈으로 보는가 혹은 두 눈으로 보는가 하는 물음에 대답하는 과정에서 다음의 네 가지 견해가 진술되어 있다. ① 안식眼識이 색을 본다는 법구法救(Ⓢ Dharmatrāta)의 식견설識見說, ② 안식과 상응하는 심리작용으로서 이해·간택의 작용을 하는 혜慧가 색을 본다는 묘음妙音(Ⓢ Ghoṣa)의 상응혜견설相應慧見說, ③ 안근과 안식이 화합하여 색을 본다는 비유자譬喩者(Ⓢ Dārṣṭāntika)의 화합견설和合見說, ④ 두 개의 눈은 서로 떨어져 있어 동시에 작용하지 않으므로 하나의 안근이 색을 보는 것이라는 독자부犢子部(Ⓢ Vātsī-putrīya)의 일안견설一眼見說 등이다.
70 『成實論』 권6(T32, 267b6) 참조.
71 앞의 주에서 언급한 『大毘婆沙論』의 네 가지 견해 중에 '화합견설和合見說'에 해당한다.
72 『大智度論』 권1(T25, 59b28)에는 "我以清淨天眼 見諸衆生" 등의 표현이 있다.
73 『大智度論』 권1(T25, 64b19) 참조.

今依大乘。龍樹菩薩。自有兩釋。一者天眼見色。准知耳聞。二者和合能聞。如智度論第一卷等。雖有兩說。和合爲正。正釋聞中。說和合故。

미륵종에 의하면 본래 세 가지 설명이 있다.

한편에서는 귀가 듣는 것이지 식이 듣는 것은 아니라고 한다. 예를 들면 『집론』 및 『잡집론』 제1권에서 '이계耳界의 모습은 어떤 것인가? 소리를 듣는 것이다'[74]라고 하였다. 또 『유가사지론』 제3권에서 "자주 여기에 소리가 닿을 때마다 들을 수 있기 때문에 귀라고 한다."[75]고 하였다.

한편에서는 식이 듣는 것이지 귀가 듣는 것은 아니라고 한다. 예를 들면 『유가사지론석』 제1권에서는 "들음이란 '청문聽聞'을 말하니, 곧 이근이 이식을 발생시켜 언어적 가르침을 듣는 것이다."[76]라고 하였고, 또 『불지경론』 제1권에서는 "들음이란 이근이 이식을 일으켜서 알아듣는 것이다."[77]라고 하였다. 혹은 이 두 논서에서 '귀로 듣는 것이지 식이 듣는 것이 아니다'라고 했다고 볼 수도 있다.

한편에서는 화합하여 듣는다고 한다. 예를 들면 『잡집론』 제2권에서 다음과 같이 말한다. "문 눈이 색을 보는 것인가, 식 등이 보는 것인가? 답 눈이 색을 보는 것이 아니고 또한 식 등이 보는 것도 아니니, 모든 법에는 작용이 없기 때문이다. (눈과 식이) 화합함으로 인해 '본다'고 가립한 것이다."[78] 귀 등도 이와 같으니, 자세한 설명은 그 논과 같다.

---

74 『雜集論』에는 이와 일치하는 문장은 없다. 이것은 안계眼界의 모습에 대해 설명한 뒤 나머지 근들도 이와 같다고 말한 내용에 의거해 원측이 재구성한 문장이다. "問。眼界何相。答。謂眼曾現見色。及此種子積集異熟阿賴耶識。是眼界相……如眼界相。耳鼻舌身意界相亦爾。" 『雜集論』 권1(T31, 695c17) 참조.
75 『瑜伽師地論』 권3(T30, 294a1).
76 『瑜伽師地論釋』 권1(T30, 887b12).
77 『佛地經論』 권1(T26, 291c25).
78 『雜集論』 권2(T31, 703b12).

依彌勒宗。自有三說。一云。耳聞非識。如集論雜集第一卷云。耳界何相。謂能聞聲。又瑜伽論第三卷云。數數於此聲至能聞。故名爲耳。一云。識聞非耳。如瑜伽釋論第一卷云。聞謂聽聞。卽是耳根發生耳識。聞言敎故。又佛地論第一卷云。聞謂耳根發識聽受。或可二論耳聞非識。一云。和合能聞。如雜集論第二卷云。問。爲眼見色。爲識等耶。答。非眼見色。示[1]非識等。以一切法無作用故。由有和合。假立爲見。耳等亦爾。廣說如彼。

---

1) ㉯『雜集論』권2(T31, 703b13)에 따르면, '示'는 '亦'의 오기다.

이와 같이 여러 논에서 다르게 말하는 까닭은 다음과 같다. 소리를 듣게 되는 가장 뛰어난 소의(所依)를 나타내기 위해서『유가사지론』등에서 귀가 듣는다고 설한다.[79] '분별'이라는 뜻에 의거해서『불지경론』등에서 식이 듣는다고 설한다.[80] 제법에 진실한 작용이 없음을 나타내기 위해서『대지도론』과『잡집론』에서는 화합하여 듣는다고 한다. 이것들은 각기 일리가 있는 말이므로 서로 어긋나지 않는다. 【문 (제법에) 진실한 작용이 없다면 귀로 듣는다고 할 수 없을 것이고, 진실한 작용이 있다면 지(智)가 반연하는 것은 아니어야 한다. 여기에 문답을 만들어야 한다.】

所以如是諸論異者。爲顯聞聲最勝所依。故瑜伽等。說耳爲聞。就分別義故。佛地等。說識爲聞。爲顯諸法無實作用故。智度論及雜集論。和合爲聞。各據一義。互不相違。【問。無實作用。不許耳聞。無[1]實作用。智不應緣。此中應作問答。】

---

79 청각적 인식이 일어나는 데 토대가 되는 감각기관(所依根)을 강조하는 입장에서는 '귀가 듣는다'고 설하기도 한다는 것이다.
80 청각적 인식도 하나의 분별 작용이라는 점을 강조하는 입장에서는 '식이 듣는다'라고 설하기도 한다는 것이다.

1) ㉭ '無'는 문맥상 '有'로 수정해야 한다. '無實作用'이라고 할 경우의 과실과 대비시켜 여기서는 '有實作用'이라 할 경우의 과실을 논하는 것이기 때문이다.

● 유식의 도리에서 본 '문聞'의 의미

유식의 도리를 통해 '들음'에 대해 설명하자면, 예를 들어 『불지경론』 제1권에서 설한 것처럼 두 논사의 주장이 있다. 따라서 그 논에서는 다음과 같이 말한다.

唯識道理。以辨聞者。如佛地論第一卷說。有二師義。故彼論云。

어떤 이는 다음과 같이 주장한다.[81] 〈('들었다'는 것은) 여래의 자비와 본원本願[82]이라는 증상연增上緣[83]의 힘으로 듣는 이의 식에 문의文義의 상이 생겨나는 것이다. 이 문의는 비록 직접적으로 듣는 이 자신의 선근의 힘에 의지해 생겨나는 것이지만, (여래의 증상연이라는) 강력한 연을 들어 '부처님이 설한다(佛說)'고 하고, 귀의 힘으로 듣는 이의 자기 마음에 전변하여 나타나므로 '나는 들었다(我聞)'고 하는 것이다.〉

81 첫 번째 논사는 나가서나那伽犀那다. 유식학자들의 관점에서는, 부처님이 설하고(說) 중생들이 듣는다(聞)는 것은 본질적으로 설법자의 식과 청자의 식 간에 언어적 심상을 주고받는 것을 가리킨다. 여기서 먼저 주목할 것은, '듣는 자의 식에 나타난 문의文義'와 '여래의 식에 나타난 문의'를 구분했다는 것이다. 말하자면, '부처님이 설하셨다'는 것은 모든 중생을 구제하겠다는 여래의 본원의 힘에 의해 여래의 식에 어떤 언어적 표상들이 떠오르는 것을 가리키고, '나는 들었다'는 것은 그 여래의 언어적 표상이 다시 청자의 식에 현현하는 것을 말한다.
82 본원本願([S] pūrva-praṇidhāna) : 모든 부처님이 지난 세상에 성불하려는 뜻을 내었던 인위因位에서 세운 여러 가지 서원을 말한다. 이 본원에는 총원總願과 별원別願이 있다. 총원은 부처님네의 공통된 본원으로 곧 사홍서원四弘誓願이고, 별원은 부처님마다 제각기 다른 서원으로 곧 아미타불의 사십팔원이나 약사여래의 십이원 등이 있다.
83 증상연增上緣 : 사연四緣의 하나로서, 어떤 결과가 산출되도록 도와주는 모든 간접적 조건들을 가리킨다.

어떤 이는 다음과 같이 말한다.[84] 〈듣는 이의 선근과 본원이라는 증상연의 힘으로 인해 여래의 식에 문의의 상이 생겨난다. 이 문의의 상은 부처님의 이타의 선근에 의해 일어난 것이므로 '부처님이 설하셨다'고 한다. 듣는 이의 식심識心은 (여래의 문의를 그대로) 파악하는 것은 아니지만 (그의 식심에) 마치 그 문의와 유사한 상이 분명하게 나타나므로 '나는 들었다'고 하는 것이다.〉[85]

有義。如來慈悲本願增上緣力。聞者識上。文義相生。此文義相。雖親依自善根力起。而就强緣。名爲佛說。由耳根力。自心變現。故名我聞。有義。聞者善根本願增上緣力。如來識上。文義相生。此文義相。是佛利他善根所起。名爲佛說。聞者識心。雖不取得。然似彼[1]分明顯現。故名我聞。

1) ㉢『佛地經論』권1(T26, 292a3)에는 '彼' 다음에 '相'이 있다.

해 『불지경론』의 두 논사의 설명에서, 처음은 나가서나의 설이니 그는 불과佛果에 색과 소리 등이 있음을 인정하지 않았다. 두 번째 논사의 주장에서는 불과에 색과 소리 등이 갖추어질 수 있음을 인정한다. 대당 삼장과 호법 보살은 모두 뒤의 설을 수용한다. 이상은 이전의 '본질과 영상의 유무'에서 설한 것과 같다.[86]

解云。佛地二師所說。初卽那伽犀那。不許佛果有色聲等。第二師義。許佛

---

84 두 번째 논사는 호법護法이다. 설법자와 청자 간에 오고 간 그 '말'의 본질은 식과 식 간에 언어적 심상을 주고받는 것이다. 그런데 듣는 자의 마음(識心)에서는 여래의 '진실한 문의(實文義)'가 본래 그대로 재현되는 것이 아니라 단지 '그와 유사한 언어적 표상(似文義)'이 나타날 뿐이다. 따라서 듣는 자의 식에 저 여래의 문의와 유사한 문의가 나타난 것을 가리켜 '나는 들었다'고 한다는 것이다.
85 이상은 『佛地經論』 권1(T26, 291c26) 참조.
86 이 세 가지 학설에 대한 자세한 내용은 '제2장-1.-5)-(2) 본질本質과 영상影像의 유무'(pp.88~92) 참조.

果中具色聲等。大唐三藏。法護[1]菩薩。皆用後說。如前本影有無中說。

1) ㉚ '法護'는 '護法'으로 수정해야 한다.

🔶문 아난은 여래께서 성도하신 날 태어나서 20년이 지나서야 비로소 시자가 된 자이므로 그 전에 설한 경들은 모두 직접 들은 것이 아닌데 어째서 모든 경전마다 모두 '나는 들었다'라고 하는가?

(🔶답) 보리유지의 『금강선론』에서 다음과 같이 말한다.

問曰。阿難。如來成道日生。經二十年。方爲侍者。前所說經。皆非親聞。如何諸經皆說我聞。菩提留支金剛仙論云。

예전 여래께서 열반하신 후 모두 세 차례 법장을 결집結集한 적이 있었다. 처음에는 왕사성의 인다라굴에서 500명의 비구들이 법장을 결집하였는데, 사리불 등 여러 아라한 비구들이 각자 '어떤 이름의 경을 이와 같이 나는 들었고, 부처님이 어느 곳에서 말씀하신 것이다'라고 말하였다. 나중에 나쁜 국왕이 불법을 무너뜨렸고 그 후에 다시 700명의 비구들이 재차 법장을 결집하게 되었는데, 모두 '어떤 이름의 경을 나는 아무개 비구로부터 들었다'고 말하였고 '나는 부처님에게 들었다'고 하지는 않았다. 이 재결집은 모두 소승 사람들이 법장을 결집한 것이다.

또 여래께서는 철위산 바깥, 즉 그 외의 세계에는 닿지 않는 두 세계의 중간에 계시는데, 수많은 부처님들이 함께 그곳에 모여 부처님이 말씀하신 경을 다 설하셨다. 대승의 법장을 결집하기 위해 다시 대중을 불러 모았는데, 80억 나유타[87]의 나한들과 무량무변의 항하사 같은 불가

---

87 나유타那由他(Ⓢ nayuta) : 인도에서 아주 많은 수를 표시하는 수량 혹은 시간의 단위. 수천만 혹은 천억, 만억이라고도 한다.

사의의 보살대중들이 모두 그곳에 모였다. 이 당시 보살과 성문들은 모두 '이와 같이 나는 들었다. 여래께서 어느 곳에서 어떤 이름의 경을 설하셨다'고 하였다.[88]

昔如來滅後。凡有三時結集法藏。初在王舍城因陀羅窟中。五百比丘。結集法藏。舍利弗等諸阿羅漢比丘。各自稱言。某甲經。如是我聞。佛在某處說。後時爲惡國王壞滅佛法。自此以後。復有七百比丘。重結集法藏。皆云某甲經。我從某甲比丘邊聞。不云我從佛聞。此之再集。並是小乘之人。結集法藏。又復如來在鐵圍山外不至餘世界。二界中間。無量諸佛。共集於彼。說佛話經訖。欲結集大乘法藏。復召集徒衆。羅漢有八十億那由他。菩薩衆有無量無邊恒河沙不可思議。皆集於彼。當於爾時。菩薩聲聞。皆云。如是我聞。如來在某處。說某甲經。

진제 삼장은 『칠사기』에서 직접 들었으면 '이와 같이 나는 들었다(如是我聞)'고 하고, 전해 들었으면 '나는 이와 같은 것을 들었다(我聞如是)'고 한다고 하였다. 또 『부집이론기部執異論記』에서는 직접 들었으면 '나는 들었다(我聞)'고 하고 전해 들었으면 '들려진 것(所聞)'이라 한다고 하였다.

眞諦三藏七事記云。親聞。曰如是我聞。傳聞。曰我聞如是。又部執記云。親聞曰我聞。傳曰所聞。

---

88 『金剛仙論』 권1(T25, 801a3). 이 『金剛仙論』의 후반부 문장에는 대승법장大乘法藏의 결집結集에 관한 또 하나의 해석이 제시되어 있다. 말하자면 여래가 철위산 바깥의 두 세계 중간에서 시방의 부처님들과 함께 경을 설하셨고, 한량없는 아라한 및 보살대중들을 불러 모아 대승의 법장을 결집하였다. 이에 따르면, '이와 같이 나는 들었다'고 할 때 그 무수한 보살·성문들이 모두 '나'라고 자칭한 것이다.

해 이와 같은 설명들은 『보은경』의 설과는 어긋난다. 『보은경』에 의하면, ('아난이 들었다'는 것을) 세 가지 의미로 해석할 수 있다. 첫째, (아난이 다른 이로부터) 전해 들었다는 것이다. 둘째, 부처님께서 세속 사람의 마음에 들어가시어 알도록 한 것이라고 한다. 셋째, 부처님께서 거듭해서 (아난에게) 설해 주셨다는 것이다.[89] 따라서 그 경의 제6권에서 다음과 같이 말한다. "**문** 부처님이 20년 동안 설법하신 것을 아난은 듣지 못했는데 어떻게 '나는 들었다'라고 말할 수 있는가? **답** 여러 천신이 아난에게 말해 주었다고 하고, 또는 여러 비구들에게 들었다고도 하며, 또는 부처님이 세속 사람의 마음에 들어가 아난에게 알도록 했다고도 한다. 또는 다음과 같이 말하기도 한다. 아난이 부처님께 청원하기를,……'부처님의 20년 동안의 설법을 나를 위해 다 설해 주십시오'라고 하였다.……부처님은 선교방편으로 하나의 법문과 하나의 구절에 헤아릴 수 없이 많은 법을 말씀하시기도 하고 한량없는 법문들이 한 구의 의미를 갖게 하실 수 있으므로, 부처님께서 그 단서를 대충 보여주면 아난은 남김없이 알아들었다고 한다. 그는 빠르고 예리하고 강한 기억력을 갖고 있었기 때문이다."[90]

解云。如是等說。違報恩經說也。若依報恩經。釋有三義。一者傳聞。二者

---

[89] 이 부분의 문장이 너무 축약되어 있어서 해석의 어려움이 있지만, 여기서 해명하려는 문제는 다음과 같다. 부처님이 성도하신 지 20년이 지난 후에 태어난 아난이 부처님 설법을 직접 듣지도 않았는데, 어떤 이유에서 '나(아난)는 들었다'고 하고 또 어떻게 아난이 그 설법의 내용을 알 수가 있는가라는 의문이 있을 수 있다. 위의 문장은 이에 대해 세 가지로 대답한 것이다. 이 세 가지 견해는 원측의 『仁王經疏』(T33, 363b17)에도 나오는데, 거기에는 다음과 같이 표현되어 있다. "답한다. 『報恩經』에 의거해 해석하면 세 가지 의미가 있다. 첫째, 아난이 다른 천天들 및 비구들에게서 전해 들은 것이다. 둘째, 부처님이 세속 사람의 마음에 들어가 아난으로 하여금 이전에 설했던 경을 알도록 한 것이다. 셋째, 이전에 설했던 경을 부처님이 거듭 설해 준 것이다.(答依報恩經。釋有三義。一者。阿難從他諸天。及諸比丘邊傳聞。二者。佛入世俗心。令阿難知前所說經。三者。前所說經。佛重爲說。)"
[90] 『大方便佛報恩經』 권6(T3, 155c19) 참조.

知佛世俗心,¹⁾ 三者佛重爲說. 故第六云. 佛二十年中說法. 阿難不聞. 何得言我聞. 答. 諸²⁾天語阿難. 又云. 從諸比丘邊聞. 又云. 佛入世俗心. 令阿難知. 又云. 阿難從佛請願. 佛二十年中說³⁾法. 盡爲我說. 佛善巧.⁴⁾ 於一法一句中. 演無量法. 能以無量法. 爲一句義. 佛粗示其端.⁵⁾ 阿難盡已得知. 速利强持力故.

---

1) ㉠ '知佛世俗心'은 의미가 통하지 않는다. 이 문구는 원측의 『仁王經疏』권1(T33, 363b18)에는 '佛入世俗心. 令阿難知……'라고 되어 있다. 부처님이 세속인의 마음속에 들어가서 그로 하여금 알게끔 했다는 의미가 되게 하려면, 위의 문구를 '佛入世俗心令知'로 수정해야 한다. 2) ㉠ 『大方便佛報恩經』권6(T3, 155c20)에는 '諸' 앞에 '云'이 있다. 3) ㉠ 『大方便佛報恩經』권6(T3, 155c25)에는 '說' 앞에 '所'가 있다. 4) ㉠ 『大方便佛報恩經』권6(T3, 155c27)에는 '善巧' 다음에 '方便'이 있다. 5) ㉠ 『大方便佛報恩經』권6(T3, 155c29)에는 '端' 다음에 '緖'가 있다.

해 또 『금강화경』에서는 다음과 같이 말한다. 〈아난비구가 법성각성자재왕삼매法性覺性自在王三昧를 얻어 이 삼매의 힘으로 이전에 설한 경을 모두 기억할 수 있으므로 직접 들은 것과 다름이 없다. 마치 숙명통⁹¹이 열려 과거의 일을 훤히 보면서 분명히 아는 것처럼, 또한 마치 가전연 존자가 원지願智⁹²의 힘을 얻어 부처님이 설하신 경을 모두 기억할 수 있었던 것처럼, 아난도 그랬던 것이다.〉⁹³

문 아난은 성문승인데 어떻게 대승경전을 기억할 수 있는가?

답 예를 들어 『대승집법경』에서 설한 대로라면 세 종류 아난이 있다. 첫째 아난타阿難陀는 성문법을 기억하였고, 둘째 아난현阿難賢은 연각법을 기억하였으며, 셋째 아난해阿難海는 대승법을 기억하였다. 『금강선론』에서도 『집법경』과 똑같이 말한다. 진제 삼장의 『금강반야소』에서는 『사왕참회

---

91 숙명통宿命通 : 육통六通의 하나로서, 전생의 모든 일에 대해 잘 아는 신통력을 말한다. 신통력의 크기에 따라 1세世, 2세, 또는 천만세를 아는 차이가 있다고 한다.
92 원지願智(Ⓢ praṇidhi-jñāna) : 원하는 대로 모든 것을 다 아는 지혜로서, 부동不動의 아라한 이상이라야 일으킬 수 있다.
93 『金剛華經』의 인용문으로 되어 있는데, 지금은 현존하지 않는 것 같다.

경』을 인용하여 세 종류 아난을 말하면서 세 명 중에서 세 번째 아난이 이 경을 기억하였다고 한다. 그러므로 서로 어긋나지 않는다.

> 又解。金剛華經說。阿難比丘。得法性覺[1]自在王三昧。以三昧力故。前所說經。皆能憶持。與親聞無異。如宿命通。見過去事。無不明了。亦如迦旃延。得願智力故。佛所說經。皆能憶持。阿難亦爾。問。阿難旣是聲聞。如何能持大乘經典。答。如大乘集法經中說。有三種阿難。一者阿難陀。持聲聞法。二者阿難賢。持緣覺法。三者阿難海。持摩訶衍法。金剛仙論。亦同集法。眞諦三藏金剛波若疏。引閻王懺悔經。說三種阿難。三種之中。第三阿難。持此經也。故不相違。

1) ㉮ '覺' 다음에 '性'이 누락된 듯하다. 『金光明最勝王經疏』 권1(T39, 184b17)을 비롯하여 여러 문헌들에 모두 '法性覺性……'이라고 되어 있다.

③ '여시아문'을 합해서 설한 뜻을 서술함

세 번째, ('여시아문'을) 합해서 진술한 의도를 말하겠다.
예를 들어 『불지경론』에서 다음과 같이 말한다. "이 '여시아문'이라고 설한 의도는 (부처님의 말씀을) 늘리거나 줄임으로써 차이가 생기는 과실을 피하려는 것임을 알아야 한다. 말하자면 이와 같은 법을 나는 부처님으로부터 들은 것이지 다른 사람에게 전해 들은 것이 아니라고 함으로써, 들었던 이가 감당할 능력이 있고 들었던 모든 것이 늘리거나 줄임으로써 차이가 생기는 과실에서 다 벗어나 있음을 나타내 보인 것이다."[94] 구체적으로 설하면 그 논과 같다.

---

[94] 『佛地經論』 권1(T26, 292a3).

第三申其合說意者。如佛地論云。應知。說此如是我聞。意避增減異分過
失。謂如是法。我從佛聞。非他展轉。顯示聞者有所堪能。諸有所聞。皆離
增減異分過失。具說如彼。

(2) 교를 일으킨 시분

경 한때

一時。

석 다섯 가지 사事에서 두 번째 '가르침을 일으킨 시분'에 해당한다.[95]
이 '한때(一時)'라고 한 것에 대해【이 땅의 여러 논사들에게 네 가지 설이 있다.
첫째, ('일시一時'란) 여래가 일대에 설법하는 데 걸린 50년의 시기다. 둘째, 이 경 한 부를
설한 때이다. 셋째, 중생의 근기가 성숙한 때이다. 넷째, 설한 이와 듣는 이가 모두 함께 만
난 때라는 것이니,[96] 이는 길장 법사의 『법화소』에서 설한 것과 같다.】 서방 논사들의
세 가지 설이 서로 다르다.

釋曰。五中第二敎起時分。然此一時。【此地諸師。有說四種。一者如來一代
說法。有五十年時。二者說一部時。三者衆機熟時。四者說聽共相會遇時。
吉藏法師法華疏說。】西方諸師。三說不同。

● 보리유지菩提留支의 해석

---

[95] 원측은 친광의 『佛地經論』에 나오는 오사五事(信·時·主·處·衆)에 의거해서 인연분을 해석하였다. '한때'는 그 가운데 두 번째인 '교를 설한 시기'에 해당한다.
[96] 설하는 자와 듣는 자가 서로 함께 만난 것, 다시 말하면 중생이 성인에게 감응하고 성인이 중생에게 나아가서 서로 함께 만난 것을 '일시'라고 했다는 것이다.

첫째는 보리유지의 해석이다.

"한때(一時)"라는 것은 여러 가지 뜻이 있으니, 한 순간의 시時가 있고, 하루의 시가 있으며, 백 년의 시가 있고, 일체의 시가 있으며, 봄·여름·가을·겨울의 시가 있을 수 있다. 지금 '일시'라고 한 것은 이런 종류의 시간이 아니라 바로 여래가 이 경을 설하신 때를 가리킨다. '한때'라고만 하고 몇 년, 몇 월, 며칠이라고 말하지는 않았으므로 어느 때인지는 알 수 없다. 예를 들면 『대화엄경』「정안품」 등에서는 '여래가 성도한 날 설하였다'고 하였고, 그 경의 「십지품」에서는 '14일째 되는 날 설하셨다'고 하였다. 『십만송반야경』에는 '여래가 성도한 지 5년 지난 해'라는 문장이 있지만 나머지 일곱 부의 『반야경』에는 다만 '한때'라고 하였으니,[97] 모두 몇 년에 설하신 것인지 알 수 없다. 내지는 그 논[98]에서는 "전하는 말에 따르면 여래의 일생 중 성도한 때부터 열반에 이를 때까지 항상 『마하반야경』·『화엄경』·『대집경』을 설하시면서 일찍이 끊긴 적이 없었다."[99]고 하였다. 【해 이에 준해 보면 서방의 논사들도 또한 모든 경전이 설해진 때를 확정해서 설하지는 못했다.】

一菩提留支。言一時者。有其多種。謂一念時。有日時。有百年時。有一切時。有春秋冬夏時。今言一時者。非此等時。正是如來說此經時。雖言一時。不云某年月日故。不知何時。如大華嚴淨眼品等。如來成道日說。其十

---

97 『般若經』은 모두 여덟 종류가 있는데 이것을 팔부반야八部般若라고 한다. 위 경문에서 『十萬頌般若經』이라 한 것은 600부 『大般若經』을 가리킨다. 나머지 7부는 소품小品반야, 방광放光반야, 광찬光讚반야, 도행道行반야, 금강金剛반야, 문수문文殊問반야, 천왕문天王問반야를 가리킨다.
98 '그 논'이란 이하의 인용문 내용을 보면 『金剛仙論』을 가리킨다. 이전에 이미 언급했듯이, 이 논의 저자에 대해서는 의견이 분분하지만 원측은 이 논의 저자를 보리유지로 간주하였다.
99 『金剛仙論』 권1(T25, 801b5).

地品。第二七日說。如十萬偈般若。如來成道五年。經有成文。餘七部般若。但云一時。皆不知何年說。乃至彼云。相傳說云。如來一代成道。乃至涅槃。恒說般¹⁾若華嚴大集。未曾斷絕。【解云。准此。西方三藏。亦不能定說諸經時也。】

1) ㉡『金剛仙論』 권1(T25, 801b5)에는 '般' 앞에 '摩訶'가 있다.

● **장이 삼장**長耳三藏**의 해석**

둘째는 장이 삼장의 해석이다.

'시時'에는 두 가지가 있다. 첫째는 반음시半音時이니, 인연을 상대하되 두루 미치지 못하는 것이다. 둘째는 원음시圓音時이니, 인연을 상대하면서 곧 두루 미치는 것이다. 처음 성도하신 때부터 마지막 쌍림에서 열반하실 때까지 두 가지 음音을 병행해서 반교半敎(소승)와 만교滿敎(대승)를 함께 설하셨다. 작은 것(小分)을 보는 자에게는 '반음시'가 되고 완전한 것(滿分)을 보는 자에게는 '원음시'가 된다.

또는 시에 다시 세 가지가 있다고 해석한다.[100] 첫째는 분단유전시分段流轉時이고, 둘째는 부사의변역시不思議變易時이며, 셋째는 가명시설시假名施設時이다. 앞의 두 가지는 두 종류 생사의 시이다.[101] 가명의 시는 범음

---

100 원측소에서 '解云' 혹은 '又解'로 시작되는 내용은 모두 원측의 해석이므로 '해'로 처리했지만, 이 문장은 '又解'로 되어 있지만 원측의 해석이 아니라 장이 삼장의 해석에 해당하기 때문에 '해'로 표기하지 않았다.

101 여기서 말하는 '두 종류 생사'란 분단생사分段生死와 변역생사變易生死이다. 분단생사란 유루의 선악업이 인因이 되고 번뇌장이 연緣이 되어 삼계 내에서 거친 과보를 받는 것을 말한다. 그 과보는 수명의 장단이나 육체의 대소 등에 일정한 제한을 받는 것이므로 '분단신分段身'이라고 하고, 이런 몸을 받아 윤회하는 것을 분단생사라고 한다. 변역생사란 아라한·벽지불·대력보살 등이 비록 분단생사의 윤회는 하지 않으나 다만 무루의 분별업이 인이 되고 소지장이 연이 되어 삼계 밖에서 뛰어나고 미묘한 과보신, 즉 의생신意生身을 받는 것을 말한다. 그 몸은 자비와 원력에 바탕하고 있기 때문에 수명이나 육체를 모두 자유롭게 변화시키거나 뒤바꿀 수 있어서 일정한 제한이 없다. 그러므로 변역신이라 하고, 이런 몸을 받는 것을 변역생사라고 한다.

의 '겁파劫波'¹⁰²를 말하니, 이에 다시 세 가지 의미가 있다. 첫째는 가라시 迦羅時이고, 둘째는 삼마야시三摩耶時이며, 셋째는 세간에 두루 노니시던 시(世流布時)이다.¹⁰³

'가라의 시'는 여기 말로 '별상시別相時'라고 번역된다. 가령 계율을 제정하는 것을 대계를 받았을 때(大戒時)는 듣고 소계를 받았을 때(小戒時)는 듣지 못하며, 출가했을 때(出家時)에는 듣고 재가일 때(在家時)는 듣지 못하며, 국왕은 듣고 나머지 사람들은 듣지 못하는 것이다.¹⁰⁴

---

102 겁파劫波(⑤ kalpa) : 겁劫. 분별시분分別時分·분별시절分別時節·장시長時·대시大時·시時 등으로 의역한다. 원래 고대 인도 바라문교에서 극대시의 시간 단위를 가리키던 말로서, 불교에서도 계산할 수 없는 장대한 시간을 지칭하는 말이다. 일설에는 일겁은 인간의 43억 2천만 년에 해당하며 겁의 끝에는 겁화劫火가 출현하여 모든 것을 태워 버리고 다시 세계가 창조된다고 한다.

103 이하에서는 세 종류 가명의 시를 설명하는데, 여기서 인도 불교도들의 '시간관'을 엿볼 수 있다. 본래 가라迦羅(⑤ kāla)와 삼마야三摩耶(⑤ samaya)는 둘 다 시時로 번역되는데, 전자가 '실재의 시간(實時)'을 뜻하는 반면 후자는 '가립된 시간(假時)'을 뜻한다. 불교에서는 시간을 실재하는 것으로 여기지 않기 때문에 시간을 나타낼 때 흔히 삼마야를 사용한다. 시간은 객관적으로 독립된 실체가 아니라 다만 생멸하는 유위법들의 변화에 의거해 가립된 개념이다. 불교 내에서는 어떤 실제 사건들의 종류에 따라 '시'의 이름도 각기 다르게 쓴다. '가라의 시'란 가령 '비시식非時食'이라고 하는 경우다. 이때 쓰인 '가라(時)'는 앞서 말했듯 불교 이외의 인도 제 학파에서 실재하는 것으로 여기는 '가라'와 혼동될 염려가 있기 때문에, 율律 등에서 불교도에게 말하는 경우에만 사용되었다. 그래서 이것을 별상시別相時라고 한다. 다음, 삼마야는 "한때 부처님께서……에 계시면서(一時佛在)"라고 하는 경우다. 이때 쓰인 '삼마야(時)'라는 표현은 특히 부처님이 사견을 깨뜨리기 위해 온갖 진리를 설파하실 때를 가리키는 경우에 사용되므로 파사견시破邪見時라고도 한다. 또 '세간에 두루 노니시던 시'란 특히 부처님이 이곳저곳을 유행하시던 때를 가리키는 경우에 사용된다.

104 '가라'는 외도들도 공통적으로 사용하는 용어이므로 불교 내에서는 '시간'을 뜻하는 용어로는 주로 '삼마야'라는 말을 사용한다. 그리고 이 '가라'라는 말은 주로 부처님이 율律의 제정과 관련해서 설법하실 때에 국한해서 사용된다. 예를 들어 '비시식非時食'처럼 율 내에서 '시'가 사용되는 경우는 범어로 모두 '가라'에 해당한다. 그런데 부처님은 계율의 제정에 대해서 불교도들에게 말씀하시는 것이기 때문에, 이때에는 가령 비구계·비구니계(大戒)를 수지하거나 출가한 자 그리고 국왕은 그것을 들을 수 있지만 재가자의 계(小戒)를 수지하거나 출가하지 않은 자 그리고 왕이 아닌 그 밖의 사람들은 듣지 못한다고 하였다.

'삼마야의 시'는 여기 말로 '사견을 깨뜨리는 때'라고 번역되는데, 오부五部의 아함阿含과 구분九分의 달마達磨[105]는 선악을 가리지 않고 모든 이가 들을 수 있는 것이다. 【'구분'이란 가령 진제 삼장의 『부집론기』 제1권에서 다음과 같이 말한다. 여래의 바른 가르침은 곧 경과 율과 아비담(論)이다. 경은 5아함이니, 『장아함경』·『증일아함경』·『중아함경』·『잡아함경』과 100부를 말한다.[106] 율은 3부에 불과하니, 첫째는 250계율(비구계)이고, 둘째는 잡송률雜誦律이며, 셋째는 비구니율比丘尼律이다. 논에는 아홉 가지 분분이 있으니, 첫째 분은 계율에 대해 따로 설하고, 둘째 분은 세간에 대해 따로 설하며, 셋째 분은 인연에 대해 따로 설하고, 넷째 분은 법계에 대해 따로 설하며, 다섯째 분은 동수득同隨得[107]에 대해 따로 설하고, 여섯째 분은 명·미·구[108]를 따로 설하며, 일곱째 분은 집정集定에 대해 따로 설하고, 여덟째 분은 집업集業에 대해 따로 설하며, 아홉째 분은 모든 음陰에 대해 따로 설한다. 하나의 분마다 6천 게송이 있고, 6에 9를 곱하면 54이니, 모두 5만 4천 게송이 된다.】

위의 두 가지 시時는 『대지도론』의 설과 거의 같다.[109]

'세간에 두루 노니시던 시'란 예를 들면 '한때 부처님께서 갠지스 강가에 계셨다'라고 하든지 '한때 신노림申怒林[110]에 계셨다'라고 하는 경우와 같다.

---

105 달마達磨 : 아비달마阿毘達磨([S] abhidharma)를 뜻하며, 대법對法·무비법無比法·논論 등으로 의역한다. 이 논과 경經·율律을 합해서 삼장三藏이라 한다.
106 원측에 따르면, 5아함이란 『雜阿含經』, 『中阿含經』, 『長阿含經』, 『增壹阿含經』 이외에 별도로 건립한 100부부의 『阿含經』을 가리킨다. 『解深密經疏』 권1(X21, 178a6) 참조.
107 동수득同隨得이란 선악의 업이 일어나면 훈습의 힘으로 인해 본식 중에 저장되어 있다가 과보를 불러내는 것을 가리킨다. 유식학파에서는 이것을 종자라고 했는데, 이와 유사한 것을 소승 부파 중에서 특히 살바다종은 '동수득'이라 했고, 정량부는 '무실無失'이라고 했다. 『顯識論』 권1(T31, 880c24) 참조.
108 명名·미味·구句 : 명·구·문의 구역이다. 미味는 문文의 구역으로, 모두 하나의 단어를 이루는 음운적 최소 단위, 즉 음소를 가리키고, 명은 음소로 이루어진 하나의 이름(단어)이며, 구는 둘 이상의 이름으로 이루어진 문구를 가리킨다.
109 『大智度論』 권1(T25, 65b5) 참조.
110 신노림申怒林([S] Yaṣṭi-vana) : 신노파림申怒波林·신슬지림申瑟知林 등으로 표기하며, 신서림申恕林으로 된 곳도 있다. 즉 고대 인도의 마갈타국 왕사성 밖에 위치한 숲

지금 '한때'라고 한 것은 우선 뒤의 두 가지 시에 의한 것이다.

二長耳三藏云。時有兩種。一半音時。對緣不遍。二圓音時。對緣卽普。從初得道。終訖雙林。二音竝行。半滿俱說。見小分者。爲半音時。見滿分者。爲圓音時。又解。時復有三。一分段流轉時。二不思議變易時。三假名施設時。前二卽是二種生死時。假名時者。梵音劫波。自有三意。一迦羅時。二三摩耶時。三世流布時。迦羅時者。此翻別相時。如來[1]戒律。大戒時聞。小戒時不聞。出家時聞。在家不聞。國王得聞。餘人不聞。三摩耶時。此翻破耶[2]見時。謂五部阿含。九分達磨。不簡黑白。一切得聞。【言九分者。如眞諦師部執論記第一卷云。如來正敎。卽是經律阿毗曇。經卽五阿含。謂長增一中雜百部也。律不過三部。一二二[3]五十戒律。二雜誦律。三比丘尼律。阿毗曇有九分。一分別說戒。二分別說世間。三分別說因緣。四分別說界。五分別說同隨得。六分別說名味句。七分別集定。八分別說集業。九分別說諸陰。一分有六千偈。六九五十四。合五萬四千偈也。】上二種時。大同智度論說。世流布者。如說一時佛在恒河岸。一時在中怒林。今言一時。且依後二。

1) ㉰ '如來戒律'은 문맥상 어색하다. '별상시'에 관해 언급된 다른 문헌들에는 이 문구가 '如制戒律' 혹은 '如說戒律' 등으로 되어 있다. 따라서 '來'를 '制'나 '說' 등으로 간주하고 번역하였다. 2) ㉰ '耶'는 '邪'인 듯하다.(編) 3) ㉰ '二'는 '百'인 듯하다.

● 진제 삼장의 해석

셋째, 진제 삼장의 『칠사기』에서는 다음과 같이 말한다.

'한때(一時)'에는 열 가지 뜻이 있다. 첫째는 부처님이 세상에 나신 때이고, 둘째는 정법을 설하신 때이며, 셋째는 정법을 듣는 때이고, 넷째는 정법을 수지하는 때이며, 다섯째는 정법을 생각하는 때이고, 여섯째는 정법

을 가리킨다. 부처님께서 마갈타국에서 교화하실 때에 여기서 거주하셨는데, 빔비사라왕을 비롯한 여러 사람들이 여기로 와서 부처님의 교화를 받았다고 한다.

을 닦는 때이며, 일곱째는 선의 씨앗을 심는 때이고,【보리심을 말한다.】여덟째는 선근을 성취하는 때이며,【중국[111]에서 태어나서 사념처를 닦는 것을 말한다.】아홉째는 선근으로 해탈하는 때이고,【법을 듣고 법을 말하며 법을 지니고 마음을 고요히 하고 닦아 익히는 것이니, 이 다섯 가지 연으로 해탈에 들어갈 수 있기 때문에 '선근으로 해탈하는 때'라고 한다.】열째는 평등한 사捨[112]의 마음일 때이다.【마음이 많이 물러나는 것을 하심下心이라 하니, 법을 들어도 깨달아 들어가지 못한다. 마음이 동요하는 것을 고심高心이라 하니, 법을 들어도 깨달아 들어가지 못한다. 정법을 버리는 마음이 되면 이것은 무명의 불평등한 마음이니, 법을 들어도 또한 들어가지 못한다. 혼침을 벗어나고 들뜸을 억눌러서 마음을 조절하여 중도를 얻고 나서 사捨의 평등함을 염지念知할 때 정법에 들어갈 수 있기 때문에, '평등한 사의 마음일 때'라고 하였다. 이 열 가지 뜻을 갖추었기 때문에 '일시'라고 한 것이다. 자세한 것은 『칠사기』에서 설한 것과 같다.】

三眞諦三藏七事記云。一時有十義。一佛出世時。二說正法時。三聽正法時。四持正法時。五思正法時。六修正法時。七下善種時。【謂菩提心。】八成就善根時。【謂生中國。修四念處。】九解脫善根時。【謂聽法。說法。持法。靜心。修習。以此五緣。得入解脫。故名解脫善根時。】十平等捨心時。【若心多退。名爲下心。聽法不入。若心動踊。名爲高心。聽法不入。若作棄捨正法心。此是無明不平等心。聽亦不入。若能拔沉抑浮。調停得中。念知捨平等。得入正法。故云平等捨心時。具此十義。故云一時也。廣說如彼。】

---

111 중국中國 : 여기서 말한 중국은 천축天竺(인도)을 가리킨다. 그런데 천축을 동·서·남·북·중으로 구분하였을 때, 이 중에서 오직 부처님의 법이 전해진 중천축中天竺(중인도)만을 가리킨다는 해석도 있고, 오천축을 가리킨다는 해석도 있다. 둔륜의 『瑜伽論記』권6(T42, 426a24) 참조.
112 사捨 : 열한 가지 선심소 중의 하나로서, 마음이 가라앉지도 않고 들뜨지도 않으면서 평등정직平等正直을 유지하고 있는 상태를 말한다. 오온 중에서는 행온行蘊에 속하므로 행사行捨라고도 한다.

● **여러 논의 세 가지 해석**

지금 여러 논에 의하면 세 가지 설이 있다.

첫 번째, 『공덕시반야론』에서는 "'한때'란 이 경을 설한 때이니, 다른 때에도 다시 한량없는 경을 설하기 때문이다."[113]라고 하였다.

今依諸論。有其三說。一功德施波若論云。一時者。說此經時。餘時復說無量經故。

두 번째, 용맹종에 의하면 '시'에는 두 가지가 있다. 첫째는 가라시迦羅時라고 하니, 가립과 실재에 통하고 불교의 내외에서 두루 쓰이는 시이다.[114] 둘째는 삼마야시三摩耶時라고 하니, 다만 가립이고 실재는 아니다. 내종內宗에서 '일시'라고 하는 경우는 이 삼마야시에 의거해 말한 것이다.

따라서 『대지도론』 제1권에서는 다음과 같이 말한다. 〈문 천축에서 말하는 시에는 두 가지가 있으니, 첫째는 가라의 시이고 둘째는 삼마야의 시이다. 부처님께서는 어째서 가라의 시분은 말씀하지 않고 단지 삼마야의 시만 설하시는가? 【이것은 곧 외인이 용수종에게 물은 것이다.】 답 '가라'라고 말해도 역시 의심했을 것이다. 【용수가 간략히 대답한 것이다. 가령 가라의 시를 말했다 해도 이러한 비난이 있을 것이기 때문에 응답하지 않은 것이다.】 문 여기에서는 가라의 시를 말했어야 하니, '가라'라는 두 글자가 더욱 말하기 쉽기 때문이다. 삼마야의 시는 말하지 않아야 하니, '삼마야'란 세 글자는 훨씬 말하기 어렵기 때문이다. 【이것은 외인이 용수에게 비난한 것이니, '어찌 쉬운 것을 말하지 않고 어려운 쪽으로 말하는가?'라고 한 것이다.】 답 지금 여기서는 삿된 견해

---

113 『破取著不壞假名論』 권1(T25, 887a25).
114 '가라'는 불교와 외도들이 모두 통용하는 단어로서 본래 '실재의 시간'을 뜻한다. 그런데 불교도들은 실재의 시간을 인정하지 않으므로 이 단어는 '별상시'에 국한시켜 사용한다. 앞의 각주 103, 104 참조.

를 제거하기 위해 삼마야의 시를 말하고 가라의 시를 말하지 않았다.〉[115]

자세한 것은 『대지도론』의 설과 같다. 【용수가 자세히 풀이하였다. 가라의 시를 설하면, 시에 집착하는 외도는 곧장 '시는 제법을 만들어 내는 것이니, 세존도 시가 실제로 존재하는 것임을 인정했다'고 했을 것이다.】

二依龍猛宗。時有二種。一名迦羅時。通假及實。內外通用。二三摩耶時。唯假非實。內宗一時。依此而說。故智度論第一卷云。問。天竺說時。有其二種。一名迦羅。二三摩耶。佛何不言迦羅時分。而但說三摩耶時。【此即外人。問龍樹宗。】答。言[1)]迦羅。俱亦有疑。【龍樹略答。設言迦羅。還有此難。故不應答。】問曰。此中應說迦羅。以彼二字轉易說故。而不應說三摩耶時。以彼三字重語難故。【此外人難龍樹。何不就輕。而就重耶。】答曰。今此除邪見故。說三摩耶。不言迦羅。具說如彼。【龍樹廣釋。若說迦羅。執時外道。便作此言。時能生諸法。世尊許時。是實有故。】

1) ⓔ『大智度論』 권1(T25, 65b7)에 따르면, '言' 앞에 '若'이 누락되었다.

세 번째, 친광의 『불지경론』에 의하면 시에는 세 가지가 있다.

첫째, 설하고 듣는 것이 완성되었을 때를 총칭하여 '일시'라고 한 것이다. 따라서 『불지경론』에서 다음과 같이 말한다. "'한때'란 설하고 듣는 때이니, 이것은 찰나마다 끊임없이 상속하다가 들음과 설함이 완전히 끝난 것을 총칭해서 '한때'라고 한 것이다. 【이것은 바로 1회의 설법을 총칭한 것이니, 설하고 듣는 것이 완전히 끝난 것을 '한때'라고 한 것이다.】 그렇지 않다면 자字·명名·구句 등을 듣는 시간과 설하는 시간이 다른데 어떻게 '한때'라고 하겠는가? 【이것은 반문하며 풀이한 것이다. 만약 그 설하고 듣는 것이 완전히 끝나는 것에 의거해서 '한때'라고 설한 것이 아니라면, 처음에 자를 설하고 다음에 명을 설하고 마지막에

---

115 이상은 『大智度論』 권1(T25, 65a5) 참조.

구를 설하고 나아가 게송·장·품·부 등을 설하는 시간과 듣는 시간이 모두 다른데 어떻게 '한때'라고 말하겠는가?"¹¹⁶

둘째, (설법자는) 한 순간에 지니고 설할 수 있으며 (청자는) 이해하고 받아들일 수 있기 때문에 '한때'라고 한 것이다. 따라서 『불지경론』에서 다음과 같이 말한다. "설하는 자는 다라니를 얻어 한 자字에서 한 순간에 모든 법문을 지니고 설할 수 있으며 【해 지상地上보살은 다라니를 얻기 때문에 한 순간에 모든 법문을 지니고 설할 수 있다.】 혹은 듣는 자도 청정한 귀를 얻어 한 순간에 한 자를 들을 때 나머지 모든 법문에 대해서도 모두 장애 없이 다 이해하여 받아들일 수 있기 때문에, '한때'라고 한다. 【해 지상보살은 다라니를 얻어 일시에 이해할 수 있으므로 '한때'라고 한 것이다.】"¹¹⁷

셋째, 서로 만나는 것을 일시라고 한 것이다. 따라서 『불지경론』에서 다음과 같이 말한다. "혹은 서로 만나는 데 시간적 차이가 없으므로 일시라고 하니, 설하는 이와 듣는 이가 서로 만나는 때가 동일한 시라는 뜻이다. 【해 (중생이) 성인에게 감응하고 (성인이) 중생에 나아가서 서로 만나는 것을 '일시'라고 한다. 혹은 넷이 될 수도 있으니, 듣는 때와 설하는 때를 (나누면 각각) 이시二時가 되기 때문이다.】"¹¹⁸

三依親光。時有四¹⁾種。一說聽究竟。總名一時。故佛地論云。言一時者。謂說聽時。此就刹那相續無斷。聽說究竟。總名一時。【此即總說一會說法。說聽究竟。總名一時。】若不爾者。字名句等聽說時異。云何言一。【此即反解。若不就其說聽究竟名一時者。如初說字次名後句。乃至偈章品部等。說聽時皆異。云何言一。】二者一刹那頃。能持能說。能領能受。故言一時。故彼論云。或能說者。得陀羅尼。於一字中。一刹那頃。能持能說一切法門。【解云。

---

116 『佛地經論』권1(T26, 292a11).
117 『佛地經論』권1(T26, 292a13).
118 『佛地經論』권1(T26, 292a16).

地上菩薩。得陀羅尼故。一刹那頃。能持說一切法門也。】或能聽者。得淨耳根。一刹那頃。聞一字時。於餘一切。皆無障礙。悉能領受。故名一時。【解云。地上菩薩。得陀羅尼。一時能領。名一時也。】三者共相會遇名爲一時。故彼論云。或相會遇時分無別。故名一時。卽是說聽共相會遇。同一時義。【解云。感聖赴機。更相會遇。名一時也。或可爲四。開聽說時。爲二時故。】

1) ㉘ '四'는 '三'인 듯하다.

● 수와 시간의 본질

문 일一과 시時의 체는 어떤 것인가?

답 일은 수數이고 시는 시분時分이니, 이에 대해 여러 학설이 같지 않다. 살바다종과 경부의 논사에 의하면, 그것은 유위의 오온을 자성으로 삼고,[119] 십이처·십팔계의 문에서는 또한 유위를 자성으로 삼는다. 【논 살바다종은 색색에 의거해서 동이同異에 대해 설명하면서 색 이외에 (별도로) 동이가 있다고 한다.[120] 혹은 색에 의거해서 수량에 대해 설명하였으니 또한 ('수'도) 별도의 체가 있을 것

---

[119] 『俱舍論』 권18(T29, 98a19)에 따르면, 산算은 말로 소리 내어 세는 것이고 수數는 마음속으로 셈하는 것을 가리킨다. '산'은 어업語業(색온에 해당) 및 그것을 능히 일으키는(能發) 심·심소법들(나머지 4온에 해당)을 체로 삼으므로 총괄해서 오온五蘊을 자성으로 삼는다고 하고, '수'는 의사업意思業 및 그 의사업과 동시이면서 그것을 능히 일으키는 심·심소법들을 체로 삼으므로 색온을 제외한 나머지 4온을 자성으로 삼는다고 한다. 또 '시時[S] kāla'에 대해 불교 내에서는 일반적으로 가립假立이라고 보는데, 가령 『俱舍論』 권1(T29, 2a13)에서는 "이러한 유위법은 또한 세로世路[S] adhvan]라고도 하니, 이미 작용하였고(已行: 과거), 지금 바로 작용하고 있고(正行: 현재), 장차 작용할 것이기(當行: 미래) 때문이다."라고 하였다. 말하자면 시간(世)이라는 것은 실재하는 것이 아니라 유위제법의 변화 상태에 의거해서 가립된 개념이기 때문에 유위법은 '시간의 길(世路)', 즉 '시간이 설정되는 근거'라고 한다. 위의 『기』에서 '수'뿐만 아니라 '시'도 유위의 오온을 자성으로 삼는다고 한 것은 시간의 근거인 유위법을 기준으로 한 말이다.

[120] 오온五蘊·십이처十二處·십팔계十八界 등에는 '동이同異'가 있기 때문에 자기 부류에 대해서는 유사성을 인식하고 동시에 다른 부류와의 차별성을 인식하게 한다. 이 '동이'라는 개념은 본래 승론勝論학파에서 쓰던 것이고, 불교 내에서는 이것을 '동분同分'이라 한다. 예를 들면 '색色'이나 '성聲', '소(牛性)'나 '말(馬性)' 같은 것이다. 경량부

이다.[121]

問。一及時。其體是何。答。一是數。時卽時分。諸說不同。薩婆多宗。及經部師。卽用有爲五蘊爲性。處界門中。亦用有爲爲性。【難薩婆多宗。約色辨同異。色外有同異。或可約色辨數量。亦應有別體。】

이제 대승에 따르면 본래 두 가지 해석이 있다.

첫째, 용맹종에서는 수나 시 등은 모두 실체가 없다고 하니, 온·처·계의 삼과에 속하지 않기 때문이다. 『대지도론』 제1권에서는 "수나 시 등의 법은 진실로 없는 것이니, 음·입·지[122]에 속하지 않기 때문이다."[123]라고 하였다. 『대지도론』에서 다시 "시時·방方·이離·합合·일一·이異·장長·단短이라는 이름이 있으면 평범한 사람들은 마음속으로 그것이 실재한다고 집착한다."[124]고 하였다. 자세한 것은 그 논에서 설한 것과 같다.

둘째, 미륵종에 따르면 수와 시는 유위법 상의 (차별적) 분위分位에서 가립한 것이다. 스물네 가지 불상응행법에 속한 수와 시를 말한다. 오온문에서는 행온에 속하고 처문·계문에서는 법계와 법처에 속하니, 이는 의식의 대상이기 때문이다. 『불지경론』에서는 '혹은 이것은 마음 상에 (나타난 차별적) 분위의 영상影像이고 불상응행법'이라고 했는데, 이는 유식

나 대승에서는 이것은 실물들의 유사성 등에 가립된 개념이라고 보지만, 유부 학자들은 그에 대한 인식이 있다는 것은 실물 자체 이외에도 그러한 동분이라는 것이 따로 존재해야 한다고 말한다. 『俱舍論』 권5(T29, 24a7) 참조.

121 색법에 의거해서 동이同異를 분별하면서 색법 이외에 '동이'가 별도로 존재한다고 주장한다면, 동일한 논리로 색법에 의거해서 수를 분별하므로 수에 대한 관념을 일으키는 '수'라는 것이 따로 존재해야 할 것이라는 말이다.

122 음陰·입入·지持 : 오음과 십이입과 십팔지를 뜻하며, 각기 오온과 십이처와 십팔계의 이역이다.

123 『大智度論』 권1(T25, 64c12).

124 『大智度論』 권1(T25, 65c16).

의 도리에 따라 설한 것이다.[125]

今依大乘。自有兩釋。一龍猛宗。數及時等。皆無有體。非蘊處界三科所攝故。智度論第一卷云。數時等法實無。陰入持所不攝故。彼論復云。謂有時方離合一異長短名字。凡人心著。謂是實有。廣說如彼。依彌勒宗。數時即是有爲法上分位假立。卽二十四不相應中數及時也。五蘊門中蘊[1)]所攝。處界門中。法界法處意識境故。依佛地論。或是心上分位影像。是不相應。此約唯識道理說。

---
1) ㉠ '蘊' 앞에 '行'이 탈락된 듯하다. ㉡ 원주의 '薀'은 '蘊'의 오기다.

🔵 **문** 어째서 두 종파는 (시와 수의) 있고 없음에 대해 다르게 설하는가?
🔵 **답** 용맹종은 외도들이 말하는 실수實數·실시實時 등을 논파하기 위해 실체성이 없다고 한 것이고, 미륵종에서는 대승의 법상法相의 도리를 나타내고자 하여 별도로 그것을 가립한 것이다.[126] 따라서 서로 어긋나지 않는다. 혹은 오백 불상응행법에 속한다고 해도 이치에 어긋나지 않는다. 『십주비바사론』에서는 칠백 불상응행법을 세웠는데, 비록 이런 이치는 있지만 글로 된 것을 보지 못하였다.

🔵 **문** 가령 이하의 '처處' 등은 따로 '뛰어난 곳'을 가리켰던 것처럼 ('시'도)

---

125 '유식무경唯識無境'의 관점에서 보면, 경계는 모두 식에 현현한 영상影像이고 마찬가지로 시와 수도 하나의 영상으로 간주된다. 따라서 시와 수는 마음에 현현한 대상들의 차별적 상태에 대해 다시 수 또는 시간에 대한 표상을 일으킨 것인데, 이 수와 시를 오위백법에서는 불상응행법에 소속시켰다. 『佛地經論』권1(T26, 292a19) 참조.
126 가령 승론외도勝論外道들은 '시時([S] kāla)' 등이 실재한다고 보는 데 반해, 유부有部 등을 비롯한 불교도들은 그것을 가립된 것이라고 본다. 따라서 불교 경전에서는 범어 '깔라' 대신에 시간을 나타낼 때는 삼마야三摩耶([S] samaya)라는 표현을 쓴다. '수數'도 마찬가지로 실재의 법이라기보다는 실재의 법에 의거해서 가립된 것이다. 용수는 '시'와 '수'가 실재성이 없는 것임을 강조한 반면에, 미륵종은 법상을 설명하기 위해 시와 수를 가립해서 유식의 백법百法 중에 불상응행법不相應行法에 포함시켰다.

해가 처음 떴을 때 내지는 한밤중에 이 계경을 설했다고 따로 나타내지 않고, (어째서) 이 경에서 다만 '한때'라고 한 것인가?

답 이는 『불지경론』에서 "낮밤의 시간은 여러 장소에서 일정하지 않으므로 따로 설하지 않았다."[127]고 한 것과 같다. 【**해** 예를 들어 남섬부주가 정오일 때는 서방(서우화주)은 해 뜰 무렵이고, 북방(북구로주)은 한밤중이며, 동방(동승신주)은 해 질 무렵인 것과 같다.】

問。何故二宗。有無不同。答。龍猛宗。爲破外道實數時等。故無體性。依彌勒宗。爲顯大乘法相道理。故別立之。故不相違。或可五百不相應攝。於理無違。十住毗婆沙。立七百不相應。雖有此理。未見成文。問。不別顯日初出時乃至中夜。說此契經。如下處等別指勝處。而此經中。但言一時。答。如佛地論。晝夜時分。諸方不定。不可別說。【解云。如南贍部洲日午時。西方日出。北方夜半。東方日沒。】

(3) 교의 주인을 따로 나타냄

경 박가범薄伽梵께서

薄伽梵。

석 다섯 가지 사 가운데 세 번째인 설법의 주인을 따로 나타내었다. 『대지도론』에 의하면, 불법을 설하는 자는 다섯 종류다. 따라서 제2권에서는 다음과 같이 말한다. "법을 설하는 이는 다섯 종류다. 첫째는 부처님 스스로 설하는 것이고, 둘째는 제자들이 설하는 것이며, 셋째는 선인仙

---

[127] 『佛地經論』 권1(T26, 292a21).

人[128]이 설하는 것이고, 넷째는 모든 천신(天)이 설하는 것이며, 다섯째는 화인化人[129]이 설하는 것이다."[130] 지금은 나머지 넷은 제외하므로 '박가범'이라 표기한 것이다.

🔵문 이 경은 처음에 해심심의밀의보살이 '일체법에 둘이 없다'는 뜻에 대해 설하는데, 어째서 다만 박가범께서 설한다고 하는가?[131]

🔵답 이는 세 가지 의미가 있다. 첫째는 (보살이 설한 것은 적고 부처님이 설한 것이 많으니) 적은 것보다 많은 것을 따르기 때문이다. 둘째는 뛰어난 설법에 의거하기 때문이다. 셋째는 (보살들의 설법도) 부처님의 가피력에 의한 것이기 때문이다. 【예를 들면 『화엄경』 등과 같다.】

釋曰。五中第三別顯敎主。依智度論。說佛法人。有其五種。故第二卷云。說法有五。一佛自說。二弟子說。三仙人說。四諸天說。五化人說。今簡餘四。標薄伽梵。問。此經初解甚深義密意菩薩。說一切法無二之義。如何但言薄伽梵說。答。有三義。一以少從多。二就勝說故。三佛加被故。【如華嚴經等。】

---

128 선인仙人(Ⓢ Rsi) : 선인儒人, 신선神仙, 대선大仙, 선성仙聖 등으로 번역한다. 『佛母大孔雀明王經』에 의하면, 이런 선인들은 계율을 지키면서 언제나 고행을 하고 위덕을 갖추고 있는데, 때로는 산하에 머물기도 하고 때로는 산림 속에 거주하면서 과일과 물을 먹고 살며 신통력을 부린다고 한다. 부처님도 이런 선인 중의 최고이므로 대선大仙이라고 부른다.
129 화인化人 : 불보살이 중생을 교화하기 위해 중생 각자의 근기에 맞춰 모양을 변화시켜 사람의 몸으로 나타나는 것을 말한다. 화인 자체는 감각되지 않으며 교화의 일을 끝내면 곧 없어진다.
130 『大智度論』 권2(T25, 66b).
131 『解深密經』「勝義諦相品」의 첫 부분은 여리청문如理請聞보살과 해심심의밀의解甚深義密意보살과의 문답으로 시작된다. 여기서 여리청문보살이 '일체법무이一切法無二'의 의미에 대해 묻고, 해심심의밀의보살이 그에 대답해 준다. 따라서 이 경은 반드시 세존만이 설법한 것이 아니고 보살도 설법한 것이 아니냐고 묻고 있다.

● 불佛과 바가바婆伽婆의 표기가 다른 이유

그런데 모든 경의 첫머리에 표기한 이름은 같지 않으니, 이에 네 종류가 있다. 어떤 경은 첫머리에 오직 '불佛'이라는 이름을 써 놓는데, 예를 들면 『열반경』 등과 같다. 어떤 경은 첫머리에 오직 '바가바婆伽婆'라고 하는데, 예를 들면 『대품반야경』 등과 같다. 어떤 경은 첫머리에 두 가지 이름을 다 표기하는데, 예를 들면 『무상의경』[132]과 같다. 【불바가바반야경[133]】 혹은 어떤 경문에는 두 가지 이름이 모두 없는데, 예를 들면 『상속해탈경』과 『다심경多心經』[134] 등과 같다.

> 然諸經首。標名不同。乃有四種。自有經初。唯置佛名。如涅槃等。自有經初。唯婆伽婆。如大品等。自有經初。雙標兩號。如無上依【佛婆伽婆般若經】。或有經文。二種俱無。如相續解脫。及多心經等。

이와 같이 여러 책들이 다른 이유는 다음과 같다.

(불·바가바를 모두 표기하지 않은 경우) 『상속해탈경』은 한 부의 마지막 두 품에 해당하므로 이름을 표기하지 않았고, 『다심반야경』은 『대반야경』에서 결집한 보살들이 별도로 기록하여 유행시킨 것이기 때문에 또한 이름을 표기하지 않았다.

---

132 진제 역 『無上依經』 권1(T16, 468a10)의 첫머리에는 "如是我聞。一時佛婆伽婆。"라고 되어 있다.
133 '불바가바반야경'이라는 문구의 의미가 불분명하다. 이 문구는 '어떤 경은 첫머리에 두 가지 이름을 다 표기한다'는 앞 문장에 대한 보완 설명이다. 만약 이 문구를 경전의 이름으로 간주할 경우, 이런 이름을 가진 경은 현존하지 않는다. 만약 '불바가바'라는 네 자는 두 가지 이름을 함께 표기하는 경우를 예시한 것이고, 뒤의 '반야경'이라는 세 자는 그에 해당하는 경전을 든 것이라고 본다면, 이러한 해석도 맞지 않다. 『金剛般若波羅蜜經』의 경우를 제외하고, 반야부의 경에서 불佛과 바가바婆伽婆(혹은 薄伽梵) 두 가지를 병기한 경우는 거의 없기 때문이다. 따라서 이 일곱 글자를 해석하지 않고 그대로 두었다.
134 『다심경多心經』: 현장 역 『般若波羅蜜多心經』을 가리키는 듯하다.

所以如是諸本異者。相續解脫。卽一部中最後二品。故不標名。多心般若。
卽大般若。應是結集菩薩別錄流行。故亦不標名。

(불·바가바를 표기한) 그 밖의 세 경우에 대해, 서방의 여러 논사들은 본래 세 가지로 설한다.

첫 번째, 진제 삼장의 『칠사기』에 따르면 두 가지 뜻이 있다.

첫째 『진실론眞實論』에 의하면, '불佛'이라는 이름은 열 가지 의미를 갖추고 있으므로 모든 경의 첫머리에 열 가지 명호 중에서 단지 '불'이라는 명호를 써 놓은 것이다.[135] 따라서 『칠사기』에서는 다음과 같이 말한다. 〈대사에게 열 가지 명호가 있는데, 경에서는 왜 나머지 아홉 가지는 열거하지 않고 유독 '불'이라고 하는가? 해석하면 열 가지 의미가 있다. 첫째 깨달음은 천고天鼓[136]보다 뛰어나고, 둘째 타인으로 인해 깨달은 것이 아니며, 셋째 두 가지 무지【해탈을 장애하는 무지, 일체지를 장애하는 무지】를 떠났고, 넷째 이미 수면睡眠을 떠났으며, 다섯째 비유하면 연꽃 같고, 여섯째 자성이 오염되지 않았으며, 일곱째 세 가지 의미를 구족하였고, 【세 가지 의미란 다음과 같다. 첫째 가명의 부처님은 육신통을 지니고, 둘째 적멸의 부처님은 미혹이 생하지 않으며, 셋째 진실한 부처님은 바로 진여다.】 여덟째 세 가지 덕을 갖추었으며, 【법신덕·반야덕·해탈덕의 삼덕三德이다.[137]】 아홉째 삼보三寶의 성질을 갖추

---

135 불佛(⑤ Buddha)이라는 이름 이외에 부처님을 가리키는 열 가지 이름은 다음과 같다. 여래如來(⑤ Tathāgata), 응공應供(⑤ Arhat), 정변지正遍知(⑤ Samyak-saṃbuddha), 명행족明行足(⑤ Vidyā-caraṇa-saṃpanna), 선서善逝(⑤ Sugata), 세간해世間解(⑤ Loka-vid), 무상사無上士(⑤ Anuttara), 조어장부調御丈夫(⑤ Puruṣa-damya-sārathi), 천인사天人師(⑤ Śāstā-deva-manuṣyāṇāṃ), 세존世尊(⑤ Bhagavat).
136 천고天鼓: 도리천의 선법당善法堂에 있는 큰 북으로, 치지 않아도 저절로 묘한 음을 낸다고 한다. 이 북소리는 주인도 없고 일으킨 이도 없고 일어남도 멸함도 없이 모든 중생들을 이익되게 하므로 부처님의 설법을 가리키는 말로도 쓰인다.
137 삼덕에서 법신덕法身德이란 부처님이 미혹된 세계를 벗어나 얻는 상주불변하는 깨

었고, 열째 스스로 알고 남들을 알도록 하는 것이다.〉

('불'의 뜻에 대한 설명은) 모두 네 장(紙)이 있는데, 너무 많을까 봐서 진술하지 않겠다. 진제 자신이 '이 열 가지 의미는 『진실론』에 나온다'고 하였다.

둘째 진제는 스스로 (불·박가범이라는 명호를 쓴) 도리를 진술하면서, 모든 경의 첫머리에 두 가지 명호를 다 표기한 것에 대해 네 구로 분별하였다. 따라서 『칠사기』에서 다음과 같이 말한다. 〈'불佛·바가바婆伽婆'에 대해 네 구로 나타낼 수 있다. 첫째는 불이기는 해도 바가바라고 할 수 없는 자이니, 곧 성문과 이승이다. 그들은 사성제를 관하여 무여열반을 증득한 자로서, 그 자신의 지위에서는 '불'이라는 명호를 얻었어도 공덕행을 닦지 않았으므로 '바가바'는 아니다. 둘째는 바가바이기는 해도 불은 아닌 자이니, 곧 보살이다. 그는 공덕행을 충족했으므로 '바가바'라고 하지만, 수행의 지위(因位)에 있으면서 지혜가 아직 원만하지 않으므로 '불'이라고 하지 않는다. 셋째는 불도 아니고 바가바도 아닌 자이니, 즉 범부다. 그는 지혜를 닦지 않았으므로 '불'이라 하지 않으며, 공덕행도 닦지 않았으므로 '바가바'라고도 하지 않는다. 넷째는 불이기도 하고 바가바이기도 한 자이니, 곧 불세존이다. 지혜가 원만하기 때문에 '불'이라 하고, 공덕행을 구족했으므로 '바가바'라고도 한다.〉

【바가바에 대해 자세히 해석하면 서너 장이 되지만 번거로울까 봐 진술하지 않는다.】

나아가 그 『칠사기』에서는 다음과 같이 말한다. 〈'불'이라고만 하면 그것은 이승의 사람에게도 남용될 우려가 있고, '바가바'라고만 하면 그것은 대보살 및 전륜왕에게도 남용될 수 있으므로, (불과 바가바를) 합해서 설했으니 '여래'에 해당함을 알 수 있다. 따라서 『무상의경』과 『금강반야경』

달음의 본체를 말하고, 반야덕般若德이란 만유의 실상을 아는 진실한 지혜를 가리키며, 해탈덕解脫德이란 그 지혜에 의해 참다운 자유를 얻는 것을 말한다.

에서는 모두 이처럼 '불·바가바'라고 한 것이다.〉『부집이론기』에서도 『칠사기』와 똑같이 설한다.

> 餘之三句。西方諸師。自有三說。一眞諦三藏七事記中。有其二意。一依眞實論。佛具十義。故諸經初十種號中。單置佛號。故七事記云。大師十號。經中何故不別[1]餘九。而獨稱佛。解有十義。一覺勝天鼓。二不由他悟。三離二無知。【解脫障無知。一切智障無知。】四已過睡眠。五譬如蓮華。六自性無染。七具足三義【三義者。一假名佛。即六神通。二寂滅佛。惑不生故。三眞實佛。即是眞如。】八具於三德。【法身般若解脫三德】九具三寶性。十自知令知他。總有四紙。恐多不述。眞諦自云。此十種義。出眞實論也。二者。眞諦自申道理。四句分別。一切經首。雙標兩號。故七事中云。佛婆伽婆。有其四句。一是佛非婆伽婆。即聲聞二乘。觀四諦。證無餘涅槃。在其自位中。得名爲佛。不修功德行。非婆伽婆。二是婆伽婆非佛。即是菩薩。功德行滿。名婆伽婆。既在因位。智慧未滿。不得名佛。三非佛非婆伽婆。是凡夫。其不修智慧。不名爲佛。不修功德。非婆伽婆。四亦佛亦婆伽婆。即是佛世尊。智慧圓滿。故名爲佛。功德具足。婆伽婆。【廣釋婆伽婆。有三四祽。恐繁不述。】乃至彼云。若但言佛。恐濫二乘。若單婆伽婆。濫於大菩薩及轉輪王。故知合說。即是如來。是故無上依經。及金剛波若。皆作此言佛婆伽婆也。部執論記。亦同七事也。

1) ㉘ '別'은 '列'인 듯하다.

두 번째, 보리유지의 『금강선론』[138]에서는 다음과 같이 말한다. 〈서방의

---

138 『金剛仙論』은 보리유지가 번역한 것으로 알려져 있고, 그 저자에 대해서는 여러 가지 이설이 있다. 그런데 다음에 나오는 '서방의 정본에 의하면'이라는 문구들을 보면, 이 논 자체가 역서가 아님을 알 수 있다. 원측은 보리유지를 이 논의 역자가 아니라 저자로 간주하였다.

정본正本에 의하면 모든 경의 첫머리에 모두 '바가바'로 되어 있지만, 이 지역에서는 모든 경의 (첫 머리에) 혹은 '불'이라 하고, 혹은 '바가바'라고 하며, 혹은 둘 다 들어 '불·박가범'이라 하기도 한 것은 역자의 의도를 따른 것이다.〉¹³⁹

二菩提留支金剛仙論。依西方¹⁾正本。一切經首。皆云婆伽婆。此方諸經。²⁾ 或佛。或婆伽婆。或復雙擧佛薄伽梵者。隨譯者意。

1) ㉻『金剛仙論』권1(T25, 801b16)에는 '方'이 '國'으로 되어 있는데, 의미는 다르지 않다. 2) ㉻『金剛仙論』권1(T25, 801b17)에는 '經' 다음에 '初'가 있다.

세 번째, 친광 보살의『불지경론』의 뜻도『금강선론』과 같다. 따라서『불지경론』에서는 다음과 같이 말한다. "불佛은 열 가지 공덕을 갖춘 명호인데 어째서 여래께서는 법을 전하는 자들에게 모든 경의 첫머리에 이와 같이 박가범이라는 명호만을 써 놓도록 하셨는가? 이 하나의 명호는 세상에서 모두 존중하는 자를 가리키기 때문에 모든 외도들도 본종의 스승(本師)을 박가범이라 부른다. 또 이 하나의 명호는 모든 공덕을 포함하지만 나머지 명호는 그렇지 않다. 따라서 경의 첫머리에 이 명호를 써 놓은 것이다."¹⁴⁰

『대지도론』의 뜻도『불지경론』과 같으므로 제2권에서 다음과 같이 말한다. "**문** 바가바에게는 진정 이 하나의 명호만 있는가 아니면 다른 명호도 있는가? **답** 부처님의 공덕은 한량없으니 명호도 한량없다. 이 이름은 그 대중성을 취한 것이니, 사람들이 많이 알고 있기 때문이다."¹⁴¹

---

139 이상은『金剛仙論』권1(T25, 801b16) 참조.
140 『佛地經論』권1(T26, 292b9).
141 『大智度論』권2(T25, 71b14).

三親光菩薩佛地論意。同金剛仙。故佛地云。佛具十種功德名號。何故如來敎傳法者。一切經首。皆置如是薄伽梵名。謂此一名世咸尊重。故諸外道。皆稱本師。名薄伽梵。又此一名。總攝諸德。餘名不爾。是故經首。皆置此名。大智度論。意同佛地。故第二云。問曰。婆伽婆正有此[1]名。更有餘名。答。佛功德無量。名號亦無量。此名耳[2]其大者。以人多識故。

---

1) ㉯『大智度論』권2(T25, 71b14)에는 '此' 다음에 '一'이 있다. 2) ㉯『大智度論』권2(T25, 71b15)에 따르면, '耳'는 '取'의 오기다.

● **'바가바(박가범)'의 어원적 의미**

또 '바가바'라는 것은 『열반경』에 따르면 두 가지 의미로 해석될 수 있다. 첫째는 '악을 깨뜨린다(破惡)'는 뜻이고, 둘째는 여섯 가지 공덕을 갖춘다는 뜻인데, 합하면 일곱 가지 의미를 지닌다. 따라서 『열반경』 제18권에서는 다음과 같이 말한다. "'바가바'라고 한 것에서, '바가'란 깨뜨림을 말하고 '바'는 번뇌를 말하니, 번뇌를 깨뜨릴 수 있기 때문에 바가바라고 이름한 것이다.【이것은 '악을 깨뜨리는 것'에 해당하니, 네 가지 마魔 중에서 오직 번뇌마煩惱魔를 깨뜨리는 것이다.[142]】 또 모든 선법을 성취해 냈기 때문에, 또 제법의 의미를 잘 이해하기 때문에, 또 누구도 이길 수 없는 위대한 공덕을 지녔기 때문에, 또 시방 세계에 크게 이름이 알려졌기 때문에, 또 여러 가지로 큰 은혜를 베풀기 때문에, 또 무량한 아승지겁 동안 여자의 몸으로 태어나지 않기 때문이다.【이것은 여섯 가지 덕이다. 『대지도론』에 의하면 (바가바는) 네 가지 뜻이 있으니, 제2권에서 다음과 같이 말한다.〈'바가'는 '덕'을 뜻하고 '바'는 '있음'을 뜻하니, 이는 덕이 있는 것을 말한다. 또 '바가'는 '분별'을 뜻하고 '바'는 '교묘한 작용'을 뜻하니, 총상總相이든 별상別相이든 법을 잘 분별하기 때문이다. 또 '바가'는 '명성'을 뜻하고 '바'는 '있음'을 뜻하니, 즉 명성을 가지고 있는 자를 말한다. 또 '바가'는 '깨뜨림'을 뜻하

---

142 이 네 가지 마란 번뇌마煩惱魔·온마蘊魔·사마死魔·천마天魔이며, 이에 대해서는 다음에 "온갖 마를 멀리 떠나고(遠離衆魔)"라는 경문을 해석하면서 다시 자세히 언급한다.

고 '바'는 '능함'을 뜻하니, 즉 삼독三毒을 깨뜨릴 수 있는 자를 바가바라고 한다. 이승의 사람도 (삼독을) 끊기는 하지만 습기가 남아 있으므로 '바가바'라고 하지 않는다.)¹⁴³ 또 『유가사지론』제38권에서는 "모든 큰 세력을 가진 마구니들을 깨뜨릴 수 있고 많은 공덕을 갖추었으므로 박가범이라 한다."¹⁴⁴고 하였다. 또 제80권에서는 "오묘한 보리좌에 편안히 앉아 일체의 마군의 대세력을 마음대로 무너뜨려 없앨 수 있으므로 박가범이라 한다."¹⁴⁵고 하였다.]"¹⁴⁶

又婆伽婆。依涅槃經。釋有二意。一者破惡。二具六德。合有七義。故第十八¹⁾云。婆伽婆者。婆伽名破。婆名煩惱。能破煩惱。名²⁾婆伽婆。【此即破惡。四魔之中。唯破煩惱魔也。】又能成就諸善法故。又能善解諸法義故。有大功德無能勝故。有大名聞遍十方故。又能種種大惠施故。又於無量阿僧祇劫。吐女根故。【此即六德。依智度論。有其四義。故第二云。頗加名德。婆名爲有。此名有德。又頗伽名分別。婆名巧用。總相別相。巧分別法故。又頗伽名聲。婆名爲有。是有名聲。又頗伽名破。婆名能也。能破三毒。名頗伽婆。二乘雖斷。而有習氣。是故不名頗伽婆也。又瑜伽論三十八云。能破諸魔大力軍衆。具多功德。名薄伽梵。又八十云云。怛³⁾然安坐妙菩提座。任運摧滅一切魔軍大勢力。故薄伽梵。】

---

1) ㉑ '八'은 혹은 '六'으로 된 곳도 있다. ㉠ 담무참曇無讖 역 『大般涅槃經』 권18에 나오고, 송대宋代 사문沙門 혜엄慧嚴 등이 품을 추가시킨 『大般涅槃經』 권16에 나온다. 2) ㉠ 『涅槃經』 권18(T12, 469c19)에는 '名' 앞에 '故'가 있다. 3) ㉠ 『瑜伽師地論』 권80(T30, 765b5)에 따르면, '怛'는 '坦'의 오기다. '坦然'은 편안한 모습을 뜻한다.

---

143 이상은 『大智度論』 권2(T25, 70b15) 이하의 내용을 요약한 것이다.
144 『瑜伽師地論』 권38(T30, 499c9).
145 『瑜伽師地論』 권80(T30, 765b6).
146 『大般涅槃經』 권18(T12, 469c18).

『불지경론』에 의하면 '박가범'이라는 이름은 두 가지 뜻을 내포하고 있다. 첫째는 여섯 가지 덕을 갖춘다는 뜻이고, 둘째는 네 가지 마를 깨뜨린다는 뜻이다.

(첫째,) 여섯 가지 덕을 갖춘다고 했는데, '박가범'이라는 말(聲)은 여섯 가지 의미에 따라 달라진다. 첫째는 자재自在의 뜻이니, 영원히 모든 번뇌에 묶이지 않기 때문이다. 둘째는 치성熾盛의 뜻이니, 뜨거운 지혜의 불로 태워지고 단련되었기 때문이다. 셋째는 단엄端嚴의 뜻이니, 대사大士가 갖는 오묘한 서른두 가지 상相들로 장식되었기 때문이다. 넷째는 명칭名稱의 뜻이니, 모든 뛰어난 공덕의 원만함을 모르는 자가 없기 때문이다. 다섯째는 길상吉祥의 뜻이니, 모든 세상 사람들이 직접 가까이 공양하며 다함께 칭찬하기 때문이다. 여섯째는 존귀尊貴의 뜻이니, 모든 덕을 갖추고서 항상 방편을 일으켜서 모든 중생들에게 이익과 안락을 주는 일을 게을리하지 않기 때문이다. 예를 들면 어떤 게송에서는 다음과 같이 말한다. '자재와 치성과 단엄, 명칭과 길상과 존귀, 이러한 여섯 가지 차별적 의미에서, 박가범이라 총칭했음을 알라.'[147]

(둘째,) 네 가지 마를 깨뜨린다는 것은 다음과 같다. 첫째 번뇌마煩惱魔란, 128가지의 근본번뇌 및 수번뇌를 번뇌마라고 한다. 유루의 오온을 온마蘊魔라고 한다. 유루의 오온이 모두 무상無常한 모습을 사마死魔라고 한다. 여섯 번째의 타화자재천자他化自在天子를 천마天魔라고 한다. 이와 같은 네 가지 번뇌는 모든 선법을 잃게 하기 때문에 '마'라고 하고, 이 네 가지 마를 떠나기 때문에 '박가범'이라 한다.[148]

네 가지 마를 깨뜨린다는 의미에 대해서는 나중에 분별하겠다.[149]

---

147 이상 박가범의 여섯 가지 공덕에 대한 설명은『佛地經論』권1(T26, 292a24) 참조.
148 이상 '네 가지 마를 깨뜨리는 것'에 대한 자세한 설명은『佛地經論』권1(T26, 295b) 참조.
149 박가범이 네 가지 마를 깨뜨린다는 것에 대해서는 이후에 "온갖 마를 멀리 떠나고(遠

依佛地論。薄伽梵名。含有二義。一具六德。二能破四魔。具六德者。薄伽
梵聲。依六義轉。一自在義。永不繫爲[1]諸煩惱故。二熾盛義。炎熱[2]智火所
燒練故。三端嚴義。妙三十二大士相等所莊餝[3]故。四名稱義。一切殊勝功
德圓滿。無不知故。五吉祥義。一切世間親近供養。咸稱讚故。六尊貴義。
具一切德。常起[4]利益安樂一切有情。無懈癈故。如有頌言。自在熾盛與端
嚴。名稱吉祥及尊貴。如是六種義差別。應知總名爲薄伽。破四魔者。一煩
惱魔。百二十八根本煩惱。及隨煩惱。名頌[5]惱魔。有漏五蘊。名爲蘊魔。有
漏五蘊諸無常相。名爲死魔。第六他化自在天子。名爲天魔。如是四種。能
損諸善。故名爲魔。離四魔故。名薄伽梵。破四魔義。後當分別。

1) ㉠『佛地經論』권1(T26, 292b2)에는 '爲'가 '屬'으로 되어 있는데, 의미는 크게 다르지 않다. 2) ㉠『佛地經論』권1(T26, 292b2)에는 '炎熱'이 '焰猛'으로 되어 있는데, 의미는 크게 다르지 않다. 3) ㉠『佛地經論』권1(T26, 292b2)에는 '餝'이 '飾'으로 되어 있다. 4) ㉠『佛地經論』권1(T26, 292b6)에는 '起' 다음에 '方便'이 있다. 5) ㉔ '頌'은 '煩'인 듯하다(編).

● **서방 삼장들의 의취**

이제 서방 삼장들의 뜻을 상세히 살펴보겠다.

담무참 등은 『진실론』에 의거해 단지 '불'이라는 이름만 써 놓았다. 진제 삼장은 『진실론』 및 사구四句의 뜻에 의거해서 두 명호를 함께 표기했다. 대당 삼장과 보리유지는 각기 한 가지 논에 의거해서 '박가범'이라고 해 놓았다.

비록 여러 가지 설이 있지만 우선 '박가범薄伽梵'이라 되어 있는 논에 의거해서 설하였기 때문에 지파가라 삼장은 '서방의 판본들에 다 박가범이라 하였다'고 한 것이니, 서로 위배되는 것은 아니다. 대당 삼장의 판본들 중에 '바가바婆伽婆' 등으로 되어 있는데, (범어 단어가) 칠전성七轉聲[150]을

離衆魔)"라는 경문의 해석에서 다시 자세하게 논의한다.
150 칠전성七轉聲 : '칠례구七例句'라고도 하며, 범어의 8격변화(八轉聲)에서 호격呼格을

갖추기 때문에 ('바가바' 등의) 여러 종류가 있는 것이다. 제8전성(呼格)에 의하면 이것 또한 가능하지 않다. 곧 지파가라 삼장은 신도神都(낙양)에서 번역한 것에는 모두 '박가범'이라고 해 놓았고, 서경西京에서 번역한 것에는 모두 '불'이라고 하였다.

> 今詳西方諸三藏意。曇無讖等。依眞實論。但置佛名。眞諦三藏。依眞實論及四句義。雙標兩號。大唐三藏及菩提流[1]支。各依一論。置薄伽梵。雖有諸說。且依薄伽梵有論說。故地婆訶羅三藏說云。西方諸本。皆云薄伽梵。而不相違。大唐三藏諸本中。有婆伽婆等者。具七轉聲。故有種種。依第八轉。此亦未可。卽是地婆訶羅三藏。神都翻者。皆安薄伽梵。西京所翻。皆云佛也。

---
1) ㉔ '流'는 다른 곳에는 '留'로 되어 있다.

(4) 경을 설한 장소

경 가장 수승하게 빛나는 일곱 가지 보배로 장엄되고[151]

住最勝光曜七寶莊嚴。

석 다섯 가지 사事 중에서 네 번째인 '경을 설하신 장소'에 해당한다. 이 부분에 두 가지가 있으니, 처음은 여래가 머무는 곳의 장엄을 밝힌

제외한 나머지를 가리킨다. 남성 단어·여성 단어는 각기 대개 일곱 가지 격에 의해 지목되므로 '칠전성을 갖추고 있다'고 하는데, 여기서 제8격(호격)을 제외시킨 것은 앞에 '오!(醯, ⓢ he)'라는 접두사가 붙는 것 말고는 별다른 어형 변화를 하지 않기 때문이다. 『成唯識論了義燈』 권1(T43, 674a23) 참조.

151 "住最勝光耀七寶莊嚴……大宮殿中"이라는 경문에서 '住'는 동사로서 맨 마지막에 해석되어야 하므로 여기서는 번역하지 않았다.

것이고, 나중은 세존이 지닌 총체적 공덕과 개별적 공덕을 해석한 것이다.

> 釋曰。五中第四說經處所。於中有二。初明如來住處莊嚴。後釋世尊總別功德。

① 여래가 머무는 곳의 장엄을 설명함

머무는 곳을 밝힌 부분에는 두 가지 내용이 있다. 처음은 머무는 곳의 차이를 밝힌 것이고, 나중은 경을 (설하신 여래가) 머무는 곳의 차별에 대해 바로 해석한 것이다.

> 就住處中。有其二義。初明住處同異。後正釋經住處差別。

가. 머무는 곳의 차이를 설명함

머무는 곳의 차이를 설하면 다음과 같다.

『해절경』에 의하면 화신化身여래가 예토穢土에서 설하는 것이다. 따라서 그 경에서는 "이와 같이 나는 들었다. 한때 불바가바께서 왕사성의 기사굴산에 머무시면서"[152]라고 하였다. 『심밀해탈경』에 의하면 수용신이 정토淨土에서 설하는 것이니,[153] 이는 『해심밀경』과 동일하다.

해 진제 삼장은 『해절경』을 번역하면서 승의제勝義諦의 상相을 분명하게 밝히려 했기 때문에, 18품에서 다만 중간의 네 품만 번역하고 나머지 14품은 생략하고 번역하지 않았다. 그러나 이 경은 (서분·정종분·유통

---

152 『解節經』 권1(T16, 711b29).
153 『深密解脫經』 권1 「序品」(T16, 665b) 참조.

분의) 세 부분을 다 갖추기 위해「불이품不二品」안에 통서문通序文[154]을 두었고「일미품一味品」끝에 마지막 유통분을 두었다.[155] 그러므로『진제기』제1권에서 '경의 처음에 통서문을 설하지 않은 것은 번역가가 생략했기 때문'이라고 하였다.

해 품품의 제목을 써 두지 않았기 때문에 '생략했다'고 한 것이지, 서품의 문장이 없어서 '생략했다'고 한 것은 아니다.[156]

그런데『진제기』와『해절경』은 서로 어긋난다.『해절경』은 "왕사성의 기사굴"이라 하는데,『진제기』제1권에서는 "비사리국 귀왕법당에서 진상보살眞常菩薩을 위해『해절경』등을 설하였다."고 하였다. 또한『대지도론』제3권에서는 '왕사성은 마갈타국에 있다'고 했지만,[157] '기사굴산이 비야리국(비사리국)에 있다'고는 하지 않았다. 따라서 경과 어긋남을 알 수 있다.

言同異者。依解節經。化身如來在穢土說。故彼經云。如是我聞一時佛婆伽婆住王舍城耆闍崛山中。若依深密經。即受用身。在淨土說。同解深密。解云。眞諦翻解節經。意欲確明勝義諦相。故十八品內。但翻中間四品。略而不翻餘十四品。爲成此經具足三分故。不二品內安通序文。一味品末。安後

---

154 통서문通序文 : 그 경에만 국한되지 않고 다른 여러 경에도 공통되는 부분으로, 특히 육성취六成就를 기록한 부분을 가리킨다.
155 진제 역『解節經』은「不可言無二品」,「過覺觀境品」,「過一異品」,「一味品」등의 네 가지 품만 있다. 이것은『解深密經』의「勝義諦相品」을 네 품으로 나눈 것이다. 그런데 첫 번째「不可言無二品」서두에 서분序分의 문장을 삽입하고, 네 번째「一味品」말미에 유통분流通分의 문장을 삽입하였기 때문에 형식적으로는 서분·정종분·유통분의 삼분 구조를 갖추고 있다는 것이다.
156 바로 앞의『眞諦記』제1권에서 "경의 처음에 통서문을 설하지 않은 것은 번역가가 생략했기 때문"이라고 했는데, 여기서 '생략했다'는 것은 단지 '서품'이라는 이름을 생략했다는 말이다. 즉『解節經』에는 '서품'이라는 품명은 없지만 그에 해당하는 문장이「不可言無二品」앞부분에 들어가 있다.
157『大智度論』권3(T25, 76a8)에서 왕사성에 대한 논의는 마갈타국을 배경으로 전개된다.

流通。故眞諦記第一卷云。經初不說通序文者。譯家略故。解云。不安品目。
故說爲略。非無序文名之爲略。然眞諦記。與經相違。經王舍城耆闍崛。眞
諦記第一云。毗舍離國鬼王法堂。爲眞尙[1]菩薩。說解節經等。又智度論第
三卷云。王舍城在摩揭陀國。不云山在毗耶離國。故如[2]違經也。

1) ㉠ '尙'은 '常'의 오기인 듯하다. 『해심밀경소』에는 세존께서 『解節經』을 설해 준 보살의 이름이 두 번 언급되는데, 각기 '眞尙'과 '眞當'으로 되어 있다. 그런데 이 두 단어가 보살 명으로 쓰인 용례는 이 문헌에 국한되기 때문에 어느 것이 맞는지 알 수 없다. 또 그 밖의 다른 문헌에서 세존이 '眞常菩薩'에게 『解節經』을 설했다는 문구가 나오기 때문에, 이에 의거해서 '尙'과 '當'을 모두 '常'의 오기로 간주하였다. 2) ㉯ '如'는 '知'인 듯하다.

● 『불지경』의 세 가지 학설

『불지경론』에 의거해서 『불지경』을 해석하면 세 가지 설이 있다. 따라서 제1권에서 다음과 같이 말한다.

依佛地論。釋佛地經。自有三說。故第一云。

부처님은 이와 같은 큰 궁전에 머물면서 이 경을 설하시는데, 수용토와 변화토의 두 불토 중에 지금 이 정토는 어느 불토에 속하고, 이 경을 설하는 부처님은 어떤 몸을 하고 있는가?

佛住如是大宮殿中。說此契經。受用變化二佛土中。今此淨土。何土所攝。
說此經佛。爲是何身。

어떤 이는 다음과 같이 주장한다.[158] 〈이 불토는 변화토에 속하고, 이

---

158 이것은 『佛地經論』에 나오는 첫 번째 견해다. 그에 따르면, 성문대중들이 부처님의 정법을 들었다는 것은 예토에서 행해진 설법임을 뜻한다. 따라서 부처님의 변화신으로 변화토에서 설법하였다고 하였다.

경을 설하는 부처님은 변화신이다. 성문대중 등이 이 불토에 머물면서 여래를 직접 마주하고 이 경을 설하시는 것을 듣고서 기뻐하며 믿고 받아들여 봉행하였기 때문이다. (이 정토는) 부처님의 마음으로 나타낸 것이므로 삼계를 벗어난 청정한 식을 상相으로 삼는다. 수승한 법을 설하여 지전地前의 유정의 무리를 교화해서 그들로 하여금 저 인因을 즐거이 수행하도록 하기 위해, 잠시 청정한 불토와 수승한 화신을 변화해 내고 신력神力으로 대중에게 가피를 내려서 그것을 잠깐 볼 수 있게 한 것이다. 그렇지 않다면 성문대중 등은 모두 보지 못할 것이다.〉

有義。此土變化土攝。說此經佛。是變化身。聲聞等衆。住此土中。現對如來。聞說此經。歡喜信受而奉行故。佛心所現故。出三界淨識爲相。爲說勝法。化此地前諸有情類。令其欣樂修行彼因故。暫化作淸淨佛土殊勝化身。神力加衆。令暫得見。若¹⁾爾者。聲聞等衆。應俱不見。

1) ⓐ『佛地經論』권1(T26, 292c10)에 따르면, '若' 다음에 '不'이 누락되었다.

어떤 이는 다음과 같이 주장한다.¹⁵⁹ 〈이 불토는 수용토에 속하고, 이 경을 설하는 부처님은 수용신이다. 이 정토의 크기는 끝이 없고, (여기에 있는) 길·수레·문 등이 모두 진실한 공덕(實德)이기 때문이다. 이와 같은 청정한 불토의 한결같은 정묘와 한결같은 안락과 한결같은 무죄와 한결같은 자재를 수용하면서 다른 곳에서 설하시기 때문이다. 그래서 『해심밀경』에서 "삼지三地 이상이라야 여기에 태어날 수 있다."고 하였

---

159 이것은 『佛地經論』에 나오는 두 번째 견해다. 그에 따르면, 부처님의 선정의 힘으로 현현해 낸 정토淨土에서 설한 법은 십지十地 이상의 보살이라야 들을 수 있다. 부처님의 변현해 낸 정토와 그곳에 있는 몸은 십지 이상의 보살들에 의해 수용되고 있으므로 수용토에서 수용신이 설한 것이다. 다만 성문대중은 불보살들이 정토를 장엄하기 위해 화작해 낸 것에 불과하다.

다. 【해】『해심밀경』에는 이런 문장이 없으니, 이는 광본廣本일 것이다. 혹은 역자의 착오라고 할 수도 있다. 이 문장은 『유가사지론』제79권에 나온다.[160]】 이 경을 설한 부처님은 뒤에서 설할 21종의 진실한 공덕을 갖추고 있기 때문이고, 다른 경을 설할 때에는 이와 같은 부처님의 공덕을 나열하지 않기 때문이다. 만약 이와 같은 정토와 이와 같은 오묘한 몸을 잠시 변화해 내어 대중에게 가피를 내려서 보게 한 것이라면, 응당 다른 경에서와 마찬가지로 그것을 분명히 드러내어 설했을 것이다. 그러나 설하지 않았기 때문에 이것은 수용토와 수용신이다. 성문대중 등은 부처님께서 변화해 낸 것이거나 혹은 여러 보살들이 현재 이런 몸을 지어낸 것이니, 이는 불토와 설법의 모임을 장엄하기 위해서다.〉

有義。此土受用土攝。說此經佛。是受用身。此淨土量。無邊際故。路乘門等。是實德故。受用如是淸淨佛土。一向淨妙。一向安樂。一向無罪。一向自在。餘處說故。解深密說。三地已上乃得生故。【解云。此經無此文也。應是廣本。或可譯家錯也。此文卽是瑜伽第七十九。】說此經佛。具後所說二十一種實功德故。說餘經時。不列如是佛功德故。若暫化作如是淨土如是妙身。加衆令見。應如餘經分明顯說。然不說故。是受用土及受用身。聲聞等衆。是佛化作。或諸菩薩。現作此身。莊嚴佛土說法會故。

그렇다면 이는 지상地上보살이 보고 들을 수 있는 것인데, 어째서 이 화불化佛의 국토에서 이 경을 결집하고 유포시키는 것인가?
법을 전하는 보살이 일체지자一切智者와 그가 거처하는 곳이 모든 세간의 법을 넘어서 있음을 나타내 보이고 싶었기 때문에 이와 같이 나타내 보인 것이다. 이로써 교화되는 중생들을 기쁘게 하여, 그들이 미래에

---

160 『瑜伽師地論』권79(T30, 736c27) 참조.

이와 같은 청정한 불토에 태어나서 이와 같은 부처님을 보고 이와 같은 법을 듣고 저 인因을 닦기를 발원하게 하고, 광대하고 수승한 이해력을 가진 유정과 여러 보살의 수승한 기쁨을 내게 하고, 그들의 증상된 의요意樂[161]와 승해勝解[162]의 경계가 견고해지도록 하기 위해서, 이 경을 결집하고 유포한 것이다.

또 이 법은 뛰어난 것이므로 이 수용토에서 들음이 마땅하니, 장소가 뛰어나지 않거나 화신의 모습은 거친 것이므로 그것을 설할 수 없다. 따라서 수용신이 수용토에 거하면서 초지 이상의 여러 보살들을 위하여 설법하고, 법을 전하는 사람들로 하여금 결집하여 유포하도록 시킨 것이다.

若爾。此是地上菩薩所應見聞。何故於此化佛土中。結集流布。傳法菩薩。爲欲示現一切智者。及所居處。超過一切世間法故。如是示現。欲令所化生欣樂故。爲令發願當生如是淸淨佛土。見如是佛。聞如是法。修彼因故。爲生廣大勝解有[1]有情及諸菩薩[2]歡喜故。欲令增上意樂勝解界堅牢故。結集流布。又是法勝。於此宜聞。然處非勝。化身相麁。不可宣說。故受用身。居受用土。爲初地上諸菩薩說。令傳法者結集流通。

1) ⑭ '有'는 잉자인 듯하다. 2) ㉠『佛地經論』권1(T26, 292c26)에는 '菩薩' 다음에 '勝'이 있다.

그렇다면, 어째서 단지 '그곳에서 설해진 법'만 말하지 않은 것인가?
만약 장소와 설한 자를 말하지 않으면, 이 법이 어느 장소에서 누가 설했는지 알지 못해서 모든 이가 의심을 낼 것이기 때문에 반드시 둘 다

---

161 의요意樂(Ⓢ aseya) : 어떤 목적을 향하여 나아가려 하는 의향·의욕을 뜻한다.
162 승해勝解(Ⓢ adhimokṣa) : 대상 경계에 대해 확정해서 판단하는 정신 작용을 말한다.

설해야 한다.

若爾. 何故. 不但說彼所說法耶. 若不說處及能說者. 不知此法何處誰說. 一切生疑. 故須具說.

여실한 의미(如實義)는 다음과 같다.[163] 〈석가모니가 이 경을 설할 때 지전地前 대중은 변화신이 이 예토에 계시면서 그를 위해 설법한다고 보고, 지상地上 대중은 수용신이 부처님 정토에 계시면서 그를 위해 설법한다고 본다. 들은 것은 같으면서도 본 것이 각기 다르고, 모두 기뻐하며 믿고 받아들여 봉행하면서도 이해에는 얕고 깊음이 있고 행하는 것도 각기 다르다. 그러므로 법을 전하는 자는 중생들이 뛰어난 것을 듣고서 희원悕願하면서 부지런히 저 인因을 닦아 미래에 정토에 태어나 부처님의 공덕을 증득하기를 바라기 때문에 뛰어난 사람의 소견에 의거해서 결집하여 "박가범이 가장 뛰어난……에 머무시며"라고 하고, 나아가서는 여래의 공덕을 자세히 설한 것이다.〉[164]

如實義者. 釋迦牟尼. 說此經時. 地前大衆. 見變化身. 居此穢土. 爲其說法. 地上大衆. 見受用身. 居佛淨土. 爲其說法. 所聞雖同. 所見各別. 雖俱歡喜信受奉行. 解有淺深. 所行各異. 而傳法者. 爲令衆生聞勝悕願. 勤修彼因. 當生淨土. 證佛功德. 故就勝者所見結集. 言薄伽梵住最勝等. 乃至廣說如來功德.

---

163 이것은 『佛地經論』에 나오는 세 번째 견해다. 이 해석에 따르면, 십지 이전의 대중들은 예토에서 변화신이 설법하는 것으로 보고, 십지 이상의 대중들은 정토에서 수용신이 설법하는 것으로 본다.
164 『佛地經論』 권1(T26, 292c4).

지금 이 경을 해석하면 (『불지경론』의 세 번째 해석인) '여실한 의미'와 동일하니, 의미상으로 또한 과실이 없다.

여러 책들에서 머무는 곳의 동이同異에 대해 이상과 같이 해석한다.

今釋此經。同如實義。義亦無失。諸本同異。已如上釋。

나. 머무는 곳의 차별을 바로 해석함
● 머묾(住)의 의미

이제 '머무는 곳(住處)'의 의미를 바로 해석하겠다.

『대지도론』 제3권에서는 세 가지 의미로 '머묾(住)'에 대해 해석한다. 첫째는 위의에 머물고, 둘째는 성인이 머무는 곳에 머물며, 셋째는 부처님이 머무시는 곳에 머물기 때문에, '머문다'고 한다. 따라서 그 논에서 다음과 같이 말한다.

今正釋住處之義。依智度論第三。三義釋住。一住威儀。二住聖住。三住佛住。故名爲住。故彼論云。

문 어째서 반야바라밀에 대해 곧장 설하지 않고, 머무는 곳을 먼저 설하는가?

답 시간과 장소와 사람을 설하여 사람들에게 믿음을 내게 하기 위해서다.【시간은 경을 설한 시간이고, 장소는 법을 설한 장소이며, 사람은 성문·보살 등의 청중이다.】

(**문**) 어떤 것을 일컬어 '머문다'고 하는가?

(**답**) 네 가지 신체적 위의인 좌·와·행·주를 머문다고 한다. 다시 세 가지 머무름이 있다. 첫째는 천주天住이니, 육욕천이 머무는 법이다. 둘째는 범주梵住이니, 색계천·무색계천이 머무는 법이다. 셋째는 성주聖

住이니, 부처님·독각·아라한이 머무는 법이다. 이 세 가지 머묾 중에 부처님은 성주에 머무신다.

또 보시·지계·선심의 세 가지 일을 천주라고 하고, 사무량심四無量心[165]을 범주라고 하며, 공空·무상無相·무작無作의 삼삼매三三昧[166]를 성주라고 한다. 이 세 가지 머묾 중에 부처님은 성주에 머무신다.

다시 네 가지 머묾이 있다. 첫째는 천주이고, 둘째는 범주이고, 셋째는 성주이고, 넷째는 불주佛住다. 세 가지 머묾은 이전과 같다. 불주란 수능엄삼매首楞嚴三昧[167] 등 모든 부처님들의 무량한 삼매, 십력十力[168]·

---

165 사무량심四無量心 : 자慈·비悲·희喜·사捨의 네 종류 마음을 본질로 하는 등지等至를 말한다. 『俱舍論』권29(T29, 150c2)에 따르면, '자'는 즐거움을 주는 것이고, '비'는 고통을 뽑아 주는 것이며, '희'는 기쁘게 위로해 주는 것이고, '사'는 평등하게 대하는 것이다. 대승의 『顯揚聖敎論』권4(T31, 497a14)에서는 다음과 같이 말한다. 〈첫째로 자무량이란 고통도 없고 즐거움도 없는 중생에게 즐길거리를 베풀어 주려고 하는 것이다. 비무량이란 고통스러워하는 중생에게 고통거리를 뽑아 주려고 하는 것이다. 희무량이란 즐거워하는 중생을 위해 그의 즐거움을 따라서 기뻐해 주는 것이다. 사무량이란 사심捨心이 갖추어져 의요意樂가 오염되지 않는 것을 말한다.〉

166 삼삼매三三昧 : 공空과 무상無相과 무원無願(無作)을 관하는 세 종류 등지等至를 말한다. 이것을 사제의 십육행상十六行相에 배대시켜 설명하면, 고제의 4행상 중에 '공空과 무아無我'를 관하는 것은 공문空門에 해당하고, 멸제의 네 가지 행상(滅, 靜, 妙, 離)을 관하는 것은 무상문無相門에 속하며, 그 밖에 고제의 2행상(非常, 苦)과 집성제의 4행상(因, 集, 生, 緣)과 도제의 4행상(道, 如, 行, 出) 등 열 가지 행상을 관하는 것은 모두 무원문無願門에 해당한다. 이에 관해서는 '나. 머무는 곳의 차별을 바로 해석함(正釋住處差別)' 이하의 '더' 문門의 원만'(pp.293~294)에서 다시 자세한 해석이 나온다.

167 수능엄삼매首楞嚴三昧 : 보살이 닦는 선정의 하나로서, 이 선정에 들면 장군이 군대를 이끌어 적을 무찔러 항복받는 것처럼 번뇌의 마군을 파멸시킨다고 한다.

168 십력十力 : 오직 여래에게 국한시켜 해석할 때, 십력은 실상을 증득하는 여래의 지혜가 갖는 능력을 가리킨다. 또 이것은 부처님의 십팔불공법十八不共法 중 열 가지에 해당하는데, 그것을 열거하면 다음과 같다. ① 도리인지 도리가 아닌지 아는 힘(處非處智力), ② 업의 이숙에 대해 아는 힘(業異熟智力), ③ 정려와 해탈과 등지等持와 등지等至의 깊고 얕음에 대해 두루 아는 힘(靜慮解脫等持等至智力), ④ 모든 근의 우열을 아는 힘(根上下智力), ⑤ 중생들의 갖가지 승해를 아는 힘(種種勝解智力), ⑥ 갖가지 중생계를 아는 힘(種種界智力), ⑦ 모든 취에서 행이 도달하는 곳을 두루 아는 힘(遍趣行智力), ⑧ 과거세의 갖가지 일을 아는 힘(宿住隨念智力), ⑨ 나는 곳과 죽는 곳을 아는 힘(死生智力), ⑩ 모든 번뇌가 다하여 여실하게 아는 힘(漏盡智力) 등이다.

사무외四無畏[169]의 십팔불공법十八不共法,[170] 일체지一切智 등의 갖가지 모든 지혜, 8만 4천 법장法藏으로 사람을 제도하는 법문을 말한다. 이와 같은 모든 부처님들의 갖가지 공덕들이 부처님의 머무는 곳이다. 부처님이 이 안에 머무시므로 불주라고 한다.[171]

問曰。何不直說般若波羅蜜。而說住處耶。答曰。說時方人。令人生信故。【時謂說經時。方謂說法處。人謂聽衆。聲聞菩薩等。】云何[1]住。四種身儀。坐臥行住。故名爲住。復有三住。一者天住。謂六欲天住法。二者梵住。謂色無色天住法。三者聖住。謂佛獨覺及阿羅漢住法。於三住中。佛住聖住。復次施戒善心三事。名爲天住。四無量心。名爲梵住。空無相無作三三昧。名爲聖住。於三住中。佛住聖住。復有四住。一天。二梵。三聖。四佛。三住如前。佛住首楞嚴等諸佛無量三昧。十力四無畏十八不共法。一切智等。種種諸慧。及八萬四千法藏。度人法門。如是等種種諸佛功德。是佛所住處。佛於中住。故名佛住。

1) ㉠『大智度論』권3(T25, 75c15)에는 '何' 다음에 '名'이 있다.

---

169 사무외四無畏 : 불보살이 설법할 때 갖추는 '네 가지 두려움 없는 자신감'을 말한다. 첫째는 제법현등각무외諸法現等覺無畏이니, 즉 제법에 대해 모두 깨달아 알아 정견에 머물면서 굽히지 않는 것을 말한다. 둘째는 일체누진지무외一切漏盡智無畏이니, 즉 모든 번뇌를 끊어 없앴기 때문에 외도의 비난에 두려움이 없는 것이다. 셋째는 장법불허결정수기무외障法不虛決定授記無畏이니, 즉 장애법을 열어서 수행하되 어떤 비난에 부딪혀도 두려움이 없는 것이다. 넷째는 위증일체구족출도여성무외爲證一切具足出道如性無畏이니, 즉 출리出離의 도道를 설하면서 두려워하는 바가 없는 것이다.
170 십팔불공법十八不共法 : 불보살들만이 구족하고 있고 다른 범부와 이승에게는 없는 특수한 공덕을 가리킨다. 이에 대해 대소승의 여러 경론에 이설들이 있는데, 일반적으로 부처님의 십력十力·사무소외四無所畏·삼념주三念住와 부처님의 대비大悲를 합해서 '십팔불공법'이라 한다.
171 이상은 『大智度論』권3(T25, 75c13)의 내용을 요약한 것이다.

『법화론』에서 '법의 뛰어남을 나타내려고 부처님은 뛰어난 장소에 머문다'고 하였고,[172] 『승사유론』도 『법화론』과 동일하다.[173]

『보적론』에서는 다음과 같이 말하였다. "문 어째서 처음에 머무는 장소를 밝히는가? 답 부처님께서 이 장소에 머무는 것은 그 장소를 공경하며 존중하게 하기 위해서이니, 복을 중시하는 중생이 이 장소를 공경하기 때문에 선근을 증장시키게 된다. 그래서 먼저 머무는 장소를 밝힌 것이다."[174]

『공덕시보살반야론』에서도 『보적론』과 동일하게 설한다.

> 法華論云。顯法勝故。佛住勝處。勝思惟論。同法華論。寶積論云。問曰。何故初明住處。答。佛住此處者。欲令敬重彼處故。重福衆生敬此處故。增長善根。是故先明住處。功德施菩薩波若論中。同寶積論。

진제 삼장은 여덟 가지 뜻으로 머묾에 대해 해석하였다.

첫째는 경계주境界住다. 【열여섯 대국에서 사사공양四事供養[175]을 하던 모든 곳들을 말한다. 이는 부처님께서 노니시던 곳이므로 '경계주'라고 하였다.】

둘째는 의지주依止住다. 【모든 승가람을 말하니, 기사굴산이나 가란타죽림迦蘭陀竹林[176] 등은 의지하는 곳이다.】

---

172 원측 소에서 『法華論』이라 한 것은 세친의 『妙法蓮華經憂波提舍』(T26)를 가리킨다. 이 논의 권1(T26, 1b9)에는 "如王舍城。勝於一切諸餘城舍。耆闍崛山。勝餘諸山。顯此法門最勝義故。如經婆伽婆住王舍城耆闍崛山中故……"라는 문구가 나온다.
173 『勝思惟梵天所問經論』 권1(T26, 337ab) 참조.
174 『大寶積經論』 권1(T26, 204c6).
175 사사공양四事供養 : 부처님과 스님 등이 일상생활에서 필요로 하는 네 가지 것을 공급하는 일을 말한다. 네 가지 사물이란 의복·음식·와구臥具·의약醫藥 혹은 의복·음식·탕약湯藥·방사房舍 등을 가리키기도 한다.
176 가란타죽림迦蘭陀竹林(S Veṇuvana-kalandakanivāsa) : 중인도 마갈타국 왕사성의 북방에 위치하고 있다. 이 죽림은 가란타 장자의 소유로 왕사성에서 가장 훌륭한 곳이었는데 부처님의 설법을 듣고 승원僧園으로 바꾸었다는 설도 있고, 마갈타국의 빔

셋째는 위의주威儀住다. 【이는 행·주·좌·와의 네 가지 위의를 말한다.】

넷째는 미사수명주未捨壽命住다. 【현재 대반열반에 들지 않고, 계·정 등의 오분법신五分法身[177] 중에 머무는 것이다.】

다섯째는 범주梵住다. 【이는 사무량심을 말하니, 부처님은 대비심에 머물기 때문에 범주라고 한다.】

여섯째는 천주天住다. 【이는 사선을 말하니, 즉 초선·이선·삼선·사선이다. 제4선이 가장 뛰어나므로 부처님은 여기에 머무신다.】

일곱째는 성주聖住다. 【이는 해탈을 말하니, 해탈에는 네 가지가 있다. 첫째는 무심정無心定에 들어가 잠깐 동안 고를 소멸시키는 것이고, 둘째는 공정空定에 들어가 모든 견見을 소멸시키는 것이며, 셋째는 무원정無願定에 들어가 탐애를 소멸시키는 것이고, 넷째는 무상정無相定에 들어가 사방四謗[178]을 소멸시키는 것이다. 부처님은 무상정에 머무시니, 마음의 미혹이 다 사라진 것이다.】

여덟째는 불주佛住다. 【부처님은 생겨남도 없고 소멸함도 없고 처소가 없는 법에 머물면서도, 여기에 있는 여덟 가지 처處를 다 갖추고 있으므로 불주라고 한다. 삼신으로 설명하면, 앞의 세 가지 주住는 화신이 머무는 것이고, 다음의 세 가지 주는 응

비사라왕이 시주한 것이라는 설도 있는데, 바로 죽림정사竹林精舍를 말한다.

177 오분법신五分法身 : 대소승의 무학의 지위, 즉 부처나 아라한이 자기 몸에 구비한 다섯 가지 공덕을 말하거나, 대승불교에서는 특히 부처님 자체에 갖추어진 다섯 가지 공덕으로, 다음과 같다. ① 계신戒身은 신구의 삼업이 모든 죄나 잘못을 멀리 떠나 있는 여래의 계의 법신을 말한다. ② 정신定身은 여래의 참된 마음이 적정하고 자성이 부동하여 모든 망념을 멀리 떠나 있는 것을 말한다. ③ 혜신慧身은 여래의 참된 마음의 본바탕이 밝고 자성이 어둡지 않아서 법성을 관하여 통달하고 있는 것, 곧 근본지를 말한다. ④ 해탈신解脫身은 여래는 자기의 본바탕에 얽매임이 없어서 모든 속박에서 벗어나 있는 것을 말한다. ⑤ 해탈지견신解脫知見身은 자기의 본바탕이 본래 물듦이 없고 이미 실제로 해탈해 있는 것을 말한다.

178 사방四謗 : 진여의 이치를 알지 못한 채 네 가지 그릇된 주장을 펼치는 것을 말한다. ① 증익방增益謗은 진여가 결정코 실유한다고 주장하는 것이다. ② 손감방損減謗은 진여가 결정코 없다고만 주장하는 것이다. ③ 상위방相違謗은 진여는 있기도 하고 없기도 하다고 하면서 모순된 주장에 집착하는 것이다. ④ 희론방戱論謗은 진여는 있는 것도 아니고 없는 것도 아니라고 하면서 무의미한 말장난을 하는 것이다.

신이 머무는 것이며, 마지막 두 가지 주는 법신이 머무는 것이다. 앞의 두 가지 신은 머무는 주인(能住)이고, 뒤의 법신은 머무는 곳(所住)이다. 경에서는 여덟 가지 머묾을 많이 드는데, 앞의 두 가지 중에 경계주는 일반 신도(白衣)를 교화하던 곳이고, 의지주는 출가인을 교화하던 곳이다. 이는 곧 총괄적 장소·개별적 장소의 두 가지를 든 것이다.】

眞諦三藏。八義釋住。一境界住。【謂一切十六大國四事供養之處。是佛所遊履。故云境界住。】二依止住。【是一切僧伽藍。耆闍崛山迦蘭陀竹林等。是所依止。】三威儀住。【謂行住坐臥四威儀。】四未捨壽命住。【謂現在未般涅槃。住戒定等五分法身中也。】五者梵住。【謂四無量心。佛在大悲心中。故名梵住也。】六者天住。【謂四禪。卽初禪二禪三禪四禪。第四禪最勝。佛住此中。】七者聖住。【謂是解脫。解脫有四。一入無心定暫滅苦。二入空定滅諸見。三入無願定滅貪愛。四入無相定滅四謗。佛住無相定中。心惑都盡也。】八佛住。【佛住無生無滅無處所法中。而具足在此八處。故名佛住。三身而辨。前三住卽是化身住。次三是應身。後二是法身。前二身是能住。後法身是所住也。經中多擧八住。前兩。境界化白衣。依止化出家人。卽擧總別二處。】

● 주처의 열여덟 가지 원만

이 경을 (설한 주인이) '주처住處'에 대해 해석한 곳에 가면 열아홉 구句가 있으니, 이는 저 정토의 열여덟 가지 원만함을 나타낸 것이다. 열여덟 가지 원만함이 나오므로 곧 열여덟 단락이 된다.

'열여덟 가지'라는 것은 예를 들면『불지경론』제1권에서 다음과 같이 말한다. "이것은 여래가 머무시는 곳의 원만함을 나타낸 것이니, 즉 부처님의 정토를 말한다. 이와 같은 정토는 다시 열여덟 가지 원만한 사事들로 인해 원만하다고 하는 것이다. 즉 현색顯色[179]의 원만, 형색形色[180]의 원만, 분량分量의 원만, 방소方所의 원만, 인因의 원만, 과果의 원만, 주인(主)의 원만, 보익輔翼의 원만, 권속眷屬의 원만, 주지住持의 원만, 사업事業의 원만, 섭익攝益의 원만, 무외無畏의 원만, 주처住處의 원만, 길(路)의 원만, 수레(乘)의 원만, 문門의 원만, 의지依持의 원만을 말한다. 열아홉 구는 차례대로 이와 같은 열여덟 가지 원만을 나타낸 것이니, 이처럼 원만하게 장엄된 궁전을 '부처님의 정토'라고 한다. 부처님은 이와 같은 큰 궁전에 계시면서 이 계경을 설하셨다."[181]

그런데 여러 논들 중에 세친과 무성의 『섭대승론석』 제10권과 양조梁朝 『섭대승론석』 제15권[182]과 『불지경론』 등{'등'이라 한 것은 『대업론大業論』[183] 등을 언급한 것이다.}에서는 모두 경에 나오는 열여덟 가지 원만함에 대해 해석하는데, 경문을 따라가며 대조해서 해석하고 있다.[184]

就釋此經住處之中。有十九句。顯彼淨土十八圓滿。十八圓滿。卽十八段。言十八者。如佛地論第一卷云。論曰。此顯如來住處圓滿。謂佛淨土。如是淨土。復由十八圓滿事故。說名圓滿。謂顯色圓滿。形色圓滿。分量圓滿。方所圓滿。因圓滿。果圓滿。主圓滿。輔翼圓滿。眷屬圓滿。住持圓滿。事業圓滿。攝益圓滿。無畏圓滿。住處圓滿。路圓滿。乘圓滿。門圓滿。依持

---

179 뒤에 나오는 '가) 현색顯色의 원만'에서 각주 185 참조.
180 뒤에 나오는 '나) 형색形色의 원만'에서 각주 202 참조.
181 『佛地經論』 권1(T26, 292b25).
182 세친과 무성은 모두 『攝大乘論』의 주석서를 썼는데, 중국에서 다른 번역가에 의해 여러 차례 번역되었다. '세친·무성의 『攝大乘論釋』'이란 각각 당나라 현장이 번역한 세친의 『攝大乘論釋』 10권과 무성의 『攝大乘論釋』 10권을 가리키고, '梁『攝論』'이란 양나라 때 진제가 번역한 세친의 『攝大乘論釋』 15권을 가리킨다.
183 『大業論』이란 급다笈多 등이 번역한 세친의 『攝大乘論釋論』을 가리킨다.
184 이하에서는 여러 논들에 나온 '열여덟 가지 원만'에 대한 해석에 의거해서 『解深密經』에 나온 열여덟 가지 원만을 따로따로 해석한다.

圓滿。由十九句。如其次第。顯示如是十八圓滿。卽此圓滿所嚴宮殿。名佛淨土。佛住如是大宮殿中。說此契經。然諸論中。世親無性攝大乘釋第十。梁朝攝論第十五。佛地論等。【等取大業論等。】皆釋經中十八圓滿。至文對釋。

가) 현색顯色의 원만

첫 번째 원만을 밝힌 곳에 두 개의 구句가 있다. 경에서는 최초로 '현색顯色[185]의 일곱 가지 보배로 장엄되었다'고 하였고, 나중에 '빛을 놓아 가없는 세계를 비춘다'고 하였다. 여기서 '구句'라는 것은, 의미가 완전히 드러난 것을 '구'라고 한 것이지 글자 수를 가지고 '구'라고 한 것은 아니다. 나머지 열여덟 구도 이에 준해 알아야 한다.

初圓滿中。有二句。經初明顯色七寶莊嚴。後辨放光照無邊界。此中句者。顯義滿足之爲句。非要數字方名句也。餘十八句。准此應知。

(가) 현색의 칠보로 장엄되었음을 나타냄

그런데 경의 첫 구에 대해 친광은 두 가지로 해석하니, 『불지경론』에서 다음과 같이 말한다. "대궁전은 가장 뛰어난 빛을 내는 일곱 가지 보배로 장엄되었다. 【여기서 '빛을 내는'이라는 말은 일곱 가지 보배에 연결되는 말이다.】 또는 대궁전은 일곱 가지 보배로 장엄되었기에 가장 뛰어난 빛이 난다. 【여기서 '빛이 난다'는 말은 궁전과 연결되는 말이다.】"[186] 무성의 『섭대승론석』에서도

---

185 현색顯色(Ⓢ varṇa-rūpa) : 초기 유부철학에서는 눈으로 파악되는 경계를 색깔과 형태로 구분했을 때, 전자를 현색이라 하고 후자를 형색形色이라 불렀다. 현색에는 청, 황, 적, 백, 구름, 연기, 티끌, 안개, 그림자, 햇빛, (햇빛 이외의) 밝음, 어두움의 열두 가지가 있다. 이 가운데 청·황·적·백의 4종은 본색이며, 나머지 8종은 이 4색의 차별로 나타난 색이다.
186 『佛地經論』 권1(T26, 293a11).

『불지경론』과 똑같이 말한다.[187] 세친은 해석하지 않았으니, 쉽게 알 수 있기 때문이다.

> 然初經句。親光兩釋。故佛地論云。謂大宮殿。用最勝光曜七寶莊嚴。【此釋光曜。屬於七寶也。】或大宮殿七寶莊嚴故。最勝光曜。【此釋光曜。屬於宮殿】無性釋論。亦同佛地。世親不釋。易可知故。

'일곱 가지 보배'라는 것은, 예를 들면 『칭찬정토경』에서는 "첫째는 금金이고, 둘째는 은銀이며, 셋째는 폐유리吠瑠璃(S vaidūrya)이고, 넷째는 파지가頗胝迦(S sphaṭika)이며, 다섯째는 적진주赤眞珠이고, 여섯째는 아습마게랍바阿濕摩揭拉婆(S aśma-garbha)이며, 일곱째는 모파락게랍바牟婆落揭拉婆(S musāra-galva)이다."[188]라고 하였다. 『대지도론』도 그 경과 같으니, 그 논의 제10권에서는 '금·은·비유리毗瑠璃·파리頗梨·차거車渠·마노馬瑙·적진주赤眞珠'라고 하였다.[189]

해 금과 은이라는 두 보배는 이 땅에도 있기 때문에 이 이름으로 번역했다. 진제 삼장은 다음과 같이 말한다. 〈'불사라가弗師羅伽'는 여기서는 황색 보배라고 하니, 금에 해당한다. '전타라건다旃陀羅乾多'는 여기서는 흰색 보배라고 하니, 은에 해당한다.〉

폐유리吠瑠璃는 정확한 범음이고, 비유리毗瑠璃는 범음이 와전된 것이다. 혹은 '유리'라고 하는데, 이는 '폐'라는 음을 생략한 것이다. 혹은 이 나라에는 진짜 유리는 없고 유리와 비슷한 것이 있기 때문에, 또한 (이 '유리'도 음역이 아니라) 번역이라고 볼 수도 있다. 진제의 『양론기梁論記』[190]

---

187 무성의 『攝大乘論釋』 권10(T31, 445c29) 참조.
188 『稱讚淨土佛攝受經』 권1(T12, 349a2).
189 『大智度論』 권10(T25, 134a1) 참조.
190 진제의 『양론기梁論記』: 진제가 번역하고 주석한 양梁 『攝大乘論釋』의 주석서를 가리

에서는 다음과 같이 말한다. 〈유리는 청색 보배이니 태워도 부서지지 않는다. 오직 어떤 귀신이나 신통력이 있는 자라면 깨뜨려서 그릇을 만들 수 있다. 혹은 이것은 금시조金翅鳥[191]의 알이라 볼 수도 있다.〉

파지가頗胝迦는 여기서는 황록색 보배라고 한다.『불지경론』에서는 '갈계달락가보羯鷄怛諾迦寶'라고 하였고,『대지도론』에서는 "천년 지난 얼음이 변하여 파리주頗梨珠가 된다."[192]고 하였다.

적진주赤眞珠는『불지경론』에서는 "붉은 벌레에서 나온 것을 적진주라고 하거나, 또는 구슬 자체가 붉어서 적진주라고 한다."[193]고 하였고, 진제는 '값을 매길 수 없는 보주'라고 해석하였다.

아습마게랍바阿濕摩揭拉婆는 구역에서는 '마노馬瑙'라고 했다. 진제는 이것을 '적색 보배'라고 해석하였고, 무성은『섭대승론석』에서 '이것은 제청帝靑과 대청大靑 따위의 보배'라고 하였다.[194]

해 '제청'이란 제석천의 청색 보배이고, '대청'이란 제석천의 아주 뛰어난 청색 보배다.

모파락게랍바牟婆洛揭拉婆는 구역에서는 '차거車璖'라고 했고, 진제의 해석에 따르면 이것은 '감색 보배'이다.

言七寶者。如稱讚淨士經云。一金。二銀。三吠瑠璃。四頗胝迦。五赤眞珠。六阿濕摩揭拉婆。七牟婆[1)]洛揭拉婆。依智度論。亦同彼經。故第十云。金

키는 듯하다. 지금은 전해지지 않는다.
191 금시조金翅鳥(S suparṇa, suparṇin) : 묘시조妙翅鳥·항영조項癭鳥라고도 하며, 불교 내에서는 팔부대중의 하나인 가루라迦樓羅(S garuḍa)와 동일시되는 새다. 이 새는 수미산 속에 사는데, 깃털이 금색이고 양 날개의 넓이가 336만 리나 되며 용을 잡아먹는다고 한다.
192 『大智度論』권10(T25, 134a22) 참조.
193 『佛地經論』권1(T26, 293a14).
194 무성의『攝大乘論釋』권10(T31, 446a1).

銀。毗瑠璃。頗梨。車渠。馬瑙。赤眞珠。解云。金銀二寶。此土有故。翻爲此名。眞諦釋云。弗師羅伽。此云黃色寶。卽是金也。旃陀羅乾多。此云白色寶。卽是銀也。吠瑠璃者。是正梵音。毗瑠璃者。梵音訛也。或云瑠璃者。略吠音也。或可此土無眞瑠璃。有似瑠璃。故亦翻也。眞諦梁論記云。瑠璃是靑色寶。燒不可壞。唯有鬼神有神力者。能破爲器。或可是其金翅鳥卵。頗胝迦者。此云黃綠色寶。佛地論云。羯鷄怛諾迦寶。智度論云。過千歲冰。化爲頗梨珠。赤眞珠者。佛地論云。赤虫所出。名赤眞珠。或珠體赤。名赤眞珠。眞諦釋云。卽無價寶珠也。阿濕摩揭拉婆者。舊云馬瑙。眞諦釋云。是赤色寶。無性攝論云。是帝靑大靑等寶。解云。帝靑是帝釋靑色寶。大靑是帝釋勝靑色寶。牟婆洛揭拉婆者。舊云車渠。眞諦釋云。是紺色寶。

1) ㉠『稱讚淨土佛攝受經』 권1(T12, 349a4)에는 '婆'가 '娑'로 되어 있는데, '파'라는 음으로 읽힌 용례가 더 많으므로 그대로 두었다.

또 『대지도론』에서는 다음과 같이 말한다. "보배에는 세 가지가 있으니 인보人寶・천보天寶・보살보菩薩寶이다. 인보는 힘이 약하고 오직 청정한 빛깔만 있다. 이것은 독을 제거하고 귀신을 제거하며 어둠을 제거하기도 하고, 또한 기갈・추위・더위 따위의 갖가지 고통을 제거한다. 천보는 크고도 뛰어나다. 이것은 항상 천신의 몸에 따라다니며 명령할 수도 있고 함께 말할 수도 있으며, 가벼워서 무겁지 않다. 보살보는 천보보다 뛰어나며 인보와 천보의 일을 아울러 할 수 있다. 또 일체의 중생들로 하여금 여기서 죽고 저기서 나게 되는 인연의 본말에 대해 알도록 할 수 있다.……또 (보살보는) 갖가지 법음法音을 내게 할 수 있다.……이하 생략……"[195]

또 그 논에서 다시 다음과 같이 말한다. "문 이 모든 진귀한 보배는 어디에서 나오는가? 답 금은 산이나 돌이나 모래나 붉은 동에서 나오고, 진

[195] 『大智度論』 권10(T25, 134a5).

주는 물고기의 배 속이나 대나무 속이나 뱀의 뇌에서 나오며, 용주는 용의 뇌에서 나오고, 산호는 바닷속 석수石樹[196]에서 나오며, 옥패玉貝[197]는 충갑虫甲에서 나오고, 은은 불태운 광석(燒石)에서 생긴다. 나머지 유리와 파리 등은 모두 산의 굴속에서 나온다. 여의주如意珠는 부처님의 사리에서 나오는데, 법이 다 사라질 때쯤이면 모든 사리들이 다 여의주로 변하니, 비유하면 천년이 지난 얼음이 파리주로 변하는 것과 같다. 이와 같은 보배들은 사람에게 있는 영원한 보배로서, 부처님이 장엄하신 모든 국토에서 이것들이 가장 뛰어나며, 천신들은 얻을 수 없는 것이다. 어째서 그러한가? 이것들은 (부처님의) 위대한 공덕에서 생겨난 것이기 때문이다."[198]

『대업론』에서는 '칠보는 모두 돌에 속하는 것'이라고 하였다.[199]

又智度論云。寶有三種。謂人寶。天寶。菩薩寶。人寶力少。唯有淸淨光色。除毒。除鬼。除闇。亦除飢渴寒熱等[1)]苦。天寶亦大亦勝。常隨逐天身。可使令。共[2)]語。輕而不重。菩薩寶勝於天寶。能兼有人天寶事。又能令[3)]衆生知死此生彼因緣本末。又復能出種種法音。乃至廣說。又彼復云。問曰。是諸珍寶。從何處出。答曰。金出山石沙赤銅中。眞珠出魚腹中。竹中。蛇腦中。

---

196 석수石樹 : 산호수珊瑚樹를 말한다. 『翻譯名義集』 권3(T54, 1105c6)에서는 다음과 같이 말한다. "대진大秦 서남西南의 장해漲海 가운데 7~8백 리는 되는 곳에 산호주珊瑚洲가 있다. 그 주 밑바닥에 반석盤石이 있고 산호가 그 위에서 생겨난다. 사람들이 철망으로 그것을 채취한다. 『任昉述異記』에서 말하길, 산호수珊瑚樹는 벽색碧色이고 해저에서 생겨난다. 한 그루에 열 개의 가지가 있고 가지 사이에 잎사귀는 없다. 큰 것은 높이가 5~6척尺이고, 작은 것은 1척 남짓이다."
197 옥패玉貝 : 원문은 '생패生貝'로 되어 있는데, 보석의 이름으로서 '생패'가 쓰인 용례는 드물다. 가령 『大智度論』 권10(T25, 134a5)과 『舍利弗阿毘曇論』 권11(T28, 600a22) 등에는 유사한 문맥에서 모두 '옥패'라는 이름이 나온다. 또 『三彌勒經疏』 권1(T38, 314a21)에는 '眞珠出虫甲中'이라는 문구가 나오는데, '옥패'란 아마도 '진주'와 비슷한 보석을 가리키는 듯하다.
198 『大智度論』 권10(T25, 134a17).
199 급다笈多 외 공역, 세친世親의 『攝大乘論釋論』 권10(T31, 318a26) 참조.

龍珠出龍腦中。珊瑚出海中石樹。生[4)]貝生[5)]虫甲。[6)] 銀生燒石。餘瑠璃頗梨等。皆出山窟中。如意珠出自佛舍利。若法沒盡時。諸舍利皆變爲如意珠。譬如過千歲冰化爲頗梨珠。如是等諸寶。是人中常寶。所[7)]莊嚴一切國土。是最殊勝。諸天所不能得。何以故。從大功德所生故。大業論云。七寶皆是石所攝也。

1) ㉯『大智度論』권10(T25, 134a8)에는 '等' 다음에 '種種'이 있다. 2) ㉯『大智度論』권10(T25, 134a9)에 따르면, '共' 앞에 '可'가 누락되었다. 3) ㉯『大智度論』권10(T25, 134a10)에는 '令' 다음에 '一切'가 있다. 4) '生'은 '玉'인 듯하다.『大智度論』권10(T25, 134a19)의 교감주에 '生'은 '玉'으로 된 곳도 있다고 하였다. 자세한 것은 해당 번역문 주석 참조. 5) ㉯『大智度論』권10(T25, 134a19)에 따르면, '生'은 '出'의 오기다. 6) ㉯『大智度論』권10(T25, 134a20)에는 '甲' 다음에 '中'이 있다. 7) ㉯『大智度論』권10(T25, 134a23)에 따르면, '所' 앞에 '佛'이 누락되었다.

(나) 빛을 놓아 무변계를 비춤을 밝힘

경 큰 광명을 놓아 모든 가없는 세계를 널리 비추며,

放大光明。普照一切無邊世界。

석 (현색원만을 설한 두 구 중에서) 두 번째 구인 '빛을 놓아 널리 비춤'을 밝힌 것이다.

친광은 다음과 같이 해석한다. 〈타수용토에서는 (그 대궁전의) 체가 두루 미치지는 않지만 빛으로 널리 비추고, 자수용토에서는 (그 대궁전의) 체가 두루 미치기 때문에 빛도 널리 비춘다.〉[200] 세친은 '전에 말한 칠보들이 빛을 널리 비추는 것'이라고 해석하였다.[201] 무성의『섭대승론석』도

---
200 『佛地經論』권1(T26, 293a17) 참조.
201 세친의『攝大乘論釋』권10(T31, 377a6) 참조.

앞의 두 가지 해석을 갖추고 있다.

釋曰。明第二句放光普照。親光釋云。他受用土。體雖不遍。以光普照。自受用土。以體遍故。光亦普照。世親釋云。謂前七寶。於光普照。無性釋論。具上二釋。

나) 형색形色의 원만

경 한량없는 방소의 오묘한 장식들이 사이마다 펼쳐 있고,

無量方所妙飾間列。

석 이것은 두 번째로 형색形色[202]의 원만함을 나타낸 것이다.
"방소方所"란 가령 화려한 천정(綺井) 같은 것들을 말하고, "오묘한 장식들"이란 가령 꽃무늬 같은 것들을 말한다.

친광은 다음과 같이 해석한다. "대궁전에는 한량없는 방소에 오묘한 장식이 사이마다 펼쳐 있다. 【여기서 '한량없는'은 '방소'를 수식하는 말이다.】 또는 대궁전에는 한량없는 오묘한 장식들이 사이마다 펼쳐져 있다. 【여기서는 '한량없는'은 '오묘한 장식'을 수식하는 말이다.】 한량없다는 것은 수가 한량없다는 말이거나 또는 처소가 한량없다는 말이다."[203]

해 여기서 '수가 한량없다'는 것은 앞에서 말한 '한량없는 오묘한 장식'에 대해 거듭 해석한 것이고, '처소가 한량없다'는 것은 앞에서 말한 '한량

---

202 형색形色(Ⓢ saṃsthānarūpa) : 눈으로 파악되는 형태나 모양을 가리키며, 물질의 모양을 만들어 내는 극미를 가리킨다. 이 형색에는 장長, 단短, 방方, 원圓, 고高, 하下, 정正, 부정不正 등의 여덟 종류가 있다.
203 『佛地經論』 권1(T26, 293a21) 참조.

없는 방소'에 대해 거듭 해석한 것이다. 세친과 무성도 친광과 똑같이 해석한다.

> 釋曰。此顯第二形色圓滿。言方所者。如綺井等。言妙餝者。如華文等。親光釋云。謂大宮殿。妙餝間列。無量方所。【此釋無量。屬於方所。】或大宮殿。無量妙餝。方所間列。【此釋無量。屬於妙餝。】言無量者。或數無量。或處無量。解云。此中數無量者。重釋前云無量妙餝。處無量者。重釋前云無量方所。世親無性。亦同親光。

(가) 스무 가지 색을 기준으로 현색과 형색을 분별함

이상으로 이미 현색·형색 두 가지 색에 대해 해석했다. 그런데 이 두 가지 색에는 차별이 있으니, 『구사론』 등에 의거해 두 문으로 분별하겠다. 첫째는 스무 가지 색을 기준으로 현색과 형색을 분별하는 것이고, 둘째는 현색과 형색을 서로 대응시켜 네 구로 분별하는 것이다.

> 上來已釋顯形二色。然此二色。有差別者。依俱舍等。二門分別。一約二十色。分別顯形。二顯形相對。四句分別。

스무 가지 색으로 현색과 형색을 분별하겠다.

예를 들면 『구사론』 제1권에서는 게송으로 "색은 두 가지거나 스무 가지다."라고 하였고, 장행으로 다음과 같이 해석하였다. "색은 '두 가지'라고 했는데, 첫째는 현색이고 둘째는 형색이다. 현색은 네 가지니, 즉 청·황·적·백이다. 나머지 현색은 이 네 가지 색의 차별이다. 해 '나머지'란 빛(光)·그림자(影)·밝음(明)·어둠(闇)·연기(烟)·구름(雲)·먼지(塵)·안개(霧)이니,[204] 모두

---

204 유부에 의하면, 빛(光)·그림자(影)·밝음(明)·어둠(闇)·연기(烟)·구름(雲)·먼지(塵)·

청(·황·적·백의) 차별적 색들이다. 햇빛을 '빛'이라 하고, 나머지 빛은 '밝음'이라 한다. 어떤 이는 빛은 황색에 속한다고 하고, 어떤 이는 적색이라 하며, 어떤 이는 황적색이라 한다. 지금 해석하면 그렇지 않다. 빛과 밝음이라는 두 가지 색은 모두 네 가지 색에 통한다. 그림자와 어둠은 청색이고, 연기·구름·먼지·안개는 모두 네 가지 색에 통한다. 또는 안개는 청백색에 속한다고 할 수도 있다.】 형색은 여덟 가지이니, 장長·단短·방方·원圓·고高·하下·정正·부정不正이다.²⁰⁵ 다시 '스무 가지 색'이라 한 것은, 청·황·적·백·빛·그림자·밝음·어둠·구름·연기·먼지·안개·장·단·방·원·고·하·정·부정이다. 어떤 다른 논사는 '공일현색空一顯色'²⁰⁶이 스물한 번째 색이라고 한다."²⁰⁷ 구체적인 설명은 그 논과 같다.

二十色辨顯形者。如俱舍論初卷頌云。色二或二十。長行釋云。言色二者。一顯。二形。顯色有四。青黃赤白。餘顯是此四色差別。【解云。餘者。光影明闇。烟雲塵霧。皆是青等之差別也。日光名光。餘光名明。有云。光者。黃色所攝。有云。赤色。有云。黃赤。今解不爾。光明二種。皆通四色。影闇是青。烟雲塵霧。皆通四色。或可霧是青白所攝。】形色有八。謂長短方圓。高下正

안개(霧) 등은 모두 '현색', 즉 눈에 의해 파악되는 색깔의 종류들이다. 이 중에서 '빛'은 태양의 불꽃에서 나오는 '햇빛'을 가리키는 것이고, '밝음'이란 그밖의 달·별·화약·보주寶珠·번개 등 번쩍임(焰)에서 나오는 밝음을 가리킨다. 빛의 밝음을 가로막아서 생기는 것으로서 그 가운데서도 다른 색들을 볼 수 있는 경우는 '그림자'라고 하고, 그렇지 않은 경우를 '어둠'이라 한다. 이상은 『俱舍論』 권1(T29, 2c1) 참조.

205 장長·단短·방方·원圓·고高·하下·정正·부정不正 등은 모두 사물의 모양을 이루는 극미들을 가리킨다. 가령 어떤 물체의 모양이 '길게' 보인다면, 이는 '장'의 극미가 적집했기 때문이다. 이 중에서 정正이란 모양이 평평한 것이고, '부정'이란 모양이 평평하지 않고 울퉁불퉁한 것을 말한다.

206 공일현색空一顯色 : 먼 상공을 바라볼 때 보이는 순수한 빛깔을 말한다. 이에 대해 『俱舍論記』 권1(T41, 16c28)에서는 다음과 같이 말한다. "묘고산妙高山의 사변四邊의 공중에서 보이는 각기 하나의 현색顯色을 '공일현색'이라 한다. 따라서 『順正理論』 제34권에서는 '공일현색이란 공중의 소미로蘇迷盧산에서 나타나는 순색純色을 말한다'고 하였다."

207 『俱舍論』 권1(T29, 2b24).

不正。復說二十者。謂靑¹⁾赤白。光影明闇。雲烟塵霧。長短方圓。高下正不正。有餘師說。空一顯色。第二十一。釋諸色相。具說如彼。

1) ⓨ『俱舍論』 권1(T29, 2b27)에 따르면, '靑' 다음에 '黃'이 누락되었다.

(나) 형색과 현색을 네 구로 분별함

(현색과 형색을 서로 대응시켜) 네 구로 분별하겠다.

예를 들면 저 『구사론』에서 다음과 같이 설한다. "어떤 색처에는 현색은 있어도 형색은 없으니, 청·황·적·백·빛·그림자·밝음·어둠을 말한다.²⁰⁸ 어떤 색처에는 형색은 있어도 현색은 없으니, 장長 등의 일부인 신표업身表業의 자성을 말한다.²⁰⁹ 어떤 색처에는 현색도 있고 형색도 있으니, 그 나머지 색을 말한다."²¹⁰

言四句者。如彼論說。或有色處。有顯無形。謂靑黃赤白光影明闇。或有色處。有形無顯。謂長等一分身表業性。或有色處。有顯有形。謂所餘色。

그런데 이 네 구에 대해 여러 설들이 같지 않다.

첫 번째, 진제 삼장은 다음과 같이 말한다. 첫째는 현색이지만 형색은 아닌 것이니, 예를 들면 수미산의 사방 공중의 청색 등과 같은 현색이다.

---

208 청·황·적·백·빛·그림자·밝음·어둠 등은 단지 순수하게 색깔로서 인식되는 것이지 어떤 특정한 형태를 통해서 인식되는 것은 아니다. 따라서 이것은 물질(色) 중에서 오직 현색이지 형색은 아닌 것에 해당한다.

209 여기서 '장長 등의 일부인 신표업身表業의 자성'이라고 한 것은 오직 '형색'만을 본질로 하는 색色의 예를 든 것이다. 이 문구는 설일체유부에서 행해진 신표업에 관한 독특한 견해를 살펴봄으로써 이해될 수 있다. 유부에 의하면, 신표업의 본질은 신체적 형태(身形)다. 예를 들어 손발을 오므렸다 폈다 하는 경우처럼, 신체적 행위의 본질은 신체상의 여러 가지 형태가 나타나는 것이다. 그런 특정한 형태는 장·단·방·원 등과 같은 형색의 극미에 의해 산출되는 것이다. 따라서 신표업의 자성은 형색이라고 한다.

210 『俱舍論』 권1(T29, 2c4).

둘째는 형색이지만 현색은 아닌 것이니, 예를 들면 신표색身表色(신표업) 같은 것이다. 셋째는 현색이기도 하고 형색이기도 한 것이니, 예를 들면 비유에 나온 청색·황색 등과 같은 것이다. 넷째는 현색도 아니고 형색도 아닌 것이니, 예를 들면 무표색無表色[211] 같은 것이다.

두 번째, 대당 삼장은 '지智를 생기게 한다'는 뜻에 의거해서 네 구로 분별하였다. (첫째) 만일 흰색을 담가서 청색으로 염색하는 경우, 형태는 바뀌지 않으므로 오직 현색에 대한 지(顯智)는 생기지만 형색에 대한 지(形智)는 생기지 않는다. 이러한 것을 '현색이지만 형색은 아닌 것'이라 했다. (둘째) 그것을 자르기는 해도 염색하지 않는 경우, 다만 형색에 대한 지는 있어도 현색에 대한 지는 생기지 않는다. 이와 같은 것을 '형색이지만 현색은 아닌 것'이라 했다. (셋째) 그것을 염색하여 자르는 경우, 형색과 현색에 대한 지가 생긴다. 이는 『순정리론』에서 말한 경우와 같다. "저 멀리 검은 깃발을 보면서, '이것은 까마귀이지 깃발이 아니다'라고 하거나, '깃발이지 까마귀가 아니다'라고 하기도 한다. 이와 같은 것을 현색이기도 하고 형색이기도 한 깃이라 한다."[212] (넷째) 현색도 아니고 형색도 아닌 것은 예를 들면 공계색空界色[213] 등이다.

---

211 무표색無表色 : 소승의 설일체유부에 의하면, 무표색은 신업과 구업으로 인해 내 몸 안에서 무형의 색법이 일어난 것을 말한다. 이것은 밖으로 나타낼 수 없기 때문에 '무표'라고 하고, 또 몸 안의 지·수·화·풍 등의 사대에 의해 생기는 것이기 때문에 '색'이라고 한다. 비록 색이라고는 해도 다른 색법들처럼 보여질 수 있는 성질이나 물리적 장애 등을 가진 것은 아니다. 유부에서는 이 무표색은 모두 4대종에 의해 만들어진 것이므로 실색實色이라고 간주하고, 11종의 색에 포함시킨다. 경량부와 대승의 유식종에서는 그것의 실재성을 인정하지 않고, 다만 강력한 사思의 심소가 유발한 선악의 표업에 의해 훈성熏成된 종자 상에서 가립한 것이라고 한다.
212 『順正理論』 권34(T29, 538c5).
213 공계색空界色 : 『俱舍論』 권1(T29, 6c9)에 따르면, 문이나 창 또는 입이나 코 등과 같은 모든 내외의 규극竅隙, 즉 구멍이나 틈을 일컬어 '공계空界'라고 한다. 이러한 공계는 오직 명암으로만 파악되기 때문에 명암을 본질로 하는 현색의 일종이라고 한다.

然此四句。諸説不同。一眞諦三藏云。一顯而非形。如須彌山四方空中。青
等顯色。二形而非顯。謂身表色。三亦顯亦形。如譬等中。青黃等色。四非
顯非形。如無表色。二形而非顯謂身表色。[1] 二大唐三藏。約生智義。以辨四
句。如一込白染青色時。而形不改。唯生顯智。形智不生。如是名爲顯而非
形。若其截割而不染者。但有形智。顯智不生。如是名爲形而非顯。若其染
截。形顯智生。如正理説。遙見黑幡。作如是言。是烏非幡。幡非烏等。如是
名爲亦顯亦形。非顯非形者。如空界色等。

1) ㉑ '二形而非顯謂身表色' 여덟 글자는 잉자인 듯하다.

그런데 네 번째 구에 대해 여러 학설이 같지 않다. 『대비바사론』에 의하면, 본래 두 학설이 있다. 한편에서는 공계색이 네 번째 구가 된다고 하고,[214] 한편에서는 현색도 아니고 형색도 아닌 것은 없다고 한다.[215] 『순정리론』에 의하면, 성·향·미·촉과 무표색이 네 번째 구가 된다.[216] 『식신족론』에서는 오근五根과 사진四塵과 무표색이 네 번째 구가 된다.[217]

---

214 『大毘婆沙論』 권122(T27, 635a7)에서 어떤 경우는 다음과 같이 네 구로 분별한다. "현색은 알려지지만 형색은 알려지지 않는 것(顯可了非形)이란 청·황·적·백, 그림자·빛·밝음·어둠을 말한다. 형색은 알려지지만 현색은 알려지지 않는 것(形可了非顯)이란 신표색을 말한다. 현색과 형색이 둘 다 알려지는 것(顯形俱可了)이란 그 밖의 현색이나 형색이 둘 다 알려지는 색이다. 현색도 형색도 둘 다 알려지지 않는 것(顯形俱不可了)이란 공계색空界色을 말한다."

215 『大毘婆沙論』 권13(T27, 64a11)에서 어떤 경우는 다음과 같이 네 구로 분별한다. "이와 같은 색들 중에 어떤 것은 현색이 있어서 알려지는 것이지 형색이 있어서 알려지는 것은 아니니, 청·황·적·백, 그림자·빛·밝음·어둠, 공일현색空一顯色을 말한다. 어떤 것은 형색이 있어서 알려지는 것이지 현색이 있어서 알려지는 것은 아니니, 신표업身表業을 말한다. 어떤 것은 현색과 형색이 있어서 알려지는 것이니, 그 밖의 열두 종류 색을 말한다. 현색도 형색도 아니기 때문에 알려지는 것이란 존재하지 않는다."

216 『順正理論』 권34(T29, 538c7) 참조.

217 『識身足論』 권11(T26, 583a14)에서는 다음과 같은 네 구로 분별한다. "현색은 있고 형색은 없는 것(有顯無形)이란 청·황·적·백, 그림자·빛·밝음·어둠, 공일현색空一顯色을 말한다.……형색은 있고 현색은 없는 것(有形無顯)이란 신표업을 말한다. 현

또 『구사론』에서 다음과 같이 말한다. "어떤 다른 논사는 이렇게 말한다. 오직 빛(光)·밝음(明)이라는 색에만 현색은 있고 형색이 없으니, 현재 세간에서 보면 청색 등이 있는 곳에는 '장長' 등의 형색이 있기 때문이다.²¹⁸【이것은 살바다종의 두 번째 논사의 설이다.】"²¹⁹

然第四句. 諸說不同. 依毗婆沙. 自有兩說. 一云. 空界色. 爲第四句. 一云. 非顯非形者. 無也. 若依正理. 聲香味觸. 及無表色. 爲第四句. 識身足論. 五根四塵. 及無表色. 爲第四句. 又俱舍云. 有餘師說. 唯光明色. 有顯無形. 現見世間靑等色處. 有長等故.【此是薩婆多第二師說.】

문 살바다종에서는 현색과 형색은 별개의 체라고 하는데, 어째서 '현색이기도 하고 형색이기도 하다'고 하는가?

해 『구사론』에는 이에 대한 문답이 있으니, 그 논에서는 다음과 같이 말한다. "어떻게 하나의 실체(一事: 극미)에 현색과 형색이 함께 있을 수 있는가?【경부 논사 등이 살바다종에게 물은 것이다.】 이 실체에서 둘 다 알려질 수 있기 때문이다. '이 실체에 (현색과 형색이) 있다'는 것은 (그 둘에 대한) 지智가 있다는 뜻에서 한 말이지 (하나의 실체에 그 두 가지) 경계(境)가 있다는 뜻에서 한 말은 아니다."²²⁰ 살바다 논사의 대답은, 하나의 처소에

색도 있고 형색도 있는 것(有顯有形)이란 현색도 있고 형색도 있는 모든 색을 말한다. 현색도 없고 형색도 없는 것(無顯無形)이란 현색도 없고 형색도 없는 모든 색을 말한다." 여기서 네 번째 구에 해당하는 '현색도 없고 형색도 없는 모든 색'이란, 가령 색법들 중에서 성聲·향香·미味·촉觸처럼 안식의 경계를 제외한 나머지 네 경계들(四塵), 또 직접 지각되지는 않지만 작용을 통해서 그 존재가 알려지는 다섯 가지 감각 기관들(五根), 그리고 무표색 등을 말한다.
218 오직 빛(光)·밝음(明)만 현색은 있어도 형색은 없는 경우에 해당하고, 그 밖의 청·황·적·백·그림자·어둠 등에는 현색뿐만 아니라 형색도 존재한다는 것이다.
219 『俱舍論』 권1(T29, 2c7).
220 『俱舍論』 권1(T29, 2c8).

서 새롭게 지가 생긴다는 뜻에 의거해서 형색과 현색이 있다고 한 것이지, 하나의 체에 두 가지 경계가 있다는 뜻은 아니다.[221] 대당 삼장도 이에 의거해서 설한다.

> 問。薩婆多顯形別體。如何說云亦顯亦形。解云。俱舍有此問答。故彼論云。如何一事。具有顯形。【經部師等。問薩婆多宗。】由於此中。俱可知故。此中有者。是有智藏。[1] 非有境義。薩婆多師答。於一處所。約新生智故。名爲形顯。非於一體有二境義。大唐三藏。依此而說。
>
> 1) ㉠『俱舍論』권1(T29, 2c9)에 따르면, '藏'은 '義'의 오기다.

이제 대승에 의하면 (색법의) 종류와 개수가 여러 논들마다 다르다.

『유가사지론』에 의하면 24색이 있으니, 따라서 제1권에서 다음과 같이 말한다. "간략히 설하면 세 가지이니, 현색과 형색과 표색表色[222]이다. 현색이란 청·황·적·백·빛·그림자·밝음·어둠·구름·연기·먼지·안개 및 공일현색空一顯色을 말한다. 형색이란 장·단·방·원·추·세·정·부정·고·하 등의 색을 말한다. 표색이란 잡기(取), 버리기(捨), 굽히기(屈), 펴기(申), 가기(行), 머물기(住), 앉기(坐), 눕기(臥), 이와 같은 색들을 말한다."[223]

---

221 살바다종의 논사들에 의하면, '현색과 형색이 둘 다 있다'고 한 것은 그 두 가지가 동시에 인식될 수 있음을 뜻하는 말이지, 그 두 가지가 하나의 극미의 형태로 동시에 존재할 수 있음을 뜻하는 말은 아니다. 그 둘은 동시에 알려지기 때문에, 안처소섭색 眼處所攝色은 그 둘을 본질로 한다고 주장한다. 이에 반해 경량부에서는 현색만이 실재할 뿐 형색은 그 현색들의 화합물에 나타난 가상의 모양에 의거해 가립된 개념일 뿐이라고 한다.『俱舍論』권1(T29, 2c5), 같은 책 권13(T29, 68b1) 참조.
222 표색表色 : 눈으로 파악되는 경계를 색깔과 형태로 구분했을 때, 순수하게 색깔로만 인식되는 색법을 현색顯色이라 하고, 모양으로만 인식되는 색법을 형색形色이라 한다. 그런데 '굽히거나 펴거나' 하는 등 신체적 동작, 즉 신업身業 상에 나타난 모양(형색)들은 앞의 것과 구별되는 별도의 색법이라고 보았기 때문에 이것을 '표색'이라 가립한다.
223 『瑜伽師地論』권1(T30, 279b4).

해 스물네 가지 색이 있지만, 네 구로 분별하면 오직 세 구만 있다. 첫째는 현색이지만 형색은 아닌 것이니, 이는 열세 가지가 있다. 둘째는 형색이지만 현색은 아닌 것이니, 이는 열 가지가 있다. 셋째는 현색도 아니고 형색도 아닌 것이니, 표색을 말한다.

今依大乘。種數多少。諸論不同。若依瑜伽。二十四色。故第一云。略說有三。謂顯色形色表色。顯色者。謂靑黃赤白。光影明闇。雲烟塵霧。及空一顯色。形色者。謂長短方圓。麤細正不正高下。[1] 表色者。謂取捨屈申。行住坐臥。如是等色。解云。雖二十四色。四句分別。唯有三句。一顯而非形。有十三。二形而非顯。有十種。三非顯非形。謂表色。

1) ㉭『瑜伽師地論』권1(T30, 279b7)에는 '下' 다음에 '色'이 있다.

『현양성교론』에도 스물네 가지 색이 나오니, 따라서 제1권에서 다음과 같이 말한다. "현색이나 형색이나 표색이란 어떤 것인가? 청·황·적·백 등의 이와 같은 현색들, 장·단·방·원·추·세·고·하·정·부정, 연기·구름·먼지·안개·빛·그림자·밝음·어둠, 공일현색, 저 영상影像의 색을 말한다."[224]

해 『현양성교론』의 말은 차이가 있지만 의미는 『유가사지론』과 동일하다. 따라서 그 논에서 언급된 '이와 같은(如是等)'이란 말은 뒤에서 언급한 '구름·연기' 등의 문구까지를 취한 것이다.[225] '영상의 색'이란 표색을 말한다.

---

224 『顯揚聖敎論』권1(T31, 483c14) 참조.
225 『顯揚聖敎論』의 인용문에서 먼저 네 가지 현색들, 즉 "청·황·적·백"을 언급하고, 그 다음에 형색의 종류를 거론하고 나서, 다시 나머지 여덟 가지 현색들, 즉 "연기·구름·먼지·안개·빛·그림자·밝음·어둠"을 언급했기 때문에, "이와 같은 현색들"이라는 말은 나중에 열거된 여덟 가지 현색들도 함께 다룬 것이라고 말한 것이다.

『잡집론』에 의하면 스물다섯 가지 색이 있으니, 스물네 가지에 형색逈
色²²⁶을 더한 것이다. 나머지는 『유가사지론』과 동일하다. 그런데 네 구의 차
별을 분별하지 않았지만, 『유가사지론』과 동일하다 해도, 이치에 어긋나는
것은 없다.²²⁷

依顯揚論。亦二十四。故初卷云。若顯色。若形色。若表色。云何。青黄赤白
如是等顯。長短方圓。麤細高下。正及不正。烟雲塵霧。光影明闇。若空一
顯色。若¹⁾影像之色。解云。顯揚言雖有異。意同瑜伽。故彼所說如是等言。
等取後說雲烟等句。影像之色。卽是表色。依雜集論。二十五色。更加逈²⁾
色。餘同瑜伽。而不分別四句差別。同瑜伽論。於理無違。

1) ㉥ 『顯揚聖敎論』 권1(T31, 483c19)에는 '若' 다음에 '彼'가 있다. 2) ㉢ '廻'는 '逈'
인 듯하다. ㉥ 『雜集論』에 따르면 '逈'이 바르다.

다) 분량分量의 원만

경 그 둘레가 끝이 없어 그 분량을 헤아리기 어려우며,

周圓無際其量難測。

---

226 형색逈色 : 이에 대해 중국 주석가들의 해석이 분분하다. 어떤 이는 허공을 가리킨다
고 하나, 그와 다른 것이라는 해석도 있다. 어쨌든 허공처럼 전혀 감지할 만한 물리
적 질애를 갖지 않는 어떤 것을 가리킨다. 『雜集論』 권1(T31, 696a28)에는 "형색이
란 질애나 감촉을 떠난 공간으로 파악되는 것이다.(逈色者。謂離餘礙觸方所可得。)"라
고 하였다.
227 『雜集論』에 나온 25종의 색법 중에서 형색을 제외하고 나머지 24종류 색법을 네 개
의 구로 정리해 보면, 앞의 『瑜伽師地論』과 마찬가지로 오직 세 개의 구만 있다. 말하
자면 현색이지만 형색은 아닌 것은 13종류이고, 형색이지만 현색은 아닌 것은 10종
류이며, 현색도 아니고 형색도 아닌 것은 표색이다.

석 이것은 세 번째로 분량分量의 원만함을 나타낸 것이다. 친광 보살은, 먼저 세 가지 의미에서 그것의 '측량하기 어려움'을 해석하였고, 나중에는 두 가지 국토에 의거해 '측량하기 어려움'을 분별하였다.

> 釋曰。此顯第三分量圓滿。親光菩薩。先以三義。釋其難測。後約二土。分
> 別難測。

(가) 세 가지 의미로 측량하기 어려움을 해석함

'세 가지 의미'라고 한 것은 다음과 같다. 한편에서는 그 분량의 둘레가 끝이 없어서 측량하기 어렵다고 한다. 한편에서는 그 분량이 끝이 없어서 그 둘레를 측량하기 어렵다고 한다. 세 번째에 해당하는 하나의 의미는 '시방十方' 등에 의거해서 측량하기 어려움을 해석하는 것이다.

따라서『불지경론』에서 다음과 같이 말한다. "대궁전은 그 분량의 둘레가 끝이 없어서 헤아리기 어렵다. 혹은 대궁전은 그 분량이 끝이 없어서 그 둘레를 헤아리기 어렵다. 또 동방東方 등의 분제分齊가 없기 때문에 길고 짧은 따위의 상相을 측량하기 어렵다."²²⁸

> 言三義者。一云。其量周圓無際難測。一云其量無際周圓難測。第三一義。
> 約十方等。以釋難測。故佛地云。謂大宮殿。其量周圓。無際難測。或大宮
> 殿。其量無際。周圓離測。又東方等分齊無故。長短等相難可測故。¹⁾

1) ㉚『佛地經論』권1(T26, 293b6)에 따르면, '故'는 '量'의 오기다. '故'는 문맥상 어색하므로 삭제해야 한다.

(나) 국토에 의거해 측량하기 어려움을 해석함

228『佛地經論』권1(T26, 293b4).

나중에는 두 가지 국토에 의거해서 '측량하기 어려움'을 해석했는데, 이에 세 논사의 해석이 있다. 따라서 『불지경론』에서는 다음과 같이 말한다.

後約二土。釋難測者。有三師釋。故佛地云。

어떤 이는 다음과 같이 주장한다. 〈여래의 수용신의 국토는 교화되는 중생의 근기에 맞춰서 나타난 것이니 혹은 크기도 하고 혹은 작기도 해서 그 분량이 일정하지 않다. 비록 광대하게 현현한다 해도 역시 한계가 있는데, 지전地前 보살의 지智 등에 의거해서 '끝이 없어 그 분량을 측량하기 어렵다'고 설한 것이다.〉

어떤 이는 다음과 같이 주장한다. 〈여래의 수용신의 국토는 삼무수겁 동안 닦았던 무한한 선근에 의해 일으켜진 것으로 법계에 두루 편재한다. 지상地上보살과 모든 여래들도 그 분량의 한계를 측량하기 어려우니, 그것은 가없기 때문이다. 이는 마치 시작 없는 때와 같다.〉

진실한 의미에서는 다음과 같다. 〈수용신의 국토는 대략 두 종류가 있다. 첫째는 자수용이다. 말하자면 모든 여래가 무수겁 동안 닦았던 무한한 선근에 의해 일으켜진 것으로 법계에 두루 편재하고, 여래가 스스로 대법락大法樂을 수용하기 위한 것이다.[229] 이것은 처음 깨달음(佛)을 얻었을 때부터 미래가 다하도록 상속하면서 변함이 없다. 가령 모든 공덕이 있는 모든 대보살이라도 또한 그것을 볼 수는 없고 단지 (그에 대해) 들을 수만 있다. 이와 같은 정토는 한계가 없기 때문에 제불은 보기

---

[229] 수용신受用身은 삼신三身의 하나로서 이것은 다시 자수용신自受用身과 타수용신他受用身으로 나뉜다. 이 중에서 자수용신은 부처님 자신이 법락을 홀로 향수하는 몸으로서 다른 사람에게는 보이지 않는다. 이러한 자수용신에 의해 수용되는 자수용의 국토 또한 부처님 스스로 수용하는 국토이므로 대보살이라 해도 볼 수가 없다.

는 해도 또한 그 분량의 한계를 측량할 수 없다. 둘째는 타수용이다. 말하자면 모든 여래가 모든 지상보살들로 하여금 대법락을 수용하고 더 나아가 뛰어난 행을 닦도록 하기 위해서 근기에 맞춰서 나타낸 것이다.[230] 혹은 수승하기도 하고 혹은 하열하기도 하며 혹은 크기도 하고 혹은 작기도 하여, 바뀌고 변하여 일정하지 않으니, 마치 변화토와 같다. 이와 같은 정토는 한계가 있기 때문에 지상보살과 모든 여래는 다 그 분량을 측량할 수 있지만, 단 지전보살에 의거해서 '측량할 수 없다'고 말했다. 이런 두 종류 차별이 있기 때문에 '그 둘레가 끝이 없어 그 분량을 측량하기 어렵다'고 한 것이다.〉"[231]

有義。如來受用身土。隨所化生所宜而現。或大或小。其量無定。顯[1]現廣大。亦有邊際。然就地前菩薩智等。說言無際其量難測。有義。如來受用身土。三無數劫所修無邊善根所感。周遍法界。地上菩薩。及諸如來。亦不能測其量邊際。以無邊故。如無始時。如實義者。受用身土。略有二種。一自受用。謂諸如來。三無數劫所修無邊善根所感。周遍法界。爲自受用大法樂故。從初得佛。盡未來際。相續無變。如諸功德諸大菩薩。亦不能見。但可得聞。如是淨土。以無量故。諸佛雖見。亦不能測其量邊際。二他受用。謂諸如來。爲令地上諸菩薩衆受大法樂。進修勝行。隨宜而現。或勝或劣。或大或小。改轉不定。如變化土。如是淨土。以有邊故。地上菩薩。及諸如來。皆測其量。但就地前。言不能測。由是二種差別故。言周圓無際其量難測。

---
1) ㉠『佛地經論』권1(T26, 293b7)에 따르면, '顯'은 '雖'의 오기다.

---

230 부처님이 수용하고 있는 법락을 다른 보살에게 보여주었을 때 이처럼 보살들에게 보인 몸을 타수용신他受用身이라고 한다. 이 타수용신은 초지初地 이상의 보살들에게만 보인다고 하는데, 타수용신이 수용하는 국토 또한 십지 이상의 불보살들의 근기에 맞춰 다양하게 나타난다.
231 『佛地經論』권1(T26, 293b6).

무성은 『불지경론』의 세 가지 의미 중에서 처음의 두 가지 부차적 설명(復次)과 동일하게 설한다. 세친은 그것을 해석하지 않았으니, 의미를 알 수 있기 때문이다.

無性卽同佛地三中初二復次。世親不釋。義可知故。

라) 방소方所의 원만

경 삼계의 소행所行²³²의 처소를 넘어서 있고,

超過三界所行之處。

석 이것은 네 번째로 '방소方所의 원만'을 밝힌 것이다.
친광은 다음과 같이 해석하였다. "대궁전의 처소와 구역들은 삼계의 소행의 처소(三界所行之處)를 넘어서 있다. 이는 가령 삼계의 자기 지地에 대한 모든 애착을 자기 소유라고 집착하고, (그로 인해) 소연박所緣縛·상응박相應縛²³³ 두 가지 속박이 따라서 늘어나며, (그로 인해) 그것의 이숙과 및 증상과를 내는 경우와는 같지 않다. 이와 같은 정토는 삼계의 애착에 의해 집수執受되는 것이 아니기 때문에, (그로 인해) 두 가지 속박을 떠났기 때문에, (그로 인해) 그 속박들의 이숙과나 증상과가 아니기 때문에,

---

232 '소행所行'의 범어는 gocara이다. go는 '소', cara는 '걸어 다닌다'는 뜻으로, 본래 소가 걸어 다니는 목초지牧草地를 뜻한다. 인식론적으로는 감각기관이나 지智에 의해 인식되는 '영역' 혹은 '범위'를 뜻한다.
233 소연박所緣縛·상응박相應縛 : 소연박이란 심식이 인식의 대상(所緣) 때문에 그 작용이 제약되어 속박되는 것을 말한다. 예를 들면, 안식은 색만 인식하고 그 외의 성·향 등을 대경으로 하지 못하는 경우를 말한다. 상응박이란 마음이 그와 상응해서 일어나는 견혹見惑이나 수혹修惑에 속박되는 것을 말한다.

마치 열반 등과 마찬가지로 삼계의 이숙과지異熟果地를 넘어서 있는 것이다."[234]

십팔계에 의거해서 '갖춤(具)과 갖추지 않음(不具)'에 대해 문답으로 분별하기도 하는데,[235] 자세한 것은 『불지경론』과 「정토장淨土章」과 같다. 【「정토장」과 「삼신장」을 살펴보니, 십팔계에 의거해 '갖춤과 갖추지 않음'에 대해 문답으로 분별하였다.】

釋曰。此明第四方所圓滿。親光釋云。謂大宮殿處所方域。超過三界所行之處。非如三界自地諸愛執爲已[1]有。所緣相應二縛隨增。是彼異熟及增上果。如是淨土。非三界受[2]所執愛[3]故。離二縛故。非彼異熟增上果故。如涅槃等。超過三界異熟果地。約十八界。問答分別具不具等。廣如佛地及淨土章。【勘淨土章及三身章。約十八界。問答分別有[4]不。】

1) ㉠『佛地經論』권1(T26, 293b25)에 따르면, '已'는 '己'의 오기다. 2) ㉠『佛地經論』권1(T26, 293b27)에 따르면, '受'는 '愛'의 오기다. 3) ㉠『佛地經論』권1(T26, 293b27)에 따르면, '愛'는 '受'의 오기다. 4) ㉠ '有'는 '具'의 오기인 듯하다.

마) 인因의 원만

경 뛰어난 출세간의 선근에 의해 생기한 것이며,

勝出世間善根所起。

석 이것은 다섯 번째로 인因의 원만함을 밝힌 것이다. 친광은 다음과 같이 해석하였다.

---

234 『佛地經論』권1(T26, 293b22).
235 『佛地經論』권1(T26, 293c2) 참조.

釋云。此明第五因圓滿也。親光釋云。

(문) 대궁전은 출세간의 무분별지와 후소득지라는 선근을 원인(因)으로 하여 생기할 수 있으니, 이는 원인 없는(無因) 것도 아니고 대자재천大自在天[236] 등을 원인으로 하는 것도 아니다.[237] 정토는 삼계를 넘어서 있지만 출세간의 무분별지·후소득지와 세간의 정법淨法을 이숙인異熟因으로 삼는데, (그것들이) 그 정토에 대해 이숙인이 된다고 하지 않는 것은 어째서인가?

(답) 그런데 그 밖의 다른 인으로 인해 그것이 생겨날 수 있다. 예를 들면 고법지인품苦法智忍品이 세제일법世第一法을 인으로 하는 경우처럼,[238] 이것은 본래의 무분별지와 후소득지의 무루 선근 종자를 삼무수겁 동안 닦고 넓힌 것을 이 정토가 변현되는 생인生因[239]으로 삼은 것이다.

---

[236] 대자재천大自在天([S] Maheśvara) : 이 천天은 원래 바라문교의 주신인 시바([S] Śiva)인데 이 천을 신봉하는 자들을 대자재천외도大自在天外道라고 한다. 이 외도들은 일인론一因論을 주장하는데, 말하자면 이 천이 일체만물의 주재자로서 이 대자재천이라는 유일한 인에 의해 만물이 생성되어 나온다고 한다.

[237] 유식학적 관점에서는 일체법은 '다른 것에 의존해서 생기는 것(依他起)'인데, 일체법의 발생과 관련해서 가장 대립되는 외도들의 견해가 바로 '원인 없이(無因) 생긴다'는 설, 그리고 '대자재천大自在天과 같은 가장 수승한 원인(勝因)에서 생긴다'는 설이다.

[238] 고법지인苦法智忍은 팔인八忍의 하나로서 욕계의 고제苦諦의 이치를 관하여 고법지苦法智를 얻기 바로 전 순간에 일어나는 인가결정忍可決定의 마음인데, 이것은 견도 십육심見道十六心의 첫 번째 찰나에 해당한다. 이 고법지인은 견도 직전의 단계인 세제일법世第一法의 수행에 의거해서 일어난 것이다. 세제일법이란 사선근四善根의 하나로서, 세간적인 유루법 중에서는 가장 수승한 것을 말한다. 이 세제일법의 마지막 한 찰나를 거쳐 곧장 견도위見道位에 들어간다. 그런데 세제일법은 세간에 속하고 견도부터는 출세간에 속하기 때문에, 위의 인용문에서 '그 밖의 다른 인으로부터 생겨나는' 사례로 제시된 것이다.

[239] 생인生因 : 이는 여러 가지 의미를 갖고 있으나, 여기서는 근과近果와 정과正果의 인을 말한다. 근과란 가까운 직접 원인(近因)에 의해 산출된 과보를 말하고, 정과는 도를 닦아서 깨달은 것을 말한다.

무분별지를 '출세간'이라 하고 후득지는 앞의 것보다 나으므로 '뛰어나다'고 하니, 즉 '뛰어난 출세간의 무루 선근'을 이 정토의 생인으로 삼은 것이다. 혹은 모든 성문·독각의 성도를 출세간이라 하고, 여래의 선근은 그것보다 나으므로 '뛰어나다'고 하니, 즉 이 부처님의 정토는 여래의 식識 중의 무루 선근을 원인으로 하여 생긴 것이다.

어떤 이는 다음과 같이 주장한다. 〈단지 (출세간의 무루 선근을) 증상연增上緣으로 삼아 생기는 것이니, (정토의 대궁전 등은) 외법外法이기 때문이다.〉[240]

어떤 이는 다음과 같이 주장한다. 〈또한 (출세간의 무루 선근을) 인연因緣으로 삼아 생기는 것이니, (그것이 정토를) 직접 생기게 하기 때문이다. 만약 그렇지 않다면 인연이 없어야 할 것이니, 외법들끼리 서로 대망시키면 인연이 아니기 때문이다. 그러나 모든 외법들은 모두 내법의 훈습을 인으로 삼는 것이다.〉[241]

謂大宮殿. 用出世間無分別智後所得智善根爲因. 而得生起. 非是無因. 非大自在天等爲因. 云何淨土. 超過三界. 而用出世無分別智後所得世間淨

---

[240] 이 논사에 의하면, 성인의 뛰어난 출세간의 무루 선근은 정토의 대궁전 같은 외계의 법에 대해서는 증상연增上緣의 역할을 할 뿐이다. 증상연이란 사연四緣의 하나로서 다른 것이 생겨나는 데 간접적으로 도움을 주는 역할을 하는 것을 말한다. 무루 선근은 내적인 공덕이고 정토는 외적인 사물이기 때문에, 이 둘 간에는 하나가 다른 하나를 발생시키는 직접적 인과관계가 있는 것이 아니라 다만 서로 도와주는 간접적 관계만 성립한다고 말한다. 이것은 식과는 별도로 외경의 실재를 인정하는 논사의 주장이다.

[241] 이것은 유식논사의 주장이다. 이에 따르면, 외계 사물들 간에는 어떤 것이 다른 것에 대해 직접적 인연이 되는 경우는 없고, 식識 안에 있는 훈습된 내적인 종자種子야말로 모든 유위법의 직접적 원인(因緣)이며, 이는 사연 중에서는 인연因緣에 해당한다. 이와 마찬가지로 정토의 대궁전은 여래의 선정 속에서 현현한 것인데, 이와 같은 수승한 경계는 여래의 출세간의 무루 선근을 직접적 원인으로 하여 나타난 것이라고 한다.

法。爲異熟因。不說與彼爲異熟因。然爲餘因。彼得生起。如苦法智忍品。
世第一法爲因。此用本來無分別智後得無漏善根種子。三無數劫。修令增
廣。爲此淨土變現生因。無分別智。名出世間。後得過前。說名爲勝。用勝
出世無漏善根。爲此生因。或諸聲聞獨覺聖道。名出世間。如來善根。過彼
名勝。此佛淨土。如來識中無漏善根。爲因而生。有義。但是增上緣生。以
外法故。有義。亦是因緣而生。親能生故。若不爾者。應無因緣。外法相望。
非因緣故。一切外法。皆用內法熏習爲因。

(**문**) 그렇다면 외법은 이미 (여러 사람들이) 공유共有하는 것인데, 어떻게 유정의 각기 다른 종자들이 함께(共) 인연이 되어 화합하여 하나의 결과(외법)를 낼 수 있는가?[242]

(**답**) 좁은 마음으로 위대한 법을 헤아리지 말라. 외물外物이 어찌 극미 화합으로 이루어졌고 실제로 체성이 있는 다수의 인因(극미들의 적집)이 함께 (결과를) 불러낸 것이겠는가? 이것은 다만 유정의 상이한 식들이 각기 전변해 낸 것이지만 동일한 처소가 서로 유사해서 서로 장애하지 않는 것이니, 마치 여러 등불들이 빛을 내거나 여러 사람이 꿈꾸는 것과 같다.[243] 인의 종류가 동일하고 과의 모습도 유사해서 처소에 차별

---

[242] '유식唯識'이라는 교의敎義에 따르면 아뢰야식은 업業의 담지자이기 때문에 중생들은 각자가 지은 업의 총체적 과보(總報)들 중의 하나로서 자기의 기세간器世間을 전변해 내어 수용하게 된다. 그런데 이 기세간은 유정들이 각각 전변해 내는 것이기는 해도 이전에 지었던 공업共業에서 비롯된 공상종자共相種子에서 생겨나기 때문에 가령 유정 각자가 변현해 낸 기세간에도 유사성이 있다고 한다. 따라서 다음과 같은 질문을 한다. 〈외계의 기세간器世間은 자타가 함께 공유하는 것이다. 그렇다면 유정 각자의 식에 내재된 공상종자가 공동으로 화합해서 하나의 직접적 원인(因緣)으로 작용하고 그 결과로서 서로 공유하는 기세간이 산출되었다는 말인가?〉

[243] 위의 질문에 대한 대답의 요지는 중생들이 각자 전변해 낸 기세간들은 서로 유사하기는 해도 실제로는 각기 개별적인 세계라는 것이다. 그런데 이처럼 자타의 식식이 각기 변현해 낸 국토가 마치 '동일한 처소(同處)'처럼 여겨지는 것이 어떻게 가능한지를 설명하기 위해 유식학자들은 등불과 꿈의 비유를 자주 사용한다. 그에 따르면, 그

이 없으므로 '함께(共)'라고 사립했어도, 실제로는 각기 다르다. 모든 부처님의 정토도 또한 이와 같아서 각기 다른 (부처님의) 식들이 전변한 것인데, 모두 온 법계에 두루 하여 동일한 처소가 서로 유사하므로 '함께(共)'라고 한 것이다.[244]

若爾. 外法既是共有. 云何有情各別種子. 共爲因緣. 合生一果. 勿以小心測[1]測量大法. 外物豈是極微合成. 實有體性多因共感. 但是有情異識各變. 同處相似. 不相障礙. 如衆燈明. 如多所夢. 因類是同. 果相相似. 處所無別. 假名爲共. 實各有異. 諸佛淨土. 亦復如是. 各別識變. 皆遍法界. 同處相似. 說名爲共.

1) ㉑ '測'은 잉자인 듯하다.

바) 과果의 원만

경 가장 자재하고 깨끗한 식識을 모습으로 삼고,

最極自在淨識爲相.

석 이것은 여섯 번째로 과果의 원만함을 나타낸 것이다.

친광은 다음과 같이 해석하였다. "대궁전은 가장 자재한 부처님의 무루심을 체상體相으로 삼는다. 오직 (무루의 청정한) 식識만 있으므로 식과 분리되어 외부에 따로 보배 등이 있는 것이 아니니, 즉 부처님의 청

것은 마치 하나의 작은 방에 많은 등불이 있고 하나하나의 등불이 각기 온 방을 두루 비추면서 마치 하나의 불빛처럼 보인다거나, 혹은 여러 사람들이 동시에 동일한 꿈을 꾸는 경우와 같다.
244 『佛地經論』권1(T26, 294a5).

정한 마음이 이와 같이 변현하여 마치 여러 보배 등과 같이 나타난 것이다.……이 식은 바로 여래의 대원경지에 상응하는 청정한 식으로서, 옛날에 닦았던 자리自利의 무루정토종자無漏淨土種子라는 인연의 힘으로 인해 모든 때에 두루 모든 곳에서 작의할 필요도 없이 마음대로 여러 보배로 장엄된 수용불토를 변현해 낸다. (이 수용토는) 자수용신의 의지처가 된다. (또 이 식은 옛날에 닦았던) 이타利他의 무루정토종자인 인연의 힘으로 인해 각기 다른 지상地上보살들의 적절한 근기에 맞춰 정토를 변현해 내니, 혹은 작고 혹은 크며 혹은 열등하고 혹은 뛰어나다. (이 정토들은) 타수용신의 의지처가 된다. 말하자면 초지보살의 적절한 근기에 맞춰 작은 것을 나타내거나 열등한 것을 나타내고, 이와 같이 계속해서 나아가서 십지에 이르면 가장 크고 수승한 것을 나타내니, 각각의 지마다 처음·중간·마지막 등도 또한 이와 같다."²⁴⁵

세친과 무성에게는 별도의 해석이 없다.

釋曰。此顯第六果圓滿也。親光釋云。謂大宮殿。最極自在佛無漏心。以爲體相。唯有識故。非離識外別有寶等。卽佛淨心。如是變現。似衆寶等。此卽如來大圓鏡智相應淨識。由昔所修自利無漏淨土種子因緣力故。於一切時。遍一切處。不待作意。任運變現衆寶莊嚴受用佛土。與自受用身。作所作¹⁾依止處。利他無漏淨土種子因緣力故。爲²⁾地上菩薩隨³⁾宜變現淨土。或小或大。或劣或勝。爲⁴⁾他受用身。作所作⁵⁾止處。謂隨初地菩薩所宜。現小現劣。如是展轉。乃至十地。最大最勝。於地地中。初中後等。亦復如是。世親無性。更無別釋。

1) ㉘ '作'은 잉자인 듯하다. ㉓『佛地經論』권1(T26, 294b5)에 따르면 '作'은 잉자다.
2) ㉓『佛地經論』권1(T26, 294b6)에는 '爲'가 '隨他'로 되어 있다. 3) ㉓『佛地經論』권1(T26, 294b6)에는 '隨'가 '所'로 되어 있다. 4) ㉓『佛地經論』권1(T26, 294b8)

---

245 『佛地經論』권1(T26, 294a27).

에는 '爲'가 '與'로 되어 있다. 5) ㉴ '作'은 '依'인 듯하다. ㉠『佛地經論』에 의하면 '依'가 바르다.

사) 주인(主)의 원만

경 여래께서 다스리는 곳이며,

如來所都。

석 이것은 일곱 번째로 주인(主)의 원만함을 밝힌 것이다.
　친광은 다음과 같이 해석하였다. "대궁전은 불세존들이 주인이지 다른 이는 아니니, 수승하기 때문에 오직 세존에게만 속하는 것이다. 혹은 오직 세존만이 주지하고 섭수하시는 것이고, 다른 이는 그렇게 할 수 없다. 자수용토에서는 두루 온 법계를 하나하나 (부처님들) 각자 변현해 내어 각자가 주인이 되면서도 서로를 장애하지 않는다. 타수용토는 여러 부처님들이 변현해 내지만 일합상―合相과 또한 일상신―相身으로 섭수하여 주인이 되면서도 서로를 장애하지 않는다."[246~247]
　세친과 무성에게는 별도의 다른 해석이 없다.

釋曰。此明第七主圓滿也。親光釋云。謂大宮殿。諸佛世尊爲主非餘。以殊勝故。唯屬世尊。或唯世尊住持攝受。非餘不[1]能。自受用土。雖遍法界。

246　자수용토가 부처님들 각각 자신들만이 향유하는 세계라면, 타수용토는 보살들에게도 보이는 것이다. 이 타수용토는 실제로 여러 부처님들이 변현해 낸 것인데, 보살들이 보기에는 마치 하나의 불토에 한 분의 부처님이 계신 것처럼 나타난다. 그것은 부처님들이 변현해 낸 국토와 몸들이 서로 장애하지 않고 하나의 화합상(一合相)과 한 모습의 불신(一相身)을 이루기 때문이다. 즉 여러 부처님들이 이러한 일합상과 일상신을 섭수하면서 주인 노릇을 하고 있는 곳이 타수용토이다.
247　『佛地經論』 권1(T26, 294b12).

一一自變。各自爲主。不相障礙。他受用土。雖諸佛變。然一合相。亦一相身。攝受用²⁾爲主。不相障礙。世親無性。無別異釋。

1) ⓔ『佛地經論』권1(T26, 294b14)에 따르면, '不'은 '所'의 오기다. 2) ⓔ『佛地經論』권1(T26, 294b16)에 따르면, '用'은 잉자다.

아) 보익輔翼의 원만

경 대보살 대중들이 구름처럼 모여 있고,

諸大菩薩衆所雲集。

석 이것은 여덟 번째로 보익輔翼의 원만함을 밝힌 것이다.
친광은 다음과 같이 해석하였다. "대궁전에는 항상 한량없는 대보살승들이 다 같이 운집해 있는데, 부처님을 뵙고자 여기에 온 모든 자들을 '보익'이라 한다. 이미 무수한 대보살승들이 항상 와서 보좌해 주기 때문에 능히 거스르고 해칠 만한 원적怨賊이 없다. 모든 성문 등에게는 이와 같은 일이 없다. 말하자면 초지 이상의 보살중들은 비록 제불의 자리自利의 수용정토에는 모이지 못하지만, 제불이 이타利他의 수용정토에는 모일 수 있다. 제불이 자비로써 자기 식識 상에서 보살의 알맞은 근기에 따라 거칠거나 미묘한 국토를 현현해 내면, 보살은 자신의 선근과 원력에 따라 자신의 식에 부처님에 의해 생겨난 정토와 유사한 모습을 변현해 낸다. 비록 각자의 마음은 각기 다르게 변현해 내지만, 동일한 곳의 형상처럼 서로 유사하므로, '한 국토에서 그 안에 함께 모였다'고 말하는 것이다."²⁴⁸ 이와 같은 지상보살의 정토는 유루인가, 무루인가? 이와 같은 의

---
248 『佛地經論』권1(T26, 294b18).

미들은 구체적으로는 그 논에서 설한 것과 같다.
세친과 무성도 다시 다르게 해석한 것은 없다.

釋曰。此辨第八輔翼圓滿。親光釋云。謂大宮殿。常有無量大菩薩僧。共所雲集。諸來朝者。名爲輔翼。旣有無數大菩薩僧。常來輔翼。故無怨敵能爲違害。諸聲聞等。無如是事。謂初地上諸菩薩衆。雖不能集諸佛自利受用淨土。而能集會諸佛利他受用淨土。諸佛慈悲。於自識上。隨菩薩宜。現麤妙土。菩薩隨自善根願力。於自識上。似佛所生淨土相現。雖是自心各別變現。而同一處現¹⁾相相似。謂爲一土共集其中。如是地上菩薩淨土。爲是有漏。爲是無漏。如是等義。具如章²⁾說。世親無性。更無異釋。

1) ㉠『佛地經論』권1(T26, 294b27)에 따르면, '現'은 '形'의 오기다. 2) ㉠ 전후 문맥상 '章'은 '彼'로 수정하는 것이 좋다. 앞의 인용문에 이어서『佛地經論』권1(T26, 294b27)에는 이 정토가 유루인지 무루인지를 논하고 있기 때문이다.

자) 권속眷屬의 원만

경 한량없는 천·용·약차·건달박·아소락·게로다·긴날락·마호락가와 같은 인비인人非人²⁴⁹ 등이 항상 보좌하며 따르고 있으며,

無量天。龍。藥叉。健達縛。阿素洛。揭路茶。緊捺洛。摩呼洛伽。人非人等。常所翼從。

석 이것은 아홉 번째로 권속眷屬의 원만함을 밝힌 것이다.

---

249 인비인人非人 : 팔부대중은 사람이 아니지만 어떤 때 사람 모양을 하고 나타나기 때문에 인비인이라 한다. 뒤에 나오는 원측圓測의 '인비인'에 관한 설명 참조.

釋曰。此卽第九眷屬圓滿。

● 팔부대중

⊙ 천天(Ⓢ deva)

『대지도론』제5권에서는 다음과 같이 말한다. "천에는 세 종류가 있다. 첫째는 가호천假號天이니, 전륜왕250 등을 말한다.【'등'이란 모든 소왕들까지 똑같이 취한다는 것이다.】둘째는 생천生天이니, (욕계육천 처음인) 사천왕천에서부터 (무색계천의 마지막인) 유정천까지를 말한다.251 셋째는 정천淨天이니, 불·법신보살·벽지불·아라한을 말한다."252

『대지도론』제7권에서도 대개 이와 동일하게 설하고,253 또 제22권에서는 다음과 같이 말한다. 〈천에는 네 종류가 있다. 첫째는 명천名天이니, 예를 들어 지금의 국왕을 천자라고 하는 경우와 같다. 둘째는 생천生天이니, 즉 사천왕에서부터 비비상천非非想天254까지를 말한다. 셋째는 정천淨天이니, 즉 사람 가운데 태어난 모든 성인을 말한다. 넷째는 생정천生淨天이니, 즉 삼계의 천에서 태어난 모든 성인을 말한다.〉255

해 세 종류 천과 네 종류 천 중에서 명천·생천 두 가지 천은 '천'이라

---

250 전륜왕轉輪王: 수미사주의 세계를 통솔하는 대왕으로, 몸에 삼십이상을 갖추고 즉위할 때는 하늘로부터 윤보輪寶를 받는데, 이 윤보를 굴리면서 사방을 위엄으로 굴복하게 하므로 전륜왕이라 한다.
251 사천왕천四天王天은 욕계육천欲界六天의 첫 번째인 사왕천의 주인으로 수미사주를 수호하는 신이다. 유정천有頂天은 비상비비상천非想非非想天의 다른 이름으로 무색계의 맨 꼭대기에 있는 천을 말하며, '유정'이란 모든 '有의 頂'을 뜻한다.
252 『大智度論』권5(T25, 98a19).
253 『大智度論』권7(T25, 112b28) 참조.
254 비비상천非非想天: 비유상비무상천非有想非無想天이라고도 한다. 무색계의 제4천이며, 삼계의 맨 위에 있으므로 유정천有頂天이라고도 한다. 이 하늘에 나는 이는 하지下地와 같은 거친 생각이 없으므로 비유상非有想이지만 그렇다고 세밀한 생각이 전혀 없는 것은 아니므로 비무상非無想이라 한다.
255 이상은『大智度論』권22(T25, 227c22) 참조.

한다. 따라서 『법화경』에서는 "나의 이 땅은 안은하니 천신과 사람이 늘 충만하도다."²⁵⁶라고 하였다. 『본업경』에서는 무색계의 모든 천이 와서 모임에 참여했기 때문에 또한 그들을 천의 무리라고 하였고, 『사리불문경』에 의하면, 천을 수호하는 모든 신들을 천이라고 한 것이다.

依智度論第五卷說。天有三種。一假號天。謂輪王等。【等即等取諸小王也。】二者生天。謂從四天王天。乃至有頂天。三者淨天。謂佛法身菩薩辟支佛阿羅漢。智度論第七。大同此說。又第二十二。天有四種。一者名天。如今國王名爲天子。二者生天。從四天王。乃至非非想天。三者淨天。謂人中生諸聖人是。四者生淨天。三界天中生諸聖人是。解云。三種四種天中。名生二天。名爲天也。故法華云。我此土安隱。天人常充滿。本業經云。無色諸天。來入會故。亦名天衆。依舍利弗問經。護天諸神。名爲天也。

◉ **용龍**(S nāga)

'용'에는 네 종류가 있다. 첫째는 천룡天龍이니, 하늘 궁전을 지탱하여 떨어지지 않도록 하는 자이다. 둘째는 인룡人龍이니, 구름을 일으키고 비를 다스리는 자이다. 셋째는 지룡地龍이니, 땅과 바다를 지탱하는 자이다. 넷째는 왕룡王龍이니, 왕의 보배 창고를 지키는 자이다.

龍有四種。一者天龍。持天宮殿。令不墮落。二者在¹⁾人龍。興雲致雨。三者地龍。持地及海。四者王龍。守王寶藏。

---

1) ㉠ '在'는 잉자다. 『解深密經疏』 권1(X21, 188c3)에는 '在' 자가 없는데, 『韓國佛教全書』 편집 과정에서 잘못 기입된 듯하다.

---

256 『妙法蓮華經』 권5(T10, 43c7).

⊙ **약차**藥叉(Ⓢ yakṣa)

"약차"란 구역에서는 야차夜叉라고 하고, 진제 삼장은 경첩귀輕捷鬼라고 번역하였다. 대당 삼장은 포악暴惡이라 번역하거나, 용건勇健 또는 가외可畏라고 한다. 그 종류는 세 가지다. 첫째는 땅에 있는 자이고, 둘째는 허공에 있는 자이며, 셋째는 천에 있으면서 천의 심부름을 하는 자이다.

言藥叉者。舊云夜叉。眞諦翻爲輕捷鬼也。大唐三藏。翻爲暴惡。亦名勇健。亦名可畏。其類有三。一者在地。二者¹⁾空。三者在天。爲天給使。

1) ㉎ '者' 다음에 '在'가 누락되었다.『解深密經疏』권1(X21, 188c6)에는 '在空'이라 되어 있는데,『韓國佛敎全書』편집 과정에서 누락된 듯하다.

⊙ **건달박**健達縛(Ⓢ gandharva)

"건달박"이란 구역에서는 건달바乾闥婆라고 하니, 여기 말로 번역하면 심향행尋香行이다. 서방 사람들은 음악을 연주하며 유희하는 자를 건달박이라 부르는데, 생업에 종사하지 않고 음식 향기를 찾아 음악을 연주하며 구걸하는 자를 심향행이라 한다. 지금 이 귀신은 항상 음악을 연주하여 모든 향기를 먹기 때문에 건달박이라 한다.

『대지도론』제10권에서는 다음과 같이 말한다. 〈이는 천의 광대들로서 항상 천신들을 따라다니며, 그 마음이 유연하고 복덕은 천신들보다 적으며 십보산에 산다.〉[257]

健達縛者。舊云乾闥婆。此翻名尋香行。西方人呼發樂戲兒。名健達縛。不事生業。尋食香氣。作樂乞求。名尋香行。今此神鬼。常能作樂。食諸香氣。名健達縛。智度論第十云。是天妓¹⁾神。常隨諸天。其心柔軟。福少諸天。居

[257]『大智度論』권10(T25, 135a28) 참조.

十寶山間。

1) ㉔『大智度論』권10(T25, 135a28)에는 '妓神'이 '伎人'으로 되어 있다.

⊙ 아소락阿素洛(S asura)

"아소락"이란 구역에서는 아수라阿修羅라고 하니, 여기 말로 '비천非天'이다. 그의 행실은 대개 아첨하거나 속이는 것이고 천신다운 진실한 행이 없기 때문에 '비천'이라 하니, 예를 들어 사람이 악행을 저지르면 '사람도 아니다(非人)'라고 하는 경우와 같다. 따라서 『유가사지론』 제4권에서 다음과 같이 말한다. "또 모든 비천은 천취天趣에 속함을 알아야 한다. 그런데 마음속(意志)에 속이려는 생각을 많이 품고 아첨을 많이 하기 때문에, 가령 모든 천신들이 정법의 근기를 갖고 있는 경우와는 다르다. 이러한 이유로 어떤 때는 경전에서 이것을 별개의 취라고 설하기도 하지만 사실은 천의 부류이다. 모든 천신들의 법을 받아들여 행하지 않기 때문에 '비천'이라고 설한 것이다."[258]

혹은 '의신疑神'이라 한다. 『대지도론』 제30권에서 다음과 같이 말한다. 〈아수라신은 천에 속하는데 즐거움을 받는 것이 천신들보다 적으며, 위의·공덕의 변화는 마음대로 지어낸다. 그래서 사람들이 의심하면서 '이것이 수라인가 수라가 아닌가'라고 말한다.〉[259] 혹은 '신대身大'라고 한다. 『대지도론』에서는 "수라는 진秦의 말로 대大이다."[260]라고 하였고, 대해 중에 서면 무릎이 빠지지 않고 도리천을 아래로 굽어본다고 하였다.[261] 또는 '부단정不端正'이라 한다. (아수라 중에서) 오직 사지舍脂[262]라는 여자만 단

---

258 『瑜伽師地論』 권4(T30, 297c22).
259 『大智度論』 권30(T25, 280a11) 참조.
260 『大智度論』 권30(T25, 280a13).
261 『大智度論』 권31(T25, 290b9) 참조.
262 사지舍脂(S Saci) : 여자 아수라의 이름으로, 그 용모가 아름다워 제석천의 사랑을 받아 비주妃主가 된 자라고 한다. 『法華義記』 권1(T33, 582a7) 참조.

정단正하고 아버지와 형제와 권속들은 모두 추하기 때문이다. 또는 남자는 추하고 여자는 단정하기 때문에 '부단정'이라 한다. 또는 '무주無酒'라고 한다. 사천하의 꽃을 채취하여 바다에서 술을 빚어도 술이 되지 않기 때문에 무주라고 한다.

『유가사지론』·『대지도론』에 의하면 아수라는 '천'에 속하고, 『비담론』의 설에 따르면 아수라는 '귀'에 속한다. 『정법념처경』에 의하면 '귀'인 것도 있고 '축생'인 것도 있고,[263] 『육도가타경』에 의하면 천·귀·축생의 세 종류에 속한다.[264]

阿素洛者。舊云阿脩羅。此云非天。行多諂詐。無天實行。名曰非天。如人惡行。名曰非人。故瑜伽論第四卷云。又諸非天。當知天趣所攝。然由意志多懷詐幻。諂誑多故。不如諸天爲淨法器。由此因緣。有時經中。說爲別趣。實是天類。由不受行諸天法故。說爲非天。或云疑神。故智度論第三十云。阿脩羅神。是天。受樂小減諸天。威德變化。隨意所作。是故人疑言。是脩羅非脩羅。或云身大。智度論云。修羅秦言大也。大海中立。不沒於膝。向下觀忉利天。又云不端正。唯女舍脂端正。父兄眷屬皆醜。又云。男醜女端正故。云不端正。又云無酒。採四天下華。於海釀酒不成。故言無酒。依瑜伽智度。修羅天攝。毘曇論說。修羅鬼攝。依正法念經。有鬼有畜。依伽他經。有天鬼畜三種所攝。

그런데 아수라는 오지五地의 차별이 있으니, 가령 『지경地經』에서 다음과 같이 설한다.[265]

---

263 『正法念處經』 권18(T17, 107a13) 참조.
264 『六道伽陀經』 권1(T17, 452c1)의 게송 참조.
265 여기서 말하는 『地經』이 무엇인지 알 수 없다. 그런데 아수라의 다섯 종류에 대한 상세한 내용은 『正法念處經』에 나온다. 다음의 인용문에서 언급한 것처럼 지상地上에

첫째, 지상의 중상산衆相山에 있는 세력이 가장 하열한 것이다. 둘째, 수미산須彌山 북쪽 큰 바다 아래로 2만 1천 유순由旬[266] 되는 곳에 수라왕이 있으니 이름은 '라후羅睺'라고 한다. 셋째, 라후 아래로 2만 1천 유순을 지나면 수라왕이 있으니, 이름은 '용건勇健'이라고 한다. 넷째, 용건 아래로 다시 2만 1천 유순을 지나면 수라왕이 있으니, 이름은 '화만華鬘'이라고 한다. (다섯째,) 화만 아래로 다시 2만 1천 유순을 지나면 수라왕이 있으니, 이름은 '비마질다毗摩質多'라고 한다. 비마의 어머니가 본래 '천'에서 태어났으므로 그를 '천'이라 부르는 것이다.

겁이 처음 이루어질 때 여러 천녀들이 바다에 와서 목욕하다 물이 그 몸에 닿자 곧 정기精氣를 잃어버려 물속에 떠다니다가 하나의 육란肉卵이 되었는데, 8천 년이 지나서 한 여자아이가 태어났다. 999개의 머리가 달렸고, 머리마다 천 개의 눈이 있었으며, 999개의 입이 있었고, 입마다 네 개의 어금니가 있었으며, 어금니에서 불이 뿜어 나오면 마치 천둥벼락이 치는 것과 같았고, 스물네 개의 손과 999개의 다리가 있었다. 이 여자가 나중에 바닷물에서 헤엄치며 놀다가 물의 정기가 몸에 들어와 하나의 육란을 낳았는데 8천 년이 지나서 '비마질다'가 탄생하였다. 아홉 개의 머리가 있었는데 머리마다 천 개의 눈이 있었고, 입으로는 불을 뿜었으며, 999개의 손이 있었고, 다리는 오직 여덟 개였으며, 그 모습은 수미산보다 네 배나 컸고, 오로지 진흙과 연뿌리만 먹고 살았으며, 자주 천신과 다투었다.

이상은 『정법념처경』에서 설한 것과 같다.

있는 한 종류와 지하대해地下大海의 네 지에 있는 네 종류를 합해서 다섯 지의 아수라가 있다.
[266] 유순由旬(ⓈS yojana) : 인도에서 거리를 세는 단위로서, 40리 혹은 30리에 해당한다. 또는 대유순은 80리, 중유순은 60리, 소유순은 40리라고도 한다.

然阿修羅. 有五地別. 如地經說. 一在地上㮈相山中勢力最下. 二在須彌山北大海之下二萬一千由旬. 有修羅王. 名曰羅睺. 三羅睺下. 過二萬一千由旬. 有修羅王. 名曰勇健. 於勇健下. 復過二萬一千由旬. 有修羅王. 名曰華鬘. 於華鬘下. 復過二萬一千由旬. 有修羅王. 名毗摩質多. 毗摩之母. 本從天生. 故名天. 劫初成時. 有諸天女. 來海中洗浴. 水觸其身. 遂失精氣. 流在水中. 成一肉卵. 逕八千歲乃生一女. 有九百九十九頭. 頭有千眼. 有九百九十九口. 口有四牙. 牙上出火. 猶如礔礰. 二十四手. 九百九十九脚. 此女後時. 在海浮戲. 水精入身. 生一肉卵. 逕八千歲. 生毗摩質多. 有九頭. 頭有千眼. 口中出火. 有九百九十手. 脚唯有八. 其形四倍大於須彌. 純食淤泥及與禍[1]根. 多與天諍. 如正法念經說.

1) ㉑ '禍'는 '藕'의 오기인 듯하다. 참고로 『華嚴經探玄記』 권2(T35, 135a11), 『維摩義記』 권1(T38, 431a15) 등에도 "純食淤泥及以藕根"이라는 문장이 나온다.

⊙ **게로다** 揭路荼([S] garuḍa)

"게로다"란 구역에서는 '가루라迦樓羅'라고 하는데, 금시조金翅鳥라고 하고 지금은 묘시조妙翅鳥라고 한다. 새의 날개가 갖가지 보배 빛깔로 장엄되어 있으니, 단지 금빛만은 아니기 때문이다.

『화엄경』에서는 "법신의 금시조는 사여의四如意(四神足)를 발로 삼고, 자비의 밝고 맑은 눈으로 일체지 나무에 머물며, 보살의 금시조는 생사의 큰 바다에서 천·인의 용을 붙잡아 열반의 언덕에 안치한다."[267]고 하였는데, 이것이 바로 '불퇴삼매금시不退三昧金翅의 법문'이다. 이에 준해 알 수 있으니, 정토의 팔부대중은 모두 변화로 지어낸 것이다.

『해룡왕경』에서는 대신봉황大身鳳凰이라 번역하였다. 【조사해 보라.[268]】

---

267 60권 『華嚴經』 권43(T9, 670c11).
268 『海龍王經』(T15)에는 '봉황신鳳凰神'이라는 표현은 있지만 '대신봉황'이라는 표현은 찾을 수 없다.

揭路茶者。舊云迦樓羅。名爲金翅鳥。今云妙翅鳥。鳥翅種種寶色莊嚴。不唯金故。華嚴經云。法身金翅鳥。四如意爲足。慈悲明淨眼。住一切智樹。菩薩金翅鳥。生死大海中。持[1]撮天[2]龍。安置涅槃岸。此是不退三昧金翅之法門。准此應知。淨土八部。皆是化也。海龍王經。翻爲大身鳳凰。【勘。】

1) ㉑ '持'는 '搏'인 듯하다. ㉅『華嚴經』권43(T9, 670c14)에는 '搏'으로 되어 있다.
2) ㉑ '天' 다음에 '人'이 탈락된 듯하다. ㉅『華嚴經』권43(T9, 670c14)에는 '天' 다음에 '人'이 있다.

또 경에서는 다음과 같이 말한다.

又經云。

이것은 양 날개의 거리가 336만 리이고 염부제에 한쪽 다리를 담글 수 있으며 목 밑에 여의주를 지니고 있기 때문에 '여의'라고 한다. 또 이것은 새들의 신으로서 그 중에 황금빛 날개를 가진 새가 있어 오로지 용들을 잡아먹는데, 이에 사생四生의 차별이 있다고 한다. 화생化生인 자는 네 가지 생의 용들을 잡아먹고, 태생胎生인 자는 화생의 용을 제외하고 세 가지 생의 용을 잡아먹으며, 난생卵生인 자는 화생과 태생을 제외하고 두 가지 생의 용을 잡아먹고, 습생濕生인 자는 오직 습생의 용만을 잡아먹는다.

이 사천하에는 화생한 가루라왕이 하나 있으니, 이름은 '정음'이고 수명은 8천 세이다. 날마다 별도로 새로 한 마리 큰 용왕과 500마리 작은 용을 잡아먹는데, 사천하를 돌다가 다 돌면 다시 처음부터 차례대로 그것들을 잡아먹는다. 목숨이 끝나려 할 때는 모든 용들이 독을 토해 내어 다시는 먹지 못하고 기아의 불에 태워져서 날개를 치솟은 채 곧바로 아래로 떨어져서 풍륜제風輪際[269]에 이르렀다가 바람에 휩쓸려 다시 위로

269 풍륜제風輪際 : 이 세계를 붙들어 받치고 있는 세 가지 윤륜 중에서 맨 밑에 있는 것

올라온다. (이처럼) 일곱 번을 가고 오길 되풀이하다가 머물 만한 곳이 없어지면 마침내 금강륜산 정상에 이르러 목숨을 마치게 된다.

 (이 가루라는) 많은 용들을 먹었으므로 몸속의 독기가 마침내 맹렬한 불을 내게 되니, 난타 용왕과 발난타 용왕이 보산寶山이 탈까 두려워서 마침내 큰비를 내리는데 그 빗방울이 마치 바퀴의 축과 같다. 그 불을 끄고 나면 몸통의 살이 점차로 흩어지고 오직 심장만 남는데, 그 크기는 사람 장딴지만 하고 아주 맑은 유리와 같다. 전륜왕은 그것을 얻어 보배 구슬로 삼고 제석천은 그것을 얻어 상투에 다는 구슬로 삼는다.[270]

兩翅相去。三百三十六萬里。閻浮提止容一足。頸下有如意珠。故名如意。又云。是其鳥神。於中有其金翅之鳥。純食諸龍。有四生別。其化生者。食四生龍。其胎生者。食三生龍。除其化生。其卵生者。食二生龍。除化除胎。其濕生者。唯食其濕。此四天下。有一化生迦樓羅王。名曰正音。壽八千歲。日別新食一大龍王五百小龍。遶四天下。周而復始。次第食之。命欲終時。諸龍吐毒。不復能食。飢火所燒。聳翅直下。至風輪際。爲風所吹。而復上來。往返七迴。無處停足。遂至金剛輪山頂上命終。以食諸龍。身肉毒氣。遂發猛火。其難陀龍王。及跋難陀。恐燒寶山。遂降大雨。滴如車輪。[1] 以滅其火。身肉消散。唯有心在。大如人腔。[2] 純淸瑠璃。輪王得之。用爲珠寶。帝釋得之。爲髻中珠。

1) ㉝『觀佛三昧海經』권1(T15, 646b15)에는 '輪'이 '軸'으로 되어 있다. 2) ㉝ '腔' 의 뜻이 불분명한데, 이와 동일한 내용이 나오는 여타의 문헌들에도 '髀' 혹은 '脾' 혹은 '膝' 등으로 되어 있다.

을 풍륜風輪이라 한다. 넓이는 한량없고, 두께는 16억 유순由旬이다. 이 풍륜의 밑은 허공인데 이것을 공륜空輪이라 하니, 합하면 모두 사륜이 된다. 여기서 말하는 '풍륜제'란 풍륜의 최하부를 말하며, 전하여 한 세계의 가장 밑바닥을 가리키는 말로 쓰인다.
270 이상은『觀佛三昧海經』권1(T15, 646b2) 참조.

◉ **긴날락**緊捺洛(⑤ kiṃnara)

"긴날락"이란 여기 말로 가신歌神이라 한다. 노래를 잘 불러서 건달바와 함께 천신들을 섬기면서 천신이 필요로 할 때마다 곧장 서로 오고 간다.

또는 '의신疑神'이라 한다. 몸뚱이는 축생인데 형상은 사람과 비슷하여 얼굴이 단정하고 정수리에 뿔이 나 있다. 사람들이 보면 '사람인지 귀신인지 짐승인지 알지 못하겠다'고 의심하기 때문에 의신이라 한다. 이는 천의 악신樂神이다.

緊捺洛者。此云歌神。能唱歌詠。乾闥婆同事諸天。天須之時。更互來去。又云疑神。體是畜生。形狀似人。面貌端正。頂有一角。人見生疑。不知爲人爲鬼畜耶。故名疑神。此是天之樂神。

◉ **막호락가**莫呼洛伽(⑤ mahoraga)

"막호락가"라고 한 것에서 '막호'는 여기 말로 '대大'이고 '락'은 '배(腹)'이며 '가伽'는 '가다(行)'를 뜻한다. 이는 이무기 신(蟒神)으로서 또한 지룡地龍이라고도 한다. 발 없이 배로 다니는 신이니, 곧 세간의 조신厝神이다. 사람들에게 술과 고기를 받으면 모두 이무기의 배 속으로 들어간다. 또 용인지 뱀인지 구별하기 어렵지만, 이것은 용과 혼동되므로 그 측면을 지칭한 것이다. 세친의 『섭대승론석』에서는 "앞에서 이미 용을 언급했는데, 여기서 다시 막호락가라고 언급한 것은 큰 이무기를 포함시킨 것이다."[271]라고 하였다.

莫呼洛伽者。莫呼此云大。洛名爲腹。伽名爲行。此是蟒神。亦云地龍。無足腹行神。卽世間厝神。受人酒害。[1)] 悉入蟒腹。又龍蛇難辨。以濫於龍。故

---

[271] 세친의 『攝大乘論釋』 권10(T31, 377a15).

偏指也。世親攝論云。前已舉龍。今復舉莫呼洛伽。爲攝大蟒。

1) ㉮ '害'는 '宍'인 듯하다. ㉯ 『維摩經略疏』 권2(T38, 582b18) 등에는 '肉'으로 되어 있는데, '宍'과 동일한 뜻이다.

⊙ 인비인人非人

"인비인 등"이라 한 것에는 팔부八部의 귀신들이 있는데, 모두 사람이 아니지만 사람의 모습을 하고 와서 법을 듣기 때문에 '인비인'이라 한 것이다. 따라서 『사리불문경』에서는 "팔부의 귀신을 모두 인비인이라 한다."[272]고 하였다.

또 '인'은 모든 사람을 다 포괄하고, '비인'이란 모든 인비인을 모두 포괄한다고 한다. 또 인비인이라 한 것은 '이것이 사람인가 사람이 아닌가'라고 의심하기 때문이라고 한다.

人非人等者。有八部鬼神。悉非人作人形。來聽法故。曰人非人。故舍利弗問經云。非[1]八部鬼神。皆曰人非人也。又云。人者。總攝一切人。非人者。總攝一切人非人。又云。人非人者。疑云爲是人爲非人也。

1) ㉯ 『舍利弗問經』 권1(T24, 901c9)에 따르면, '非'는 잉자다.

● 팔부대중으로 태어난 인연

『사리불문경』에서는 팔부의 인연에 대해 설하는데, 거기서 다음과 같이 말한다.

依舍利弗問經。說八部因。彼云。

---

272 『舍利弗問經』 권1(T24, 901c9).

사리불이 부처님께 아뢰었다.

"세존이시여, 팔부의 귀신은 어떤 인연으로 악도惡道에 태어났는데도 항상 정법正法을 듣습니까?"

부처님께서 말씀하셨다.

"두 종류의 업 때문이다. 첫째는 악업을 지어 악도에 태어난 것이고, 둘째는 선업을 지어 쾌락을 많이 받는 것이다. 이러한 여덟 부류는 모두 '인비인'이다.

천신天神은 전생의 몸일 때 수레 등으로 삼보三寶와 부모와 뛰어난 현인들을 공양하였으나 오히려 아끼고 아첨하며 질투하는 마음을 품었기 때문에 이 몸을 받게 된 것이다. 예를 들면 보광정승천신普光淨勝天神 등과 같다.

허공의 용신龍神은 전생에 덕의 근본을 닦아 세우고 널리 보시를 행하였지만 정념正念에 의지하지 않고 성질이 급해 성을 잘 냈기 때문에 이 몸을 받게 된 것이다. 예를 들면 마니광용왕摩尼光龍王 등과 같다.

야차신夜叉神은 전생에 큰 보시를 잘하였거나, 혹은 먼저 손해를 준 다음에 이익을 주었으니, 공덕이 (손해보다) 더 많은지 적은지에 따라서 이 몸을 받게 된 것이다.

건달바乾闥婆는 전생에 또한 조금 성내는 일이 있었지만 항상 보시하기를 좋아하였다. 푸른 연꽃으로 자기를 장엄하고 온갖 기악을 연주했고 지금 이 신神이 되어 항상 여러 천신을 위해 온갖 기악을 연주해 주기 때문에 악신樂神이라 불린다.

아수라阿脩羅는 의지가 강하지만 좋은 벗이 짓는 청정한 복을 따르지 않고, 홀리고 속이는 사람을 잘 따르면서 여러 가지 삿된 복을 짓거나 삿된 스승에 의지하여 보시하기를 매우 좋아했다. 또한 다른 사람들이 다투는 일을 즐겨 보았기 때문에 이 몸을 받은 것이다.

가루라신迦樓羅神은 전생에 크게 버리고 베푸는 행을 닦았지만 항상 거만한 마음이 있어서 중생을 업신여기므로 이 몸을 받은 것이다.

긴나라緊那羅는 옛날에 다른 사람에게 보리심을 내라고 권하기를 좋아하였지만 그 자신의 뜻을 바르게 하지 못하고 여러 삿된 행을 좇았기 때문에 이 몸을 받게 된 것이다.

마후라신摩睺羅神도 보시하고 법을 보호하였지만 성을 잘 내는 성질이었으므로 이 몸을 받게 된 것이다."273

舍利弗白佛言。世尊。八部鬼神。以何因緣。生於惡道。常聞正法。佛言。以二種業。一以惡業。生於惡道。二以善業。多受快樂。此八部皆曰人非人[1]者[2]。先身以車轝等。供養三寶父母賢勝之人。猶懷慳儉[3]誑嫉。故受此身。如普光淨勝天神等。龍[4]者。先世修建德本。廣行布施。不依正念。急性好瞋。故受此身。如摩尼光龍王等。夜叉神者。先世好大布施。或先損害。然後[5]饒益。隨功勝負。故受此身。乾闥婆者。先生亦少有瞋恚。常好布施。以靑蓮華自嚴。作衆妓[6]樂。今爲此神。常爲諸天。奏諸妓[7]樂。因名樂神。阿脩羅者。志强。不隨善友所作淨福。好逐幻僞之人。作諸邪福。依傍邪師。甚好布施。又樂觀他鬪訟。故受此身。迦樓羅神者。先世修大捨施。常有高心。以陵[8]於物。故受此身。緊那羅者。昔好勸人發菩提心。未正其志。逐諸邪師[9]。故受此身。摩睺羅神者。亦布施護法。性好瞋恚。故受此身。

1) ㉭『舍利弗問經』권1(T24, 901c9)에는 '人' 다음에 '也'가 있다. 2) ㉭『舍利弗問經』권1(T24, 901c9)에 따르면, '者' 앞에 '天神'이 누락되었다. 3) ㉭『舍利弗問經』권1(T24, 901c11)에는 '儉' 다음에 '諂'이 있다. 4) ㉭『舍利弗問經』권1(T24, 901c12)에는 '龍'이 '虛空龍神'이라고 되어 있다. 5) ㉭『舍利弗問經』권1(T24, 901c15)에는 '然後'가 '後加'로 되어 있는데, 의미는 크게 다르지 않다. 6) ㉭『舍利弗問經』권1(T24, 901c17)에 따르면, '妓'는 '伎'의 오기다. 7) ㉭『舍利弗問經』권1(T24, 901c18)에 따르면, '妓'는 '伎'의 오기다. 8) ㉭『舍利弗問經』권1(T24, 901c21)에는 '陵'이 '俊'으로 되어 있는데, 의미는 크게 다르지 않다. 9) ㉭『舍利弗問經』권1(T24, 901c24)에는 '師'가 '行'으로 되어 있는데, 후자에 따라 번역하였다.

273 이상은 『舍利弗問經』 권1(T24, 901c5) 참조.

● **팔부대중이 정토淨土에 머무는 이유**

또 『불지경론』에서는 다음과 같이 말한다. "(문) 어째서 정토는 삼계소행의 처소(三界所行之處)를 넘어서 있는데도 천天 등을 권속으로 삼는 일이 있는가? 천 등은 모두 삼계에 속하는 것이기 때문이다. (답) 청정한 식이 (팔부대중들을) 이와 같이 섭수하고 변현해 내어 정토를 장엄한 것이다. 따라서 서로 어긋나는 것은 아니다. 어떤 경우는 교화할 유정을 성숙시키기 위해 이와 같은 변화의 종류를 나타내 보인다. 예를 들어 겁비나왕劫比拏王을 조복시키고자 한량없는 전륜왕의 무리와 그를 에워싼 권속을 나타냈던 경우와 같다.[274] 어떤 경우는 여러 보살들이 한량없는 천·용 등의 몸을 변화로 지어내어 정토에 머물면서 부처님께 공양하게 하고, 어떤 경우는 자기가 몸을 천·용 등으로 변화해서 여래를 도우면서 따르는 것이다. 따라서 (정토에 팔부가 있다 해도) 과실이 없다."[275]

양梁의 『섭대승론석』【제15권】에서는 "정토에는 실로 이와 같은 천·용 등의 대중들은 없지만, 정토를 텅 비지 않게 하려고 부처님께서 이와 같은 여러 가지 무리를 변화로 지어내신 것"[276]이라고 하였다.

> 又佛地論云。云何淨土超過三界所行之處。而有天等以爲眷屬。天等皆是三界攝故。淨識如是攝受變現。爲嚴淨土。故不相違。或爲成熟所化有情。示現如是變化種類。如爲調伏劫比拏王。現化無量轉輪王衆眷屬圍繞。或諸菩薩。化作無量天龍等身。住淨土中。以供養佛。或自化身。爲天龍等。翼從如來。故無有過。梁攝論云。【第十五】於淨土中。實無如此天龍等衆。

---

[274] 겁비나왕劫比拏王은 고대 인도의 국왕이다. 『玄應音義』 권23에 의거하면, 겁비나왕은 남교살라국南憍薩羅國의 왕으로서 불타와 인연이 매우 깊었다. 부처님은 이 왕을 조복시키기 위해 한량없는 전륜왕을 변현해 내었다고 한다.
[275] 『佛地經論』 권1(T26, 294c25).
[276] 세친의 『攝大乘論釋』 권15(T31, 263b25).

欲令不空。故佛化作如此雜類。

차) 주지住持의 원만

경 광대한 법미法味의 희락에 의해 유지되고,

廣大法味喜樂所持。

석 이것은 열 번째로 주지住持의 원만함을 밝힌 것이다.[277] 친광은 다음과 같이 해석하였다.

釋曰。此明第十住[1]持圓滿。親光釋云。

1) ㉯ '住'는 다른 곳에 '任'으로 되어 있다.

이 정토에서는 대승의 법미의 희락에 의해 유지되고, 식식(음식)[278]은

---

[277] 『解深密經疏』와 『佛地經論』 등에서는 '주지住持의 원만'이라 하였고, 『攝大乘論釋』 등에서는 '임지任持의 원만'이라 하였는데, 이것은 모두 정토를 지탱시켜 주는 자양분, 즉 법미의 희락을 가리킨다.

[278] 식식(Ⓢ āhāra) : 견인牽引, 장양長養, 지속持續을 뜻하는 말이다. 중생의 육신 혹은 성자의 법신을 견인하고 장양하여 존재하게 만드는 것을 말하는데, 삼계 중에서 육신肉身을 기를 수 있는 음식을 세간식世間食이라 하고, 지혜(즉 法身)를 기를 수 있는 음식을 출세간식出世間食이라고 한다. 이것을 전체적으로 분류하면 9종류가 있다. (1) 세간식은 네 가지다. ① 단식段食은 향향·미味·촉觸 등의 색법으로 된 음식으로서, 여러 근을 이익 되게 한다. ② 촉식觸食은 마음이 감각기관을 통해 대상을 취할 때 주·객이 접촉하여 생기는 마음의 작용으로서, 이 촉에 의해 감각·의지 등을 기를 수 있고 혹은 육체에 이익을 주기 때문에 이를 식이라 한다. ③ 사식思食이란 의지(思) 작용을 말하는데, 이 의지는 자기가 좋아하는 것이 존재하기를 바라는 것이고 이것이 생존 상태를 지속시킬 수 있으므로 식이라 한다. ④ 식식識食은 신명身命을 존속시킬 수 있는 심식 그 자체를 말하는데, 이것이 신명을 유지시키므로 식이라 한다. 이 중에서 촉식·사식·식식은 삼계에 통하지만, 단식은 단지 욕계에 제한된다.

능히 머물도록 할 수 있으니, 이것이 '맡아서 유지시킨다(任持)'는 뜻이다. 【이상은 친광이 그 '식'의 의미를 해석한 것이다.】

(문) 이미 정토가 삼계소행의 처소를 넘어서 있다고 했는데, 어째서 음식(食)이 있을 수 있는가? 또 무루법은 음식이라고 해서는 안 된다. 음식은 세 가지 존재(三有 : 삼계)의 중생들을 기를 수 있지만 이 정토는 존재가 끊어진 것이기 때문에 음식이라고 해서는 안 된다. 【이는 외인의 물음이니, 그에 세 가지 뜻이 있다. 첫째는 삼계를 넘어서 있는데 어째서 음식이 있는지를 물은 것이다. 둘째는 무루법은 음식이라고 해서는 안 된다는 것이다. 셋째는 삼계의 존재가 끊어졌으므로 음식이라고 해서는 안 된다는 것이다.】

(답) 이것은 '맡아서 유지시키는 인(任持因)'에 해당하므로 음식이라 해도 된다. 【논주의 간략한 대답이다. 무루이긴 해도 유지시켜 주므로 음식이라 해도 된다.】 예를 들면 그대들의 종(宗)에서 색계 등에 태어나 무루의 선정에 들어간다고 하는 경우도 '음식(食)'이라고 해야 할 것이다. 【이는 경부종에게 다음과 같이 반론한 것이다. '그대들의 종에서는 색계 등에 태어나 무루의 선정에 들어간다고 하는데, 이것은 비록 무루이지만 또한 음식이라고 해야 할 것이다.'】 과거의 음식을 음식이라고 해서는 안 되니, 과거는 없는 것이기 때문이다. 【이는 살바다종에서 과거의 음식을 음식으로 여기는 것을 논파한 것이고, 또한 소승에서 다 같이 무루의 음식을 인정하는 것을 논파한 것이다.】 이것도 역시 그러해야 하니, 유지시키는 원인이므로 음식이라고 한 것이다. 【이는

---

(2) 출세간식은 다섯 가지로서 경론에 따라 명칭이 다르지만, 수행자들의 식食을 가리킨다. ① 선열식禪悅食이란 선법禪法의 즐거움이 심신心神을 이익 되게 하는 것이다. ② 법희식法喜食이란 법을 듣고 환희하면, 이것이 선근善根과 혜명慧命을 자라게 하는 것이다. ③ 원식願食이란 서원을 발하여 중생을 제도하고 번뇌를 끊으며 보리를 증득하려는 것이니, 발원으로 인해 자신을 유지시켜 항상 만행을 닦으므로 식이라 한다. ④ 염식念食은 항상 자신이 얻은 출세간의 선법善法을 기억하여 마음에 선정의 뜻을 간직하고 잘 생각하여 잊지 않는 것이다. ⑤ 해탈식解脫食은 출세간의 성도를 닦아 번뇌의 계박을 끊어 생사의 고통을 받지 않는 것이다.

바로 논주가 자종自宗의 뜻을 세운 것이다.】 예를 들어 유루법은 비록 무루를 장애하지만 유루를 유지시키는 것이라면 음식이라고 할 수 있는 것처럼, 무루도 이와 같아서 비록 유루를 끊었더라도 무루를 유지시키는 것이라면 어찌 음식이 아니겠는가?【이는 논주가 음식(食)의 의미를 정립한 것이다.】

이 정토에서 여러 부처님과 보살은 후득의 무루지로 대승의 법미法味를 설하거나 받아들이기도 하면서 큰 희락을 내고, 또 정체지正體智[279]로 진여의 맛(眞如味)을 느끼고 큰 희락을 내니, (이 희락이) 몸을 잘 유지시켜서 단절되지 않게 하면서 선법善法을 기를 수 있기 때문에 음식이라고 하는 것이다.【이는 대승의 정의를 진술한 것이다.】[280]

謂於此中。大乘法味喜樂所持。食能令住。是任持義。【此上親光釋義】已說淨土超過三界所行之處。云何有食。有[1]無漏法。不應名食。食能長養三有衆生。此斷有故。應不名食。【此外人問。有其三意。一問超過三界云何有食。二無漏法不應名食。三斷三有故應不名食。】是任持因。故亦名食。【論主略答。雖是無漏。而任持故。亦名爲食。】如汝宗中。生色界等。入無漏定。亦應名食。【此反經部。汝宗生色界等。入無漏定。雖是無漏。亦應名食。】[2]非過去食應名爲食。過去無故。【此破薩婆多。用過去食爲食。此抑破小乘合許無漏食。】【此亦應爾。是任持因。故說爲食。】[3]【此卽論主立自宗義】如有漏法。雖鄣無漏。然持有漏。得名爲食。無漏亦爾。雖斷有漏。然持無漏。云何非食。【論主成立食義】此淨土中。諸佛菩薩後得無漏。能說能受大乘法味。生大歡[4]樂。又正體智[5]眞如味。生大喜樂。能任持身。令不斷壞。長養善法。故名爲食。【此申大乘正義】

---

279 정체지正體智: 근본지根本智를 말하며, 두 가지 공空에 의해 드러나는 진여眞如의 이치를 곧장 깨달아 혹장惑障을 끊어 버린 지혜를 말한다.
280 『佛地經論』 권1(T26, 295a25).

1) ㉰『佛地經論』권1(T26, 295a7)에 따르면, '有'는 '又'의 오기다. 2) ㉰ "此反經部 汝宗生色界等入無漏定雖是無漏亦應名食"이라는 22글자는『佛地經論』의 본문처럼 되어 있으나, 이는 원측의 협주에 해당한다. 3) ㉰ "此亦應爾是任持因故說爲食"이 라는 12글자는 원측의 협주로 되어 있지만, 이것은『佛地經論』의 본문에 해당한다. 4) ㉰『佛地經論』권1(T26, 295a15)에는 '歡'이 '喜'로 되어 있는데, 의미상 차이는 없다. 5) ㉰『佛地經論』권1(T26, 295a15)에 따르면, '智' 다음에 '受'가 누락되었다.

세친과 무성에게는 별다른 해석이 없다.

또『법화경』에서는 "그 국토의 중생은 항상 두 가지 음식으로 유지되니, 첫째는 법희식法喜食[281]이고, 둘째는 선열식禪悅食[282]이다."[283]라고 하였고, 그 경의 게송에서는 "법희식과 선열식 이외에 다시 다른 음식에 대한 생각이 없다."[284]고 하였다.

世親無性。更無別釋。又法華云。其國衆生。常以二食。一者法喜食。二者禪悅食。卽彼偈云。法喜禪悅食。更無餘食想。

카) 사업事業의 원만

경 중생의 모든 이익(義利)들을 실제로 지어 주며,

現作衆生一切義利。

석 이것은 열한 번째로 사업事業의 원만함을 밝힌 것이다.
친광은 다음과 같이 해석한다. "이 정토에서 (여래가) 스스로 모든 유

---

281 법희식法喜食 : 앞의 각주 278 참조.
282 선열식禪悅食 : 앞의 각주 278 참조.
283 『妙法蓮華經』권4(T9, 27c28).
284 『妙法蓮華經』권4(T9, 28b18).

정들의 모든 의리義利를 실제로 지어 주거나, 혹은 모든 유정들로 하여금 스스로 모든 의리를 짓도록 하는 것을 말한다. 현재의 이익을 '의義'라고 하고 미래의 이익을 '이利'라고 하며, 세간적인 것을 '의'라고 하고 출세간적인 것을 '이'라고 하며, 악을 떠나는 것을 '의'라고 하고 선을 거두어들이는 것을 '이'라고 하며, 복덕을 '의'라고 하고 지혜를 '이'라고 하니, 이와 같이 구별된다. (여래는) 고요한 선정에 있으면서도 전생에 닦은 가행加行의 원력願力으로 인해 자유자재로 모든 유정들에게 모든 의義·이利를 지어 줄 수 있는 것이다."²⁸⁵

세친과 무성에게는 별다른 해석이 없다.

釋曰。此第十一事業圓滿。親光釋云。謂於此中。自能現作一切有情一切義利。或令一切有情。自作一切義利。現益名義。當益名利。世間名義。出世名利。離惡名義。攝善名利。福德名義。智慧名利。如是等別。雖在寂定。由先所修加行願行。¹⁾任運能作一切有情一切義利。世親無性。更無異釋。

---
1) ㉑『佛地經論』권1(T26, 295a22)에 따르면, '行'은 '力'의 오기다.

타) 섭익攝益의 원만

경 모든 번뇌와 전구를 없애고,

鐲除一切煩惱纏垢。

석 이것은 열두 번째로 섭익攝益의 원만함을 밝힌 것이다.
『불지경론』에서는 번뇌와 전구纏垢라는 두 가지 차별에 대해 세 번의

---
285 『佛地經論』권1(T26, 295a18).

설명(復次)으로 해석하였다. 따라서 그 논에서 다음과 같이 말한다.

釋曰。此第十二攝益圓滿。依佛地論。煩惱纏垢二種差別。三復次釋。故彼論云。

모든 번뇌를 전구라고 한다. 【해】 번뇌와 전구의 차별이란 이름만 다를 뿐이다. 예를 들면『유가사지론』제8권에서 다음과 같이 말한다. 〈번뇌의 차별이란 전·구 등을 말한다. 자주 일어나 현행하므로 '전'이라 하고, 자성이 오염되었으므로 '구'라고 한다.〉[286]

또 번뇌란 128가지 근본번뇌를 말한다. 【욕계의 사제四諦에는 각각 열 가지가 있고, 색계·무색계의 사제에는 진에를 제외한 아홉 가지가 있으므로, 모두 112가지가 있다. 욕계의 수도에 여섯 가지 사使(번뇌)가 있으니, 즉 탐貪·진瞋·만慢·무명無明·신견身見·변견邊見을 말하고, 색계·무색계의 수도에 진에를 제외하고 각기 다섯 가지 사가 있다. (욕계·색계·무색계의 번뇌를) 합하면 128가지가 있다. 이는『현양성교론』제1권에서 설한 것과 같다.】 전纏이란 무참無慚·무괴無愧 등이다. 【'등'이라 한 것은 여덟 가지 전에서 (나머지) 혼침惛沉·도거掉擧·악작惡作·질투嫉妬·간인慳悋·수면睡眠[287]을 함께 취한 것이다. 이는『유가사지론』제8권과『잡집론』제7권의 설명과 같다.】 구垢는 첨諂·광誑·교憍 등이다. 【'등'이라 한 것은 여섯 가지 구에서 (나머지) 해害·한恨·뇌惱의 세 가지를 함께 취한 것이다.】

---

286 『瑜伽師地論』에서 열거한 번뇌의 다른 이름들은 다음과 같다. 결結, 박縛, 수면隨眠, 수번뇌隨煩惱, 전纏, 폭류暴流, 액軛, 취取, 계繫, 개蓋, 주올株杌, 구垢, 상해常害, 전箭, 소유所有, 근根, 악행惡行, 누漏, 궤匱, 소燒, 뇌惱, 유쟁有諍, 화火, 치연熾然, 조림稠林, 구애拘礙. 이에 관한 자세한 설명은『瑜伽師地論』권8(T30, 314b20) 참조.
287 여덟 개의 전纏 중에 무참과 무괴를 제외한 그 나머지 여섯 개 번뇌가 나와야 하는데 다섯 가지만 나열되었다. 여기에 '수면睡眠'을 추가해야 한다. 『瑜伽師地論』권8(T30, 314c16) 참조.

또 소지장이나 여러 수면隨眠들을 번뇌라고 하고, 그것이 현기現起한 것을 '전구'라고 한다. (이 전구에서) 근본혹을 '전'이라 하고 수혹을 '구'라고 한다. 이와 같은 번뇌와 전구를 멀리 떠나 있는 것을 '섭익攝益'이라 한다.[288]

卽諸煩惱。名爲纏垢。【解云。煩惱纏垢差別異名。如瑜伽第八卷云。煩惱差別者。謂纏垢等。數起現行。故名爲纏。自性染汙。故名爲垢。】又煩惱者。一[1)]百二十八根本煩惱。【欲界四諦。各有十。色無色界四諦。除瞋各九。合有一百一十二。欲界修道。有六使。謂貪瞋慢無明身見邊見。色無色界修道。各五除瞋。合有一百二十八。如顯揚第一說。】纏者。卽是無慚愧等。【等者。於八纏中。等取惛沉掉擧。惡作嫉妬。慳悋[2)]如瑜伽第八雜集第七。】垢者。卽是諂誑憍等。【等者。於六垢中。等取害恨惱三。】又所知障。或諸隨眠。名爲煩惱。卽彼現起。說名纏垢。本惑名纏。隨惑名垢。如是遠離煩惱纏垢。名爲攝益。

1) ㉖『佛地經論』권1(T26, 295a28)에는 '一' 앞에 '謂'가 있다. 2) ㉖ '慳悋' 다음에 '睡眠'이 누락된 듯하다. 자세한 것은 이에 해당하는 번역문 주석 참조.

그런데 ('모든 번뇌와 전구를 없애고'라는) 이 경문은 세 개의 책에 모두 다르게 되어 있다.『섭대승론』에서 열거한 경문에는 '재횡災橫'은 나오지만 '전구'는 나오지 않으니, 그 논에서 "모든 번뇌와 재횡을 없앤다."[289]고 하였다. 지금 이『해심밀경』에서는 '전구'는 나오지만 '재횡'은 나오지 않는다.『불지경』의 경문에서는 번뇌·재횡·전구를 모두 설하니, 따라서 그 경에서 "모든 번뇌와 재횡과 전구를 소멸시켰다."[290]고 하였다. 재횡의

---

288 이상은『佛地經論』권1(T26, 292b20) 참조.
289 현장 역『攝大乘論本』권3(T31, 151a19).
290 『佛地經論』권1(T26, 295a24) 참조.

뜻을 해석하면 『불지경론』 및 『섭대승론』과 같다.[291]

然此經文。三本不同。攝大乘論所列經文。雖有灾橫。而無纏垢。故彼論云。
蠲除一切煩惱灾橫。今依此經。雖有纏垢。而無灾橫。佛地經文。具說煩惱
灾橫纏垢。故彼經云。滅諸煩惱灾橫纏垢。釋灾橫義。如佛地論及攝大乘。

파) 무외無畏의 원만

경 온갖 마를 멀리 떠났으며,

遠離衆魔。

석 이것은 열세 번째로 무외無畏의 원만함을 밝힌 것이다.
"온갖 마"라고 한 것은 앞에서 언급했던 번뇌마·온마·사마·천마를 말한다.[292] 예를 들면 친광은 "이와 같은 네 가지 마는 모두 모든 선법을 손

---

291 재횡灾橫에 대해서도 세 가지 해석이 있다. ① 번뇌와 전구가 동일하다고 보는 이들은 그것들이 재횡의 원인이라 한다. ② 재횡은 번뇌·전구에서 발생한 업 및 얻어진 결과이다. ③ 소지장 등을 재횡이라고 한다. 『佛地經論』 권1(T26, 295a26) 참조.
292 앞에서 설법의 주인인 '박가범薄伽梵'의 의미를 설명하면서 '네 가지 마를 깨뜨리므로 박가범이라 한다'는 문구가 나오는데, 여기서 네 가지 마란 번뇌마煩惱魔·온마蘊魔·사마死魔·천마天魔를 말한다. 먼저 ① 번뇌마란 욕마欲魔라고도 한다. 즉 몸 가운데 108 등의 번뇌가 중생의 심신心神을 어지럽혀서 지혜의 수명을 빼앗아서 결국 보리를 이루지 못하게 만든다. ② 온마란 음마陰魔 또는 오음마五陰魔·오온마五蘊魔·오중마五衆魔·신마身魔라고도 한다. 색色·수受·상想·행行·식識 등의 오온이 적취해서 생사生死의 고과苦果를 이루며, 이 생사법이 지혜의 수명을 빼앗을 수 있으므로 '마'라고 한다. ③ 사마란 중생들의 사대四大가 분산되거나, 요절하여 죽거나 하는 것은 수행인들로 하여금 법法을 잇고 지혜를 이끌어 내지 못하게 하는 것이다. ④ 천마란 타화자재천자마他化自在天子魔라고 한다. 이것은 육욕천六欲天의 가장 높은 여섯 번째 천에 머무는 마왕 및 그 권속들을 가리킨다. 이들은 사람들의 뛰어난 선善을 방해하고 현성賢聖의 법을 미워하여 갖가지 근심과 혼란을 일으켜서 출세出世의 선근

상시킬 수 있기 때문에 '마'라고 한다."²⁹³고 하였다.

그런데 이 네 가지 마를 떠나는 일에도 차별이 있다.

살바다종과 대승에서 말하는 교화의 모습(化相)에 의하면, (부처님이) 보리수 밑에서 불도를 이루었을 때 무간도·해탈도로 번뇌마를 깨뜨렸고, 무여의열반계에 들 때 온마를 깨뜨렸으며, 3개월간의 수명을 연장하실 때²⁹⁴ 사마를 깨뜨렸고, 자정慈定²⁹⁵에 들었을 때 천마를 깨뜨렸다고 한다.

대승의 이치에 의거해 진실을 설한다면, 가령『불지론』에서 말한 것처럼 초지 이상에서 거친 네 가지 마를 떠나게 되고,²⁹⁶ 불과에서 마침내 영원히 떠나는 것이다. 의미상으로 분별하자면, 십신十信 이상의 모든 지위에서 점차로 마를 멀리 떠난다는 것이니, 이치에 맞게 생각해야 한다.

釋曰。顯第十三無畏圓滿。言衆魔者。如前所說。煩惱蘊死及與天魔。如親光說。如是四種。皆能損害諸善法故。說名爲魔。然離四魔。有差別者。依薩婆多及大乘化相。菩提樹下。成佛道時。無間解脫。破煩惱魔。入無餘依涅槃界時。能破蘊魔。留三月命。能破死魔。入慈定時。能破天魔。若依大乘理實說者。如佛地論。初地以上。離麤四魔。於佛果中。究竟永離。隨義分別。十信已上。於諸地中。漸次遠離。如理應思。

善根을 이루지 못하게 만든다고 한다. 이 마는 전세의 업으로 인해 이 과보를 초래하는 것이기 때문에, 천자업마天子業魔라고도 한다.
293 『佛地經論』권1(T25, 295b15).
294 '3개월 동안 수명을 연장했다'는 것은 유다수행留多壽行 혹은 유다명행留多命行을 가리킨다. 이것은 부처님이나 아라한 등이 선정의 힘으로 자기 수명을 일정 기간 연장시키는 것을 말한다. 이에 관해서는『大毘婆沙論』권126(T27, 656a17) 참조.
295 자정慈定(S maitrī-samātti) : 모든 중생에 대해 자비의 염념에 머무는 선정을 말한다. 이는 사무량심四無量心 가운데 자慈를 닦는 정이다.
296 『佛地經論』권1(T26, 295b17) 참조.

하) 주처住處의 원만

경 장엄된 모든 곳보다 뛰어난 여래 장엄의 의지처이고,

過諸莊嚴如來莊嚴之所依處。

석 이것은 열네 번째로 주처住處의 원만함을 밝힌 것이다.

친광은 다음과 같이 해석하였다. "이 정토에서는 부처님이 머무는 곳이 모든 보살들이나 그 밖의 사람들의 장엄된 거주처보다 훨씬 뛰어나니, 오직 여래만이 오묘한 장식으로 장엄된 곳을 거주처로 삼는다. 장엄된 모든 거주처들보다 더 뛰어나기 때문에 주처가 원만하다고 하는 것이다."[297]

세친과 무성에게는 다시 별다른 해석은 없다.

釋曰。辨第十四住處圓滿。親光釋云。謂於此中。佛所住處。勝過一切菩薩及餘莊嚴住處。唯是如來妙飾莊嚴。爲所住處。由勝一切莊嚴住處。是故說名住處圓滿。世親無性。更無異釋。

거) 길(路)의 원만

경 대념과 대혜와 대행을[298] 다니는 길로 삼으며,

---

[297] 『佛地經論』권1(T26, 295b20).
[298] 다음의 『佛地經論』의 해석에 따르면 '大念慧行'이라는 경문은 두 가지 방식으로 해석될 수 있다. 첫 번째 해석에 따르면, 이 경문은 '대념과 대혜와 대행'으로 번역되며, 이는 보살의 문혜·사혜·수혜와 연관된다. 두 번째 해석에 따르면, 이 경문은 '대념과 대혜의 행'으로 번역되며, 이는 여래의 자리와 이타의 두 가지 행과 연관된다.

大念慧行。以爲遊路。

석 이것은 열다섯 번째로 길(路)의 원만함을 밝힌 것이다. 친광은 다음과 같이 해석한다.

顯第十五路圓滿也。親光釋云。

이 정토에서는 대념과 대혜와 대행을 가는 길로 삼고 걸어 다니는 곳으로 삼기 때문에 '다니는 길(遊路)'이라 했으니, 이는 '도道'의 다른 이름이다.

문소성혜聞所成慧[299]를 대념이라 하니, 교법을 듣고 나서 기억하고 있으면서 그 뜻에 전도되는 일이 없기 때문이다. 사소성혜思所成慧[300]를 대혜라고 하니, 이치에 맞게 깊이 생각하여 (그 의미를) 결정할 수 있기 때문이다. 수소성혜修所成慧[301]를 대행이라 하니, 닦아 익힌 힘으로 인해 진리에 나아가기 때문이다.

'크다(大)'고 한 것은, 염(·혜·행) 등이 대승의 법을 대상으로 하여 일

---

299 문소성혜聞所成慧(Ⓢ śrutamayi-prajñā) : 들음에 의해 생겨난 지혜를 뜻한다. '문'이란 다른 이가 설하는 설법을 듣는 것으로 지혜의 인因이고, '혜'는 많이 들음으로써 생긴 지혜로서 청문의 과果라고 할 수 있다. 문혜는 특히 자신이 깊이 사유하거나 직접 체득해서 얻어진 지혜가 아니라 다만 남이 설하는 '말'을 많이 들어서 얻어진 지혜이다. 따라서 문혜의 차원에서는 다만 '말'을 대상으로 하는 지혜가 있을 뿐이며 아직 그 '의미'까지 깊이 이해하는 지혜는 없다.
300 사소성혜思所成慧(Ⓢ cintāmayi-prajñā) : 교법의 의미를 자기 스스로 깊이 사유함으로써 얻은 지혜를 말한다. 이 지혜는 들었던 말의 의미(이치)를 스스로 사유하되 어떤 때에는 말에 의지해서 의미를 이끌어 내기도 하고 어떤 때는 의미에 의지해 말을 이끌어 내기도 하는데, 아직 완전히 말을 버리고 의미만을 관하는 단계는 아니다.
301 수소성혜修所成慧(Ⓢ bhāvanāmayi-prajñā) : 이치에 대해 깊이 사유하고 나서 그것을 실제로 닦고 익혀서 몸으로 체득함으로써 얻어진 지혜를 말한다. 이 지혜는 말을 버리고 오로지 의미(이치)라는 경계만을 대상으로 하여 관함으로써 얻어진 지혜이다.

어난 것이기 때문이고, 저 (대승의 법에서 나온) 과果이기 때문이며, 저 (대승의 법에) 속하는 것이기 때문이다. 이러한 세 가지 묘한 지혜의 길을 밟아서 정토를 왕래하기 때문에 그것을 '다니는 길'이라고 했다.

이것은 보살이 세 가지 묘한 지혜가 원인이 되어 정토에 들어갈 수 있기 때문에 '다니는 길'이라 했다고 설한 것이다.【팔지 이상의 보살은 항상 선정의 지위에 들어 있는데 어떤 지혜를 문혜라고 하겠는가? 이 대승에 준해 보면, 선정의 지위에 있다 해도 의미상 문혜라고 설한 것이니, 이치상 과실이 없다.】

모든 여래의 경우, 대념이란 무분별지이니, 진여의 이치에 안주하는 것만을 염하기 때문이다. 대혜란 후소득지이니, 모든 법의 진眞·속俗의 모습을 분별하기 때문이다. 이 두 가지 지혜는 모두 정토를 만들어 내는 데 증상의 작용이 있기 때문에 둘 다 '행'이라 하고, 이 두 가지 지혜를 통해서 정토에 태어나기 때문에 '다니는 길'이라 하였다.

혹은 대념의 행은 자리행이니, 안으로 거두어 기억하는 것이기 때문이다. 대혜의 행은 이타행이니, 밖으로 분별하는 것이기 때문이다. 그 순서대로 모두 여래의 두 가지 정토에 나게 하므로 '다니는 길'이라 하였다.【자세한 것은 『불지경론』의 설과 같다.】[302]

謂於此中。大念大慧。及以大行。爲所行路。所遊履故。名爲遊路。是道異名。聞所成慧。名爲大念。聞已記恃。[1] 無倒義故。思所成慧。名爲大慧。依理審思。得決定故。修所成慧。名爲大行。由修習力。趣眞理故。大者。念等緣大乘法。而生起故。是彼果故。彼所攝故。履三妙慧。淨土往還。故名遊路。此說菩薩因三妙慧。得入淨土。故名遊路。【八地已上。常入定位。即用何慧。名爲聞慧。准此大乘。設入定位。義說聞慧。於理無失。】若諸如來。大念卽是無分別智。由念安住眞如理故。大慧卽是後所得智。分別諸法眞俗

---

[302] 『佛地經論』 권1(T26, 295b24).

相故。此二皆有造作淨土增上業用。故俱名行。由此二智。通生淨土。故名遊路。或大念行。是自利行。內攝記故。大慧行者。是利他行。外分別故。如其次第。通生如來二種淨土。故名遊路。【具如佛地論說。】

1) ㉰ '恃'는 '持'인 듯하다. ㉱『佛地經論』에는 '持'로 되어 있다.

무성과 세친에게는 다시 별다른 해석은 없다.

無性世親。更無異釋。

너) 수레(乘)의 원만

경 위대한 지止와 오묘한 관觀을 탈것으로 삼고,

大止妙觀。以爲所乘。

석 이것은 열여섯 번째로 수레(乘)의 원만함을 밝힌 것이다.
 친광은 다음과 같이 해석한다. "지止는 삼마지三摩地(⑤ samādhi)이고 관觀은 반라야般羅若(⑤ prajña)이다. '대大'의 뜻은 이전과 같다. 이 두 가지가 똑같이 실어 나르기 때문에 '탈것'이라고 했다. 이 지와 관을 타고 그 적절한 근기에 맞게 앞서 말한 길(대념·대혜·대행)을 다니는데, 그 길이 총체적 지위에 해당한다면 지위 중의 지·관을 별도로 '탈것(所乘)'이라고 이름한 것이다.【총체적인 것과 개별적인 것이 분명히 드러나지는 않았으니, 생각해 보라.】"[303]
 세친의 해석에서는 "지와 관을 타고서 노닐며 나아가기 때문이다."[304]

---

[303] 『佛地經論』권1(T26, 295c11).
[304] 세친의『攝大乘論釋』권10(T31, 377a26).

라고 하였고, 무성의 해석에서는 "지와 관을 타고서 세 가지 지혜의 길에 노닐면서 가야 할 동산으로 나아가니, 성문·독각·보살들이 타고 있는 지와 관보다 뛰어나기 때문에 '위대하다'고 한다."305고 하였다.

釋曰。是第十六乘圓滿也。親光釋云。止謂三摩地。觀謂般羅若。大義如前。此二等運。故名所乘。乘此止觀。隨其所應。行前道。1) 是2)應住。3) 住中止觀。別名所乘。【總別不顯思。】世親釋云。乘止及觀而遊趣故。無性釋云。以乘止觀。遊三慧路。往所趣國。4) 勝諸聲聞獨覺菩薩所乘止觀。故名爲大。

1) ㉭『佛地經論』권1(T26, 295c13)에 따르면, '道' 다음에 '路'가 누락되었다. 2) ㉭『佛地經論』권1(T26, 295c13)에 따르면, '是' 앞에 '路'가 누락되었다. 3) ㉭『佛地經論』권1(T26, 295c13)에 따르면, '應住'는 '總位'의 오기다. 4) ㉭『攝大乘論釋』권10(T31, 446b11)에 따르면, '國'은 '園'의 오기다.

더) 문門의 원만

경 위대한 공해탈·무상해탈·무원해탈을 들어가는 문으로 삼으며,

大空無相無願解脫。爲所入門。

석 이것은 열일곱 번째로 문門의 원만함을 밝힌 것이다. 친광은 다음과 같이 해석한다.

釋曰。是第十七門圓滿也。親光釋云。

대궁전은 세 가지 해탈문을 들어가는 입구로 삼는다. 해탈이란 출리

---

305 무성의 『攝大乘論釋』 권10(T31, 446b10).

열반出離涅槃에 해당한다. 즉 위대한 공(·무상·무원) 등을 해탈문이라고 이름하니, 이 문을 따라서 정토에 들어가는 것이다.

변계소집으로 생겨난 법의 무아無我를 '공'이라 하고, 이 공을 대상으로 하는 삼매³⁰⁶를 공空해탈문이라고 이름한다.

상相은 열 가지이니, 첫째는 색이고, 둘째는 성이며, 셋째는 향이고, 넷째는 미이며, 다섯째는 촉이고, 여섯째는 남자이며, 일곱째는 여자이고, 여덟째는 태어남이며, 아홉째는 늙음이고, 열째는 죽음이다. 이 열반에는 이와 같은 상들이 없기 때문에 '무상'이라 하고, 이 무상을 대상으로 하는 삼매³⁰⁷를 무상無相해탈문이라 이름한다.

'원願'이란 바라며 구하는 것이니, 삼계의 고통을 관하여 더 이상 바라며 구하는 것이 없으므로 '무원'이라 하고, 이 무원을 대상으로 하는 삼매³⁰⁸를 무원無願해탈문이라 이름한다.

이 공(·무상·무원) 등의 세 가지 해탈문을 따라 정토에 들어갈 수 있기 때문에 '문'이라 한다. '위대하다(大)'고 한 것은 앞에서 설한 것과 같다. 이 정토에도 사업·길·수레·문 등이 있어야 하니, 유정들이 (정토

---

306 공을 대상으로 하는 삼매 : 이것을 공삼매空三昧(S̄ śūnyatā-samādhi)라고 한다. 이는 고제의 공空·무아無我라는 두 가지 행상과 상응하는 삼매이다. 모든 것이 인연에 의해 생겼으므로 아我·아소我所의 둘이 모두 공하다고 관하는 것이다.
307 무상을 대상으로 하는 삼매 : 이것을 무상삼매無相三昧(S̄ animitta-samādhi)라고 한다. 이는 멸제滅諦의 멸滅·정靜·묘妙·리離의 네 가지 행상과 상응하는 삼매이다. 열반은 색色·성聲·향香·미味·촉觸의 상과 남男·여女의 상과 세 가지 유위상의 십상을 떠나 있기 때문에 '무상'이라 한다.
308 무원을 대상으로 하는 삼매 : 이것을 무원삼매無願三昧(S̄ praṇihita-samādhi)라고 한다. 이는 고제苦諦·집제集諦·도제道諦의 열 가지 행상과 상응하는 삼매를 말한다. 열 가지 행상은 고제의 고苦·비상非常과 집제의 인因·집集·생生·연緣과 도제의 도道·여如·행行·출出이다. 가령 고제를 관해서 고·무상의 행상을 일으키고 집제를 관해서 인 따위의 행상을 일으키는데, 이 행상들은 싫어할 만한 것들이다. 또 도제는 배나 뗏목과 같은 수단이므로 언젠가 반드시 버려야 한다. 이와 같은 삼제三諦의 행상을 반영하는 선정에서는 일체의 법에 대해 원하거나 구함이 없기 때문에 그 선정을 '무원'이라 한다.

의) 진실한 공덕을 기쁘게 받아들이게 하기 위해 (공·무상·무원의) '행'에 의거해서 설한 것이다.[309] 【『불지경론』에서 말한 것처럼, 이 문구를 해석하면서 당연히 세 가지 해탈문을 설명하는 장章이 있어야 한다.】

謂大宮殿。三解脫門爲所入處。解脫卽是出離涅槃。卽大空等。名解脫門。依從是門。而入淨土。遍計所執生法無我。說名爲空。緣此三摩地。名空解脫門。相謂十相。一色。二聲。三香。四味。五觸。六男。七女。八生。九老。十死。卽此涅槃。無此等相。故名無相。緣此三摩地。名無相解脫門。願謂願求。觀三界苦。無所願求。故名無願。緣此三摩地。名無願解脫門。由此空等三解脫門。得入淨土。故名爲門。大如前說。此淨土中。亦應有事路乘門等。爲令有情欣樂實德。故就行說。【如論說。須釋此中。應辨三解脫門章。】

러) 의지依持의 원만

경 무량한 공덕들로 장엄되고 대보배(大寶) 화왕華王들로 건립된 대궁전에 머물고 계셨다.

無量功德衆所莊嚴。大寶華王衆所建立。大宮殿中。

석 이것은 열여덟 번째로 의지依持의 원만함을 밝힌 것이다.
『불지경론』에서는 "마치 땅 등이 풍륜 등에 의지하거나 또는 세간의 궁전이 땅에 의지하듯, 이와 같이 정토는 무량한 공덕들로 장엄되고 대보배 홍련화들로 건립된 것이다."[310]라고 하였고, 그 다음에는 세 가지 의미로

---

309 『佛地經論』 권1(T26, 295c16).
310 『佛地經論』 권1(T26, 295c29).

'대大'와 '왕王'을 해석하였다.

釋曰。明第十八依持圓滿。佛地論云。謂如地等依風輪等。或如世間宮殿依地。如是淨土。無量功德衆所莊嚴。大寶紅蓮華王衆所建立。下以三義。釋大及王。

첫째, 홍련화라는 대보배로 이루어졌고, 이와 같이 대보배는 무량한 공덕과 온갖 선들에 의해 일으켜진 것으로서 온갖 보배들 중에서 뛰어나므로 '대'라고 하였고, 【대를 해석하였다.】 이 보배 홍련은 여러 꽃들 중에서 가장 뛰어나므로 '화왕'이라 하였다. 【왕을 해석하였다.】

둘째, 혹은 이 보배 홍련은 여러 보살들의 선근에 의해 일으켜진 홍련화들과 비교해 보면 더 뛰어나므로 '대'라고 하였고, 【대를 해석하였다.】 부처님은 법왕이고 이 꽃은 부처님의 가장 수승한 선근에 의해 일으켜진 것이므로 '화왕'이라 하였다. 【왕을 해석하였다.】

셋째, 또 이 보배 꽃은 얻기가 매우 어렵기 때문에 '대보배'라고 하였고, 【대를 해석하였다.】 꽃들 중에서 가장 뛰어나기 때문에 '화왕'이라 하였다. 【왕을 해석하였다.】 이 꽃은 하나가 아니거나 혹은 꽃잎이 많기 때문에 '들(衆)'이라고 한 것이다.[311]

一者。謂紅蓮華大寶所成。如是大寶無量功德衆善所起。於衆寶中。勝故名大。【釋大。】此寶紅蓮。於諸華中。最爲殊勝。故名華王。【釋王。】二者。或此寶華。望諸菩薩善根所起紅蓮華衆。勝故名大。【釋大。】佛是法王。是佛最勝善根所起。故名華王。【釋王。】三者。又此寶華。極難得故。名爲大。【釋大。】寶華中最勝。故名華王。【釋王。】此華非一。或華葉多。故名爲衆。

---

311 『佛地經論』 권1(T26, 296a2).

세친은 다음과 같이 해석한다. "다음의 한 구는 '의지의 원만'을 나타낸 것이다. 마치 대지 등이 풍륜에 의지해 머무는 것처럼, 이 부처님의 정토는 무엇에 의지하겠는가? 무량한 공덕들로 장엄되고 대홍련화들로 건립된 것이다.[312]

무성은 다음과 같이 해석한다. "이 홍련화는 여러 꽃들 중에서 가장 뛰어나기 때문에 '대보배 화왕'이라고 하였다. 혹은 여래를 대왕이라 하고, 이 홍련화는 부처님의 의지처이기 때문에 '왕'을 따라서 이름 붙인 것이다. '건립되었다'는 것은 부처님의 정토가 이 화왕에 의지해서 오랫동안 상속하면서 단절되지 않는 것을 말한다. 이 구는 의지의 원만함을 밝힌 것이다."[313]

世親釋云。次有一句。顯依持圓滿。如大地等。依風輪住。此佛淨土。何所依持。無量功德衆所莊嚴。大紅蓮華之所建立。無性釋云。此紅蓮華。於諸華中。最爲殊勝。是故說名大寶華王。或卽如來說名大王故。此紅蓮華。是佛依處。從王爲名。所建立者。謂佛淨土。依此華王。長時相續。無有間絶。此句顯示依持圓滿。

② 부처님의 총체적 공덕과 개별적 공덕을 해석함

경 이 박가범[314]께서는 가장 청정한 깨달음으로,

---

312 세친의 『攝大乘論釋』 권10(T31, 377a28).
313 무성의 『攝大乘論釋』 권10(T31, 446b19).
314 박가범薄伽梵[S Bhagavat] : 부처님의 열 가지 명호 중의 하나로서, 흔히 세존世尊으로 의역한다. 온갖 공덕을 갖추고 있어 세상 사람들의 존경의 대상이 되는 사람을 뜻한다. 부처님을 가리키는 열 가지 명호는 여래如來, 응공應供, 정변지正遍知, 명행족明行足, 선서善逝, 세간해世間解, 무상사無上士, 조어장부調御丈夫, 천인사天人師, 세존世尊이다.

是薄伽梵最淸淨覺。

석 이상으로 주처의 장엄에 대해 해석하였고, 이하부터는 두 번째로 부처님의 총체적 공덕과 개별적 공덕에 대해 해석하겠다.

어째서 여기에서는 먼저 주처를 말하고 나중에 공덕을 말하는가? 친광은 해석하길, "세존께서 청정한 불토에 의지해 이와 같은 공덕을 갖추고서 이 경을 설하셨음을 나타내기 위해서"³¹⁵라고 하였다. 공덕을 해석하면서 다시 두 가지로 나누었는데, 첫째는 총체적 공덕을 해석하는 것이고, 둘째는 개별적 공덕을 해석하는 것이다.

이 두 가지 공덕을 설하는 것은 어떤 의미가 있는가?

『불지경론』에 의하면 두 가지 뜻이 있다. "첫째, 모든 부처님들은 그 밖의 다른 큰 스승(大師)들과는 다름을 나타내기 위해 세존의 공덕이 수승함을 설한 것이다. 둘째, 그 밖의 다른 사람들이 청정한 믿음을 내게 하기 위해 여래의 공덕이 원만함을 현시한 것이다."³¹⁶

무성의 『섭대승론석』에서는 "박가범은 모든 성문·독각·보살들과는 달리 깨달음이 가장 뛰어나다는 것을 나타내기 위한 것이다."³¹⁷라고 하였다.

釋曰。上來已釋住處莊嚴。自下第二釋總別德。如何此中先處後德。親光釋云。爲顯世尊依淨佛土具如是德說此經故。就釋德中。復分爲二。初釋總德。二釋別德。說此二德。有何義耶。依佛地論。有其二義。一顯諸佛異餘大師。故說世尊功德殊勝。二爲其餘生淨信故。顯示如來功德圓滿。無性論云。顯薄伽梵異諸聲聞獨覺菩薩。覺最勝故。

---

315 『佛地經論』 권2(T26, 298b5).
316 『佛地經論』 권2(T26, 296b3).
317 무성의 『攝大乘論釋』 권5(T31, 410c22).

가. 부처님의 총체적 공덕

"박가범께서는"이라 한 것은 덕 있는 사람을 나타낸 것이고, "가장 청정한 깨달음으로"라고 한 것은 뛰어난 공덕을 바로 밝힌 것이다.

『불지경론』에 의거해서 해석하면 세 가지 의미가 있다. "첫째, 모든 유위·무위의 깨달아야 할 경계에 대해 깨달음을 바로 개시하기 때문이다. 둘째, 모든 깨달아야 할 경계에 대해 정묘淨妙하고 원만圓滿한 깨달음을 바로 개시하기 때문이다. 셋째, 모든 여소유성과 진소유성[318]에 대해 깨달음을 바로 개시하기 때문이다."[319]

■해■ (『불지경론』의) 세 가지 해석에는 차이가 있다. 첫째는 법수에 의거해 청정한 깨달음을 해석한 것이니, 유위와 무위가 모든 법을 다 포섭하기 때문이다. 둘째는 두 가지 지혜에 의거해서 청정한 깨달음을 해석한 것이니, '정묘와 원만'이 모든 지혜를 다 포괄하기 때문이다.【'정묘'란 속제를 대상으로 하는 지를 말하고, '원만'이란 진제를 대상으로 하는 지를 말한다.】 셋째는 진제·속제에 의거해 청정한 깨달음을 해석한 것이니, 이제에 의해 모든 경계를 다 포괄하기 때문이다. 뒤의 경문에서는 '진소유성이란 오수온五數蘊(오온) 등과 같은 것이고, 여소유성이란 칠진여七眞如[320] 이다'라고 했는

---

318 여소유성如所有性과 진소유성盡所有性 : 『解深密經』「分別瑜伽品」에서는 요가수행자들이 관해야 할 대상의 하나로서 '사물의 궁극성(事邊際性)'을 말한다. 이 사변제성이 바로 진소유성과 여소유성이다. 진소유성이란 가령 오온·십이처·십팔계 등처럼 '모든 사물들의 전체'를 포괄하는 것을 말하고, 여소유성이란 가령 '진여'처럼 모든 존재의 내적 본질을 뜻하거나 혹은 모든 존재에 관철되는 도리道理 같은 것을 뜻하기도 한다. 요가행자는 이와 같은 '사물들의 전체성'을 관찰의 대상으로 삼아 계속 추구해 가거나, 또는 '진여'와 같은 사물의 내적 본질에 대해 깊이 사색함으로써 사물의 궁극성에 도달할 수 있다. 이에 관한 자세한 설명은 뒤의「分別瑜伽品」참조.
319 『佛地經論』권2(T26, 296b6).
320 칠진여七眞如 : 이 『解深密經』에서는 특히 여소유성을 일곱 가지 진여(七眞如)로 나누어 자세히 설명하는데, 이는 대소승의 여러 경론에서 언급된 불교적 진리를 일곱 가지로 압축한 것이다. 첫째 유전流轉진여란 생사윤회의 세계에서 모든 행行이 시작도 없고 끝도 없이 이어지는 것을 말한다. 이는 초기불교에서부터 한결같이 받아들여진 불교적 진리를 말한다. 둘째 상相진여란 모든 법에 내재한 인人·법法의 무아성

데, 이 진소유성과 여소유성은 가령 제3권의 『경기經記』에서 설한 것과 같다.[321]

薄伽梵者。顯有德人。最淸淨覺者。正明勝德。依佛地論。釋有三義。一於一切有爲無爲所應覺境。正開覺故。二於一切所應覺境淨妙圓滿。正開覺故。三於一切如所有性盡所有性。正開覺[1] 解云。三釋有差別者。一約法數。以釋淨覺。有爲無爲攝法盡故。二約二慧。以釋淨覺。淨妙圓滿。攝慧盡故。【淨妙者。緣俗智。圓滿者。緣眞智。】三就眞俗。以釋淨覺。以依二諦。攝境盡故。下經云盡諸[2]有性。如五數蘊等。如所有性。七眞如等。此盡所有性如所有性。如第三卷經記中說。

1) ㉠ '覺' 다음에 '故'가 탈락된 듯하다. ㉡ 『佛地經論』에는 '故'가 있다. 2) ㉡ '諸'는 '所'의 오기다.

나. 부처님의 개별적 공덕

경 두 가지가 현행하지 않고,

不二現行。

無我性이다. 이는 대승의 반야사상에서 확립된 이공二空의 진리를 말한다. 셋째 요별了別진여란 모든 것은 오직 식일 뿐이라는 '유식'의 진리다. 이는 『解深密經』과 그것을 소의경전으로 하는 유가행파에서 새롭게 내세운 진리를 말한다. 다음의 네 가지 안립安立·사행邪行·청정淸淨·정행正行의 진여란 각기 고苦·집集·멸滅·도道의 진리를 나타낸다. 이 일곱 가지 진여는 "오염법과 청정법 가운데 내재되어 있는 궁극의 진리"이며, 유가행자가 사물의 전체성과 더불어 반드시 관찰해야 할 궁극적 의미에 해당한다. 이상의 칠진여에 대한 자세한 논의는 뒤의 「分別瑜伽品」 참조.

321 『解深密經』 권3 「分別瑜伽品」에서는 지관止觀의 소연所緣으로서 '진소유성'과 '여소유성'에 대해 자세히 논하는데, 그 경문에 대한 원측의 해석을 가리켜서 '제3권의 『경기經記』'라고 하였다.

석 이하는 두 번째로 개별적 공덕들에 대해 해석한 것이다.

그런데 이 공덕을 해석하면 두 가지 의미가 있다. 첫째는 공덕이 몇 종류인지에 대해 신역과 구역의 같고 다름을 밝힌 것이고, 둘째는 여러 논에 의거하여 경문을 바로 해석한 것이다.

釋曰。自下第二釋諸別德。然釋此德有其二義。一明種數多少。新舊同異。二依諸論。正釋經文。

가) 공덕의 개수에 대한 신역·구역의 차이를 밝힘

(첫째, 공덕의 개수에 대한) 문구의 같고 다름은 다음과 같다.

진제 삼장이 번역한 양梁『섭대승론』판본에는 (부처님의 개별적 공덕에 대해) 오직 스무 구만 있고, '미래제가 다하도록(窮未來際)'이라는 경문의 한 구가 빠져 있다.[322] 무착(『섭대승론』저자)은 스무 가지 공덕의 이름만 들었는데, (세친의)『석론』에서 처음에는 "스무 가지 도리로 인해 여래의 지혜가 가장 청정하다는 것이 성취되기 때문이다."라고 하였고, 나아가 뒤에서는 '첫 번째 구는 근본이고 나머지 스물한 구는 그것을 성취시키는 것'이라고 하였다.[323] **해** (진제의) 구역본에는 두 가지 과실이 있다. 첫째, 경의 한 구인 "미래가 다하도록(窮未來際)"이 빠진 것이다. 둘째, 어떤 경우는 '스무 가지 도리'라고 해석하는데 이는 뒤에서 '스물한 구'라고 설한 것과 위배된다. 이로 인해 여러 논사들의 잘못된 해석이 하나가 아니게 되었다.『진제기』에서는 다음과 같이 말한다. 〈개별적 공덕에는 오직 스무 가지 구가 있고, 결구結句까지 통틀어 취하면 스물한 가지 구가 된다.〉 개별적 공덕에 대한 상常과 굉훵[324] 두 논사의 견해도 진제와 같다. 숭崇 법사는 다음과 같이 말한다. 〈논에 스무 가지 구句만 있는데 '일一' 자를 말한 것은 이 '일' 자가 잘못 들어갔거나 혹

---

322 진제 역『攝大乘論』권중(T31, 121c26) 참조.
323 진제 역, 세친의『攝大乘論釋』권6(T31, 196c28) 참조.
324 이 글자는 정확하지 않으나, 성씨를 가리키는 '굉훵'으로 추정하였다.

은 한 가지 공덕을 빠뜨린 것일 수 있다.) 도묵道默 법사는 '총체적 공덕과 개별적 공덕을 합하면 스물한 가지가 된다'고 하였다. 이와 같은 오류들은 다 기술할 수 없다.】

지금 당본唐本 『섭대승론』 등에서는 경의 스물한 가지 공덕을 자세하게 해석하고 있다. 따라서 지금의 당본 경론經論이 바른 것이다.[325]

文同異者。眞諦三藏梁攝大乘論本。唯有二十句。闕經一句窮未來際。無著但二十德名。釋論初云。由二十道理。成就如來智慧最淸淨故。乃至後云。第一句爲本。餘二十一句。爲能成就。【解云。舊本有二種失。一脫經一句窮未來際。二或釋云釋云[1])二十道理。便違後說二十一句。由斯。諸師謬釋非一。眞諦記云。別德唯有二十句。通取結句。合成二十一句。別德常冒二師。亦同眞諦。嵩法師云。論中有二十句。而言一者。乘[2])此一字。或可脫失一種功德。道默法師。總別合說。成二十一。如是等謬。不可具述。】今依唐本攝大乘等。具釋經中二十一德。故今唐本經論爲正。

---
1) ㉗ '釋云'은 잉자인 듯하다(編). 2) ㉗ '乘'은 '剩'의 오기인 듯하다.

나) 여러 논서에 의거해 경문을 바로 해석함

둘째, 여러 논에 의거하여 경을 바로 해석하겠다. 이 개별적 공덕을 해석하면, 여러 논들이 서로 다르다.

첫째, 『섭대승론』에서는 먼저 경의 스물한 가지 공덕을 들고 나중에 도리에 의거해 공덕의 이름을 세우긴 했지만, 해석하지는 않았다. 따라서 『섭대승론』에서는 다음과 같이 말한다.

二依諸論正釋經者。釋此別德。諸論不同。一攝大乘論。先擧經中二十一德。後依道理立功德名。而不解釋。故本論云。

---
325 현장 역 『攝大乘論本』 권중(T31, 141c6), 세친의 『攝大乘論釋』(T31, 347b5) 참조.

알아야 할 대상(所知)에 대해 한결같이 장애 없이 굴리는 공덕, 유와 무의 두 가지 모습이 없는 진여의 가장 수승하고 청정함에 깨달아 들어갈 수 있는 공덕, 무공용無功用의 불사佛事에 쉬지 않고 머무는 공덕, 법신 안에서 소의所依와 의요意樂와 작업作業의 차별 없는 공덕, 모든 장애의 대치를 닦는 공덕, 모든 외도를 항복시키는 공덕, 세간에 태어나서 세간법에 구애받지 않는 공덕, 정법을 안립하는 공덕, 수기하는 공덕, 모든 세계에 수용신과 변화신을 나타내 보이는 공덕, 의심을 끊는 공덕, 갖가지 행에 들어가게 하는 공덕, 미래의 법에 대해 묘한 지혜를 내는 공덕, 그 (중생들의) 승해에 맞게 시현하는 공덕, 한량없는 소의로 유정을 조복시키고 가행하는 공덕, 평등법신에 의해 바라밀다를 완성시키는 공덕, 그 (중생들의) 승해를 따라 차별적 불토를 나타내 보이는 공덕, 세 종류 불신의 처소에 한계가 없는 공덕, 생사가 다하도록 항상 모든 유정에게 이익과 안락을 주는 공덕, 다함없는 공덕 등이다.[326]

謂於所知。一向無障轉功德。於有無無二相眞如最勝清淨。能入功德。無功用佛事。不休息住功德。於法身中所依意樂作業。無差別功德。修一切障對治。[1] 降伏一切外道功德。生在世間不爲世法所礙功德。安立正法功德。授記功德。於一切世界現示受用變化身功德。斷疑功德。令人[2]種種行功德。當來法生妙智功德。如其勝解示現功德。無量所依調伏有情加行功德。平等法身波羅蜜多成滿功德。隨其勝解示現差別佛土功德。三種佛身方處無分限功德。窮生死際常現利益安樂一切有情功德。無盡功德等。

1) ⓖ『攝大乘論本』권2(T31, 141c10)에 따르면, '治' 다음에 '功德'이 누락되었다.
2) ⓖ『攝大乘論本』권2(T31, 141c14)에 따르면, '人'은 '入'의 오기다.

---

326 현장 역『攝大乘論本』권중(T31, 141c7).

둘째, 세친은 경론의 스물한 가지 공덕을 간략하게 해석하였다.【길이는 한 장 반】

셋째, 무성은 경론의 스물한 가지 공덕을 자세히 해석하고【세 장 반】 나중에 공덕이 생기하는 순서를 밝혔다.【한 장 반】

넷째, 친광의『불지경론』에는 두 번의 부차적 설명(復次)이 있다. 처음에는 독자적으로 이름을 안립하여 경의 구들을 해석하고【두 장 반】 나중에는 무착이 세운 공덕의 이름에 의거하여 경의 구들을 해석하였다.[327]【그것에 네 장이 있다.】

二者。世親略釋經論二十一德。【帳一紙半。】三者。無性廣釋經論二十一德。【三紙半。】後明功德生起次第。【一紙半。】四者。親光佛地論中。有二復次。初自立名。釋經諸句。【兩紙半。】後依無著所立德名。以釋經句。【有其四紙。】

이제 여러 논에 의거하여 경문을 바로 해석하겠다.[328]

본문 해석에 본래 두 가지 설이 있다. 첫째, 세친 등은 하나하나 따로 해석하여 (개별적 공덕을) 스물한 가지로 만들었다. 둘째, 친광은 맨 뒤의 두 가지를 합해서 해석하여 (개별적 공덕을) 스무 가지로 나누었다.[329] 비록 두 가지 설이 있으나 우선 앞의 설에 의거하겠다.

今依諸論。正釋經文。就釋文中。自有兩說。一世親等一一別釋。爲二十一。

---

327 『佛地經論』권2(T26, 296b3) 참조.
328 이하에 나오는 부처님의 스물한 가지 개별적 공덕에 대한 해석은 세 가지 논서를 근거로 한 것이다. 여기서 원측은 세친의『攝大乘論釋』, 무성의『攝大乘論釋』, 그리고 친광의『佛地經論』의 내용들을 서로 대조해 가며 해석한다.
329 친광은 "盡虛空性。窮未來際。"를 여래의 자리自利·이타利他의 공덕이 한량없음을 드러내는 하나의 구라고 보았기 때문에, '뒤의 두 가지를 합해서 해석하였다'고 한 것이다.『佛地經論』(T26, 297a16) 참조.

二者親光合釋後二。分爲二十。雖有兩說。且依前說。

(가) 첫 번째 공덕

이것은 첫 번째 공덕인 '두 가지가 현행하지 않음'을 해석한 것이다. 【무성의 『섭대승론석』에서는 전체를 두 가지로 나눈다. 처음의 네 가지는 자리自利의 덕을 밝힌 것이고, 뒤의 열일곱 가지는 이타利他의 덕을 나타낸 것이다. 자리의 덕에서 다시 네 가지로 나뉜다. 첫째는 지덕智德[330]을 밝히고, 둘째는 단덕斷德[331]을 나타내며, 셋째는 은덕恩德[332]을 설명하고, 넷째는 교화 작용의 평등함을 해석한 것이다. 문장에 배당시켜 보면 알 수 있을 것이다.】

세친은 다음과 같이 해석하였다. "이는 곧 알아야 할 대상에 대해 한결같이 장애 없이 굴리는 공덕이니, 가령 성문·독각의 지혜에 장애가 있기도 하고 장애가 없기도 한 것과는 다르기 때문이다."[333] 【해 예를 들어 천안天眼은 삼천계三千界 안에서는 장애가 없지만 그 바깥에 대해서는 장애가 있는 것과 같으니, 나머지는 모두 이에 준해 알 수 있다.】

무성의 『섭대승론석』에는 두 번의 부차적 설명이 있다.[334] 처음은 세친과 같고 나중의 부차적 설명에서는 "혹은 두 곳에서의 현행이 여기에는 있지 않다."[335]고 하였다. 【'두 곳'에 대해 본래 두 가지 설명이 있다. 한편에서는 다음과 같이 말한다. 〈앞의 것은 통달한 자에 의거해서 설한 것이다. 지금 말하는 '두 곳'이란 통

---

330 지덕智德 : 불과佛果에 갖추어진 세 가지 공덕 중의 하나로서, 일체의 법을 평등하게 관찰하는 지혜를 말한다.
331 단덕斷德 : 불과에 갖추어진 세 가지 공덕 중의 하나로서, 일체의 번뇌를 단멸시킨 상태를 말한다.
332 은덕恩德 : 불과에 갖추어진 세 가지 공덕 중의 하나로서, 중생을 구도하려는 원력으로 중생을 구제해 주는 은혜를 말한다.
333 세친의 『攝大乘論釋』 권5(T31, 347b21).
334 무성은 『攝大乘論釋』에서 여래의 개별적 공덕들에 대해 두 가지로 해석한다. 다음에 반복적으로 등장하는 '무성의 앞의 해석' 또는 '무성의 나중 해석'이라는 문구는 각 논에서 첫 번째 해석과 두 번째 해석을 가리킨다.
335 무성의 『攝大乘論釋』 권5(T31, 409c16).

달하지 못한 자에 의거해서 (설한 것이니, 그들은) 안팎의 처소에 대해 모두 장애가 현행하지만 부처님은 이러한 일이 없으므로 '두 가지가 현행하지 않는다'고 한 것이다.〉 혹은 '두 곳'이란 가령 『불지경론』에서 설한 것처럼 생사와 열반을 일컬어 '두 곳'이라 했을 수도 있다.】

친광은 다음과 같이 해석한다. 〈이것은 세존의 한결같이 장애 없는 수승한 공덕을 나타내 보인 것이다. 말하자면 모든 이생異生은 생사에 머물며 집착하고 이승의 성자는 열반에 머물며 집착하지만, 세존에게는 이와 같은 두 가지 장애가 없기 때문이다.〉[336] 『불지경론』의 뒤의 해석의 문장은 세친의 『섭대승론석』과 동일하다.

이와 같은 여러 해석들은 총괄하면 세 가지 설이 있다. 첫째는 장애가 있거나 장애가 없거나 하는 것이 두 가지 현행이라는 것이다. 둘째는 안과 밖의 두 곳에 대한 무지無智가 두 가지 현행이라는 것이다. 셋째는 생사와 열반에 즐겨 집착하는 것이 두 가지 현행이라는 것이다.

此釋第一不二現行。【依無性論。總分爲二。初有四種。明自利德。後十七種。顯利他德。自利德中。復分爲四。一明智德。二顯斷德。三辨恩德。四釋化用平等。配文可知】世親釋云。卽是於所知一向無障轉功德。非如聲聞獨覺智亦有障亦無障故。【解云。且如天眼。三千界內無障。外卽有障。餘皆准此】依無性論。有二復次。初同世親。後復次云。或二處現行。此中無有。【二處。自有兩說。一云。前約得通者說。今二處。約未得通。於內外處。皆有障行。佛無此故。不二現行。或可二處。如佛地論。生死涅槃。以爲二處也】親光釋云。顯示世尊一向無障殊勝功德。謂諸異生。住著生死。二乘聖者。住著涅槃。如是二障。世尊無故。佛地後釋文同世親。如是諸釋。總有三說。一有障無障。爲二現行。二內外二處無智。爲二現行。三樂著生死涅槃爲二

---

[336] 『佛地經論』 권2(T26, 296b10).

現行。

(나) 두 번째 공덕

경 모습 없는 법에 나아가며,

趣無相法。

석 두 번째 공덕을 나타낸 것이다.
세친은 다음과 같이 해석하였다. "청정한 진여를 '모습 없는 법(無相法)'이라 하고, '나아간다'는 것은 '취입趣入하는 것'이니, 이는 유와 무의 두 가지 상이 없는 진여의 최승最勝과 청정淸淨을 능히 깨달아 들어가는 공덕이다. 말하자면 이 진여는 상이 있는 것이 아니니, 제법의 자성 없음을 상으로 삼기 때문이다. 또한 상이 없는 것도 아니니, 자상自相은 있기 때문이다. 이러한 모습 없는 진여의 최승과 청정을 능히 깨달아 들어가기 때문에 ('모습 없는 법에 들어간다'고 한 것이다.)"[337]

해 진여에는 두 가지 의미가 있다. 첫째는 최승이고, 둘째는 청정이다. 증지證智로 가장 수승하고 청정한 두 종류 경계(境義)에 깨달아 들어갈 수 있고, 또한 다른 사람으로 하여금 들어가게 한다. 따라서 "최승을 능히 깨달아 들어가고 청정을 능히 깨달아 들어간다."[338]고 하였다.
무성은 두 가지로 해석한다. 처음의 것은 세친과 같고, 뒤의 부차적 설명에서는 무주열반無住涅槃을 '모습 없음'이라 하니 "생사·열반의 상에 머물지 않기 때문이다."[339]라고 하였다.

---

337 세친의 『攝大乘論釋』 권5(T31, 347b23).
338 세친의 『攝大乘論釋』 권5(T31, 347b28).
339 무성의 『攝大乘論釋』 권5(T31, 410c27).

친광은 다음과 같이 해석한다. "이는 세존의 교화(調化) 방편의 수승한 공덕을 나타낸 것이다. '모습 없는 법'이란 바로 열반을 말한다. 부처님은 삼승의 유정을 잘 알아서 그들이 감당할 수 있는 능력에 맞추어 교화 방편으로 여실하게 설하여 그들이 모습 없는 법에 나아가 증득하게 하기 때문이다."[340] 친광의 뒤의 해석도 세친과 동일하다.

이와 같이 여러 논에는 총괄하면 세 가지 해석이 있다. 첫째는 진여를 '모습 없음'이라 하니, 유와 무라는 두 가지 상을 멀리 떠났기 때문이다. 둘째는 무주열반을 '모습 없음'이라 하니, 생사와 열반의 상에 머물지 않기 때문이다. 셋째는 삼승의 열반을 '모습 없음'이라 하니, 색色 등의 열 가지 상이 없기 때문이다.[341]

釋曰。顯第二德。世親釋云。謂淸淨眞如。名無相法。趣謂趣入。卽是於有無無二相眞如最勝淸淨。能入功德。謂此眞如。非是有相。諸法無性以爲相故。亦非無相。自相有故。於此無相眞如最勝淸淨能入故。解云。眞如有其二義。一者最勝。二者淸淨。證智能入最勝淸淨二種境義。亦令他入。是故說最勝能入淸淨能入。無性兩釋。初同世親。後復次云。無住涅槃名爲無相。不住生死涅槃故。親光釋云。顯示世尊調化方便殊勝功德。謂無相法。卽是涅槃。佛善知了三乘有情。隨彼堪能調化方便。如實爲說。令彼趣證無相法故。親光後釋。亦同世親。如是諸論。總有三釋。一者眞如名爲無相。遠離有無二種相故。二無住涅槃。名爲無相。不住生死涅槃相故。三者三乘涅槃。名爲無相。以無色等十種相故。

---

340 『佛地經論』 권2(T26, 296b14).
341 『열반경』 권3에서 열반에는 열 가지 상이 없다고 하는데, 그 열 가지는 색상色相·성상聲相·향상香相·미상味相·촉상觸相·생상生相·주상主相·괴상壞相·남상男相·여상女相이다.

(다) 세 번째 공덕

경 부처님이 머무시는 곳에 머무시고,

住於佛住。

석 세 번째 공덕을 나타낸 것이다.
　세친은 다음과 같이 해석한다. "부처님이 머무시는 곳에 머문다는 것은 머무는 곳이 없다는 것이니, 즉 무공용無功用의 불사佛事에 쉬지 않고 머무는 공덕이다. 말하자면 이 머무는 곳에서 항상 쉬지 않고 불사를 짓는다는 것이다."[342]

해 '머무는 곳이 없다는 것'은 무주열반無住涅槃을 말하고, '무공용'이란 공용에 의지하지 않고 유정을 이롭게 하는 일을 짓는 것이다. 따라서 『섭대승론석』 제10권에서는 다음과 같이 말한다. "부처님께서 머물지 않음을 머묾으로 삼는다는 것은 생사와 열반에 머물지 않음을 머묾으로 삼는 것이니, 이것이 바로 무주열반에 안주하는 것이다.……'여러 일에 공용이 없다는 것'은 공용에 의지하지 않고 모든 일을 짓는 것이니, 마치 세간의 말니末尼[343]나 하늘 음악[344]과 같다."[345]

---

[342] 세친의 『攝大乘論釋』 권5(T31, 347b28).
[343] 말니末尼 : 마니 구슬을 가리킨다. 용왕의 뇌 속에서 나온 것이라 하며, 사람이 이 구슬을 가지면 독이 해칠 수 없고, 불에 들어가도 타지 않는 공덕이 있다고 한다. 혹은 제석천왕이 가진 금강저가 아수라와 싸울 때에 부서져서 남섬부주에 떨어진 것이 변하여 이 구슬이 되었다고도 한다. 혹은 지나간 세상의 모든 부처님의 사리가 불법이 멸할 때에 모두 변하여 이 구슬이 되어 중생을 이롭게 한다고 한다.
[344] 하늘 음악 : 천고天鼓에서 나오는 음악을 말한다. 이 천고는 천天의 업보에 의해 만들어진 것으로서, 치지 않아도 저절로 묘한 음악이 나와 방일한 대중들을 경각시킨다고 한다. 이 소리는 무주無主·무작無作·무기無起·무멸無滅이지만 무량한 중생에게 이익을 주기 때문에 부처님의 설법을 비유하는 말로 쓰인다.

무성은 다음과 같이 해석한다. "그 경우에 맞게 항상 성주聖住·천주天住·범주梵住[346]에 바로 안주하기 때문에 불주佛住라고 한다. (이 불주는) 가령 성문이 반드시 공용을 지어야 하는 경우와 같지 않고,……외도가 머무는 곳이 있다 해도 수승하지 않은 경우와도 같지 않다. 천주는 네 종류 정려이고, 범주란 비悲(·자慈·희喜·사捨) 등의 사무량심이며, 성주란 공空·무상無相(·무원無願의 해탈문[347]을) 말한다."[348] 또 무성은 "공空·대비大悲에 잘 안주하기 때문에 불주라고 한다."[349]고 하였다.

친광은 다음과 같이 해석한다. "이는 교화되는 대상을 관하는 세존의 수승한 공덕을 나타낸 것이니, 대비에 머물면서 밤낮으로 육시六時[350] 세간을 관하기 때문이다."[351] 친광의 뒤의 해석은 무성의 앞의 해석과 같다.

이와 같이 여러 논에는 모두 네 가지 해석이 있다. 첫째는 무주열반에 머문다는 것이고, 둘째는 성주·천주·범주에 머문다는 것이며, 셋째 공·대비에 머문다는 것이고, 넷째는 대비에 머문다는 것이다.

釋曰。顯第三德。世親釋云。謂住佛所住。無所住處。卽是無功用佛事不休息住功德。謂此住中。常作佛事。無有休息。解云。無所住處者。謂無住涅槃。無功用者。謂不由功用。作利有情事。故攝大乘第十卷云。佛無住爲住

---

345 무성의 『攝大乘論釋』 권10(T31, 443b17).
346 성주聖住·천주天住·범주梵住 : 세 종류 머묾에 대해서는 '경을 설한 장소'를 밝힌 곳에서 '①-나. 머무는 곳의 차별을 바로 해석함'(pp.230~232)에 자세한 설명이 나온다.
347 공空·무상無相·무원無願의 해탈문 : 이것을 삼삼매三三昧라고도 한다. 이에 대해서는 '경을 설한 장소'를 밝힌 곳에서 '①-나.-더) 문門의 원만'에 대한 해석과 역주(pp. 293~295) 참조.
348 무성의 『攝大乘論釋』 권5(T31, 410a1).
349 무성의 『攝大乘論釋』 권5(T31, 410c28).
350 육시六時 : 인도에서 하루의 밤낮을 여섯 때로 나눈 것을 말한다. 낮 시간은 신조晨朝·일중日中·일몰日沒의 세 시로 나누고, 밤 시간은 초야初夜·중야中夜·후야後夜로 나눈다.
351 『佛地經論』 권2(T26, 296b17).

者。生死涅槃無住爲住。此卽安住無住涅槃。諸事無功用者。不由功用。作一切事。猶如世間末尼天樂。無性釋云。隨¹⁾所應。恒正安住聖天梵住。故名佛住。²⁾非如聲聞要作功用。非如外道有³⁾住⁴⁾非勝。天住卽是四種靜慮。梵住卽是悲等無量。聖住卽是空無相等。又無性云。於空大悲善安住故。名爲佛住。親光釋云。顯示世尊觀所調化殊勝功德。謂住大悲。晝夜六時。觀世間故。親光後釋。同無性前釋。如是諸論。總有四釋。一住無住涅槃。二住聖天梵住。三住空大悲。四住大悲。

1) ㉠『攝大乘論釋』권5(T31, 410a1)에 따르면, '隨' 다음에 '其'가 누락되었다. 2) ㉠ '故名佛住'의 네 자는 『攝大乘論釋』에는 나오지 않지만, 문맥상 넣어도 무방하다. 3) ㉠『攝大乘論釋』권5(T31, 410a3)에는 '有' 다음에 '所'가 있다. 4) ㉠『攝大乘論釋』권5(T31, 410a3)에는 '住' 다음에 '而'가 있다.

(라) 네 번째 공덕

경 모든 부처님들의 평등성에 이르셨으며,

逮得一切佛平等性。

석 네 번째 공덕을 밝힌 것이다.
세친은 "이는 법신法身 중의 소의所依와 의요意樂와 작업作業의 차별 없는 공덕을 말한 것이다."³⁵²라고 해석하였고, 다시 별다른 해석은 없다. 【양梁의 『섭대승론』에서는 다음과 같이 말한다. "소의는 법신이고, 의요는 응신이며, 작업은 화신이다. 이와 같은 삼신은 모든 시방 삼세의 여래에게 평등하여 다름이 없으니, (모든 여래는 이와 같은 평등에) 이미 모두 이르렀다."³⁵³】

---

352 세친의 『攝大乘論釋』권5(T31, 347c2).
353 진제 역, 세친의 『攝大乘論釋』권6(T31, 196a2).

무성은 다음과 같이 해석한다. "소의에 차별이 없다는 것은 모든 여래가 모두 청정한 지혜에 의지하기 때문이다. 의요에 차별이 없다는 것은 모든 여래가 모든 유정에게 이익과 안락을 주려는 뛰어난 의요를 갖고 있기 때문이다. 작업에 차별이 없다는 것은 모든 여래가 모두 수용신과 변화신으로 남을 이롭게 하는 일을 짓기 때문이다. 이는 성문 등이 오직 (청정한 지혜라는) 소의만 갖고 있는 경우와는 같지 않기 때문이다."[354]

친광은 다음과 같이 해석한다. "이는 세존께서 모든 부처님들의 유사한 사업을 얻은 뛰어난 공덕을 나타낸 것이니, 말하자면 모든 부처님의 유사한 사업의 평등성을 증득하였기 때문이다."[355]

[해] 제불이 수용신·변화신을 나타내어 유정들에게 이익을 주는 일이 평등하고 유사하다는 것이다. 친광의 뒤의 해석도 또한 무성의 해석과 같다.

이와 같이 여러 논은 통틀어 세 가지 해석이 있다. 첫째는 제불의 삼신三身에 차별이 없다는 것이다. 둘째는 제불의 정지淨智·대비大悲와 수용신·변화신의 이신二身에 차별이 없다는 것이다. 셋째는 제불이 수용신과 변화신의 유사한 사업을 시현함에 차별이 없다는 것이다.

釋曰。明第四德。世親釋云。卽是於法身中所依意樂作業無差別功德。更無別釋。【梁攝論云。所依卽法身。意樂[1]卽應身。作業卽化身。如是三身。一切十方三世如來。平等無異。皆已至得。】無性釋云。所依無差別者。一切皆依清淨智故。意樂無差別者。一切皆有利益安樂一切有情勝意樂故。作業無差別者。一切皆作受用變化利他事故。非如聲聞等唯有所依故。親光釋云。顯示世尊得一切佛相似事業殊[2]功德。謂證諸佛相似事業平等性故。解云。

---

354 무성의 『攝大乘論釋』 권5(T31, 410a6).
355 『佛地經論』 권2(T26, 296b19).

諸佛能現受用變化利有情事。平等相似。親光後釋。亦同無性。如是諸論。
總有三釋。一者。諸佛三身無別。二者。諸佛淨智大悲受用變化二身無別。
三者。諸佛示現受用變化相似事業無別。

---

1) ㉠ 진제 역, 세친의 『攝大乘論釋』 권6(T31, 196a2)에는 '意樂'를 '意'라고 했는데, 의미는 동일하다. 2) ㉠ 『佛地經論』 권2(T26, 296b20)에 따르면, '殊' 다음에 '勝'이 누락되었다.

(마) 다섯 번째 공덕

경 장애 없는 곳에 도달하셨다.

到無障處。

석 다섯 번째 공덕을 나타낸 것이다.

세친은 다음과 같이 해석한다. "이는 모든 장애를 대치하는 도를 닦은 공덕이니, 말하자면 어느 때나 항상 각혜覺慧를 닦아 모든 장애를 대치하기 때문이다."[356]

무성은 다음과 같이 해석한다. "이미 모든 번뇌장과 소지장을 대치하는 성도를 닦아 익혀서 일체종지一切種智[357]의 결정적 자재함을 얻고,【이는 공덕을 해석한 것이다.】 이미 모든 습기를 영원히 떠난 '의지처(所依趣處)'에 도달한 것이다.【이는 '장애 없는 곳에 도달했음'을 해석한 것이다. '의지처'란 바로 열

---

356 세친의 『攝大乘論釋』 권5(T31, 347c3).
357 일체종지一切種智[S] sarvathā-jnāna) : 삼지三智의 하나. 『大智度論』에 따르면, 넓은 의미에서는 일체지一切智는 별 차이가 없다는 설도 있지만, 한편에서는 삼지 중에서 일체지와 상대해서 오직 부처님만이 획득할 수 있는 지이다. 따라서 『大智度論』 권27(T25, 259a19)에서는 "부처님은 제법의 총상總相·별상別相을 완전히 다 아시기 때문에 일체종지라고 한다.……중략……일체지는 성문聲聞·벽지불의 사事이고, 도지道智는 보살들의 사이며, 일체종지는 불사佛事이다."라고 하였다.

반이다.]"³⁵⁸

친광은 다음과 같이 해석한다. "이는 세존이 대치의 대상을 영원히 끊어 버린 수승한 공덕을 나타낸 것이다. 말하자면 세존은 모든 번뇌장과 소지장의 두 가지 장애에서 해탈하는 지혜를 이미 증득했기 때문이고 또 이미 모든 장애를 영원히 끊었기 때문이다."³⁵⁹ 친광의 뒤의 해석은 무성의 『섭대승론석』과 동일하다.

전체적으로 해석하면 그 뜻은 다음과 같다. 이상의 여러 논에서 말한 대로, 두 가지 장애를 대치하는 지혜를 닦아 모든 장애를 끊고서 장애 없는 열반에 도달했다는 것이다.

釋曰。顯第五德。世親釋云。即是修一切障對治功德。謂一切時。常脩覺慧。對治一切障故。無性釋云。謂已串習一切煩惱及所知障對治聖道。一切種智定自在性。【此釋功德】已到永離一切習氣所依趣處。【此釋到無障處。所依趣處。即是涅槃】親光釋云。顯示世尊永斷所治殊勝功德。謂已證得解脫一切煩惱所知二障¹⁾故。及以²⁾永斷一切障。親光後釋。同無性論。總釋意云。如上諸論。脩二障智。斷一切障。能到涅槃無障之處。

1) ㉠ 『佛地經論』 권2(T26, 296b23)에 따르면, '障' 다음에 '智'가 누락되었다. 2) ㉠ 『佛地經論』 권2(T26, 296b23)에 따르면, '以'는 '已'의 오기다.

(바) 여섯 번째 공덕

경 정법을 퇴전시킬 수 없고,

不可轉法。

---

358 무성의 『攝大乘論釋』 권5(T31, 410a11).
359 『佛地經論』 권2(T26, 296b21).

석 여섯 번째 공덕을 밝힌 것이다.

세친은 『섭대승론석』에서 "이는 곧 외도를 항복시키는 공덕이다."[360]라고 하고, 다시 별다른 해석은 없다. 【(이 정법은) 모든 외도들이 퇴전시킬 수 있는 것이 아니다.】

무성은 다음과 같이 해석한다. "교·증의 두 법(敎證二法)[361]은 모두 남들이 움직이게 할 수 있는 것이 아니니, 이보다 뛰어난 어떤 법도 없기 때문이다. 【교·증의 두 법은 외도가 퇴전시킬 수 있는 것이 아니다.】"[362] 또 무성은 '모든 마魔 등이 퇴전시킬 수 없는 것을 말한다'고 하였다.[363]

친광은 다음과 같이 해석하였다. "이는 외도를 항복시키는 세존의 수승한 공덕을 나타낸 것이다. 말하자면 부처님의 정법正法은 모든 외도들이 퇴전시킬 수 없으니, 저 외도들을 항복시키고 나서 정도正道를 나타낸 것이기 때문이다."[364] 친광의 뒤의 해석은 무성의 앞의 해석과 동일하다.[365]

이와 같이 여러 논에는 모두 두 가지 해석이 있다. 첫째는 (정법을) 외도가 퇴전시킬 수 없다는 것이고, 둘째는 마魔 등이 퇴전시킬 수 없다는 것이다.

釋曰。辨第六德。世親論云。卽是降伏外道功德。更無別釋。【非諸外道所能退轉】無性釋云。謂敎證二法。皆不爲他所能動轉。無有餘法勝過此故。

---

360 세친의 『攝大乘論釋』 권5(T31, 347c5).
361 교증이법敎證二法 : 교도敎道·증도證道 혹은 교행敎行·증행證行을 말한다. 언어로 설해 놓은 것이 교인데, 이 교에 기반하여 실천하는 것을 교도 혹은 교행이라 하고, 깨달음의 경계에 계합하는 진리의 실천을 증도 혹은 증행이라 한다.
362 무성의 『攝大乘論釋』 권5(T31, 410a14).
363 무성의 『攝大乘論釋』 권5(T31, 411a4) 참조.
364 『佛地經論』 권2(T26, 296b24).
365 『佛地經論』 권2(T26, 297b15) 참조.

【教證二法。非外道轉。】又無性云。謂諸魔等。不能退轉。親光釋云。顯示世尊降伏外道殊勝功德。謂佛正法。一切外道不能退轉。降伏彼已。顯正道故。親光後釋。同無性前解。如是諸論。總有二釋。一者外道不能退轉。二者魔等不能退轉。

(사) 일곱 번째 공덕

경 소행所行[366]에 장애가 없으며,

所行無礙。

석 일곱 번째 공덕을 나타낸 것이다.
　세친은 다음과 같이 해석한다. "곧 세간에 태어났지만 세간의 법에 장애 받지 않는 공덕을 말한다. 말하자면 (세존은) 세간에서 태어나서 세간 사람들이 행하는 처소에서 행하시지만, (행하시는 일이) 이익(利) 등과 같은 세간의 여덟 가지 법에 의해 오염되지 않기 때문이다."[367] 【여덟 가지 법이란 이익(利)·손해(衰)·훼방(毀)·명예(譽)·칭찬(稱)·기롱(譏)·고통(苦)·즐거움(樂)이다.[368] 자세한 설명은 무성의 앞의 해석과 같으며,[369] 또한 세친의 해석과도 같다.】

---

366 소행所行(⑤ gocara) : go는 '소', cara는 '걸어 다닌다'는 뜻으로 본래는 소가 걸어 다니는 목초지牧草地를 뜻하였지만, 인식론적으로는 감각기관이나 지智에 의해 인식되는 '영역' 혹은 '경계'를 뜻한다. 이하에서는 이 단어에 대한 다양한 해석이 제시되는데, 그에 따르면 인식의 경계라는 뜻 이외에도 '신분의 고하高下' 혹은 '여덟 종류 바람' 등을 뜻할 수도 있다.
367 세친의 『攝大乘論釋』 권5(T31, 347c5).
368 이상의 팔법八法은 팔풍八風이라고도 하는데, 세상 사람들이 사랑하거나 미워하는 것들로서 사람의 마음을 흔들어 놓을 수 있기 때문에 '여덟 가지 바람'이라고 한다.
369 무성의 『攝大乘論釋』 권5(T31, 410a15) 참조.

또 무성은 다음과 같이 말한다. "유정들의 이익과 안락이라는 지어야 할 모든 사업에 있어서 (신분의) 높고 낮음에 따라 구애받음이 없기 때문에 '소행에 장애가 없다'고 한 것이다."[370]

친광은 다음과 같이 말한다. "마군의 원수를 항복시키는 세존의 수승한 공덕을 나타낸 것이다. 말하자면 '소행'이란 색 등의 경계를 말하니, 이러한 소행 경계는 마음을 어지럽히고 선을 장애하기 때문에 '마군의 원수'라고 한다. 모든 불세존은 마음을 잘 안정시키니 지극히 즐거운 마음의 경계도 그를 어지럽힐 수 없고, 모든 공덕들이 지극히 잘 성취되었으니 어떤 악한 경계도 그것을 장애할 수 없다. (세존은) 모든 경계를 굴복시킬 수 있으므로 어떤 소행 (경계들도) 구애할 수가 없다. 그러므로 '소행에 장애가 없다'고 설한 것이다."[371] 친광의 뒤의 해석은 세친의 설명과 동일하다.[372]

이상과 같은 여러 논에는 모두 세 가지 해석이 있다. ('소행'이란,) 첫째는 여덟 가지 바람(八風: 앞에서 말한 여덟 가지 법)이거나, 둘째는 신분의 높고 낮음이거나, 셋째는 마魔의 경계인데, (이것들이) 모두 장애할 수 없다는 것이다.

釋曰。顯第七德。世親釋云。卽是生在世間不爲世法所礙功德。謂雖在[1]世間。行於世間所行之處。不爲利等世間八法所染汙故。【言八法者。謂利衰毀譽稱譏苦樂。廣如無性前釋。亦同世親。】又無性云。於諸所化[2]有情利益安樂事中。無有高下能爲拘礙。名所行無礙。親光釋云。顯示世尊降伏魔怨殊勝功德。謂所行者。卽色等境。此所行境。擾亂心故。障礙善故。說名魔怨。諸佛世尊。心善安定。極悅意境。亦不能亂。所有功德。極善成滿。一切惡境。不能爲礙。以能摧伏一切境界。一切所行。不能拘礙。是故說名所行

---

370 무성의 『攝大乘論釋』 권5(T31, 411a6).
371 『佛地經論』 권2(T26, 296b26).
372 『佛地經論』 권2(T26, 297b17) 참조.

無礙。親光後釋。同世親說。如上諸論。總有三釋。一者八風。二者高下。三者魔境。皆不能礙。

---

1) ㉔ 세친의 『攝大乘論釋』 권5(T31, 347c6)에 따르면, '在'는 '生'의 오기다. 2) ㉔ 무성의 『攝大乘論釋』 권5(T31, 411a7)에 따르면, '化'는 '作'의 오기다.

(아) 여덟 번째 공덕

경 그 안립된 것은 불가사의하며,

其所安立。不可思議。

석 여덟 번째 공덕을 밝힌 것이다.
세친은 다음과 같이 해석한다. "이는 곧 정법을 안립安立[373]하는 공덕이다. 계경 등의 정법은 한량없고 불가사의하여 범부가 알 수 있는 것이 아니고, 여래가 안립한 법은[374] 불가사의하여 어리석은 범부들이 이해할 수 있는 것이 아니기 때문이다."[375] **해** 교법은 부처님이 (설하신 것에) 대해서 '안립된 것(所安立)'이라고 이름하니, 어리석은 범부에게 이해되는 것은 '불가사의'라고 하지 않는다. 양의 『섭대승론석』에서는 "십이부의 교법은 (불가사의하여 범부들이 알 수 있는 것이 아니지만, 여래가 안립한)[376] 이 법은 결국에는 갓난아이까지도 통달할 수 있다."[377]고 하

---

373 안립安立 : 언어·상相을 시설施設하여 갖가지 사물을 구별하는 것이다. 이와 반대되는 것을 '비안립'이라고 한다. '비안립非安立'은 상대적 차별을 초월하는 것으로 언어·상으로 표시되는 것이 아니다.
374 불가사의하여 범부가~안립한 법은 : 이 문장은 현장이 번역한 세친의 『攝大乘論釋』에는 나오지 않는다. 아마도 다음의 협주에 나온 양梁 『攝大乘論釋』의 인용문에 들어가야 할 문구가 여기에 잘못 기입된 듯하다. 이하의 원문 교감주 참조.
375 세친의 『攝大乘論釋』 권5(T31, 347c8).
376 이 문구는 앞의 세친의 인용문에 잘못 기입되었던 것이고 본래는 양梁 『攝大乘論釋』의 인용문에 들어가야 할 문구이다. 따라서 여기에 옮겨 문구를 추가하였다.

였다.】

무성은 다음과 같이 해석한다. "계경 등의 십이분교를 '안립된 것'이라 한 것은, 이러저러한 자상自相(사물의 특수상)과 공상共相(사물의 보편상)을 안립하기 때문이다. 이와 같이 안립된 것은 어리석은 범부가 알아서 행할 수 있는 것이 아니라 세간을 넘어선 것이기 때문에 불가사의하다."[378] 【해 십이분교 중에 부처님이 (설하신 것에) 대해서 '안립된 것'이라 이름하니, 이 교법은 자상과 공상을 안립한 것이기 때문에 안립이라 이름한 것이다.】

친광은 두 가지로 해석하는데, 처음 것은 세친과 같고,[379] 두 번째 부차적 설명은 무성과 거의 같다.[380]

釋曰。明第八德。世親釋云。卽是安立正法功德。由契經等正法。無量不可思議非凡夫所能知如來安立[1]不可思議。非諸愚夫所能解故。【解云。敎法對佛。名所安立。愚所解。非名不可思議。梁攝論云。十二部敎[2]此法。竟乃至嬰兒等。亦能通達。】無性釋云。謂契經等十二分敎。名所安立。安立彼彼自相共相故。如是安立。非諸愚夫覺所行故。出世間故。不可思議。【解云。十二分敎。對佛。名所安立。卽此敎法。安立自相共相故。名爲安立。】親光兩釋。初同世親。第二復次。大同無性。

1) ㉯ "不可思議非凡夫所能知如來安立"이라는 열네 자는 세친의 『攝大乘論釋』 권5(T31, 347c8)에는 나오지 않는다. 아마도 다음의 양梁 『攝大乘論釋』의 인용 문구가 여기에 잘못 들어간 듯하다. 2) ㉯ 양梁 『攝大乘論釋』 권6(T31, 196a19)에 따르면, '敎' 다음에 "不可量不可思. 非凡夫所能知. 如來安立."이 누락되었다. 앞의 세친의 인용문에 잘못 들어간 열네 자, 즉 "不可思議. 非凡夫所能知. 如來安立."을 여기에 추가해야 한다.

377 진제 역, 세친의 『攝大乘論釋』 권6(T31, 196a19) 참조.
378 무성의 『攝大乘論釋』 권5(T31, 410a22).
379 『佛地經論』 권2(T26, 296c2) 참조.
380 『佛地經論』 권2(T26, 297b19) 참조.

(자) 아홉 번째 공덕

경 삼세의 평등한 법성에 노니시며,

遊於三世平等法性。

석 아홉 번째 공덕을 밝힌 것이다.
세친의 『섭대승론석』에서는 "이는 수기授記[381]하시는 공덕이다."[382]라고 하였다.
무성은 다음과 같이 해석한다. "삼세의 평등한 법성法性에 두루 노니시는 것을 말한다. 삼세의 평등한 법성 안에서 과거에 일찍이 일어난 적이 있거나 미래에 장차 일어날 일들에 대해 마치 현재의 일처럼 능히 이해함에 따라 수기해 주기 때문이다."[383]

해 무성에게는 본래 두 가지 해석이 있다. 이는 처음의 해석이니, 삼세 모든 법의 평등한 진여를 능히 알기 때문에 과거와 미래를 마치 현재처럼 증지證知하는 것을 말한다. 혹은 삼세를 '법성'이라 이름하고, (그것의) 증득에 차별이 없기 때문에 '평등'이라 이름한 것이다. 무성의 나중 해석에서는 "삼세의 제불이 유정을 이롭게 하는 일은 모두 비슷하기 때문이다."[384]라고 하였다.
친광은 다음과 같이 해석한다. "이는 삼세의 일을 기별記別하는 세존의 수승한 공덕을 나타낸 것이니, 말하자면 (마치 현재의 일처럼) 삼세의 일

---

[381] 수기授記([S] vyākaraṇa) : 본래 십이부경十二部經의 하나로서 교설을 분석하거나 문답의 방식으로 교리를 해석하는 것을 말하는데, 전하여 제자가 미래세에 깨달을 일이나 혹은 사후에 태어날 곳을 예언하는 것 등을 가리키게 되었다.
[382] 세친의 『攝大乘論釋』 권5(T31, 347c12).
[383] 무성의 『攝大乘論釋』 권5(T31, 410a26).
[384] 무성의 『攝大乘論釋』 권5(T31, 411a11) 참조.

을 수기하는 데 아무 장애가 없기 때문이다."³⁸⁵ 뒤의 부차적 설명에서는 "삼세에 유전하는 구의句義(말의 의미)에 대해……모두 마치 현재인 것처럼 전도 없이 분별하므로 평등이라고 이름한다."³⁸⁶고 하였다.

이와 같이 여러 논에는 모두 두 가지 해석이 있다. 첫째는 삼세가 곧 수기되는 경계라는 것이고, 둘째는 삼세는 삼세의 부처님을 말한다는 것이다.

釋曰。辨第九德。世親論云。卽是授記功德。無性釋云。謂於三世平等法性能遍遊涉。以於三世平等性中。能隨解了。過去未來曾當轉事。皆如現在。而授記故。解云。無性自有兩釋。此則初釋。謂能了知三世諸法平等眞如故。證知過未。猶如現在。或卽三世。名爲法性。證無差別。故名平等。無性後釋。三世諸佛利有情事。皆相似故。親光釋云。顯示世尊記別三世殊勝功德。謂記三世皆無礙故。後復次云。謂於三世流轉句義。皆如現在。分別無倒。故名平等。如是諸論。總有二釋。一云。三世卽所記境。二云。三世謂三世佛。

(차) 열 번째 공덕

경 그 몸은 모든 세계에 유포되고,

其身流布一切世界。

석 열 번째 공덕을 밝힌 것이다.

---

385 『佛地經論』 권2(T26, 296c5).
386 『佛地經論』 권2(T26, 297b23) 참조.

세친은 해석하길 "이는 모든 세계에 수용신과 변화신을 나타내 보이는 공덕이다."[387]라고 하였고, 무성도 같은 의미로 해석하였다.[388]

친광은 다음과 같이 해석한다. "이는 도사천궁으로부터 내려오는 모습을 보여주시는 세존의 뛰어난 공덕을 나타낸 것이다. 말하자면 화신을 두루 모든 세계의 대륙에 나타내면서 동시에 모태에 흘러 들어가기 때문이다."[389] 친광의 뒤의 해석은 세친과 의미가 동일하다.[390]

이와 같이 여러 논에는 모두 두 가지 해석이 있다. 첫째는 두 종류 몸(수용신과 변화신)에 의거한 (해석이고,) 둘째는 화신의 상을 말한 것이다.

釋曰。明第十德。世親釋云。卽是於一切世界。示現受用變化身功德。無性意同。親光釋云。顯示世尊現從覩史天宮來下殊勝功德。謂現化身。普於一切世界洲渚。同時流下入母胎故。親光後釋。意同世親。如是諸論。總有兩釋。一約二身。二謂化相。

(카) 열한 번째 공덕

경 모든 법을 아는 지혜로 의심과 막힘이 없으시며,

於一切法智無疑滯。

석 열한 번째 공덕을 나타낸 것이다.

---

387 세친의 『攝大乘論釋』 권5(T31, 347c13).
388 무성의 『攝大乘論釋』 권5(T31, 410a28), 같은 책(T31, 411a12) 참조.
389 『佛地經論』 권2(T26, 296c7).
390 『佛地經論』 권2(T26, 297b25) 참조.

세친은 '이는 의심을 끊는 공덕이다'라고 해석하였다.[391]

무성은 다음과 같이 해석한다. "모든 경계에 대해 잘 결정하기 때문에, 모든 법에 대해 스스로 결정하지 못하면서 남의 의심을 해결해 줄 수는 없기 때문에, 결정을 떠나서는 의심을 끊을 수 없기 때문이다."[392]

친광은 다음과 같이 해석한다. "이는 모든 의심을 끊는 세존의 뛰어난 공덕을 나타낸 것이다. 즉 모든 법에 대해 모든 의혹을 없앨 수 있는 결정지決定智를 얻었기 때문이다."[393] 『불지경론』의 뒤의 해석도 무성과 동일하다.[394]

이와 같은 여러 해석은 모두 '의심을 끊었다'고 보는 점에서 동일하다.

釋曰。顯第十一德。世親釋云。卽是斷疑功德。無性釋云。於一切境。善決定故。非於諸法自不決[1]他疑。非離決定能斷疑故。親光釋云。顯示世尊斷一切疑殊勝功德。謂於諸法。以得能除一切疑惑決定智故。佛地後釋。亦同無性。如是諸釋。皆同斷疑。

1) ㉠『攝大乘論釋』 권5(T31, 410b4)에 따르면, '決' 다음에 '定能決'이 누락되었다. 이 세 자를 보완해서 "非於諸法。自不決定。能決他疑。"라고 해야 문장의 의미가 완결된다.

(타) 열두 번째 공덕

경 모든 행에서 대각을 성취하시고,

於一切行。成就大覺。

---
391 세친의 『攝大乘論釋』 권5(T31, 347c14).
392 무성의 『攝大乘論釋』 권5(T31, 410b3).
393 『佛地經論』 권2(T26, 296c10).
394 『佛地經論』 권2(T26, 297b28) 참조.

석 열두 번째 공덕이다.

세친은 "이는 갖가지 행에 들어가게 하는 공덕이다."[395]라고 해석하였고, 무성도 동일하다.[396]

친광은 다음과 같이 해석한다. "이는 모든 승乘의 교화되는 유정들에게 그 근기에 맞춰 자기 몸을 나타내시는 세존의 뛰어난 공덕을 나타낸 것이다. 말하자면 모든 유정들의 근성과 행위의 차별을 두루 잘 아시고 그 근기에 맞춰 자기 몸을 나타내신다."[397]

친광의 나중 해석의 뜻은 세친과 동일하다.[398]

이상의 여러 해석은 모두 '행에 들어감(入行)'이라 보는 점에서 동일하다.

釋曰。第十二德。世親釋云。卽是令入種種行功德。無性亦同。親光釋云。顯示世尊於一切乘所化有情。能隨所應。示現自身殊勝功德。謂遍了知一切有情性行差別。如其所應。現自身故。親光後釋。意同世親。如上諸釋。皆同入行。

(파) 열세 번째 공덕

경 모든 법을 아시는 지혜로 의혹이 없으며

於諸法智。無有疑惑。

---

395 세친의『攝大乘論釋』권5(T31, 347c15).
396 무성의『攝大乘論釋』(T31, 410b5).
397 『佛地經論』권2(T26, 296c12).
398 『佛地經論』권2(T26, 297c1) 참조.

석 열세 번째 공덕이다.

세친은 다음과 같이 해석한다. "이는 미래법에 대해 묘한 지혜를 내시는 공덕이니, 말하자면 미래에 이와 같은 법이 생길 것을 아시는 여래의 묘한 지혜이다."³⁹⁹

무성은 다음과 같이 해석한다. "성스런 성문이 '이 사람에게는 조그만 선근도 전혀 없어서 포기해야 할 자이다'라고 말하더라도 불박가범은 그에게 훗날에 선법이 생길 것임을 아시니, 그가 다른 생에서 심은 아주 작은 선근 종자가 따라다니는 것을 현증現證하여 아시기 때문이다."⁴⁰⁰

釋曰。第十三德。世親釋云。卽是當來法生妙智功德。謂知當來如是法生如來妙智。無性釋云。謂聖聲聞言此全無少分善根而棄捨者。佛薄伽梵。如¹⁾ 彼後時善法當生。現證知彼餘生微少善根種子所隨逐故。

1) ㉎『攝大乘論釋』권5(T31, 410b8)에 따르면, '如'는 '知'의 오기다.

해 예를 들면 경에서 다음과 같이 말한다. 【이것이 어떤 경인지 조사해 보라.】

解云。如經中說。【勘是何經。】

부처님께서 한때 기원림⁴⁰¹에 계셨다. 어떤 한 걸인이 비구의 처소에 와서 불도에 입문하길 청하였다. 성문들은 숙주지宿住智⁴⁰²로 그가 팔만

---

399 세친의『攝大乘論釋』권5(T31, 347c17).
400 무성의『攝大乘論釋』권5(T31, 410b7).
401 기원림祇洹林(S Jetavana) : 중인도 교살라국憍薩羅國 사위성舍衛城의 남쪽에 있던 기수급고독원祇樹給孤獨園을 말한다. 이 기원림은 제타(祇陀) 태자가 소유했던 숲을 가리킨다.
402 숙주지宿住智 : 육신통六神通 중의 하나다. 나와 중생들의 지난 과거의 생에서 일어

겁 이래로 한 순간도 선근을 닦으려 한 적이 없음을 관했기 때문에 아무도 (그의 출가를) 허락하지 않았다. 부처님이 나중에 그를 허락하지 않은 이유를 질책하여 물으시자, 비구들은 그렇게 한 이유를 자세히 알려 드렸다. 그 후에 세존이 그를 위해 법의 요체를 설해 주시자 그는 초과初果(예류과)를 증득하였다. 비구들이 그 이유를 청하여 물으니, 부처님은 그들을 위해 다음과 같이 말씀해 주셨다.

이 사람은 전생에 정광불定光佛[403]이 계실 때 나무꾼이었다. 그는 성문 앞에 이르러 사람들이 비질하고 꾸미고 길을 닦으면서 세존을 기다리는 것을 보았다. 이 나무꾼이 사람들에게 '무엇 때문에 길을 닦는가'라고 물으니까, 사람들은 '정광여래가 오늘 입성하시기 때문에 도로를 닦는다'고 대답하였다. 이 나무꾼은 부처님 이름을 듣고 나서 몸의 털이 다 곤두서고 슬프게 울면서 눈물이 비 오듯 흘러내려 자신을 억누를 수 없었다. 그는 세존을 기다리고 싶었으나 입고 먹을 것에 얽매여 끝내 산으로 들어가 버렸다. 길에서 한 마리 호랑이를 만났는데, 그를 두 발로 덮쳐 잡아먹어 버렸다. 그는 호랑이 입속에 들어가기 전에 본래 부처님의 이름을 잊어버리고 다만 '성문 앞 사람들……' 하다가 결국 호랑이 밥이 되었다.

이 사람은 오직 이 한 생각 부처님을 염한(念佛) 선근이 있었으니, 정광불로부터 두 번째 아승기겁을 지났을 때 이 염불의 선근을 일으키고 그 후로 세 번째 아승기겁에다 90여 겁을 지나 이 일념의 선근이 비로소 무르익었다. 따라서 부처님은 이 선근 종자에 의지해 그를 위해 설법해

난 모든 일들을 명백하게 아는 지혜를 말한다. 특히 무학위에서는 한 생 전뿐만 아니라 무한한 과거의 생에서 자기가 태어났던 곳, 성씨, 자기가 먹었던 음식, 자기가 느꼈던 고통과 즐거움, 자기가 했던 말 등을 모두 낱낱이 기억해 낼 수 있다고 한다. 따라서 이 지를 무학삼명無學三明 중의 하나로 간주하기도 한다.

[403] 정광불定光佛 : 과거세에 출현하여 일찍이 석존에게 성불하리라 수기를 내리신 부처님을 가리킨다.

주셨고, 그는 초과를 증득할 수 있었던 것이다. 이와 같은 미세한 종자는 이승인은 알 수 없고 부처님이라야 통달할 수 있다.

佛於一時。在祇洹林。有一乞人。至比丘所。請求入道。諸聲聞等。以宿住智。觀八萬劫來。未有一念趣向善根。故皆不度。佛後責問不度所由。諸比丘等。具報所爲。於後世尊爲說法要。得證初果。諸比丘等。請問所由。佛爲說云。此人先世定光佛時。作取柴人。至城門首。見諸人等。掃餙治道。以待世尊。此取柴人。問諸人云。治道何爲。諸人答言。定光如來。今日入城。故修道路。此取柴人。聞佛名已。身毛皆竪。悲泣雨淚。不能自勝。欲待世尊。衣食所累。遂往入山。路逢一虎。攫而食之。未入口時。忘本佛名。但云城門首人。遂爲虎食。此人唯有此一念念佛善根。從定光佛。是第二僧祇時。起此念佛。後經第三僧祇及九十餘劫。此一念善根方熟。故佛依此善種。爲其說法。得證初果。如此細種。二乘不知。佛能達也。

친광은 다음과 같이 해석한다. "이는 모든 법에 대해 묘하게 잘 통달하신 지혜로 그 근기에 맞게 항상 바른 가르침을 펴시는 세존의 뛰어난 공덕을 나타낸 것이다. 말하자면 모든 법에 대해 의혹을 품고 있는 자들은 그 적합한 근기에 따라 가르침을 펼칠 만한 능력이 없고, 오직 불세존만이 모든 법을 통찰하는 지혜로 잘 결정하여 그 근기에 따라 쉬지 않고 전도 없는 가르침을 펴실 수 있기 때문이다."[404] 친광의 나중 해석은 그 뜻이 무성과 동일하다.

이상의 여러 논들에 모두 두 가지 해석이 있다. 첫째는 미래의 법에 대해 (아신다는 것이고,) 둘째는 모든 법에 통달했다는 것이다.

---

[404] 『佛地經論』 권2(T26, 296c15).

親光釋云。顯示世尊妙善了達一切法智。能隨所應。怛^1) 正教誨殊勝功德。謂於諸法懷疑惑者。無有堪能隨應教誨。唯佛世尊。證見諸法智善決定。能隨所應。無倒教誨。無休廢故。親光後釋。意同無性。如上諸論。總有兩釋。一於當來。二通諸法。

---

1) ㉮ '怛'은 '恒'인 듯하다. ㉡ 『佛地經論』에 따르면 '恒'이 바르다.

(하) 열네 번째 공덕

경 무릇 나타내신 몸들을 분별할 수 없고

凡所現身。不可分別。

석 열네 번째 공덕이다.

세친의 『섭대승론석』에서는 "이것은 그의 승해勝解[405]에 맞게 나타내 보이시는 공덕이다."[406]라고 하였다.

무성은 다음과 같이 해석한다. "이는 유정의 갖가지 승해에 따라 금색의 몸 등을 나타내는 것을 말하니, 이 몸을 나타내면서도 분별이 없는 것이 마치 마니구슬이나 퉁소 등과 같다."[407] 【분별이 없으면서도 몸을 나타내는 것을 '분별할 수 없다'고 한 것이거나, 혹은 나타내신 몸은 분별 없이 일으켜진 것이기 때문에 다른 사람이 분별할 수 없다는 말일 수도 있다.】

무성은 다시 다음과 같이 말한다. "교화되는 유정의 그릇된 행과 바른 행, 그릇되기도 바르기도 한 행 가운데서 그에 응해 나타내신 모습을 분별할 수 없다는 것이다."[408] 【유정들 가운데서 삿된 행과 바른 행 등을 나타내시는

---

405 승해勝解: 대상을 확정해서 판단하는 정신 작용을 말한다.
406 세친의 『攝大乘論釋』 권5(T31, 347b19).
407 무성의 『攝大乘論釋』 권5(T31, 410b11).

것에 대해 분별할 수 없으니, 이는 '삿된 행과 바른 행' 등에 대해 분별할 수 없다고 한 것이다.】

釋曰。第十四德。世親論云。卽是如其勝解示現功德。無性釋云。謂隨有情種種勝解。現金色等。雖現此身。而無分別。如末尼珠及簫笛等。【雖無分別。而能現身。名不可分別。或可所現之身。由無分別起故。餘人不可分別。】無性復云。卽於所化有情邪正及俱行中。所應現相。不可分別。【於有情中。現邪正等行。不可分別。是邪正等行。名不可分別也。】

친광은 다음과 같이 해석한다. "이는 오염 없는 자기 몸을 바르게 섭수하시는 세존의 수승한 공덕을 나타낸 것이다. 말하자면 모든 부처님 몸은 허망한 분별로 일으켜진 것이 아니니, 번뇌·업·생의 잡염이 없기 때문이다. 여래의 몸은 잡염된 분별에 의해 일으켜진 것이 아니기 때문에 분별할 수 없다는 것이다."[409] 【무릇 나타내신 몸은 허망분별로 인해 일어난 것이 아니기 때문에 분별할 수 없다고 한다. 혹은 나타내신 몸은 허망분별로 일어난 것이 아니기 때문에 다른 사람들이 분별할 수 없다는 것일 수도 있다.】

친광의 뒤의 해석은 무성과 거의 동일하다. 따라서 그 『불지경론』에서는 다음과 같이 말한다. "불세존에게는 마치 마니구슬처럼 분별이 없다 해도, 모든 여래의 증상력增上力과 또한 자신의 승해력勝解力으로 인해, 여래의 몸이 마치 금색 등과 같이 보이는 것이다. 그러나 모든 여래에게는 분별이 없고 차이의 분별도 없다. 자세한 것은 그 경에서 설한 것과 같다."[410] 【'분별이 없다'는 것은 자성의 분별(自性分別)이 없다는 것이고, '차이의 분별도 없

---

408 무성의 『攝大乘論釋』 권5(T31, 411a19).
409 『佛地經論』 권2(T26, 296c20).
410 『佛地經論』 권2(T26, 297c8).

다는 것은[411] 차별의 분별(差別分別)이 없다는 것이다.[412]】

또 친광은 "혹은 그것과 동일한 종류인지를 분별할 수 없다."[413]고 하였다. 【해】 이것은 무성이 '사행邪行 등을 나타내시는 것을 알 수 없기 때문에 분별할 수 없다'고 한 것과 동일하다.[414] 혹은 육도의 몸을 나타내시는 것이 그 육도와 어떤 차별적 상이 있는지를 분별할 수 없는 것을 일컬어 '분별할 수 없다'고 한 것일 수도 있다.】

양梁의 『섭대승론석』에서는 "화신의 수량과 형상과 시절과 처소를 시현하시는 것을 다 분별할 수 없다."[415]고 하였다.

親光釋云。顯示世尊能正攝受無染自身殊勝功德。謂諸佛身。非是虛妄分別所起。無煩惱業生雜染故。如¹⁾來身。非是雜染分別起故。不可分別。【凡

---

411 원문은 "無者無自性異分別者"라고 되어 있는데 문맥이 통하지 않는다. 이 협주는 『佛地經論』의 "분별이 없고 차이의 분별도 없다.(無有分別無異分別)"는 문구에 대한 해석이다. 그런데 협주에서 먼저 '분별이 없다(無有分別)'는 문구를 해석했으므로 다음에는 '차이의 분별도 없다(無異分別)'는 문구를 해석해야 한다. 따라서 '無' 다음의 네 자 '者無自性'을 삭제하고 '無異分別者'로 수정해야 전후 문맥이 명확해진다. 이에 따르면 '분별이 없다'는 것은 자성분별自性分別이 없다는 뜻이고, '차이의 분별도 없다'는 것은 차별분별差別分別이 없다는 뜻이다. 자성분별과 차별분별에 대해서는 이하의 주석 참조.
412 앞의 『佛地經論』에서 "분별이 없고 차이의 분별도 없다."고 한 것에 대해 자성自性과 차별差別이라는 개념을 통해 설명하였다. 언어철학적 맥락에서 보면, 하나의 단어(名)에 의해 드러나는 것을 자성이라 하고, 구절(句)에 의해 드러나는 것을 차별이라 한다. 이것은 하나의 명제적 판단에서 주어와 술어의 관계를 통해 설명될 수 있다. 가령 '사과는 빨갛다'에서 주어(또는 단어)에 의해 지시되는 것을 자성이라 이름한다면, 뒤의 술어에 의해 그 자성의 차별적 의미가 드러나므로 술어 자리에 놓인 것을 '차별'이라 이름한다. 여래에게는 이와 같은 언어적 분별이 없기 때문에 '분별(자성분별)도 없고 차이의 분별(차별분별)도 없다'고 해석하였다.
413 『佛地經論』권2(T26, 297c11).
414 이 경문에 대해서 무성의 『攝大乘論釋』권5(T31, 411a19)에서는 다음과 같이 해석하였다. "즉 교화되는 유정들의 삿된 행과 바른 행과 삿되기도 바르기도 한 행들 가운데서 (여래가) 응현하시는 상相을 분별할 수 없다. 이런 일을 나타내기 위해서 다음에 '무릇 나타내신 몸들을 분별할 수가 없다'고 설하였다.(即於所化有情邪正及俱行中。所應現相不可分別。爲現此事。故次說言凡所現身不可分別。)"
415 진제 역, 세친의 『攝大乘論釋』권6(T31, 196b18).

所現身。不由虛妄分別起故。名不可分別。或可所現身。非虛分別起故。餘人不可分別也。】親光後釋。大同無性。故彼論云。謂佛世尊。雖無分別。如末尼珠。由諸如來增上力故。亦由自身勝解力故。見如來身如金色。[2] 然諸如來。無有分別。無異分別。具說如彼。【無有分別者。無自性分別。無者無自性[3]異分別者。無差別分別。】又親光云。或同彼類。不可分別。【解云。此同無性現邪等行。不可知故。不可分別。或可現六道身。不可分別與其六道有差別相。名不可分別。】依梁論云。示現化身數量相貌時節處所。並不可分別。

1) ㉛『佛地經論』권2(T26, 296c22)에는 '如' 앞에 '以'가 있다. 2) ㉛『佛地經論』권2(T26, 297c10)에 따르면, '色' 다음에 '等'이 누락되었다. 3) ㉛ '者無自性' 네 글자는 잉자인 듯하다. 자세한 것은 해당 번역문 주석 참조.

이상의 모든 해설을 총괄하면 두 가지 해석이 있다. 한편에서는, 나타내신 몸들은 분별에 의하지 않고 자유로이 일으킨 것이기 때문에 분별할 수 없다고 한다. 한편에서는, 유정들 가운데서 삿된 행 등을 나타내시는 것을 알 수 없기 때문에 분별할 수 없다고 한다.

如上諸說。總有四[1]釋。一云。凡所現身。不由分別任運起故。名不可分別。一云。於有情中。現邪等行。不可知故。名不可分別。

1) ㉛ '四'는 '二'의 오기다. 이하에는 두 가지 해석이 나온다.

(거) 열다섯 번째 공덕

경 모든 보살들이 구하는 바로 그 지혜로,

一切菩薩正所求智。

석 열다섯 번째 공덕이다.

세친은 다음과 같이 말한다. "이는 한량없는 소의(無量所依)로 유정을 조복시키는 가행의 공덕이다. 말하자면 (이 지혜는) 한량없는 보살들의 소의로서, 유정들을 조복시키는 일을 지을 수 있다. 이것은 제불들이 자타의 평등함을 얻고 나서 다시 이 지혜를 구한다는 것은 아니니, 오직 제불만 이와 같이 뛰어난 조복의 일을 이미 일으킬 수가 있다."[416] 【그 뜻을 총체적으로 해석하면 다음과 같다. 부처님의 조복지調伏智가 바로 '한량없는 보살들의 소의'다. 보살이 가행을 통해 점차로 증득하는 것은 부처님이 구하는 바가 아니다. 왜냐하면 부처님은 가장 뛰어난 조복을 이미 증득하셨기 때문이다. 나머지 해석은 차별되는데, 다음에 인용한 것과 같다.】

釋曰。第十五德。世親云。卽是無量所依調伏有情加行功德。謂無量菩薩所依。能作調伏諸有情事。此非諸佛已得自他平等更求此智。唯有諸佛。已作如是勝調伏事。【總釋意云。佛調伏智。卽是無量菩薩所依。由菩薩加行。漸次證得。非佛所求。以佛已證最勝調伏故。餘釋差別。如後所引。】

무성은 다음과 같이 해석한다. "말하자면 (보살들은) 한량없는 보살들의 소의에 의해 유정들을 조복시키려고 하기 때문에 가행을 일으키는데, 부처님의 증상력增上力으로 법의 청문이 선행되고 나서 묘한 지혜를 획득한다. 이류보살異類菩薩[417]들은 (부처님이) 거두고 부촉해 주면 전전展轉하여 상속하면서 간단없이 일어나서, 이로 인해 모든 보살들이 구해야 할 지혜를 증득하게 된다."[418] 【이 해석에서는 먼저 공덕을 해석하고 나중에 경의 문구

---

416 세친의 『攝大乘論釋』 권5(T31, 347c20).
417 이류보살異類菩薩: 불과佛果의 지위가 아닌 그 밖의 인위因位에 있는 보살들을 가리키는데, 여기서는 특히 지전地前의 보살을 가리킨다.
418 무성의 『攝大乘論釋』 권5(T31, 410b15).

를 해석하였다. '한량없는 보살들의 소의'란 앞에서 (세친이 말한) '한량없는 소의'를 해석한 것이니, 한량없는 소의란 곧 불지佛智다. 어떤 이는 이것을 '보살의 무분별지'라고 설한다. (보살들은) 유정들의 집착하는 마음을 조복시키고자 가행지加行智를 일으켜서 불지佛智를 구하는 것이다. 혹은 보살지菩薩智를 구한다고 할 수도 있다. 두 가지 해석이 있지만, '불지를 구한다'는 설이 더 뛰어나다. 다음은 경의 문구를 해석하였다. 부처님의 증상력으로 어떤 보살은 법의 청문이 선행되고 나서 초지初地의 무분별묘지無分別妙智를 획득한다. 혹은 부처님의 일체묘지一切妙智를 획득한다고 할 수도 있다. 비유하면 하나의 등불이 전해져서 천 개의 등불을 태우는 것과 같다. 지전地前의 이류보살 및 부정성不定性의 성문·독각은 부처님 자신이 거두셨다가 부처님께서 열반하실 때 그 밖의 다른 부처님들과 대보살들, 모든 선인에게 부촉하시어 전전하면서 문·사·수의 지혜를 얻도록 하니, 이로 인해 모든 보살 등이 모두 구하는 바인 불과佛果의 지혜를 증득한다. 세친의 『반야론』에서는 다음과 같이 말한다. "'잘 호념[419]한다(善護念)'는 것은 근기가 무르익은 보살에 의거해 설한 것이고, '잘 부촉한다(善咐囑)'는 것은 근기가 아직 무르익지 않은 보살에 의거해 설한 것이다."[420]

無性釋云。謂由無量菩薩所依。爲欲調伏諸有情故。發起加行。佛增上力。聞法爲先。獲得妙智。異類菩薩。攝受付屬。展轉相續。無間而轉。由此。證得一切菩薩等所求智。【此於釋中。先釋功德。後釋經句。無量菩薩所依者。釋上無量所依。無量所依。卽佛智也。有說。卽是菩薩無分別智。爲欲調伏諸有情執取心故。發起加行智。求佛智也。或可求菩薩智。雖有二釋。求佛智爲勝。下釋經句。佛增上力。有菩薩聞法爲先。獲得初地無分別妙智。或可獲得佛一切妙智。譬如一燈傳燃千燈。地前異類菩薩。及不定性聲聞獨覺。佛自攝受。佛涅槃時。付屬餘佛及大菩薩一切善人。展轉令聞思修智。

---

419 호념護念 : 불보살이나 천신 등이 불교도를 보호하여 여러 장애와 만나지 않도록 해주는 것을 말한다.
420 『金剛般若波羅密經論』권1(T25, 781b23).

由此。證得一切菩薩等皆所求佛果智也。世親波若論。善護念者。依根熟菩薩說。善付屬者。依根未熟菩薩說。】

무성은 다시 다음과 같이 말한다. "부정종성의 성문·보살을 이끌어 들이고 맡아 지키기 위해서 대승을 찬탄하는 것이니, 이 일을 나타내기 위해 다음에 '모든 보살들이 구하는 (바로) 그 지혜'라고 설하였다."[421] 【해 부정의 성문 등을 이끌어 들여서 진취시키기 위해, 부정의 보살을 맡아 지켜서 물러나지 않도록 하기 위해, 대승의 지혜를 설했다는 것이다. 따라서 『법화경』에서 다음과 같이 말한다. "시방의 불국토에는 일승법만 있으니, 부처님의 방편의 설을 제외하면 이승도 없고 삼승도 없네."[422]】

無性復云。列攝[1]任持不定種性聲聞菩薩。故讚大乘。爲顯此事故。次說言一切菩薩等所求智。【解云。爲列[2]不定聲聞等。令進趣故。任持不定菩薩。令不退故。說大乘智。故法華云。十方佛土中。唯有一乘法。無二亦無三。除佛方便說。】

1) ㉠『攝大乘論釋』권5(T31, 411a22)에는 '列攝'이 '引發'로 되어 있는데, 문맥상 '引攝'이 바른 듯하다. 참고로 세친의 『攝大乘論釋』권10(T31, 377c19)에는, '引攝不定種性諸聲聞'과 '任持不定種性諸菩薩'이라고 표기되어 있다. 2) ㉠ '列'은 '引'의 오기인 듯하다.

친광은 다음과 같이 해석한다. "이는 부처의 종자(佛種)가 끊어지지 않게 하는 방편을 성취하신 세존의 뛰어난 공덕을 나타낸 것이다. 말하자면 보살들은 부처 종성이 단절되지 않게 하려고 부지런히 가행을 닦지만, 성문 등은 그렇지 않다. 그러므로 불지佛智는 오직 보살들만이 바로 구해야

---

421 무성의 『攝大乘論釋』 권5(T31, 411a21).
422 『妙法蓮華經』 권1 「方便品」(T4, 8a17).

할 것이다."⁴²³ 【이에 준해 보면, 불지가 추구의 대상이지 보살지는 추구의 대상이 아니다.】 친광의 뒤의 해석은 또한 무성과 같다.⁴²⁴

이상의 여러 설에는 모두 두 가지 해석이 있다. 첫째는 이타의 공덕이고, 둘째는 부처의 종자가 끊어지지 않게 하는 것이니 곧 자리의 공덕이다.

親光釋云。顯示世尊成就佛種不斷方便殊勝功德。謂諸菩薩。爲令佛種無斷絶故。勤修加行。非聲聞等。是故佛智。唯諸菩薩正所應求。【准此。佛智以爲所求。非菩薩智爲所求也。】親光後釋。亦同無性。如上諸說。總有兩釋。一者利他德。二者佛種不斷。卽自利德。

(너) 열여섯 번째 공덕

경 부처님의 둘 없는 머묾의 뛰어난 바라밀을 얻으셨고,

得佛無二住勝彼岸。

석 열여섯 번째 공덕이다.

세친은 다음과 같이 해석한다. "이는 평등한 법신의 바라밀다를 성취한 공덕이다. 말하자면 둘 없는 법신을 '평등한 법신'이라 하니, 곧 이와 같은 둘 없는 법신에서 선하고 청정한 바라밀다를 얻은 것이다."⁴²⁵ **해** 양梁『섭대승론석』에 의하면, 원만한 법신 및 사덕四德⁴²⁶의 바라밀을 공덕의 체로 삼는 것이다. 따라서 양梁『섭대승론석』에서는 여래의 법신을 '머묾(住)'이라 하고 사덕의 궁극을 '바라밀'이라

---

423 『佛地經論』 권2(T26, 296c23).
424 『佛地經論』 권2(T26, 297c12) 참조.
425 세친의 『攝大乘論釋』 권5(T31, 347c23).
426 사덕四德 : 여래의 법신에 갖추어진 상常·낙樂·아我·정淨의 네 가지 덕을 말한다.

하였다.[427] 자세히 설하면 그 논과 같다.】

무성은 다음과 같이 해석한다. "둘이 없으므로 '평등'이라 하니, 평등한 법신의 바라밀다에 의거하여 과위果位를 성취했기 때문이다."[428]【해 제불의 법신에는 둘이 없으므로 평등이라 한다.】무성은 다시 '과위의 육도六度(육바라밀)는 증가하거나 감소하는 것이 없기 때문에 평등이라 한다'고 하였다.[429] 구체적으로 설하면 그 논과 같다.

釋曰。第十六德。世親釋云。卽是平等法身波羅蜜多成滿功德。謂無二法身。名平等法身。卽於如是無二法身。得善淸淨波羅蜜多。【解云。准梁論。用圓滿法身及四德波羅蜜。爲功德體。故梁論云。如來法身名住。四德究竟。名波羅蜜。具說如彼。】無性釋云。謂無二故名爲平等。依平等法身波羅蜜多。果位成滿故。【解云。諸佛法身無二。故名平等。】無性復云。果位六度無增減故。名爲平等。具說如彼。

친광은 다음과 같이 해석한다. "이는 세존의 자성신분自性身分(법신)의 뛰어난 공덕을 나타낸 것이다. 말하자면 부처님의 법신에 차별된 모습이 없는 것을 '둘 없음'이라 한다. '부처님의 둘 없는 머묾'이란 법신에 해당하니, 진여를 체로 삼는다. '차별된 모습이 없다'는 것은 모든 것을 둘로 보는 분별이 전혀 현행하지 않는 것이다. 저 (진여를) 반연하는 선정 안

---

427 『解深密經』의 "得佛無二住勝彼岸"이라는 경문은 세친의 『攝大乘論釋』에 나온 "至無二佛住波羅蜜"이라는 경문과 상응하는데, 이 경문에 대해 세친은 다음과 같이 해석하였다. "여래법신을 '불주佛住'라고 하고, 삼세의 여래들이 이에 머무는 것은 다르지 않기 때문에 '둘 없음(無二)'이라 한다. 둘 없기 때문에 평등하고, 사덕의 궁극(四德究竟)이기 때문에 바라밀이라 이름한다." 진제 역, 세친의 『攝大乘論釋』 권6(T31, 196b28) 참조.
428 무성의 『攝大乘論釋』 권5(T31, 410b20).
429 무성의 『攝大乘論釋』 권5(T31, 410b21) 이하 참조.

에 항상 머물기 때문에 '머묾'이라 하고, 곧 '둘 없는 머묾'을 '뛰어난 바라밀(彼岸)'이라 하며, 부처님이 이미 궁극에까지 도달한 것을 '얻었다'고 한다."[430] 【해】 친광의 이 해석을 갈라 보면, 세 가지 설이 다르다. 한편에서는 '(부처님의 둘 없는 머묾'이란 말은) 능히 머무는 선정(能住定)'을 들어 머무는 바의 경계(所住境)인 평등한 법신을 나타낸 것이라 한다.[431] 한편에서는 비록 머무는 바의 경계를 들었지만 의도는 능히 머무는 선정을 취한 것이라 한다.[432] 한편에서는 머무는 바의 경계와 능히 머무는 선정을 함께 취하여 공덕의 이름을 세운 것이라고 한다.[433]】

또 친광은 "불지佛地의 둘 없는 법신에서는 모든 보시 등의 바라밀다가 평등하고 원만하다."[434]고 하였다. 【해】 법신은 하나이기 때문에 '둘이 없다'고 하고, 육바라밀이 모두 원만하므로 '평등'이라 한다.】

이상의 여러 논에는 모두 두 가지 해석이 있다. 하나의 해석은 '법신이 하나이므로 둘이 없다'는 것이고, 하나의 해석은 '법신에는 갖가지 차이(二)가 없기 때문에 둘이 없다'는 것이다.

親光釋云。顯示世尊自性身分殊勝功德。謂佛法身無差別相[1]名二。[2] 佛無二住。卽是法身眞如爲體。無差別相。於一切二相分別。皆不現行。緣[3]勝定。常住其中。故名爲住。卽無二住。名勝彼岸。佛已窮到。說名爲得。【解云。判此親光。三說不同。一云。擧能住定。顯所住境平等法身。一云。雖擧所住。意取住定。一云。通取所住能住。以立德名。】又親光云。謂於佛地無二法身。一切施等波羅蜜多。平等圓滿。【解云。法身一故。名爲無二。六度

---

430 『佛地經論』 권2(T26, 296c26).
431 이 해석에 따르면 '부처님의 둘 없는 머묾(佛無二住)'이란 선정에서 머무는 경계를 나타낸 말이다.
432 이 해석에 따르면 '부처님의 둘 없는 머묾'이란 선정 자체를 가리킨 말이다.
433 이 해석에 따르면 '부처님의 둘 없는 머묾'이란 선정과 그 선정의 경계를 모두 가리키는 말이다.
434 『佛地經論』 권2(T26, 297c18).

皆滿。故名平等。}如上諸論。總有兩釋。一云。法身一故。名爲無二。一云。
於法身中。無種種二故。名爲無二。

1) ㉐『佛地經論』권2(T26, 296c28)에 따르면, '相' 다음에 '故'가 누락되었다. 2) ㉑
'二' 앞에 '無'가 탈락된 듯하다. ㉐『佛地經論』에는 '無'가 있다. 3) ㉐『佛地經論』권
2(T26, 297a1)에 따르면 '緣' 다음에 '彼'가 누락되었다.

(더) 열일곱 번째 공덕

경 서로 뒤섞이지 않는 여래의 해탈의 궁극적 묘지로,

不相間雜如來解脫妙智究竟。

석 열일곱 번째 공덕이다.

세친은 다음과 같이 해석한다. "뒤섞임 없는 여래의 지智 중에서 궁극적 승해勝解를 말하니, 이 경문에서 승해를 해탈이라고 하였다.[435] 이는 그 승해에 따라서 차별적 불국토를 나타내시는 공덕에 해당한다."[436] 【해】세친의『섭대승론석』에서 말한 뜻은 무성의 해석에 의거해서 알 수 있을 것이다. "서로 뒤섞이지 않는"이라 한 것은 여래의 승해에 의해 나타난 불국토들이 서로 뒤섞이지 않음을 말한다. "여래의 해탈"이라 한 것은, 즉 불국토를 나타내는 여래의 승해를 말하고, 나타낸 것들에 대해 모두 잘 아시기 때문에 "궁극적 묘지"라고 한다.】

---

435 여기서 '승해를 해탈이라 한다'고 했는데, 본래 승해勝解(⑤ adhimokṣa)는 심소법의 하나로서 대상 경계에 대해 확정해서 판단하는 정신 작용을 말한다. 그런데 지혜의 판단력에 의해 번뇌를 끊고 해탈을 얻는다고 보는 관점에서는 이 승해를 해탈의 본질로 간주하기도 한다. 예를 들어『대비바사론』에서는 "모든 법 중에서 오직 두 가지 법이 해탈의 자성이다. 즉 무위법에서는 택멸이 해탈의 자성이고, 유위법에서는 대지법에 속하는 승해가 해탈의 자성이다."라고 하였으니, 요컨대 택멸은 무위해탈의 자성이고 승해는 유위해탈의 자성이라는 것이다.『大毘婆沙論』권101(T27, 524c10) 참조.
436 세친의『攝大乘論釋』권5(T31, 347c27).

무성은 다음과 같이 해석하였다. "중생을 관하는 승해의 차별에 따라 금이나 은 등으로 된 갖가지 불국토를 서로 뒤섞임 없이 나타내시는 것을 말한다. 세존의 승해가 현재 일어날 때 중생들이 좋아하는 것에 맞춰 모두 다 현현시키면서 (나타낸 것들에 대해) 알지 못하는 것이 없다."[437] 무성은 다시 다음과 같이 말한다. "(중생들은) '모든 부처님께서 평등함을 얻었다'는 말을 들으면 곧 '모든 것이 동일한 성질일 것이다'라고 하는데, 이런 의심을 막기 위하여 그 다음의 (경문에서) '서로 뒤섞이지 않는 여래의 해탈의 궁극적 묘지'라고 설한 것이다."[438]

第十七德。世親釋云。謂於無雜如來智中。勝解究竟。此中勝解。名爲解脫。卽是隨其勝解示現差別佛土[1]功德。【解云。世親論意。依無性釋。而可了知。言不相間雜者。如來勝解所現佛土。不相間雜。言如來解脫者。卽是如來現土勝解。於所現中。無不了知。故名妙智究竟。】無性釋云。謂觀衆生勝解差別。現金銀等種種佛土。不相間雜。世尊勝解現在前時。隨衆所樂。悉皆顯現。無不了知。無性復云。聞一切佛得平等言。卽謂一切應同一性。爲遮此疑。故次說言。如[2]來解脫妙智究竟。

1) ㉔『攝大乘論釋』권5(T31, 347c28)에는 '佛土'가 없다. 원측이 보완해서 넣은 듯하다. 2) ㉔『攝大乘論釋』권5(T31, 411a27)에는 '如' 앞에 '不相間雜'이 있다.

친광은 다음과 같이 해석한다. "세존의 수용신분受用身分의 뛰어난 공덕을 나타낸 것이다. 【공덕의 이름을 세운 것이다.】 말하자면 수용신들이 서로 뒤섞이지 않으니, 모든 여래가 수용하는 신체는 각기 다르기 때문이다. 【자수용신[439]이 서로 뒤섞이지 않음에 대해 해석하였다.】 여래의 묘지로 모든

---

437 무성의『攝大乘論釋』권5(T31, 410b25).
438 무성의『攝大乘論釋』권5(T31, 411a25).
439 자수용신自受用身 : 다른 보살이 보고 들을 수 없는 불신佛身으로서 부처님 자신이

중생을 해탈하게 하므로 '여래의 해탈의 묘지'라고 하고, 부처님은 이 묘지에서 이미 궁극적인 것을 얻었으므로 이처럼 '여래의 묘지는 서로 뒤섞임이 없다'고 설한 것이다.【이는 묘지가 서로 뒤섞이지 않음에 대해 해석한 것이다.】 청정한 불국토에서 수용신을 나타내면서 또한 서로 뒤섞임이 없고,【이는 타수용신[440]이 서로 뒤섞이지 않음에 대해 해석하였다.】 큰 집회에서 갖가지 몸을 나타내어 여러 보살들과 더불어 법락을 수용하면서 또한 서로 뒤섞임이 없으며,【법락을 수용하면서 서로 뒤섞임이 없음에 대해 해석하였다.】 여래는 이 묘지로 나타내시는 몸에 있어서 또한 궁극에 도달하였다.【'구경究竟'에 대해 거듭 해석하였다.】"[441]

친광의 나중 해석은 무성의 처음 해석과 동일하다.【이상의 다섯 가지 해석은 문장이 분명하므로 알 수 있을 것이다.】

親光釋云。顯示世尊受用身分殊勝功德。【立功德名。】謂受用身。不相間雜。一切如來受用身體。各各別故。【釋自受用身不相間雜。】如來妙智。能令一切衆生解脫。故名如來解脫妙智。佛於此智。已得究竟。如是卽說如來妙智不相間雜。【此釋妙智不相間雜。】於淨佛土。現受用身。亦不相雜。【此釋他受用身不相間雜。】大集會中。現種種身。與諸菩薩受用法樂。亦不相雜。【釋受用法樂不相間雜。】如來於此智所現身。亦到究竟。【重釋究竟。】親光後解。同無性初釋。【上來五釋。文顯可知。】

얻은 법락法樂을 홀로 자기만이 즐기는 몸이다.
440 타수용신他受用身 : 타수용신이란 초지初地 이상의 보살들이 볼 수 있고 부처님 자신이 받은 법락이 다른 보살에게 보인 불신이다.
441 『佛地經論』권2(T26, 297a3).

(러) 열여덟 번째 공덕

경 중간도 가장자리도 없는 불지佛地의 평등을 증득하시고,

證無中邊佛地平等。

석 열여덟 번째 공덕이다.

세친은 다음과 같이 해석한다. "이는 세 종류 부처님 몸의 장소(方處)에 한계가 없는 공덕을 말한다. 말하자면 부처님의 법신은 어느 정도의 장소를 차지한다고 한계 지을 수 없고, 수용신·변화신도 또한 어느 정도 되는 세계라고 말할 수 없다는 것이다."[442]【문장이 분명하므로 알 수 있을 것이다.】

양梁『섭대승론석』에서는 다음과 같이 해석한다. "여래의 세 종류 몸 가운데 법신은 처소에 의거해 말하자면 헤아릴 수 없고, 응신應身·화신化身의 두 몸도 그리하여 단지 이 세계에만 있고 저 세계에는 없다고 말할 수가 없다. 법신을 벗어나서는 그 밖에 하나의 법도 있지 않고, 응신·화신의 두 몸을 벗어나서는 중생계란 있지 않다."[443]

釋曰。第十八德。世親釋云。卽是三種佛身方處無分限功德。謂佛法身。不可分限爾所方處。受用變化。亦不可說爾所世界。【文顯可知。】梁論釋云。如來三種身中。法身約處所。不可度量。應化兩身互[1]爾。不可言但此世界有彼世界無。無有一法出法身外。無有衆生界出應化兩身外。

1) ㉢『攝大乘論釋』권6(T31, 196c11)에 따르면, '互'는 '亦'의 오기다.

---

442 세친의『攝大乘論釋』권5(T31, 347c29).
443 진제 역, 세친의『攝大乘論釋』권6(T31, 196c10).

무성은 두 가지로 해석하는데, 처음과 그 다음 해석에는 다시 네 종류가 있고 의미는 세친과 동일하다. 따라서 그 『섭대승론석』에서는 다음과 같이 말한다. "마치 세계에 중간도 없고 가장자리도 없는 것처럼, 불지佛地도 이와 같아서 공덕의 처소(方處)에 한계가 없다. 혹은 다시 세계의 처소는 끝이 없는데 모든 부처님의 삼신三身이 그 안에서 세계의 크기에 딱 맞아 평등하게 두루 가득 차 있으니, 법신 등은 곧 이와 같은 모든 세계 안에 머무는 것이지 그 밖의 처소에 머무는 것은 아니기 때문이다. 혹은 법신 등은 불지에 평등하게 두루 가득 차 있으면서 중간도 없고 가장자리도 없어서 한계가 없다. 이 법신 등은 두루 모든 곳에 나타나서 모든 중생들을 위해 요익을 현재 지어 주지만, 자성自性에 중간도 없고 가장자리도 없는 것은 아니다."⁴⁴⁴

【해】'중간도 없고 가장자리도 없다'는 말에 대해 네 가지 해석이 있다. 첫째는 유법喩法에 의거해 '중간과 가장자리가 없음'을 해석한 것이다.⁴⁴⁵ 둘째 "혹은 다시 세계의" 이하는 소의所依·능의能依에 의거해서 '중간과 가장자리가 없음'을 해석한 것이다.⁴⁴⁶ 셋째 "혹은 법신 등은" 이하는 오직 불지에 의거해서 '중간과 가장자리가 없고 한계가 없음'을 해석한 것이다. 넷째 "이 법신 등은" 이하는 중생을 위하기 때문에 몸을 나타내는 데는 한계가 없지만 자성에 있어서 중간과 가장자리가 없는 몸은 아님을 밝힌 것이다.】

無性兩釋。初次中復有四種。意同世親。故彼論云。如世界無中無邊。佛地亦爾。功德方處。無有分限。或復世界方處無邊。諸佛三身。卽於其中。稱

---

444 무성의 『攝大乘論釋』 권5(T31, 410c1).
445 『攝大乘論釋』의 인용문 중 "마치 세계에 중간도 없고 가장자리도 없는 것처럼 불지佛地도 이와 같아서……"라는 문장은 유사한 실례(喩法)를 들어서 '무중변無中邊'에 대해 해석한 것이다.
446 '무변無邊한 세계의 방처方處'가 의지하는 곳(所依)이라면 모든 부처님의 삼신三身은 '의지하는 자(能依)'에 해당한다. 능의인 모든 삼신이 소의인 세계 안에 두루 가득 차 있기 때문에 '중간도 없고 가장자리도 없다'고 했다는 것이다.

世界量。平等遍滿。以法身等。卽住如是諸世界中。非餘處故。或法身等。於佛地中。平等遍滿。無中無邊。無有分限。此法身等。遍一切處。爲諸衆生。現化[1]饒益。然非自性無中無邊。【解云。無中無邊。有其四種。一約喩法。釋無中邊。二或復世界下。約所依能依。釋無中邊。三或法身等下。唯約佛地。釋無中邊。無有分限。四此法身等下。明爲衆生故現身無分限。然非自性無中邊身也。】

---

1) ㉻『攝大乘論釋』권5(T31, 410c7)에 따르면, '化'는 '作'의 오기다.

무성은 다시 다음과 같이 말한다. "하나도 아니고 다르지도 않은 그 모습은 어떤 것인가? 이 물음에 답하기 위해 다음에 '중간도 없고 가장자리도 없는 불지佛地의 평등함을 증득하시고'라고 설하였다."[447] '서로 뒤섞이지 않기(不相間雜)'[448] 때문에 '하나가 아니다(非一)'라고 하고, 앞으로 올라가 보면 '부처님의 둘 없음을 얻었기(得佛無二)'[449] 때문에 '다르지도 않다(非異)'고 하니, 이와 같이 '하나도 아니고 다르지도 않은 모습'은 어떤 것이라 알아야 하는가?[450] 【해】 이 공덕에 대해 먼저 묻고 나중에 답하였다. 앞으로 올라가 보면, 이런 물음에 답하기 위해 그 다음에 "중간도 가장자리도 없는 불지의 평등을 증득하시

---

447 무성의 『攝大乘論釋』 권5(T31, 411a27).
448 이것은 열일곱 번째 공덕을 나타낸 경문의 문구다.
449 이것은 열여섯 번째 공덕을 나타낸 경문의 문구다.
450 무성에 따르면, 열여섯 번째 공덕에 해당하는 "부처님의 둘 없는 머묾에서의 뛰어난 바라밀을 얻으셨고(得佛無二住勝彼岸)"라는 경문은 '다르지 않음(非異)'을 설한 것이고, 열일곱 번째 공덕에 해당하는 "서로 뒤섞이지 않는 여래의 해탈의 궁극적 묘지로(不相間雜如來解脫妙智究竟)"라는 경문은 '하나가 아님(非一)'을 설한 것이다. 이처럼 하나도 아니고 다르지도 않은 그 상相이 어떤 것인지를 설명하기 위해, 다시 열여덟 번째 공덕인 '하나가 아니다'라고 하는 근거와 '다르지도 않다'고 한 근거를 설명한 것이다. 그렇다면 이어서 "이와 같이 하나도 아니고 다르지도 않은 모습은 어떠한 것인가?"라는 질문이 다시 제기될 수 있다. 바로 이 질문에 답하기 위해 열여덟 번째로 "중간도 가장자리도 없는 불지佛地의 평등을 증득하시고(證無中邊佛地平等)"라고 설했다. 『攝大乘論釋』 권5(T31, 411a24) 참조.

고"라고 했음을 알 수 있다. 비록 하나가 아니라 해도 각각 두루 미치고(遍周), 둘이 없는 것이라면 또한 두루 가득 차기(遍滿) 때문에 중간도 가장자리도 없다는 것이다.】

無性復云。非一非異。其相云何。爲答此問。故次說言。證無中邊佛地平等。不相間雜。故云非一。乘前得佛無二。故云非異。如是非一異相。云何應。[1)]【解云。於此德中。先問後答。乘前。知爲答此問故。次說言證無中邊佛地平等。雖復非一。各各遍周。若是無二。亦是遍滿。故無中邊。】

1) ㉮ '應' 다음에 탈문이 있는 듯하다. ㉡ '應' 다음에 '知'가 누락된 듯하다.

친광은 다음과 같이 해석한다. "이는 진여의 모습을 증득하신 세존의 수승한 공덕을 나타낸 것이다. 말하자면 진여의 모습에는 중간도 가장자리도 없으니, 모든 유위·무위에서의 중간과 가장자리의 모습을 멀리 떠났기 때문이고, 처소에서의 중간과 가장자리의 모습을 멀리 떠났기 때문이다. 이와 같은 진여는 곧 불지佛地의 평등한 법성을 말하니, 이 불지의 평등성을 증득하셨기 때문에 모든 유위·무위 등을 두루 아시면서도 그 안에서 오염되지 않는 것이다."[451] 【해】 "모든 유위·무위에서의 중간과 가장자리의 모습을 멀리 떠났기 때문"이라고 한 것은 (다음과 같이 해석할 수 있다.) 가령 유위에 대해 '결정코 있다'고 집착하는 것은 상변常邊[452]이고 '결정코 없다'고 집착하는 것은 단변斷邊[453]이며, '있음도 아니고 없음도 아니다'라고 하는 것은 중도中道. 중도의 의미는 극단(邊)에 상대해서 성립하니, 극단성(邊性)을 본래 떠났다면 중간이란 어디의 중간이겠는가? 그러므로 부처님은 평등을 증득하여 중간과 극단을 모두 떠나셨으니, 유위도 이미 이러하

---

451 『佛地經論』 권2(T26, 297a10).
452 상변常邊 : 극단적인 상견常見을 말한다. 상견이란 단견斷見의 대칭어로서, 세계가 상주불변常住不變한다거나 자아가 불멸한다고 집착하는 것이다.
453 단변斷邊 : 극단적 단견斷見을 말한다. 단견이란 상견常見의 대칭어로서, 세계와 내가 끝내 단멸하여 사라진다고 집착하는 것이다.

고 무위도 그러하여 (모두 떠나신다.) 세속을 따라 방토方土와 처소에 대해 말한다면 중간도 있고 가장자리도 있으니, 가령 중국이 가운데이고 나머지 나라들은 변방인 것과 같다. 부처님은 평등을 증득하여 방토가 없으므로 방토의 중간과 가장자리의 모습을 멀리 떠나셨다. 혹은 유위·무위를 두 가지 극단으로 보고, 유위도 아니고 무위도 아닌 것을 중도라고 볼 수도 있다. 극단이 이미 있지 않으므로 중도란 어디의 중도이겠는가? 방소方所의 중간과 가장자리도 이에 준해서 해석해야 한다.】

친광의 나중 해석은 세친의 설명과 동일하다.

親光云。顯示世尊證眞如相殊勝功德。謂眞如相無有中邊。遠離一切有爲無爲中邊相故。遠離方處中邊相故。如是眞如。即是佛地平等法性。證此佛地平等性故。遍知一切有爲無爲等。於中不染。【解云。遠離一切有爲無爲中邊相故者。如於有爲。執爲定有。是常邊。執爲定無。是斷邊。非有非無是中道。中道之義。待邊故立。邊性自離。中何所中。故佛證平等。中邊俱離。有爲旣爾。無爲亦然。若隨俗說方土處所。有中有邊。如中國爲中。餘國名邊。佛證平等。無方土故。遠離方土中邊相也。或可有爲無爲爲二邊。非有爲非無爲爲中。邊旣非有。中何所中。方所中邊。准此應釋。】親光後釋。同世親說。

(머) 열아홉 번째 공덕

경 법계를 지극하게 하며,

極於法界。

석 열아홉 번째 공덕이다.
세친은 다음과 같이 해석한다. "말하자면 청정한 법계를 지극하게 하는 것을 일컬어 '법계를 지극하게 한다'고 하니, 곧 생사의 때가 다하도록 언제나 모든 유정들에게 이익과 안락을 나타내 주는 공덕이다."⁴⁵⁴ 【무성의 해석에 준해서 알 수 있을 것이다.】

무성은 다음과 같이 해석한다. "말하자면 이 법계는 가장 청정하기 때문에 등류等流의 계경 등의 교법을 일으켜서 이 법계를 지극하게 하고,⁴⁵⁵ 미래의 모든 유정들에게 그 응하는 바에 따라서 항상 이익과 안락을 나타내 주는 것이다."⁴⁵⁶ 【해 가장 청정한 법계에서 정지正智⁴⁵⁷(근본지)가 흘러나오고, 정지로 인해 후지後智⁴⁵⁸(후득지)가 흘러나오며, 후득지로 인해 대비大悲가 흘러나오고, 대비로 인해 계경 등의 십이부경이 흘러나와서, 이로 인해 법계에 상주하기 때문에 항상 미래에까지 이익을 나타낼 수 있는 것이다.】

친광은 다음과 같이 해석한다. "이는 과果의 모습을 증득한 세존의 뛰어난 공덕을 나타낸 것이니, 즉 청정한 법계를 끝까지 지극히 하심을 말한다. 이와 같은 법계는 수도修道의 과이다."⁴⁵⁹ 친광의 나중 해석은 무성과 동일하다.

---

454 세친의 『攝大乘論釋』 권5(T31, 348a3).
455 모든 부처님들의 법계는 영원히 모든 번뇌의 장애가 끊어진 것이기 때문에 '가장 청정한 법계(最淸淨法界)'라고 하고, 이 법계로부터 일어난 교법들을 '동등하게 흘러나온 것(等流)'이라고 한다. 부처님은 중생들을 이익 되게 하기 위해 이와 같은 법계등류法界等流의 교법을 일으키고, 중생들은 그 정법을 들음으로써 진리의 세계를 이해할 수 있는 무루종자無漏種子를 훈습시키게 된다. 무성의 『攝大乘論釋』 권3(T31, 394b29) 참조.
456 무성의 『攝大乘論釋』 권5(T31, 410c9).
457 정지正智 : 정체지正體智의 줄임말이다. 근본지根本智·무분별지無分別智라고도 한다. 직접 법공·아공에 의해 현현된 진여의 이치를 증득하고 혹장을 끊어 버린 지혜로서, 무차별無差別의 세계를 비추는 지혜이다.
458 후지後智 : 후득지後得智의 줄임말이다. 후득차별지後得差別智라고 하며 근본지 이후에 획득된 지혜로서 유위有爲의 사경事境에서 일어나는 지혜로서, 차별差別의 세계를 비추는 지혜이다.
459 『佛地經論』 권2(T26, 297a15).

釋曰。第十九德。世親釋云。謂極淸淨法界。是名極於法界。卽是窮生死際。常現利益安樂一切有情功德。【准無性釋。可知。】無性釋云。謂此法界最淸淨故。能起等流契經等法。極此法界。於當來世一切有情。如其所應。常能現作利益安樂。【解云。最淸淨法界流出正智。由正智故。流出後智。由後智故。流出大悲。由大悲故。流出契經等十二部。由此法界常住故。常於當來世。能現利益。】親光釋云。顯示世尊證得果相殊勝功德。謂得窮極淸淨法界。如是法界。脩¹⁾道果。親光後釋。同於無性。

1) ⓨ『佛地經論』권2(T26, 297a16)에 따르면, '脩' 앞에 '是'가 있다.

(ㅂ) 스무 번째 공덕

경 허공성을 다하도록,

盡虛空性。

석 스무 번째 공덕이다.
  세친은 다음과 같이 해석한다. "이는 다함없는 공덕이니, 말하자면 부처님의 지혜는 마치 허공처럼 다함이 없기 때문이다."⁴⁶⁰

무성은 다음과 같이 해석한다. "마치 저 허공이 한계도 없고 끝도 없으며 다함도 없고 줄어듦도 없으며 생김도 없고 멸함도 없으며 변하여 달라짐도 없이 모든 때에 질애質礙가 있는 모든 사물들을 현전시키고 수용하는 것처럼, 법신法身도 이러하여 항상 모든 유정들의 이익과 안락을 현전시켜 지어 주는 것을 그 모습으로 삼는다. 모든 세계를 다하여 중생들에게 두루 이익과 안락을 주는 일을 지어 내면서 그치는 적이 없다."⁴⁶¹ 자

---

460 세친의『攝大乘論釋』권5(T31, 348a5).

세히 설하면 그 논과 같다.

> 釋曰。第二十德。世親釋云。卽是無盡功德。謂佛智無盡。如虛空故。無性釋云。如彼虛空。無邊無際。無盡無減。無生無滅。無有變易。於一切時。現前容受一切質礙。法界[1]亦爾。常現前作一切有情利樂爲相。盡一切界。遍作衆生諸饒益事。無有休息。廣說如彼。

1) ㉠『攝大乘論釋』권5(T31, 410c16)에 따르면, '界'는 '身'의 오기다.

(서) 스물한 번째 공덕

경 미래제가 다하도록 (끝이 없다.)

窮未來際。

석 스물한 번째 공덕이다.

세친은 다음과 같이 해석한다. "이는 구경究竟의 공덕 등이다. ('구경의 공덕 등'이라는 말에서) '등'이라 한 것은 '이 불지는 궁극에는 미래제가 다하도록 끊임이 없다'는 것이다. 그러므로 가장 청정한 깨달음이라 한다."[462]

무성은 다음과 같이 해석한다. "('구경의 공덕 등'이라는 말에서) '등'이란 구경의 공덕들을 똑같이 다룬다는 말이다.……말하자면 이 공덕은 미래제가 다하도록 항상 끊임이 없고, 미래의 끝이 없는 때(無際之際)가 다하도록 부처님의 공덕도 영원히 다함이 없음을 나타내니, 교화되는 유정이

---

461 무성의『攝大乘論釋』권5(T31, 410c14).
462 세친의『攝大乘論釋』권5(T31, 348a6).

영원히 다함이 없기 때문이다."⁴⁶³

> 釋曰。第二十一德。世親釋云。卽是究竟功德等。言等。此佛智究竟窮未來際無有間斷。是故名爲最淸淨覺。無性釋云。等者。等取究竟功德。謂此功德。窮未來際。常無間斷。窮於未來無際之際。顯佛功德永無窮盡。所化有情永無盡故。

친광에 의하면 뒤의 두 가지는 합해서 해석되는데,⁴⁶⁴ 따라서 『불지경론』에서는 다음과 같이 말한다. "다음의 두 가지 뛰어난 공덕은 세존의 공덕이 '다함없음(無盡)'을 나타낸 것이다. '허공성을 다하고 미래가 다하도록 (끝이 없다)'고 한 것은 세존의 자리·이타의 두 가지 공덕이 다함없는 수승한 공덕임을 나타낸 것이다. 마치 허공이 성겁과 괴겁을 거치도록 본성은 항상 다함이 없는 것처럼, 여래의 모든 진실한 공덕도 이와 같아서 항상 끊임도 다함도 없다. 마치 미래에 다하는 때가 없는 것처럼, 세존의 이타의 공덕도 이와 같아서 미래가 다하도록 항상 모든 유정들에게 이익과 안락을 주는 일들을 짓기 때문이다."⁴⁶⁵

친광은 뒤이어 다음과 같이 해석한다. "이는 세존의 '다함없는' 구경의 수승한 공덕을 나타낸 것이다. 마치 허공이 늘 다함이 없는 것처럼 모든 부처님의 법계에서 일어난 공덕도 이와 같이 다함이 없기 때문이고, 마치 미래에 다하는 때가 없는 것처럼 모든 중생에게 이익과 안락을 주는 가행을 그치는 일이 없기 때문이다."⁴⁶⁶ 【해】 친광의 두 가지 해석은 차이가 있다. 앞의

---

463 무성의 『攝大乘論釋』 권5(T31, 410c18).
464 '두 가지를 합해서 해석했다'는 것은 친광이 '盡虛空性'과 '窮未來際'를 합해서 하나의 공덕으로 해석한 것을 말한다.
465 『佛地經論』 권2(T26, 297a17).
466 『佛地經論』 권2(T26, 298a1).

해석에서는 공덕의 이름을 세우면서 모두 '다함없음'이라 하였다. 뒤의 부차적 해석은 세친 등과 동일하고, 아울러 문답도 있다. 자세히 설하면 그 논과 같다.】

若依親光。後二合釋。故佛地云。次後二種殊勝功德。顯示世尊功德無盡。盡虛空性窮未來際者。顯示世尊自利利他二德無盡。[1] 謂如虛空。經成壞劫。性常無盡。如來一切眞實功德。亦復如是。常無斷盡。如未來際。無有盡期。利他功德。亦復如是。窮未來際。常作一切有情利益安樂事故。親光後釋云。顯示世尊無盡究竟殊勝功德。謂如虛空。常無窮盡。諸佛法界所起功德。亦復如是。無窮盡故。如未來際。無有盡期。利樂一切有情加行。無休息故。【解云。親光兩釋有差別者。前釋立功德名。皆是無盡。後復次釋。同世親等。兼有問答。具說如彼。】

---

1) ㉯ 『佛地經論』 권2(T26, 297a19)에는 '無盡' 다음에 '殊勝功德'이 있다.

이상에서 해석한 여래의 공덕은 여러 논에 자세히 쓰여 있는데, 여러 강설자들은 자기 뜻(情)에 따라 자세하거나 간략하게 말한다. 하나를 선택한다면 세친의 해석이나 혹은 친광의 첫 번째 설을 취할 것이고,[467] 두 개를 선택한다면 두 학자의 설을 모두 취하겠다.

上來所釋如來功德。具申諸論。諸講說者。隨情廣略。若用一者。取世親釋。或親光初說。若用二者。合取兩家。

---

467 친광은 모든 공덕들을 초초·후후의 두 가지로 나누어 해석했는데 이 중에서 처음의 해석을 바른 해석으로 여긴다는 것이다.

(5) 가르침을 받는 근기

경 한량없는 대성문중과 함께하니,

與無量大聲聞衆俱。

석 이하는 다섯 번째로 가르침을 받는 근기를 밝힌 것이다. 【육성취 가운데 여섯 번째인 중성취衆成就에 해당한다.】 이 중에 두 가지가 있다. 처음에 성문을 밝히고 나중에 보살을 밝혔으니, 말하자면 성문중과 보살중의 두 대중이다.

그런데 이 두 대중에 대해 네 문으로 분별하고 나서, 그 후에 경문을 해석하겠다.

釋曰。自下第五教機。【六中第六衆成就。】於中有二。初明聲聞。後明菩薩。謂卽聲聞菩薩二衆。然此二衆。四門分別。後方釋文。

① 네 문으로 성문중과 보살중을 분별함

네 문은 다음과 같다. 첫째는 (대중들 중에 소승과 대승의) 있고 없음을 판별하고, 둘째는 (등장 순서의) 전후에 대해 해석하며, 셋째는 (어떤 대중이) 방편(權)이고 진실(實)인지를 밝히고, 넷째는 그 외의 대중들의 있고 없음을 나타내겠다.

言四門者。一辨有無。二釋前後。三明權實。四顯餘衆有無。

가. 소승과 대승의 유무에 대해 설명함

(대중들 중에 소승과 대승의) 있고 없음에 대해 분별하면, 이에 네 구가 있다. (첫째,) 본래 어떤 경문에는 오직 소승만 있고 대승은 없으니, 예를 들면 『금강반야경』이나 『아함경』 등이다. 둘째, 오직 대승만 있고 소승은 없으니, 예를 들면 『화엄경』과 『이취경理趣經』 등이다. 셋째, 대승과 소승이 함께 나열되는 것이니, 예를 들면 『법화경』과 『유마경』 등이다. 넷째, 대승과 소승이 모두 없는 것이니, 예를 들면 『금광명경』과 『승만경』 등이다.

문 네 구가 있다면, 『대지도론』과 어떻게 회통시켜 해석할 수 있겠는가? 그 논에서는 '성문장에서는 오직 성문만 열거하고 보살장에서는 성문중과 보살중을 함께 열거한다'고 하였다.[468]

(답) 이에 대해 두 가지 설이 있다. 한편에서 다음과 같이 말한다. 〈사실은 『대지도론』과 같지만 네 구가 (있게 된 것은) 경을 결집한 사람들의 의요意樂가 다르기 때문이다.〉 한편에서는 다음과 같이 말한다. 〈사실은 네 구를 갖추고 있다. 그런데 『대지도론』에서는 이장二藏(성문장·보살장)에 우열의 차이가 있음을 보이기 위해 두 구만 갖추어 설한 것이다. 예로부터 서로 전하길, (성문중과 보살중이) 실제로 있기도 하고 없기도 하기 때문이고, 혹은 (대중을) 자세히 말하거나 간략히 말하기도 하기 때문이다.〉

【진제 삼장은 『금광명기金光明記』에서 다음과 같이 말한다. 이 경은 세 가지 의미에서 '함께 들었다'고는 할 수 없다. 첫 번째 (의미는) 기사굴산의 대중은 단지 정설의 뒷부분을 들었지만 정설의 앞부분에서 밝힌 인과에 대해 듣지 못했고, 왕사성의 대중은 앞부분의 인과에 대해 들었지만 뒷부분의 인연의 작용 등에 관한 일은 듣지 못했으니, 당시 대중들도 어떤 것은 들었고 어떤 것은 듣지 못했으므로 '함께 들었다'고 하지 않는다는 것이다. 두 번

---

468 『大智度論』 권4 「初品中菩薩釋論」(T25, 84c13) 참조.

째 의미는 (상·낙·아·정이라는) 사덕四德의 과果를 설하신 분은 사불四佛[469]이고 삼신三身의 인因을 밝히신 분은 석가이니, 단지 들었던 당시의 대중이 같지 않을 뿐만 아니라 설법의 주인도 차이가 있기 때문에 '함께 들었다'고 하지 않는다는 것이다. 세 번째 의미는 참회의 (게송을) 들은 것은 신상보살로서 홀로 자신이 꿈속에서 감응했던 것이므로 여러 사람들과 '함께 들었다'고 할 수 없는 것이다.[470] 이러한 세 가지 의미 때문에 '함께 들었다'고 해 놓지 않은 것이다.】

辨有無者。有其四句。自有經文。唯小非大。如金剛波若及阿含等。二唯大非小。如華嚴經及理趣等。三大小俱列。如法華維摩等。四大小俱無。如金光明及勝鬘等。問。若有四句。如何會釋大智度論。彼云。聲聞藏中。唯列聲聞。菩薩藏中。具列聲聞及菩薩衆。此有二說。一云。據實如智度論。而四句。結集經者意樂異故。一云。據實具有四句。而智度論爲顯二藏勝劣異故。具說二句。舊來相傳。實有無故。或廣略故。【眞諦三藏金光明記云。此經三義。不立同聞。一者闍之衆。唯聞正說後分。不聞正說前分所明因果。王舍之衆。聞前分因果。不聞後分緣用等事。時衆有聞不聞。所以不立同聞。二義者。說四德之果。是四佛。明三身之因。是釋迦。非止聽時衆不同。

---

469 사불四佛 : 『金光明經』권1의 설명에 따르면, 사불이란 동서남북의 사방 불국토에 거주하는 네 부처님을 말한다. 첫째는 동방의 묘희국妙喜國에 머무는 아촉불阿閦佛(Ⓢ Akṣobhya)이고, 둘째는 남방의 환희국歡喜國에 머무는 보상불寶相佛(Ⓢ Ratnaketu)이며, 셋째는 서방의 극락국極樂國에 머무는 무량수불無量壽佛(Ⓢ Amitāyus)이고, 넷째는 북방의 연화장엄국蓮華莊嚴國에 머무는 미묘성불微妙聲佛(Ⓢ Dundubhisvara)이다.
470 진제가 『金光明記』에서 말한 세 번째 의미는 『合部金光明經』「懺悔品」에 나오는 '신상信相보살의 꿈'과 연관된 일화에서 비롯된다. 그에 따르면, 신상보살이 꿈속에서 신비한 황금북을 보았는데, 어떤 이가 그것을 치자 큰 음성이 울려 퍼지며 참회의 게송을 연설하는 것을 들었다. 신상보살이 꿈에서 깨어 그가 들었던 것을 기억해 내고, 새벽이 되자 왕사성을 나와 부처님이 계신 기사굴산에 가서 그가 본 황금북과 들었던 참회의 게송에 대해 부처님께 아뢰었다. 이 경의 「懺悔品」에 나오는 긴 게송은 바로 신상보살 자신이 꿈속에서 들은 것을 기록한 것이다. 이에 관한 자세한 내용은 『合部金光明經』「懺悔品」권2(T16, 365b20) 참조.

亦是法主有異。故不安同聞。三義者。聞懺悔。是信相。獨自夢感。不得與多同聞。爲此三義。不安同聞。】

나. 등장 순서의 전후에 대해 설명함

(등장 순서의) 전후를 분별하면, 이것은 일정하지 않다. 본래 어떤 경문에는 대승이 먼저 나오고 소승은 나중에 나오니, 예를 들면 『오탁경』이다. 본래 어떤 경문에는 소승이 먼저 나오고 대승이 나중에 나오니, 예를 들면 이 『해심밀경』 등이다.

문 그렇다면 어째서 『불지경론』과 『대지도론』에서는 모두 성문들을 먼저 설했는가?

해 예를 들면 『대지도론』 제4권에서 다음과 같이 설한다. 〈불법에 두 가지가 있으니, 첫째는 비밀秘密이고 둘째는 현시顯示다. 현시문에서는 성문을 먼저 말하니, 그들은 번뇌를 남김없이 멸했기 때문이다. 비밀문에서는 보살을 먼저 말하니, 그들은 무생인을 얻어서 번뇌를 끊었기 때문이다.〉[471]

해 그러므로 두 경은 각기 하나의 의미에 근거한 것이므로 서로 어긋나는 것은 아니다.

辨前後者。此即不定。自有經文。先大後小。如五濁經。自有經文。先小後大。即此經等。問。若爾。如何佛地。及智度論。皆說聲聞爲先。解云。如智度論第四卷說。佛法二種。一者秘密。二者顯示。顯示門中。先聞[1]聲聞。以其煩惱滅無餘故。秘密門中。先說菩薩。得無生忍。斷煩惱故。解云。是故兩經。各據一義。互不相違。

1) ㉲ '聞'은 '說'인 듯하다.

---

[471] 『大智度論』 권4(T25, 84c19) 참조.

성문을 먼저 설한 것은, 『불지경론』에 의하면 여덟 가지 이유가 있기 때문이다. 그 논의 제2권에서는 다음과 같이 말한다.

然說聲聞以爲先者。依佛地論。有其八故。第二云。

첫째, 대승에 대해 의혹을 일으키는 자들에게 그의 의심을 없애기 위해서다.【그들은 대승의 가르침은 부처님 설이 아니라고 의심하므로, (성문과 보살이 함께) 부처님을 직접 대면하여 들었으므로 이것도 부처님 설이라고 믿게 한 것이다.】

둘째, 종성이 일정하지 않은 자를 대승으로 이끌어 들여 그들이 확고한 믿음을 내도록 하기 위해서다.【종성이 일정하지 않은 자는 소승의 과를 취하려 하므로, 부처님에 가까이 보내어 대승의 과를 얻을 수 있게 한 것이다.】

셋째, 이미 청정한 모든 대성문들이 자신을 존귀하게 여기거나 자만하는 마음을 버리게 하기 위해서다.……중간 생략……【말하자면 가까이서 세존이 친히 가르치고 교화해 주셨기 때문에 스스로 교만을 버린다.[472] 구경문이다.】

넷째, 성문들은 항상 부처님을 따라다니기 때문이다.【보살은 중생을 교화하고 있으므로 항상 부처님을 따라다니는 것은 아니다. 성문은 항상 따라다니므로 먼저 열거한 것이다.】

다섯째, 외형이 부처님과 동일하기 때문이다.【머리를 깎고 염색한 옷을 입은 것이 외형상으로 부처님과 동일하기 때문이다. 보살의 외형은 일정하지 않으므로 나중에 설한 것이다.】

---

[472] 많은 사람들이 보는 앞에서 성문들이 직접 세존에게 교화를 받았다는 것 자체가 성문의 자만심을 버리게 하는 일임을 말한다. 예를 들어 『佛地經論』에는 "이미 청정한 모든 대성문들이 자신을 존귀하게 여기거나 자만하는 마음을 버리게 하기 위해서다."라는 문장 뒤에 다시 부연설명하면서, "말하자면 대중들 앞에서 대성문중이 가까이서 세존을 대면한 채 직접 교화를 받았기 때문이다.(謂於衆前。大聲聞衆。近對世尊。親受化故。)"라는 문구를 덧붙인다. 『佛地經論』 권2(T26, 298b14) 참조.

여섯째, 내부의 권속이었기 때문이다.【출가하여 부처님 가까이 있는 이들을 내부의 권속이라 한다.】

일곱째, 보살들이 공경심을 내게 하기 위해서다.……중간 생략……【부처님을 직접 모셨기 때문에 보살들이 그들을 공경하는 것이니, 예를 들어 왕을 모시는 자를 다른 이들이 공경하는 것과 같다.】

여덟째, 이처럼 성문의 공덕을 찬탄함으로 말미암아 또한 그 밖의 다른 사람들도 성문중들에게 깨끗한 믿음을 내도록 하기 위해서다.【보살이 성문을 공경하는 뜻을 전석轉釋한 것이니,[473] 보살이 오히려 (성문을) 공경하는데 하물며 그 밖의 대중들은 어떻겠는가?】[474]

一爲於大乘生疑惑者。除彼疑故。【疑大乘敎非是佛說。親對佛聞。信是佛說。】[1] 二爲列[2]不定種性。令生定信故。【不定性者。欲取小果。故遣近佛。令取大果。】[3] 三爲已淸淨諸大聲聞。捨於自身尊貴慢故。乃至廣說。【謂近世尊。親授化故。自捨高慢。究竟門也。】四又諸聲聞常隨佛故。【菩薩化物。不常隨佛。聲聞常隨。故先列之。】[4] 五形同佛故。【剃髮染衣形同佛故。菩薩不定。是故後說。】六內眷屬故。【出家近佛。名內眷屬也。】七又令菩薩。生恭敬故。乃至廣說。【親侍佛故。菩薩恭敬。如侍王者。餘人敬也。】八者由是讚嘆聲聞功德。亦令其餘。於聲聞衆。生淨信故。【轉釋菩薩敬聲聞意。菩薩尙敬。況復餘衆。】[5]

---

1) ㉲【 】안의 문구는 『佛地經論』의 문장이 아니다. 이하의 내용을 보면 각각의 이유마다 원측의 협주가 달렸는데, 이것도 마찬가지로 원측의 협주에 해당하는 글인 듯

---

[473] 이 여덟 번째 해석은 이전의 일곱 번째 해석에 내용적으로 연속되는 것이기 때문에 '전석轉釋한다'고 하였다. 일곱 번째 해석에서는 경의 서두에서 성문중을 보살중보다 먼저 나열한 이유는 '보살들이 성문에게 공경심을 내게 하기 위해서'라고 하였는데, 그에 이어서 여덟 번째 해석에서는 보살이 성문에 대한 공경심을 갖는다는 것을 보여준 의도를 해석하였다. 즉 대승의 보살들조차도 오히려 소승의 성문을 공경하기 때문에 그 밖의 대중들이 성문을 공경하는 것은 더 말할 필요가 없다는 것이다.

[474] 『佛地經論』 권2(T26, 298b12).

하다. 이하의 두 번째, 네 번째, 여덟 번째의 경우도 마찬가지다. 이 문구들을 협주로 처리하면 나머지 문장은 『佛地經論』과 정확히 일치한다. 2) ㉭『佛地經論』권2(T26, 298b13)에 따르면, '列'은 '引'의 오기다. 3) ㉭【 】안의 문구는 『佛地經論』의 문장이 아니라 원측의 협주다. 4) ㉭【 】안의 문구는 『佛地經論』의 문장이 아니라 원측의 협주다. 5) ㉭【 】안의 문구는 『佛地經論』의 문장이 아니라 원측의 협주.

『대지도론』에는 (등장 순서의 전후에 대해) 두 가지 설명이 나오는데, 그 논에서는 다음과 같이 말한다. 〈문 위로부터 세어 말하면 보살이 먼저여야 하고, 아래로부터 세어 말하면 우바이가 먼저인데, 어째서 성문의 사중四衆을 먼저 설하고 보살을 나중에 설하는가?[475] 답 보살은 지혜가 많아서 부처님 다음에 설해야 하지만, 그들이 미혹을 아직 다 없애지 못했기 때문에 (아라한보다) 나중에 설한다. 아라한들은 지혜는 적으나 미혹을 이미 다 없앴기 때문에 먼저 설한다. 다시 보살은 방편의 힘으로 화현하여 오도五道에 들어가 그 오욕五欲의 경계를 수용하면서 중생을 인도하는데, 만약 아라한보다 위에 있다고 하면 모든 천신과 세상 사람들이 의구심을 낼 것이므로 나중에 설한 것이다.〉[476] 자세히 설하면 그 논과 같다.

依智度論。有二復次。彼云。問曰。若從上數。應先菩薩。若從下數。先優婆夷。何以先說聲聞四衆。後說菩薩。答曰。菩薩智慧雖多。應次佛說。以惑未盡。所以後說。諸阿羅漢。智慧雖少。而惑已盡。是故先說。復次菩薩。以方便力。現入五道。受其五欲。引導衆生。若在阿羅漢上。諸天世人。當生疑恠。是故後說。廣說如彼。

---

[475] 『大智度論』 권4에 의하면, 위로부터 세면 보살, 비구, 비구니, 우바새, 우바이 등의 순서로 나열되고, 아래로부터 세면 우바이, 우바새, 비구니, 비구, 보살 등의 순서로 나열된다. 위의 문장에서 '성문의 네 무리'라 한 것은 보살 이외의 네 무리를 가리킨다.
[476] 『大智度論』 권4(T25, 84c12) 참조.

다. 방편(權)과 진실(實)을 밝힘

(어떤 대중이) 방편이고 진실인지를 말하겠다.

이 한 부의 『해심밀경』은 앞에서 말했듯 진실한 의미에서는 두 곳에서 설해진 것이니, 첫째는 정토이고 둘째는 예토이다.

이제 이 『해심밀경』의 경우를 해석해 보자면, 정토淨土에서는 보살은 진실(實)이지만 이승은 방편(權)이다. 따라서 『유가사지론』 제79권에서는 다음과 같이 말한다. 〈묻 어떤 유정들이 정토에 태어나지 못하는가? 답 범부와 이승과 지전 보살이다.〉[477] 그러므로 이승(성문·연각)은 변화로 지어낸 것이지 진실한 것이 아님을 알 수 있다.

예토穢土에서는, 이승은 진실이지만 보살은 방편이니, 변역신變易身[478]을 받은 자는 보일 수 없기 때문이다. 칠지 이하로는 분단신分段身[479]을 받는 것을 인정하기 때문에 실재의 몸이 있다 해도 의미상 또한 과실이 없다. 따라서 『대지도론』에서는 '칠지 이하로는 아직 충신虫身[480]인 육신을 버리지 못한다'고 하였다.[481]

---

477 이것은 『瑜伽師地論』 권79(T30, 736c28)의 문답을 간단히 요약한 것이다.
478 변역신變易身 : 아라한·벽지불·대력보살 등이 삼계 밖에서 뛰어나고 미묘한 과보신, 즉 의생신意生身을 받는 것을 말한다. 그 몸은 자비와 원력에 바탕하고 있기 때문에 수명이나 육체를 모두 자유롭게 변화시키거나 뒤바꿀 수 있어서 일정한 제한이 없다.
479 분단신分段身 : 삼계 내에서 거친 과보의 몸을 받는 것을 말하는데, 그 몸은 수명의 장단이나 육체의 대소 등에 일정한 제한을 받는 것이므로 '분단신'이라 한다.
480 충신虫身 : 분단신分段身, 즉 육신을 가리킨다. 육신에는 벌레가 있기 때문에 충신이라 한다. 『成唯識論演祕』 권6(T43, 950a6) 참조.
481 『大智度論』에는 다음과 같은 구절이 나온다. "다시 수보리여, 일반인들의 몸에는 8만 마리 벌레들이 그 몸을 침식하고 있지만, 아비발치보살마하살의 몸에는 이런 벌레가 없다."(『大智度論』 권97(T25, 571a5) 참조.) 여기서 아비발치보살이란 불퇴전不退轉보살이다. 아비발치의 지위에 대해 여러 설들이 있는데, 이 『大智度論』에서는 특히 무생법인無生法忍을 터득하여 육신肉身을 버리고 법성신法性身을 얻은 팔지 이상의 보살을 말한다. 따라서 위의 인용문에서 '칠지까지는 충신인 육신을 버리지 못한다'고 한 것이다.

言權實者。此經一部。如前所說。如實義者。二處所說。一者淨土。二者穢土。今釋此經。若淨土中。菩薩爲實。二乘是權。故瑜伽論七十九云。問。何等有情。不生淨土。答。異生二乘。地前菩薩。故知二乘是化非實。若穢土中。二乘爲實。菩薩是權。受變易不可見故。七地以來。容受分段。故有實身。義亦無失。故智度論云。七地已來。未捨虫身肉身。

라. 그 밖의 대중들의 유무

그 밖의 대중들의 있고 없음에 대해 말하겠다.

예토에 의지하는 경우, 실재의 용 등이 있다. 따라서 『불지경론』 제2권에서는 다음과 같이 말한다. "이 모임에는 또한 그 밖의 다른 무리들도 있으나, 법을 결집한 사람들이 간략히 두 대중만 설한 것은 그들이 뛰어나기 때문이다. 경의 후반부에서 말한 것처럼, 세간의 천·인·아소락 등의 모든 대중들이 부처님이 설하신 것을 듣고 모두 크게 기뻐하며 믿고 받아들여 봉행하였다."[482]

정토에 있는 경우, 변화로 지어 낸 용 등이 있다. 따라서 『불지경론』에서는 다음과 같이 말한다. "변화로 지어 낸 것이라 해도 과실이 없으니, 설법의 모임을 장엄하기 위해 혹은 부처님이 변화로 (용 등을) 지어 내고 혹은 보살이 변화로 지어 낸다."[483]

세친과 무성의 『섭대승론석』에서도 이와 동일하게 해석한다.

言餘衆有無者。若依穢土。有實龍等。故佛地論第二卷云。於此會中。亦有餘衆。結集法者。略說二衆。以其勝故。如經後言。世間天人阿素洛等一切大衆。聞佛所說。皆大歡喜。信受奉行。若在淨土。有化龍等。故佛地論云。

---

[482] 『佛地經論』 권2(T26, 298b20).
[483] 『佛地經論』 권2(T26, 298c3).

化亦無過。爲欲莊嚴說法會故。或佛化作。或菩薩化作。世親無性大乘論。
亦同此釋。

② 경문 해석

경문 해석한 곳에서 문장을 두 가지로 구별하였다. 처음은 성문을 밝힌 것이고, 나중은 보살을 나타낸 것이다.

就釋文中。文別有二。初明聲聞。後顯菩薩。

가. 성문중을 밝힘

성문중을 밝힌 곳에서는 문장을 셋으로 구별하였다. 처음은 수數를 표시하여 (대중의) 종류를 분별한 것이고, 다음의 "그들 모두가" 이하는 모든 공덕을 자세히 해석한 것이며, 마지막의 "이미 잘" 이하는 '이미 봉행했음'을 나타낸 것이다.

就聲聞衆。文別有三。初標數辨類。次一切下。廣釋諸德。後已善下。顯已奉行。

가) 수數로 종류를 구분함

이것은 첫 번째로 수를 표시하여 종류를 분별한 것이다. 말하자면 두 종류 대중 가운데 보살들과 구별시키기 위해 '성문'이라 하였다.

("한량없는 대성문들과 함께하니(與無量大聲聞衆俱)"라는) 문장에는 다섯 구절이 있다. 첫째는 "……와 함께하니(與俱)"에 대해 설명한 것이다. 둘째는 "한량없는(無量)"에 대해 풀이한 것이다. 셋째는 그 "대大"에 대해 해석한 것이다. 넷째는 "성문聲聞"에 대해 밝힌 것이다. 다섯째는 "중衆"에 대해 나

타낸 것이다.

> 此卽第一標數辨類。謂二衆中。簡異菩薩。故言聲聞。文有五節。一辨與俱。二解無量。三釋其大。四明聲聞。五顯衆也。

"……와 함께하니(與俱)"라고 한 것은 부처님이 대중을 상대해서 몸으로 그 대중들과 어울리고 있는 것을 가리켜 '여與'라고 한 것이다. 또 '여'는 '공共'이라는 말이다. 따라서 『대품반야경』에서는 "마하승과 함께한다(共摩訶僧)."[484]고 하였다. 『대지도론』에서는 "한곳에서 한때에 한마음으로 하나의 계戒와 하나의 견해와 하나의 도道로 하나의 해탈을 이룬다면 '함께한다(共)'고 한다."[485]고 하였다. 이 『해심밀경』에서 '여'라고 한 것은 그 경론들에서 '공'이라고 한 것에 해당한다.

> 言與俱者。約佛對衆。以身兼彼。目之爲與。又與是共。故大品云。共摩訶僧。智度論云。一處一時。一心一戒。一見一道。一解脫。是名爲共。此經與者。卽彼共也。

"한량없는"이라 한 것에 대해 친광은 "그 수가 매우 많고 계산하기 어려우므로 한량없다고 한다."[486]고 하였다.

> 言無量者。親光釋云。其數甚多。難可算計。故名無量。

---

[484] 구마라집 역 『摩訶般若波羅蜜經』 권1 「序品」(T8, 17a7) 참조. 이 경에서는 "보살·비구들과 함께……"라는 문구에서 '與' 자 대신에 '共' 자를 쓴다. 따라서 원측은 '與'는 '共'과 같다고 한 것이다.
[485] 『大智度論』 권3(T25, 79b24).
[486] 『佛地經論』 권2(T26, 298c13).

"대大"라고 한 것은 『대지도론』에 의거해 해석하면 세 가지 의미가 있다. 첫째는 '큼(大)'이고, 둘째는 '많음(多)'이며, 셋째는 '뛰어남(勝)'이다. 무리 중에서 최상이기 때문에, 모든 장애를 끊었기 때문에, 왕 등이 공경하기 때문에 '크다'고 한다. 수가 매우 많기 때문에 '많다'고 한다. 96종류 외도[487]의 논보다 뛰어나기 때문에 '뛰어나다'고 한다.[488]

『불지경론』에 의거해 해석하면 네 가지 의미가 있다. 첫째로 예리한 근기의 바라밀다종성을 지닌 성문이고, 둘째로 무학과에 머물며, 셋째로 진실한 의미에서는 부정종성이지만 대승에로 회심한 자이기 때문에 '대'라고 한 것이다. 넷째로 무리가 많기 때문에 '대'라고 하니, 지금 '대중'이라 하는 경우와 같다.[489]

【진제 삼장은 다음과 같이 해석하였다. '대'에는 세 가지 의미가 있다. 첫째는 수數의 대이니, 가령 '대군大軍'이라 하는 경우처럼 수가 많기 때문에 '대'라고 한 것이다. 둘째는 양量의 대이니, 가령 '대산大山'이라 하는 경우처럼, 수가 많아 '대'라고 한 것이 아니라 다만 형량形量이 높고 넓기 때문에 '대'라고 한 것이다. 셋째는 수승殊勝의 대이니, 가령 '대왕大王'이라 하는 경우처럼, 수가 많거나 형량이 높고 넓은 것과는 상관없이 다만 덕이 수승하기 때문에 '대'라고 한 것이다. 성문도 이러하니, 수가 하나가 아니므로 수량의 대이고, 회심하여 불과를 구하며 극히 높고 위없는 보리를 닦으므로 수승의 대이며, 광대하고 끝이 없어 측량할 수 없으므로 양의 대이다.】

---

487 96종류 외도 : 부처님의 전후로 인도에서 출현한 외도의 학파들을 가리킨다. 외도의 수에 관해서는 많은 이설이 있으나 96종 외도와 95종 외도의 두 가지 설이 가장 일반적이다. 이 96과 95의 두 숫자가 산정된 근거에 대해 다음과 같이 말한다. ① 육사외도六師外道의 여섯 스승에게 각기 15명의 제자가 있어서 모두 96인이 된다. 또 외도의 여섯 스승에게는 각기 16종의 학습해야 할 법法이 있어서 한 법은 자기가 배우고 나머지 15종은 각기 15제자에게 가르친다고 하는데 사도師徒의 논론을 합하면 96종이다. ② 오대외도五大外道인 수론數論·승론勝論·이계離繫·수출獸出·편출遍出에 각기 18부의 갈래가 있어서 본말을 합하면 95종이 된다.
488 『大智度論』 권3(T25, 79b25).
489 『佛地經論』 권2(T26, 298c15) 참조.

所言大者。依智度論。釋有三義。一大。二多。三勝。衆中上故。諸障斷故。
王等敬故。名爲大也。數甚多故。名之爲多。勝九十六外道論故。名爲勝也。
依佛地論。釋有四義。一者利根波羅蜜多種性聲聞。二者無學果故。三如
實義。不定種性迴心向大。故名爲大。四者衆多。故名爲大。如今大衆。【眞
諦釋云。大有三義。一者數大。如言大軍。以數多故。名爲大也。二者量大。
如言大山。不以數多名之爲大。但以形量高廣。故名大也。三者勝大。如言
大王。非關數多及以形量高廣。但由德勝。故名爲大。聲聞亦爾。數非一故。
即是數大。迴求佛果。修菩提高極無上。即是勝大。廣大無底。不可測量。
即是量大。】

"성문聲聞"이라 한 것은, 『성실론』에서는 "법을 듣고 깨달았기 때문에
성문이라 한다."[490]고 하였다. 친광은 "부처님의 언음言音을 듣고서 성도
에 들었기 때문에 성문이라 한다."[491]고 해석하였다. 또 『유가사지론』 제
82권에서는 "다른 이에게서 정법의 언음을 듣고서 또 다른 이로 하여금
정법의 음성을 듣도록 하기 때문에 성문이라 한다."[492]고 하였다. 『십지
경』에서는 "다른 이에게 말(聲)을 듣고 통달하기 때문에, 말을 듣고 마음
으로 이해하여 (들은 대로 행하기 때문에) 성문승이 된다."[493]고 하였다.
그 경문의 뜻을 해석하면, 『십지경론』 제4권에서 설한 것과 같다.[494] 【성문
에 대해 자세히 해석하면, 예를 들어 『대집경』 제17권, 『대반야경』 제510권, 『십주비바사론』
제1권·제11권, 『성실론』 제5권, 『유가사지론석』에서 설한 것과 같다.】

---

[490] 『成實論』 권3(T32, 258c24).
[491] 『佛地經論』 권2(T26, 298c14).
[492] 『瑜伽師地論』 권82(T30, 759b14).
[493] 『十地經』 권2(T10, 543a16)의 문구는 "從他聞聲。而解了故。隨聲聞行故。成聲聞乘。"
이라 되어 있고, 『十地經論』에서 인용된 경문에는 "從他聞聲。而通達故。聞聲意解。
成聲聞乘。"으로 되어 있다.
[494] 『十地經論』 권4(T26, 148b26) 참조.

言聲聞者。成實論云。聞法得悟。故曰聲聞。親光釋云。聞佛言音。而入聖道。故曰聲聞。又瑜伽論八十二云。從他聽聞正法言音。又能令他聞正法聲。故曰聲聞。十地經云。從他聞聲而通達故。聞聲意解。成聲聞乘。釋彼經意。如十地論第四。【廣釋聲聞。如大集經十七。大般若第五百一十。十住婆沙第一第十一。成實第五。瑜伽釋論。】

"중衆"이라 한 것은 범음으로 '승가僧伽(⑤ saṃgha)'이고 여기 말로 '화합중和合衆'이라 한다. 말하자면 이理·사事 두 가지가 화합하기 때문에 '중'이라 한다.[495] 자세한 것은 『대지도론』 제3권에서 말한 것과 같다.[496]

所言衆者。梵音僧伽。此云和合衆。謂理事二和。故名衆也。廣如智度論第三卷說。

나) 성문의 공덕을 자세히 해석함

경 그들 모두가 잘 따르고,

一切調順。

석 이하는 두 번째로 (성문의) 모든 공덕들을 자세히 해석한 것이다.

---

495 이·사 두 가지가 화합한다는 것은 승가를 구성하는 두 가지 조건으로서 이화理和와 사화事和를 말한다. '이화'란 다 같이 불교의 교의를 존중하고 따르면서 열반과 해탈을 목적으로 삼는 것을 말한다. '사화'란 여섯 가지가 있다. 계戒의 화합으로 인해 수행이 같고, 견見의 화합으로 인해 이해가 같으며, 신身의 화합으로 인해 머무는 곳이 같고, 이利의 화합으로 인해 균등하게 하며, 구口의 화합으로 인해 언쟁이 없고, 의意의 화합으로 인해 똑같이 기뻐하는 것이다.
496 『大智度論』 권3(T25, 80a10) 참조.

이에 열세 가지 공덕이 있다.

釋曰。自下第二廣釋諸德。有十三德。

(가) 마음으로 잘 따르는 공덕

이것은 첫 번째로 '마음으로 잘 따르는 공덕'을 나타낸 것이다.

『불지경론』에는 그에 대한 세 가지 해석이 있는데, 제2권에서 다음과 같이 말한다. "'그들 모두가 잘 따른다'는 것에 대해, 어떤 이는 다음과 같이 주장한다. 〈유학이 견소단의 112가지 분별추중번뇌[497]를 떠나서 거칠지 않은 것이 마치 좋은 말(良馬)과 같으므로 '잘 따른다'고 한다.〉 어떤 이는 다음과 같이 주장한다. 〈무학이 견소단·수소단의 128가지 번뇌[498]를 떠나서 억세지 않은 것이 마치 순금(眞金)과 같으므로 '잘 따른다'고 한 것이다.〉 진실한 의미에서 말하면, 이들 모두 보리로 회향한 종성으로서 그들 모두가 큰 깨달음(大果)에 발심하여 나아갈 수 있으니, 부처님의 뜻에

---

497 견소단의 112가지 분별추중번뇌 : 번뇌의 종류를 나누는 방식은 여러 가지이지만, 이를 128가지로 나누는 경우가 있다. 이 128가지는 욕계·색계·무색계에 걸쳐 일어나는 번뇌로서 사제四諦의 이치에 미혹하여 일어난 분별기分別起의 번뇌를 총칭한 것이다. 이 중에서 견도에서 사제의 이치를 관함으로써 끊어지는 분별추중번뇌는 다음과 같다. 먼저 욕계에는 고苦·집集·멸滅·도道의 이치에 미혹하여 각기 탐貪·진瞋·치癡·만慢·의疑와 오견五見의 번뇌가 일어나므로 모두 마흔 가지고, 색계에는 고·집·멸·도에 대해 각기 탐·치·만·의와 오견의 번뇌가 있으므로 모두 서른여섯 가지이며, 무색계에는 고·집·멸·도에 대해 탐·치·만·의와 오견의 번뇌가 있으므로 모두 서른여섯 가지다. 이와 같이 견도에서 끊어지는 삼계의 번뇌를 합하면 모두 112가지이다.
498 견소단·수소단의 128가지 번뇌 : 견소단의 112가지와 수소단의 열여섯 가지를 합하여 128가지 번뇌라고 한다. 견소단의 112가지는 앞의 주석에서 나열한 것과 같고, 수소단의 열여섯 가지는 '대치하여 닦는 중에 일어나는 집착'으로서 이것도 욕계·색계·무색계에 걸쳐서 일어난다. 욕계에는 탐貪·진瞋·치癡·만慢·신견身見·변견邊見의 여섯 가지가 있고, 색계에는 탐·치·만·신견·변견의 다섯 가지가 있고, 무색계에는 탐·치·만·신견·변견의 다섯 가지가 있어서, 모두 합하면 열여섯 가지다.

따라 움직이는 것이 마치 총명하고 지혜로운 코끼리 같기 때문에 '잘 따른다'고 한 것이다."⁴⁹⁹

『대지도론』제3권에서는 세 가지 부차적 설명(復次)에 의해 '마음으로 잘 따른다'는 것을 해석하였다. 〈첫 번째, 마음에 맞거나 거스르는 세 가지 경우에 의거해 '잘 따름'을 해석한 것이다. 첫째로 공경하든 욕하든 마음이 똑같아서 달라짐이 없고, 둘째로 보배든 기왓돌이든 차이 없이 보며, 셋째로 칼로 몸을 베든 전단향을 몸에 발라 주든 또한 마음이 똑같아서 달라짐이 없는 것이다. 두 번째, 날카롭거나 무딘 근본번뇌(利鈍根本煩惱)⁵⁰⁰를 이미 끊었다는 데 의거해서 '잘 따름'을 해석한 것이다. 세 번째, 탐낼 것을 탐내지 않고 성낼 것을 성내지 않으며 어리석어야 할 데서 어리석지 않으면서 육정六情(六根)을 수호한다는 데 의거해서 '잘 따름'을 해석하는 것이다.〉⁵⁰¹

此卽第一心善調順德。依佛地論。有其三釋。故第二云。一切調順者。有義。有學離見所斷一百一十二種分別麤重煩惱。不懷恨故。猶如良馬。名爲調順。有義。無學離見修斷一百二十八種煩惱。不剛強故。猶如眞金。名爲調順。如實義者。皆是迴向菩提種性。一切堪能發趣大果。隨佛意轉。如聰慧衆。¹⁾ 故名調順。依智度論第三卷中。有三復次。釋心調順。一約三種順違。以釋調順。一恭敬罵詈。心等無異。二珍寶瓦石。視之無異。三持刀斫身。栴檀塗身。亦等無異。二約利鈍根本煩惱已斷。以釋調順。三約應貪不貪。

---

499 『佛地經論』권2(T26, 298c19).
500 날카롭거나 무딘 근본번뇌(利鈍根本煩惱) : 탐貪·진瞋·치癡·만慢·의疑와 오견五見(유신견·변집견·사견·견취견·계금취견)을 열 가지 근본번뇌라고 한다. 이 중에 성질이 맹렬하고 날카로운 뒤의 다섯 가지 견을 오리사五利使라고 하고, 그 성질이 상대적으로 느리고 둔한 앞의 다섯 가지 번뇌를 오둔사五鈍使라고 한다. 여기서 사使는 번뇌와 같은 말이다.
501 이상은 『大智度論』권3(T25, 81a29) 참조.

應瞋不瞋。應癡不癡。守護六情。以釋調順。

1) ㉑『佛地經論』권2(T26, 298c25)에 따르면, '豪'은 '象'의 오기다.

(나) 불종佛種을 잇는 공덕

경 모두 불자이며,

皆是佛子。

석 이것은 두 번째로 '부처님 종자(佛種)를 이어받아 융성시키는 공덕'을 밝힌 것이다. 그런데 이 불자에는 본래 세 가지 의미가 있다.

첫째, 오직 성문聲聞에 의거해 불자를 해석하는 것이다. 예를 들면 이 『해심밀경』과 『불지경론』 등이다. 친광은 다음과 같이 해석한다. "부처님 가르침의 힘으로 인해 저 성스런 도가 생겨나므로 불자라고 하니, 가령 '모두가 세존의 입(口)에서 나온 정법에서 태어나기 때문이다'라고 하는 것과 같다. 어떤 주장에 따르면, 모두가 대성문으로 나아가 부처님의 종자를 이어 끊어지지 않도록 할 수 있기 때문에 불자라고 이름한다."[502]

釋曰。第二紹隆佛種德。然此佛子。自有三義。一唯約聲聞。以釋佛子。如
卽此經佛地經等。親光釋云。由佛敎力。彼聖道生。故名佛子。如說皆從世
尊口生正法生故。有義。皆是趣大聲聞。能紹佛種。令不斷絕。故名佛子。

둘째, 오직 보살에 의거해 불자를 해석한 것이다. 예를 들면 양梁『섭대승론석』 제8권에서 다음과 같이 말한다. "불자에는 다섯 가지 의미가 있

---

502 『佛地經論』권2(T26, 298c25).

다. 첫째로 무상승無上乘을 바라고 즐기는 마음이 종자가 되고, 둘째로 반 야는 어머니가 되며, 셋째로 선정은 모태가 되고, 넷째로 대비는 유모가 되며, 다섯째로 모든 부처님은 아버지가 된다."[503]

(이에 대해) 진제 삼장은 다음과 같이 해석하였다. 〈중생의 몸을 이루 려면 반드시 다섯 가지 사항을 갖추어야 하니, 첫째는 아버지이고, 둘째 는 종자이며, 셋째는 어머니이고, 넷째는 태반이며, 다섯째는 유모다. 아 버지는 자식을 내는 근본이기 때문에 먼저 아버지를 밝혔다. 아버지의 유 체遺體를 자기 몸의 종자로 삼기 때문에 둘째로 종자를 밝혔다. 종자가 있 어도 어머니가 회임하지 않으면 몸을 이룰 수 없으므로 셋째로 어머니를 밝혔다. 어머니가 회임하더라도 태반이 없으면 또한 몸을 이룰 수 없으 니, 태는 몸을 안치하는 곳이므로 넷째로 태반을 밝혔다. 출생 이후에 유 모가 먹여서 키워 주지 않으면 몸을 이룰 수 없으므로 다섯째로 유모를 밝혔다. 불자佛子도 이러하여 다섯 가지 수승한 인연이 있어야 한다. 첫째 로 아버지가 수승하니, 모든 불세존을 그의 아버지로 삼기 때문이다. 둘 째로 종자가 수승하니, 보리심을 종자로 삼기 때문이다. 셋째로 생모가 수승하니, 반야를 생모를 삼기 때문이다. 넷째로 태장이 수승하니, '복과 지혜가 머무는 곳(福智住持)'을 태장으로 삼기 때문이다. 다섯째로 유모가 수승하니, 대비大悲의 길러 줌을 유모로 삼기 때문이다.〉

二唯約菩薩。以釋佛子。如梁攝論第八卷云。佛子有五義。一願樂無上乘
爲種子。二以般若爲母。三以定爲胎。四以大悲爲乳母。五以諸佛爲父。眞
諦釋云。成衆生身。必具五事。一父。二種子。三母。四胎處。五乳母。父是
出子之根本。故先明父。父之遺體。以爲身種子。故第二明種子。雖有種子。
若無母懷伍[1] 不得成身。故第三明母。母雖懷之。若無胎裏。亦不成身。胎

---

503 진제 역, 세친의 『攝大乘論釋』 권8(T31, 206b17).

是安身之處。故第四明胎處。出生以後。若無乳母飮養。卽不成身。故第五
明乳母。佛子亦爾。有五緣勝。一者父勝。諸佛世尊爲其父故。二種子勝。
以菩提心爲種子故。三生母勝。以其波若爲生母故。四胎藏勝。以福智住持
爲胎藏故。五乳母勝。以大悲長養爲乳母故。

---

1) ⓔ '伍'는 '妊'의 오기인 듯하다.

셋째, 보살·성문에 의거해 불자를 해석한 것이다. 예를 들면 『대지도론』 제72권에서 다음과 같이 말한다. "불자에는 다섯 종류가 있으니, 모두 (부처님) 입에서 나온 정법에서 태어난다. 말하자면 수다원에서 아라한까지의 (네 종류 성문과聲聞果와) 그리고 정위正位에 든 보살[504]을 말한다. 벽지불은 비록 불법에 인연을 심었지만 부처님이 안 계실 때 스스로 도를 증득한 자이므로 부처님의 입에서 태어났다고 말할 수 없으니, 그는 인연이 멀기 때문이다."[505]【『유가사지론』 제84권, 『불성론』 제2권, 『대승장엄경론』 제1권, 『섭대승론』 제6권, 『십주비바사론』 제13권, 『대지도론』 제41권에서 모두 불자에 대해 해석하는데, 번거로울까 봐 서술하지 않겠다.】

三通約菩薩聲聞。以釋佛子。如智度論七十二云。佛子有五。皆從口生法
生。謂須陀洹乃至阿羅漢。及入正位菩薩。辟支佛。雖佛法中種因緣。無佛
時自能得道。不得言從佛口生。因緣遠故。【瑜伽第八十四。佛性論第二。莊
嚴論第一。攝論第六。十住婆沙第十三。智度論第四十一。皆釋佛子。恐繁
不述。】

---

504 정위正位에 든 보살 : 보살의 경우 인人·법法의 무아를 통달한 지위를 '정위'라고 한다.
505 『大智度論』 권72(T25, 564a10).

(다) 심해탈과 혜해탈의 공덕

경 마음이 잘 해탈하였고 지혜가 잘 해탈하였으며,

心善解脫。慧善解脫。

석 세 번째는 '심해탈心解脫과 혜해탈慧解脫의 공덕'이다.
예를 들면 계경에서 '이미 탐욕을 떠났기 때문에 마음이 해탈을 얻었고, 이미 무명을 떠났기 때문에 지혜가 해탈을 얻는다'고 하는데, 이로 인해 모든 논사들의 경문 해석도 서로 달라진다.

분별론자分別論者[506]는 다음과 같이 말한다. 심성은 본래 깨끗하지만 객진번뇌에 오염되었기 때문에 청정하지 않다고 한다. 진실한 본성에 의거해 '마음이 해탈을 얻었고 지혜가 잘 해탈하였다'고 한 것이다.

살바다종에 의하면 '마음이 잘 해탈하였다'는 것은, 마음이 탐욕을 떠났을 때 마음과 상응하는 승해勝解로써 탐욕에서 해탈하였기 때문에 이 승해에 대해 '마음이 잘 해탈하였다'고 한 것이다. '지혜가 잘 해탈하였다'는 것은, 혜慧가 무명을 떠났을 때 혜와 상응하는 승해로써 무명에서 해탈하였기 때문에 이 승해에 대해 '지혜가 잘 해탈하였다'고 한 것이다. 이는 무위열반의 해탈을 말한 것은 아니다.[507] 자세하게 분별하면, 『대비바사론』 제27권과 28권과 72권에서 설한 것과 같다.

---

506 분별론자分別論者 : 이들의 정체에 대한 이설異說이 있는데, 상좌부上座部와 밀접한 연관이 있는 부파로 여겨진다. 이에 관한 자세한 설명은 p.126 각주 171 참조.
507 소승의 구사종에서 해탈을 유위해탈有爲解脫과 무위해탈無爲解脫로 구분한다. 유위해탈이란 곧 무학아라한의 정견正見과 상응하는 승해勝解를 가리킨다. 이 승해는 심소법 중에서 십대지법十大地法의 하나이므로 '유위해탈'이라 한다.

釋曰。第三心慧解脫德。如契經說。已離貪得故心解脫。[1] 離無明故。慧得解脫。是故諸師釋經不同。分別論者。作如是說。心性本淨。客塵煩惱所染汙故。說不淸淨。據實本性。心得解脫。慧善解脫。若依薩婆多宗。心善解脫者。心離貪時。與心相應勝解。解脫貪故。卽說勝解。名心善解脫。慧善解脫者。慧離無明時。與慧相應勝解。解脫無明故。卽說勝解。名爲慧善解脫。非謂無爲涅槃解脫。若廣分別。如大毗婆沙第二十七。二十八。及七十二說。

1) ㉠ '已離貪得故心解脫'은 문맥상 어색하다. 다음에도 이와 동일한 문장이 나오는데, 그에 의거해서 '得'을 '心' 뒤로 보내어 '已離貪故心得解脫'로 수정하였다.

이제 대승에 의하면, 『불지경론』에서 설한 것처럼 삼계의 탐욕을 떠나 마음이 해탈을 얻는 것이다. 경에서 설한 것처럼 이미 탐욕을 떠났기 때문에 마음이 해탈을 얻고, 경에서 설한 것처럼 무명을 떠났기 때문에 지혜가 해탈을 얻는다.[508]

해 『불지경론』의 의미는, 마음과 지혜로 인해 탐욕·무명을 떠남으로써 획득되는 무위를 증득하는데 (이 무위가) 해탈의 본질이라는 것이다. 이는 이치에 어긋나지 않으니, 그 논에서 (심해탈과 혜해탈을) 구별하지 않기 때문이다.

『대지도론』 제3권에서는 다음과 같이 말한다. "다시 모든 번뇌(結使)는 애愛에 속하거나 견見에 속하니,[509] 애에 속하는 번뇌는 마음을 덮고 견에 속하는 번뇌는 혜를 덮는다. 이와 같은 애를 떠나기 때문에 애에 속하는 번뇌들도 떠나 심해탈을 얻고, 무명을 떠나기 때문에 견에 속하는 번뇌들

---

508 『佛地經論』 권2(T26, 298c27) 참조.
509 견번뇌와 애번뇌를 견애번뇌見愛煩惱라고 병칭하기도 한다. 견번뇌란 아견我見·사견邪見 등과 같이 이치(理)에 미혹해서 생기는 모든 번뇌를 가리키고, 애번뇌란 탐욕貪欲·진에瞋恚 등과 같이 사사에 미혹해서 생기는 번뇌를 가리킨다.

도 떠나 혜해탈을 얻는다."[510]

또 『열반경』 제25권에서는, 탐진치의 마음을 영원히 끊어 없앤 것을 '마음이 잘 해탈하였다'고 하고, 모든 법에 대해 장애 없이 아는 것을 '지혜가 잘 해탈하였다'고 한다.[511]

『대지도론』 제3권에서는 ('잘 해탈하였다(善解脫)'라는 문구에서) '선善' 자를 '호好' 자로 바꾸었다. 호해탈好解脫에는 본래 세 가지 의미가 있다. 첫째는 욕망을 떠난 외도를 배제한 것이다. 그들은 한 곳과 한 도에서 마음이 해탈을 얻지만 모든 것에서 얻지는 못하므로 '호해탈'이라 하지 않는다. 둘째는 불교 내에서 유학위에 있는 사람을 배제한 것이다. 그들은 해탈을 얻었지만 남은 번뇌가 있으므로 '호해탈'이라 하지 않는다. 셋째는 무학 가운데서 퇴법아라한退法阿羅漢[512]을 배제한 것이다. 그들은 시해탈時解脫[513]을 얻긴 했지만 호해탈은 아니다. 그러므로 오직 날카로운 근기의 아라한에 의거해서 호해탈을 설한 것이다.[514]

今依大乘。如佛地論。離三界貪。心得解脫。如契經說。已離貪故。心得解脫。如契經說。離於無明。惠[1)]得解脫。解云。佛地論意。由心惠[2)]故。證得離貪無明所得無爲。爲解脫體。於理無違。論不簡故。若依智度論第三卷云。復次。諸結使屬愛屬見。屬愛煩惱覆心。屬見煩惱覆慧。如是愛離故。

---

510 『大智度論』 권3(T25, 81a21).
511 담무참曇無讖 역 『大般涅槃經』 권25(T12, 515b14) 참조.
512 퇴법아라한退法阿羅漢 : 6종의 아라한 중에서 근기가 가장 둔한 아라한으로서, 질병과 같은 나쁜 인연을 만나면 한 번 얻었던 아라한의 자리에서 물러나게 되는 자이다.
513 시해탈時解脫 : 대시해탈待時解脫이라고도 한다. 이는 6종 아라한 중에서 앞의 다섯 부류, 즉 퇴법退法·사법思法·호법護法·안주법安住法·감달법堪達法의 아라한을 가리킨다. 이 부류의 아라한들은 여섯 번째 부동법不動法에 비하면 성품이 둔근이고 뛰어난 인연의 시기를 만나지 못하면 멸진정에 들어가지 못하므로 '대시待時'라고 하고, 그의 마음은 번뇌장에서 벗어났으므로 '해탈'이라 한다.
514 『大智度論』 권3(T25, 80b12) 참조.

屬愛結使亦離。得心解脫。無明離故。屬見結使亦離。得慧解脫。又涅槃經
二十五云。貪瞋癡心。永斷滅故。心善解脫。於一切法。知無障礙。慧善解
脫。若依智論第三。改善名好。然好解脫。自有三義。一簡異外道離欲人。
一處一道。心得解脫。非於一切。故不名好。二簡內道中學人。雖得解脫。
有殘結使故。非好解脫。三簡無學中退法阿羅漢。得時解脫。非好解脫。是
故唯約利根阿羅漢。說好解脫。

1) ㉠『佛地經論』권2(T26, 299a1)에는 '惠'가 '慧'로 되어 있다. 2) ㉠ '惠'는 '慧'와 같다.

(라) 계가 아주 청정한 공덕

경 계가 아주 청정하고,

戒善清淨。

석 네 번째는 '계가 아주 청정한 공덕'이다.

친광 보살은 이것을 세 가지 의미에서 해석하였다. 첫째는 여섯 가지에 의거해서 계가 아주 청정함을 해석한 것이다. 둘째는 무루에 의거해서 계가 아주 청정함을 해석한 것이다. 셋째는 대승에 의거해서 계가 아주 청정함을 해석한 것이다.

釋曰。第四戒善清淨德。親光菩薩。釋有三義。一約六支。釋戒善淨。二約
無漏。釋戒善淨。三約大乘。釋戒善淨。

따라서『불지경론』에서는 다음과 같이 말한다.

故佛地論云。

계경에서 설한 것처럼 여섯 가지를 갖추고 있는 것을 '계가 아주 청정하다'고 한다.

첫째는 깨끗한 계율에 머무는 것이다.【수지한 학처學處(계율)[515]에 대해 (신·구·의) 세 가지 업을 범하지 않는 것이다.】

둘째는 별해탈율의[516]를 스스로 잘 지키는 것이다.【일곱 가지 최상의 율의를 잘 지키는 것을 말한다.】

셋째는 궤칙軌則이 갖추어진 것이다.【말하자면 다니거나 머물거나 앉거나 눕는 등의 위의威儀에서 혹은 의복을 입거나 대소변을 보는 등의 하는 일(所作)에서 혹은 경을 외거나 좌선하는 등의 선품의 가행에서 궤칙이 성취되어, 세간을 따르면서 세간을 벗어나지 않고 비내야(律)를 따르면서 비내야를 벗어나지 않는 것이다.】

넷째는 소행所行이 모두 갖추어진 것이다.【다섯 장소는 비구니가 다닐 곳이 아니니, 이른바 노래하는 집, 기생집, 술집, 왕가, 전다라집[517] 등 이러한 다섯 집과 여래가 금지하신 모든 곳이다. 이런 곳을 제외하고 나머지 장소를 때에 맞게 다닌

---

515 학처學處(S śikṣāpada) : '배우는 곳(所學之處)'을 뜻하며 일반적으로 계율戒律을 가리킨다. 즉 비구나 비구니들이 계율을 학습할 때 준수하는 계율의 조목戒條인데, 예를 들면 오계五戒·팔계八戒·십계十戒 등을 말한다.
516 별해탈율의別解脫律儀(S prātimokṣa-saṃvara) : 수계한 작법에 의지하여 오계·십계·구족계具足戒 등을 받아 지녀서, 몸이나 입으로 짓는 모든 악업을 하나하나 따로따로 해탈하도록 하는 계를 말한다. 또는 바라제목차율의波羅提木叉律儀라고도 한다. 이 율의에는 여덟 가지가 있는데, 즉 비구(苾芻)·비구니(苾芻尼)·정학正學·근책勤策·근책녀勤策女·근사近事·근사녀近事女·근주近住의 율의다. 이상의 여덟 가지 율의에서 하루 동안 수지하는 근주남녀近住男女의 팔재계를 제외하고, 나머지 일곱 가지는 모두 형체와 목숨이 끝날 때까지 수지해야 하는 것이다.
517 전다라旃陀羅(S caṇḍāla) : 인도의 계급제도에서 수다라 계급보다 아래인 최하의 종족으로서 옥졸獄卒·판매販賣·도재屠宰·어렵漁獵 등의 직종에 종사하는 무리다. 마누법전에 실린 바에 따르면, 전다라는 모두 수다라 아버지와 바라문 어머니 사이에 태어난 혼혈종이라 한다.

다면, 이와 같은 것을 '소행이 모두 갖추어졌다'고 한다.】

다섯째는 미세한 죄를 보고 크게 두려워하는 것이다.【작은 학처學處(계율)를 따르고, 나아가 목숨을 부지하기 어려운 인연을 만나도 끝내 고의로 계를 범하지 않는다.……이하 생략……따라서 『유마경』에서 "내지는 작은 죄에 대해서도 오히려 큰 두려움을 갖는다."[518]고 하였다.】

여섯째는 학처를 수학하는 것이다.【오직 스스로 수학하기를 서원하면서, '나는 모든 학처를 다 배울 것입니다'라고 한다.……이하 생략……자세히 분별하면 『유가사지론』제22권이나 『현양론』제7권과 같다.】[519]

如契經說。具足六支。名戒善淨。一住淨尸羅。【所受學處。三業無犯。】二善自防守別解律儀。【謂能守護七最律儀。】三軌則具足。【謂於威儀行住坐臥。或於所作。謂著衣服便利等。或於善品加行。誦經坐禪等。成就軌則。隨順世間。不越世間。隨順毗奈耶。不越毗奈耶也。】四者所行皆悉具足。【謂五處非[1]非比丘所行。所謂唱家。淫女家。酤酒。王。旃陀羅。如是五家。及諸如來所制之處。除此所餘。依時行者。如是名爲所行具足。】五於微細罪。見大怖畏。【隨小學處。乃至若有命難因緣。終不故犯。乃至廣說。故維摩云。乃至小罪。猶懷大懼。】六受學學處。【唯自誓受。我當盡學一切學處。乃至廣說。若廣分別。如瑜伽論第二十二。顯揚第七也。】

1) ㉢ '非'는 잉자인 듯하다. 참고 『顯揚聖敎論』 권7(T31, 512b14)에는 '謂五處非比丘所行'이라고 되어 있다.

둘째, 무루에 의거해 계가 아주 청정함을 해석하면, 혹은 모두 무루의 계를 얻었기 때문에 '아주 청정하다'고 한다.

셋째, 진실한 의미에서는 무학위에 머물면서 대승에 회향한 자는 자신

---

518 『維摩詰所說經』 권2(T14, 549a9).
519 이상은 『佛地經論』 권2(T26, 299a1) 참조.

의 계가 청정한데도 보살계를 닦기 때문에 '아주 청정하다'고 한다.

二約無漏釋戒善者。或復皆得無漏戒故。名善淸淨。三如實義。住無學位。迴向大乘。自分戒淨。修菩薩戒。故名善淨。

(마) 법락을 구하는 공덕

경 법락을 추구하며,

趣求法樂。

석 이것은 다섯 번째로 '법락을 구하는 공덕'을 밝힌 것이다.
친광은 세 가지로 해석하였다. 〈첫째, 정법을 구할 때 큰 보리의 즐거움을 구하되 나머지 다른 즐거움은 구하지 않는 것이다. 둘째, 법을 구할 때 다른 이를 즐겁게 해 주기 위해 그의 과오를 나무라는 마음이 없고 나쁜 위의威儀를 보이지 않는 것이다. 셋째, 진실한 의미에서는 이 큰 성문은 오로지 법락을 구할 뿐 명성과 이익과 공경을 구하지 않는 것이다.〉[520]

釋曰。第五求法樂德。親光三釋。一求正法時。求大菩提樂。不求餘樂。二或求法時。爲令他樂。無求過意。離惡威儀。三如實義。此大聲聞。專求法樂。不求名聞利養恭敬。

---

[520] 『佛地經論』 권2(T26, 299a6) 참조.

(바) 많이 듣고 기억하여 쌓인 공덕

경 많이 듣고, 들은 것을 기억하여, 그 들은 것이 쌓였으며,

多聞聞持其聞積集。

석 여섯 번째는 '듣고 기억하여 쌓인 공덕'이다.

이와 같이 (듣고 기억하여 쌓인) 세 가지 혜는 오직 문혜에 의거해서 초위·중위·후위의 뛰어난 점을 차별시켜 세 가지로 설한 것이다.

예를 들어 친광은 다음과 같이 말한다. "무량한 경전의 처음과 중간과 마지막 부분을 모두 듣고서 수지할 수 있으므로 '많이 듣는다(多聞)'고 한다. 들었던 대로 의미를 다 기억하면서 잊지 않도록 하므로 '들은 것을 기억한다(聞持)'고 한다. 문장(文)과 의미(義)에 대해 자주 익혀서 그것이 견고하게 머물도록 하기 때문에 '그 들은 것이 쌓였다'고 한다."[521]

釋曰。第六聞持積集德。如是三慧。唯約聞慧。初中後位勝。差別說三種。如親光說。無量經典。初中後分。皆能聽受。故名[1]聞。隨所聞義。皆能憶持。令不忘失。故名聞持。數習文義。令其堅住。是故說名其聞積集。

1) ㉠『佛地經論』권2(T26, 299a10)에 따르면, '名' 다음에 '多'가 누락되었다.

(사) 삼업이 지혜에 따르는 공덕

경 생각해야 할 것을 잘 생각하고, 말해야 할 것을 잘 말하며, 행해야 할 것을 잘 행하였다.

---
521 『佛地經論』 권2(T26, 299a9).

善思所思。善說所說。善作所作。

석 일곱 번째는 '삼업이 지혜에 수순하는 공덕'이다.

친광은 다음과 같이 해석하였다. "세간의 어리석은 범부는 생각해야 할 것을 잘못 생각하고 말해야 할 것을 잘못 말하며 행해야 할 것을 잘못 행하지만, 세간을 떠난 성자는 그런 법을 벗어나 있으므로 그와는 상반된다. 그러므로 생각해야 할 것을 잘 생각하고 말해야 할 것을 잘 말하며 행해야 할 것을 잘 행하니, 삼업이 청정하여 지혜에 수순하여 행한다고 한 것이다."[522]

또 『유가사지론』 제70권에서는 다음과 같이 말한다. "(어리석은 범부는) 생각해야 할 것을 잘못 생각하고 말해야 할 것을 잘못 말하며 행해야 할 것을 잘못 행하니, 현행한 모든 신업·어업·의업이 모두 청정하지 못하다. (그러나 지혜로운 모든 이는 여실하게 알므로 모든 것이 그와는 상반된다.)"[523]

또 『유가사지론』 제25권에서는 다음과 같이 말한다. "어떤 것이 총명한 지혜를 성취한 자의 모습인가? 업을 짓는 모습을 보고 어리석은 범부임을 분명하게 알고 업을 짓는 모습을 보고 총명한 지혜를 지닌 자임을 분명하게 안다. 그런 일은 어떠한 것인가? 모든 어리석은 범부는 생각해야 할 것을 잘못 생각하고 말해야 할 것을 잘못 말하며 행해야 할 것을 잘못 행한다. 그러나 모든 총명한 지혜를 지닌 자는 생각해야 할 것을 잘 생각하고 말해야 할 것을 잘 말하여 행해야 할 것을 잘 행하니, 이것을 '총명한 지혜를 성취한 자의 모습'이라 한다."[524]

---

522 『佛地經論』 권2(T26, 299a12).
523 『瑜伽師地論』 권70(T30, 689b17).
524 『瑜伽師地論』 권25(T30, 422c28).

釋曰。第七三業隨智德。親光釋云。世間愚夫。惡思所思。惡說所說。惡作所作。出世聖者。超過彼法。與彼相違。是故說名善思所思善說所說善作所作。三業清淨。隨智慧行。又瑜伽論第七十云。惡思所思。惡說所說。惡作所作。凡所現行身語意業。皆不清淨。又瑜伽論二十五云。云何成就聰慧者相。謂由作業相。表知愚夫。由作業相。表知聰慧。其事云何。謂諸愚夫。惡思所思。惡說所說。惡作所作。諸聰慧者。善思所思。善說所說。善作所作。是名成就聰慧者相。

(아) 여러 지혜들의 차별적 공덕

경 빠르게 아는 지혜(捷慧), 막힘없이 아는 지혜(速慧), 예리한 지혜(利慧), 생사를 벗어나는 지혜(出慧), 뛰어나게 판단하는 지혜(勝決擇慧), **큰 지혜**(大慧), **넓은 지혜**(廣慧), **견줄 바 없는 지혜**(無等慧) **등의 지혜 보배**(慧寶)**를 성취하고,**

捷慧速慧。利慧出慧。勝決擇慧。大慧廣慧。及無等慧。慧寶成就。

석 여덟 번째는 '여러 지혜들의 차별적 공덕'이다.
이 지혜에 대한 해석에서 여러 설들이 서로 다르다.
한편에서는 이 경에서 모두 여덟 가지 지혜를 밝혔다고 한다. (여덟 가지 지혜의) 이름은 이 경에서 말한 것과 같다. 뒷부분에서 "지혜 보배를 성취하고(慧寶成就)"라고 한 것은, 앞의 여덟 가지 지혜를 포괄해서 '지혜 보배'라고 한 것이지 별개의 지혜를 세운 것은 아니다. 따라서 『유가사지론』에서 다만 '혜보慧寶'라고 하고 '보혜寶慧'라고 하지 않는다.[525]

---

525 『瑜伽師地論』 권83 「攝異門分」(T30, 761a29) 참조.

한편에서는 아홉 가지 지혜를 밝혔다고 한다. 따라서 『대품반야경』과 『대지도론』에서는 (마지막의 '혜보성취'에서 혜보를) 모두 '보혜'라고 하였다.[526] 따라서 이는 별개의 지혜임을 알 수 있다.

한편에서는 이 경에서 보배 같은 열 가지 지혜에 의거한다고 하니, 즉 (아홉 가지 지혜에) '매우 깊고 묘한 지혜(甚深妙慧)'를 더한 것이다. 따라서 『불지경론』에서는 다음과 같이 말한다. "어떤 책에는 다시 '매우 깊고 묘한 지혜'를 설하니, 말하자면 다른 이가 그 끝을 궁구할 수 없기 때문이다."[527]

釋曰。第八諸慧差別德。釋此諸慧。諸說不同。一云。此經總明八慧。名字如經。後云慧寶成就者。攝上八慧。以爲慧寶。非別立慧。故瑜伽論。但言慧寶。不言寶慧。一云。九慧。故大品經及智度論。皆名寶慧。故知別慧。一云。此經據寶十慧。謂加甚深妙慧。故佛地云。有本。復說甚深妙慧。謂他不能究其底故。

이제 우선 아홉 가지라는 설에 의거해 여러 지혜들에 대해 설명하겠다. 친광은 다음과 같이 말한다. "부처님이 말씀하신 교법과 비내야(律)에 대해 그 의미를 빠르게 알므로 첩혜捷慧라고 하고, 곧 이에 대해 그 의미를 많이 깨달아 들어가므로 속혜速慧라고 하니, 많이 행하는 것을 '빠르다(速)'고 하기 때문이다. 미세한 의미를 깨달아 들어가는 것은 이혜利慧라고 한다. 생사를 벗어날 수 있는 묘한 지혜를 얻었으므로 출혜出慧라고 한다. 이 지혜가 열반의 요인了因[528]이 되기 때문에 승결택혜勝決擇慧라고 한다.

---

526 『大智度論』 권83(T25, 641c1)과 현장 역 『大般若經』 권461(T7, 331c28) 참조.
527 『佛地經論』 권2(T26, 299a22).
528 요인了因: '생인生因'과 대칭되는 말이다. 마치 곡식의 종자에서 싹이 나오듯 본래 갖추어진 법성의 이치는 모든 선법을 발생시키는 원인이므로 '생인'이라 하는 데 대해

(이 지혜는) 수승하게 결택하는 것이기 때문에, '수승한 결택'(그 자체가) 곧 열반이고, 이 지혜는 저 열반의 요인이 되기 때문에 그에 의거해 이름을 세운 것이다. 【이상은 출혜를 해석하였다.[529]】 문답으로 결택하는 것이 무궁무진하기 때문에 '대혜大慧'라고 한다. 깊고 넓고 원만하게 잘 통달하므로 '광혜廣慧'라고 한다.……연약한 근기 등을 가진 모든 성문들에 비해 이 지혜가 뛰어나기 때문에 '무등혜無等慧'라고 한다. 이 지혜가 '최상의 의미'를 불러낼 수 있으므로 '혜보慧寶'라고 하고, 모든 성문들이 이 혜보를 갖추었기 때문에 '혜보를 성취하였다'고 하였다. 【해 '최상의 의미'란 바로 열반이다.】"[530]

今且依九。以辨諸慧。故親光云。於佛所說法毗奈耶。速入其義。故名捷慧。卽於此中。多入其義。故名速慧。能多行者。說名速慧[1]故。入微細義。故名利慧。得能出離生死妙慧。故名出慧。此慧能爲涅槃了因。是故說名勝決擇慧。勝決擇故。名勝決擇。[2] 卽是涅槃。此慧能爲彼了因故。依彼立名。【已上釋出慧】問答決擇無窮盡故。名爲大慧。深廣圓滿善通達故。名爲廣慧。於耎[3]根等諸聲聞衆。此慧勝故。名無等慧。此慧能招最上義故。名爲慧寶。是諸聲聞。具此慧寶。是故說名慧寶成就。【解云。最上義卽是涅槃。】

1) 옌『佛地經論』권2(T26, 299a17)에 따르면 '慧'는 잉자다. 이것은 '速慧'에서 '速'이라는 말의 의미를 풀이한 대목이므로 '慧'는 삭제해야 한다. 2) 왠 '勝決擇故名勝決擇' 여덟 자는 잉자인 듯하다. 옌 이것은 잉자가 아니고 『佛地經論』의 원문에 해당한다. '승결택혜'라는 이름을 붙인 이유를 설명하는 것이므로 빼면 안 된다. 3) 옌 '耎'은 '軟'과 같은 의미다.

서, 마치 등불이 사물을 비추듯 지혜로 그 법성의 이치를 비춤으로써 어떤 결과가 명료하게 드러나도록 보조하는 것을 '요인'이라 한다. 여기서는 '지혜'를 가리키는 말이다.
529 이 협주의 문구는 이전에 진술된 '출혜'에 대한 해석 뒤로 옮겨야 할 듯하다. 혹은 '출혜'와 '승결택혜'가 넓은 의미에서 모두 '생사를 벗어나는 지혜'라는 말일 수도 있다.
530 『佛地經論』권2(T26, 299a15).

『유가사지론』에 의하면 저 『불지경론』과 조금 다르니, 그 논의 제83권에서는 다음과 같이 말한다. "빠르게 알기 때문에 첩혜라고 이름하고, 지혜에 막힘이 없기 때문에 속혜라고 이름하며, 진기소유盡其所有와 여기소유如其所有[531]를 잘 알기 때문에 이혜라고 이름한다. (생사에서) 벗어나서 떠나는(出離) 법과 세간의 욕망을 떠나는(離欲) 법에 대해 잘 알기 때문에 출혜라고 이름하고, 출세간의 모든 욕망을 떠나는 법들을 잘 알기 때문에 승결택혜라고 이름한다.……이 지혜를 오랫동안 익혔기 때문에 대혜라고 이름하고, 이 지혜의 무량무변한 인식의 경계(所行境)에 나아가서 광혜라고 이름한다. 그 밖의 모든 지혜는 그와 동등하게 비교될 수 없기 때문에 무등혜라고 이름하니, 모든 근根 중에서도 혜慧가 가장 뛰어나기 때문이다. 마치 마니구슬이 전륜왕의 비유리보를 나타내어 그 빛이 청정해지도록 하는 것과 같이, 그와 상응하기 때문에 '혜보를 다 성취하였다'고 한 것이다."[532]

『대품반야경』과 『대반야경』에 의하면 열한 가지 지혜가 있는데, 이는 『대지도론』 제83권에서 차례로 자세히 해석한 것과 같다. 번거로울까 봐 서술하지 않는다.

若依瑜伽。與彼少異。八十三云。速疾了知。故名捷慧。無[1)]滯礙故。名爲速慧。能善了知盡其所有如[2)]所有故。名爲利慧。於出離法。世間離欲。善了知故。名爲出慧。世[3)]間諸離欲法。能了知故。名勝決擇慧。謂卽此慧長時串習。故名大慧。謂卽此慧無量無邊所行境故。名爲廣慧。其餘諸慧。無與等故。名無等慧。於諸根中。慧最勝故。如末尼珠。顯發輪王毗瑠璃寶。令光

---

531 진기소유盡其所有와 여기소유如其所有 : 진소유성盡所有性과 여소유성如所有性을 뜻하며, 요가수행자가 관해야 할 네 가지 인식 대상 중에서 사변제성事邊際性([S] vastuparīttatā)에 해당한다. 이에 관해서는 다음의 「分別瑜伽品」 참조.
532 『瑜伽師地論』 권83(T30, 761a18) 참조.

淨故。與彼相應。故¹⁾慧寶皆得成就。依大品經及大般若。有十一慧。如智度論第八十三。次第廣釋。恐繁不述。

1) ⑳『瑜伽師地論』권83(T30, 761a19)에 따르면, '無' 앞에 '慧'가 있다.   2) ⑳『瑜伽師地論』권83(T30, 761a20)에는 '如' 다음에 '其'가 있는데, 의미상 차이는 없다.
3) ⑳『瑜伽師地論』권83(T30, 761a22)에 따르면, '世' 앞에 '於出'이 누락되었다.   4) ⑳『瑜伽師地論』권83(T30, 761b2)에 따르면, '故' 다음에 '名'이 누락되었다.

(자) 삼명을 갖춘 공덕

경 삼명三明[533]을 갖추었으며,

具足三明。

석 아홉 번째는 '삼명을 갖추는 공덕'이다. 계경에서 설하는 것처럼 세 종류 명明(지혜)이 있으니, 첫째는 숙주수념지증통명宿住隨念智證通明[534]이고, 둘째는 사생지증통명死生智證通明[535]이며, 셋째는 누진지증통명漏盡智證通明[536]이다.

---

533 삼명三明 : 무학삼명無學三明, 즉 무학위에 갖추어진 세 가지 지혜(三明)를 가리킨다. 여기서 '명明'이란 '지혜'를 뜻한다. 무학위에서는 육신통六神通 중에서 특히 숙주지통宿住智通·사생지통死生智通·누진지통漏盡智通을 통해 과거·미래·현재에 대한 모든 일을 밝게 알기 때문에 이 세 가지 지혜를 무학삼명이라고 한다.
534 숙주수념지증통명宿住隨念智證通明 : 과거세의 모든 일을 아는 지혜를 말한다. 무학은 지나간 한 생 전뿐만 아니라 무한한 과거의 생에서 자기가 태어났던 곳이나 종種·성姓, 자기가 먹었던 음식, 자기가 느꼈던 고苦·낙樂, 자기가 했던 말 등을 모두 낱낱이 기억해 낼 수 있다고 한다.
535 사생지증통명死生智證通明 : 미래세의 모든 일을 아는 지혜로서 청정안淸淨眼이라고도 한다. 무학은 모든 중생이 죽을 때와 태어날 때를 알며, 각자가 행한 선업·악업의 차이에 따라 미래생에 어디에서 태어나는지 등에 대해 모두 알 수 있다.
536 누진지증통명漏盡智證通明 : 현재세의 모든 일에 대해 잘 아는 지혜를 말한다. 무학은 고·집·멸·도의 사제의 인과의 도리를 잘 통달하여 유루의 번뇌를 끊고 무루의 해탈을 얻을 수 있다.

그런데 이 삼명은 살바다종의 『구사론』의 뜻에 따라 네 문으로 분별해 볼 수 있다.537

첫째는 삼명의 체를 나타내는 것이다. 이는 혜慧를 자성으로 하니, 차례대로 육신통 가운데서 다섯 번째인 숙주통宿住通(숙명통)과 두 번째인 천안통天眼通538과 여섯 번째인 누진통漏盡通 등 세 가지 신통을 자성으로 한다.

둘째는 삼명을 세운 뜻이다. 이것들이 차례대로 과거(前際)·미래(後際)·현재(中際)의 세 가지 어리석음을 대치하기 때문이다.

셋째는 진실과 가립으로 분별하는 것이다. 누진지명은 가립과 진실에 통하니, 이는 무루의 지혜까지 통하기 때문이다. 나머지 둘은 가립하여 설한 것이니, 둘은 오직 유루의 지혜이기 때문이다. 【유루지와 무루지를 모두 누진지라고 하니, 둘 다 번뇌가 다한 몸에서 생기기 때문이다. 진실을 무루라고 하고 가립을 유루라고 하니, 수승하거나 하열한 모습으로 드러나기 때문에 진실과 가립을 설했다.】

넷째는 유학·무학으로 분별하는 것이다. (이 삼명은) 오직 무학에게만 있으니, 유학에게는 어둠이 있기 때문이다.

釋曰。第九具足三明德。如契經說。有三種明。一宿住隨念智證通明。二者死生智證通明。三者漏盡智證通明。然此三明。薩婆多宗。俱舍論意。四門分別。第一出體。用慧爲性。如其次第。六通之中。第五宿住。第二天眼。第

---

537 『俱舍論』 권27(T29, 143b23)에서는 삼명에 대해 다음과 같이 설명한다. "논에서 삼명이라 한 것은, 첫째는 숙주지증명宿住智證明이고, 둘째는 사생지증명死生智證明이고, 셋째는 누진지증명漏盡智證明이다. (삼명은 나열된) 차례대로, 무학위에 속하는 제5(숙주지통)·제2(사생지통)·제6(누진지)통을 그 자성으로 한다. 여섯 중에서 세 가지를 유독 '지혜'라고 한 것은 그 순서대로 (다음과 같은) 삼제의 어리석음을 대치하기 때문이다. 숙주지통은 과거의 어리석음을 대치하고, 사생지통은 미래의 어리석음을 대치하고, 누진지통은 현재의 어리석음을 대치한다. 이 세 가지를 모두 무학의 지혜라고 한 것은 함께 무학의 몸에서 일어나기 때문이다."
538 앞에서 말한 사생지증통명死生智證通明이란 육통 중의 천안통天眼通을 체로 삼는다. 이 천안통으로 어떤 유정이 '여기서 죽어서 저기서 태어난다'는 것을 알기 때문에 천안통을 사생지증통이라 이름한다.

六漏盡。三通爲性。第二立三之意。如次對治前後中際三種愚故。第三眞假分別。漏盡智明。通假及眞。通無漏故。餘二假說。唯有漏故。【有漏無漏智。皆名漏盡。俱在漏盡身中生故。眞名無漏。假名有漏。勝劣相形。故說眞假】第四學無學分別。唯在無學。學有闇故。

또 『대비바사론』 제102권에서 다음과 같이 말한다. "문 육신통 중에 어째서 세 가지만 '명明'이라 하는가?…… 답 신경지증통神境智證通[539]은 마치 공교처工巧處[540]를 전변해 내는 경우와 같고, 천이지증통天耳智證通[541]은 오직 소리만을 파악할 수 있으며, 타심지증통他心智證通[542]은 오직 (타인의 마음의) 자상만을 파악하는 것이다. (이 세 가지 신통은) 뛰어난 작용이 없기 때문에 '명'이라 안립하지 않는다. 뒤의 세 가지 신통은 모두 뛰어난 작용이 있으므로 '명'이라 안립한다. '뛰어난 작용'이란, (뒤의 세 가지 신통이) 모두 생사를 싫어하여 버리는 일에 수순할 수 있고, 모두 수승한 공덕을 이끌어 낼 수 있으며, 모두 궁극의 열반으로 나아갈 수 있음을 말

---

[539] 신경지증통神境智證通 : 사근본정려四根本靜慮를 닦음으로써 얻어진 신통력이다. 신족통神足通이라고도 한다. 『大毘婆沙論』 권141에 의하면, 이 신통력의 작용은 다음과 같다. ① 운신運身의 신통한 작용이니, 온몸이 허공을 나는 것이 마치 나는 새와 같다고 한다. ② 승해勝解의 신통한 작용이니, 멀리 있는 것을 가까이 있는 듯 알므로 이 힘에 의지해 때로는 이 주洲에 머물면서 손으로 해와 달을 어루만지고 때로는 팔을 굽혔다 폈다 하면서 색구경천色究竟天에 이르기도 한다. ③ 마음(意勢)의 신통한 작용이니, 안식眼識이 색정色頂에 이르기도 하고 때로는 그 위로 색구경천에 이르기도 하며, 때로는 무변의 세계를 넘어서기도 한다.
[540] 공교처工巧處 : 네 가지 무기無記의 하나로서, 몸이나 말의 묘기(工巧)에 의거해서 만들어 낸 도화圖畵·가영歌詠 등을 가리킨다.
[541] 천이지증통天耳智證通 : 천이天耳를 통해 일반인이 들을 수 없는 욕계와 색계의 소리를 인식할 수 있는 신통력을 말한다. 『集異門足論』 권15와 『大智度論』 권5에 따르면, 사근본정려에 의지해서 색계의 사대종으로 이루어진 정색淨色의 귀를 얻으면, 이를 천이라고 한다. 이 천이는 자지自地 및 하지下地의 천성天聲·인성人聲·비인성非人聲과 멀고 가까운 데서 나는 모든 음성을 들을 수 있으므로 천이통이라 한다.
[542] 타심지증통他心智證通 : 타심지他心智를 증득하여 여실하게 타인의 심중의 차별적 상태를 아는 신통력을 말한다.

한다. 문 어째서 뒤의 세 가지는 모두 뛰어난 작용이 있는가? 답 네 번째 숙주수념지증통으로 과거의 일을 보고 싫어하여 떠나려는 마음을 깊이 내고, 다섯 번째 생사지증통으로 미래의 일을 보고 싫어하여 떠나려는 마음을 깊이 내며, 여섯 번째 누진지증통으로 이미 싫어하여 떠났으므로 열반을 기뻐하고 즐거워하는 것이다."[543] 자세한 것은 그 논에서 설한 것과 같다.

又大婆沙一百二卷云。問。六通中。何故但說三種爲明。答。神境智證通。如工巧處轉。天耳智證通。唯能取聲。他心智證通。唯取自相。無勝用故。不立爲明。後之三通。皆有勝用。故立爲明。勝用者。謂皆能隨順厭捨生死。皆能引發殊勝功德。皆能趣向殊勝[1])涅槃。問。云何後三。皆有勝用。答。第四宿住隨念智證通。見前際事。深生厭離。第五生死智證通。見後際事。深生厭離。第六漏盡智證通。旣厭離已。欣樂涅槃。廣說如彼。

1) ㉠『大毘婆沙論』권102(T27, 530a23)에는 '殊勝'이 '畢竟'으로 되어 있다.

이제 대승에 의하면, 친광은 다음과 같이 해석한다. "날카로운 근기를 가진 무학이 얻은 세 가지 신통은 오염되거나 오염되지 않은 삼제三際(과거·현재·미래)의 어리석음을 제거하기 때문에,[544] '삼명을 갖추고 있다'고 한다. 어떤 이는 다음과 같이 주장한다. 〈명明은 혜慧를 자성으로 하니 혜

---

543 『大毘婆沙論』권102(T27, 530a18).
544 여기서 말하는 '어리석음(愚)'이란 무지無知와 같은 말이다. 무지란 본래 성도聖道를 가리는 것으로서 오염된 것이지만, 그 성질이 오염되지 않은 것을 불염오무지不染汚無知라고 한다.『俱舍論』권1(T29, 1a17)에 따르면, 성문聲聞이나 독각獨覺 등은 "불법佛法과 지극히 먼 시간과 장소 및 모든 종류(義類)의 무한한 차별"에 대해서는 여전히 알지 못하는 것이 있기 때문에 불염오무지를 끊지 못한다고 한다. 그런데 예리한 근기의 무학無學은 삼명三明을 획득하여 현재뿐만 아니라 지극히 먼 과거와 미래의 모든 일 등에 대해 다 밝게 알기 때문에 '오염되거나 오염되지 않은 삼제의 어리석음을 제거하였다'고 하였다.

는 어둠을 제거할 수 있기 때문에 '명'이라 한다.〉 어떤 이는 다음과 같이 말한다. 〈(명은) 무치無癡의 선근을 자성으로 하니, 이것이 무명無明을 뒤집기 때문이다.〉"[545]

해 대승에서는 삼명이 모두 무루에 통한다고 하는데, 이치에 어긋나지 않는다. 왜냐하면 후득지를 무루라고 인정하기 때문이다.

또 『유가사지론』 제69권에서는 다음과 같이 말한다. 육신통 중에서, "앞의 세 가지 신통은 신통이긴 하지만 명明은 아니다. 뒤의 세 가지 신통은 신통이기도 하고 명이기도 하니, 이것들은 삼세의 어리석음을 대치하기 때문이다."[546]

今依大乘。親光釋云。無學利根所得三通。除染不染三際愚故。說有三明。有義。明者以慧爲性。慧能除闇。故說爲明。有說。無癡善根爲性。翻無明故。云,[1] 大乘皆通無漏。於理無違。許後得智是無漏故。又瑜伽論六十九云。六通中。前三通。是通非明。後三通。亦通亦明。以能對治三世愚故。

1) ㉠ '云' 앞에 '解'가 누락된 듯하다. 참고로 원측의 『仁王經疏』(T33, 369c11)에도 이와 동일한 문장이 나오는데, 이어지는 문장은 원측의 풀이(解云)로 되어 있다.

『대지도론』 제2권에서는 다음과 같이 말한다. "숙명통·천안통·누진통을 삼명이라 한다. 문 신통과 명은 어떤 차이가 있는가? 답 단지 지난 생의 일(宿命事)만 아는 것을 숙명통이라 하고, 과거의 인연과 행업을 아는 것을 명이라 한다. 단지 이 생에서 죽고 저 생에서 나는 일만 아는 것을 천안통이라 하고, 행行의 인연을 알아서 때의 만남을 놓치지 않는 것을 명이라 한다. 다만 번뇌를 다 없앤 것을 알 뿐 다시 태어날지 태어나지 않을지 알지 못하는 것을 누진통이라 하고, 번뇌가 다하고 다시 태어나지

---

545 『佛地經論』 권2(T26, 299a28).
546 『瑜伽師地論』 권69(T30, 681c29).

않음을 아는 것을 명이라 한다. 이 삼명은 위대한 아라한과 위대한 벽지불이 얻는 것이다."⁵⁴⁷

삼명을 자세하게 해석하자면, 『법집경』 제3권, 『잡아함경』 제43권, 『중아함경』 제51권, 『비담론』 제6권, 『구사론』 제27권, 『순정리론』 제76권, 『대비바사론』 제81권과 제102권에서 설한 것과 같다.

依智度論第二卷云。宿命天眼漏盡。名爲三明。問曰。神通與明。有何等異。答曰。直知過去宿命事。是名通。知過去因緣行業。是名明。直知死此生彼。是名天眼通。知行因緣。際會不失。是名明。直知盡結使。不知更生不生。是漏盡通。若知漏盡更不復生。是名明。是三明。大阿羅漢大辟支佛所得。廣釋三明。如法集經第三。雜阿含四十三。中阿含五十一。毗曇第六。俱舍二十七。順正理七十六。婆沙八十一及一百二。

(차) 현법락주의 공덕

경 모든 현법락주⁵⁴⁸를 얻는 데 이르렀고,

逮得一切¹⁾現法樂住。

1) ㉠ 『解深密經』 권1(T16, 688c3)에는 '一切'가 '第一'로 되어 있고, 교감주에 '一切'로 된 판본도 있다고 하였다.

---

547 『大智度論』 권2(T25, 71c14).
548 현법락주現法樂住: 무학의 성자들이 선한 정려를 잘 닦고 나서 해탈의 법락에 머무는 것을 말한다. 『俱舍論』 권28(T29, 150a24)에서는 '선한 정려(善靜慮)를 닦음으로써 현법락주現法樂住를 획득할 수 있다'고 하였는데, 여기서 '선한 정려'란 깨끗하고 무루(淨及無漏)인 색계의 사정려를 말한다. 또 이하의 『大毘婆沙論』 인용문에서 말하듯, 색계의 사근본정려만 현법락주라고 하고, 근분정近分定 및 무색정無色定은 해당하지 않는다.

석 열 번째는 현법락주의 공덕이다.

그런데 이 '낙주樂住'라는 것은, 살바다종의 『대비바사론』 제81권에서는 다음과 같이 말한다. "**문** 세존께서는 어째서 사정려만을 낙주라고 설하셨는가?……**답** 오직 정려만 두 가지 즐거움을 갖추기 때문에 낙주라고 하니, 첫째는 낙수樂受[549]의 즐거움이고, 둘째는 경안輕安[550]의 즐거움이다. 앞의 세 가지 정려는 모두 두 가지 즐거움을 갖춘다. 제4정려에는 수受의 즐거움은 없지만 경안의 즐거움이 있는데, (이 경안의) 세력이 광대하여 이전의 두 가지 즐거움보다 뛰어나다. 근분정近分定[551]과 무색정無色定[552]에는 경안의 즐거움은 있어도 광대하지 않기 때문에 낙주라고 하지 않는다.……다시 근본정려가 현전해 있을 때, 대종大種을 장양하여 (그것이) 온 몸에 생겨나서, 몸을 희열에 가득 차게 하기 때문에 낙주라고 한다. 근

---

549 낙수樂受(Ⓢ sukha-vedanā) : 수受는 대상 경계를 받아들여(領納) 고락을 느끼는 정신 작용을 말한다. 이러한 '수'는 희喜·낙樂·사捨의 세 가지로 구분하거나 또는 우憂·희喜·고苦·낙樂·사捨의 다섯 가지로 구분되기도 한다. 삼수 중에서 낙수樂受란 마음에 맞는 경계를 받아들여서 신심의 쾌감을 느끼는 것이다. 오수 중에서 낙수란 특히 몸의 쾌락을 느끼는 것을 가리키고, 이에 대해 마음의 쾌락을 느끼는 것을 희수라고 한다.
550 경안輕安(Ⓢ praśrabdhi) : 심소법의 하나다. 곧 몸과 마음이 가볍고 날렵하며 편안해서, 인식 대상에 대해 느긋하고 자연스럽게 만나는 정신 작용이다. 이 정신 작용은 주로 선정 상태에서 일어나서 그것을 수습修習하고 지속시키는 역할을 한다. 설일체유부說一切有部의 학설에 따르면, 경안에는 신경안身輕安과 심경안心輕安 두 가지가 있다. 마음의 감인堪忍하는 성질이 오식五識과 상응하는 것을 신경안이라 하고 의식意識과 상응하는 것을 심경안이라 한다. 설일체유부에서는 신경안은 다만 유루의 산위散位에 있으며, 심경안은 유루와 무루의 정위定位와 산위散位에 통한다고 한다.
551 근분정近分定 : 사정려·사무색정의 예비적 단계를 말한다. 사정려와 사무색정을 '근본정根本定'이라 하는 데 대해, 이 근본정에 접근한 단계이므로 '근분近分'이라 한다. 이 근분정은 아직 지止·관觀이 균등하지 않은 단계로서 오직 '관'만이 수승하여 힘들여 노력해서 일으키기 때문에 희수·낙수와는 상응하지 않는다. 권오민 역, 『구사론』, 동국역경원, 1307쪽 참조.
552 무색정無色定 : 무색계의 네 종류 선정, 즉 공무변처정空無邊處定과 식무변처정識無邊處定과 무소유처정無所有處定과 비상비비상처정非想非非想處定(有頂天)을 가리킨다.

분정 등이 현전해 있을 때도 대종을 장양하지만 오직 마음 쪽에서만 생겨나서 지극히 희열에 가득 차는 것은 아니기 때문에 낙주라고 하지 않는다."⁵⁵³

자세한 것은 저『대비바사론』에 나온 아홉 번의 부차적 설명(復次), 그리고『순정리론』제79권,『구사론』제28권,『비담론』제8권,『성실론』제20권,『현양성교론』제19권에서 설한 것과 같다.

> 釋曰。第十現法樂住德。然此樂住。依薩婆多宗。大婆沙論八十一云。問。世尊何故說四靜慮是樂住耶。答。唯靜慮中。具二種樂。故名樂住。一樂受樂。二輕安樂。前三靜慮。皆具二樂。第四靜慮。無¹⁾受樂。而輕安樂。勢用廣大。勝前二樂。近分無色。雖有輕安。而不廣大。故不名樂。復次。根本靜慮。現在前時。長養大種。遍身中生。令²⁾充悅。故名樂住。近分定等。現在前時。長養大種。唯心邊生。非極充悅。故非樂住。廣如彼論有九復次。及順正理七十九。俱舍二十八。毗曇第八。成實二十。顯揚十九。

1) ㉠『大毘婆沙論』권81(T27, 419c26)에 따르면, '無' 앞에 '雖'가 누락되었다. 2) ㉠『大毘婆沙論』권81(T27, 420a8)에 따르면, '令' 다음에 '身'이 누락되었다.

친광은 해석하길, "물러나지 않는 수승한 정려를 증득했기 때문에 (현법락주를 얻는다.)"⁵⁵⁴고 하였다.

또『유가사지론』제11권에서는 다음과 같이 말한다. "다시 이 모든 정려의 이름은 차이가 있다. 혹은 '증상심增上心'이라 이름하니, 말하자면 (모든 정려에서는) 마음의 청정하고 증상된 힘으로 인해 바르게 심려審慮하기 때문이다. 혹은 '낙주樂住'라고 이름하니, 말하자면 이 안에서 지극한 즐거움을 느끼기 때문이다. 그 이유는 무엇인가? 모든 정려에 의지해서

---

553 『大毘婆沙論』권81(T27, 419b24) 참조.
554 『佛地經論』권2(T26, 299b3).

희희喜의 즐거움, 안安의 즐거움, 사捨의 즐거움, 신심身心의 즐거움을 영수
領受[555]하기 때문이다. 또 선정을 얻은 자는 모든 정려에 자주 들고 나오
면서 현법안락주(현법락주)를 영수하기 때문이다. 이 선정 가운데서 현법
락주를 현전시켜서 영수하고, 이 선정으로부터 일어나서 '나는 이미 이와
같은 낙주를 영수하였다'고 말한다. 무색정에는 이와 같은 수受가 없기 때
문에 그것을 낙주라고 하지 않는다."[556] 자세한 것은 저 『유가사지론』에서
설한 것과 같다.

> 親光釋云。證得不退勝靜慮故。又瑜伽論第十一云。復次。是諸靜慮名差別
> 者。或名增上心。謂由心淸淨增上力。正審慮故。或名樂住。謂於此中。受
> 極樂故。所以者何。諸[1]靜慮。領受喜樂安樂捨樂身心樂故。又得定者。於諸
> 靜慮。數數入出。領受現法安樂住故。由此定中。現前領受現法樂住。從是
> 起已。作如是言。我已領受如是樂住。於無色定。無如是受。是故不說彼爲
> 樂住。廣說如彼。
>
> 1) ⓔ『瑜伽師地論』권11(T30, 331a7)에 따르면, '諸' 앞에 '依'가 누락되었다.

(카) 뛰어나고 깨끗한 복전이 되어 주는 공덕

경 크고 깨끗한 복전이며,

大淨福田。

석 열한 번째는 '뛰어나고 깨끗한 복전이 되는 공덕'이다.

---

555 영수領受 : 대상 경계를 감각적으로 받아들여서 신체적 느낌(身受)·심리적 느낌(心受)을 일으키는 것을 말한다.
556 『瑜伽師地論』 권11(T30, 331a5).

『성실론』 제2권 「복전품」에서는 다음과 같이 말한다. "문 어떤 이유에서 이 모든 현성들을 복전이라 하는가? 답 그들은 탐貪·에恚 등의 모든 번뇌를 다 끊었기 때문에 복전이라 한다. 마치 '돌피나 쭉정이를 제거하지 않으면 좋은 곡식의 모를 해친다'고 하는 것과 같다. 그러므로 욕심이 없는 사람에게 보시하면 과보를 획득할 때 이익이 크다. 따라서 그들을 복전이라 이름한다."[557] 자세한 설명은 그 논과 같다.

친광의 해석에서는 "그들은 영원히 번뇌를 떠나서 마치 세간의 좋은 밭과 마찬가지로 빠르게 광대한 열매를 생장시키기 때문이다."[558]라고 하였다.

釋曰。第十一勝淨福田德。成實論第二卷福田品云。問曰。以何等故。此諸賢聖。名爲福田。答曰。斷貪慧[1]等諸煩惱盡。故名福田。如說稊稗不去。害善穀苗。是故施無欲人。獲報利大。故名福田。廣說如彼。親光釋云。永離煩惱。如世良田。速能生長廣大果故。

1) ㉯『成實論』 권1(T32, 246c21)에 따르면, '慧'는 '恚'의 오기다.

(타) 위의가 고요한 공덕

경 위의가 고요하여 원만하지 않음이 없고,

威儀寂靜。無不圓滿。

석 열두 번째는 '위의가 고요한 공덕'이다.

---

557 『成實論』 권1 「福田品」(T32, 246c20) 참조.
558 『佛地經論』 권2(T26, 299b4).

친광은 "정지正知에 머물기 때문에 (위의가 고요하다.)"[559]라고 해석하였다. 『유가사지론』제71권에서는 "위의가 고요하다는 것은 모든 근들이 고요해서 조급히 굴지 않고 거만하지도 않으며 팔다리를 움직이지 않고도 말하는 것이 있다."[560]고 하였다. 이것을 '위의가 고요하다'고 하고, 위의에 흠이 없기 때문에 '원만하다'고 하였다.

釋曰。第十二威儀寂靜德。親光釋云。正知住故。瑜伽七十一云。威儀寂靜者。謂諸根寂靜。無有躁擾。亦不高擧。支節不動。而有所說。是名威儀寂靜。威儀無缺。故名圓滿。

(파) 인욕과 온화함의 공덕

경 큰 인욕과 온화함을 모자람 없이 성취하였으니,

大忍柔和成就無減。

석 열세 번째는 '인욕과 온화함의 공덕'이다.
친광은 해석하길, "고통을 감내하므로 함께 살기에 좋기 때문이다."[561]라고 하였다.
『유가사지론』제92권에서는 다음과 같이 말한다. "'인욕'이란 타인에 대한 원한을 끝내 되갚지 않는 것이고, '온화함'이란 마음에 분노가 없고 타인을 괴롭히지 않는 것을 말한다."[562] 자세한 것은 『유가사지론』제25권의

---

559 『佛地經論』권2(T26, 299b5).
560 『瑜伽師地論』권71(T30, 693c26).
561 『佛地經論』권2(T26, 299b6).
562 『瑜伽師地論』권92(T30, 825b20).

해석과 같다.

釋曰。第十三忍辱柔和德。親光釋云。於苦堪耐。易共住故。瑜伽九十二云。言忍辱者。謂於他怨。終無返報。言柔和者。謂心無憤¹⁾ 不惱他故。廣如瑜伽二十五釋。

--
1) ㉘『瑜伽師地論』권92(T30, 825b21)에는 '憤' 다음에 '性'이 있다.

다) 이미 봉행하였음을 밝힘

경 여래의 성스런 가르침을 이미 잘 봉행하였다.

已善奉行如來聖敎。

석 세 번째는 '이미 봉행하였음'을 나타낸 것이다.
친광은 다음과 같이 해석한다. "모든 지어야 할 일들이 이미 원만해졌기 때문에……이 모든 성문들은 무학의 지위에 올라 모두 생사를 벗어났다. 따라서 여래의 성스런 가르침을 잘 봉행하는 것이다."⁵⁶³

釋曰。第十¹⁾三顯已奉行。親光釋云。諸有所作已圓滿故。是諸聲聞。位登無學。皆出生死。故善奉行如來聖敎。

--
1) ㉘ '十'은 잉자이므로 삭제해야 한다.

나. 보살중을 나타냄

---
563 『佛地經論』권2(T26, 299b7) 참조.

경 또 한량없는 보살마하살중이 갖가지 불국토로부터 이 모임에 와 있으니,

復有無量菩薩摩訶薩衆。從種種佛土。而來集會。

석 이하는 두 번째로 '보살중'을 해석한 것이다.
이 중에 세 가지가 있다. 처음에는 수를 표시하여 (대중의) 부류를 분별하였다. 다음의 "모두가 대승에 머물고" 이하는 (보살들의) 모든 공덕을 찬탄한 것이다. 마지막 "그 이름은" 이하는 뛰어난 자부터 이름을 나열한 것이다.

釋曰。自下第二釋菩薩衆。於中有三。初標數辨類。次皆住大乘下。讚諸功德。後其名下。就勝列名。

가) 수로 종류를 구분함

이것은 첫 번째로 수를 표시하여 (대중의) 부류를 분별한 것이다. 말하자면 두 대중 가운데서 성문에 대해 이미 해석하였으므로 이제는 보살중의 부류에 대해 따로 해석하는 것이다. 이에 또 세 구절이 있다. 첫째는 '무량'에 대해 해석한 것이고, 둘째는 '보살' 등에 대해 해석한 것이며, 셋째는 '온 곳'을 설명한 것이다.

此卽第一標數辨類。謂二衆中。已釋聲聞。故今別釋菩薩衆類。又有三節。一釋無量。二菩薩等。三辨來處。

"한량없는"이라 한 것은 수가 한량없음을 나타낸 것이다. (보살들의 수에) 한계가 없기 때문이다.

言無量者。顯數無量。無分限故。

"보살마하살"이란 범음을 다 갖추어 말하면 '보리살타마하살타菩提薩埵摩訶薩埵(Ⓢ bodhisattva-mahāsattva)'라고 해야 하는데, 간략히 하기 위해 다만 '보살'이라 한 것이다. '보리(Ⓢ bodhi)'는 '각覺'이다. '살타(Ⓢ sattva)'는 이 지역에서 '유정有情'이라 번역되는데, 정진精進을 뜻하기도 한다.

이로 인해 친광은 『불지경론』에서 (보살마하살을) 세 가지 의미로 해석하였다. 따라서 그 논의 제2권에서 다음과 같이 말한다. "보살마하살이라 한 것은 모든 살타薩埵들이 보리를 구하기 때문이니, 이것은 삼승에 공통되므로 대승을 구별시켜 취하기 위해서는 반드시 '마하살'이라는 말을 붙여야 한다.[564] 또 보리(깨달음)와 살타(유정)를 반연하여 경계로 삼기 때문에 보살이라 하니, 자리와 이타의 큰 원을 갖추고서 '대보리'를 구하고 '유정'들을 이롭게 하기 때문이다.[565] 또 살타는 '용맹'을 뜻하는데, 용맹정진하며 대보리를 구하기 때문에 보살이라 하니, 이것은 모든 지위에 공통되고 지금은 지상地上의 모든 대보살을 취하기 때문에 다시 '마하살'이라는 말을 붙였다.[566],[567]

---

[564] 이것은 첫 번째 해석이다. 이 해석에서는 '살타(Ⓢ sattva)'는 '유정有情'을 뜻하고, '보리살타(Ⓢ bodhisattva)'란 '보리를 구하는 유정들'을 뜻한다. 그런데 '보리를 구하는 유정'이란 삼승에 공통되는 말이므로, 대승의 보살만 지칭하려면 반드시 뒤에 '마하살(Ⓢ mahāsattva : 위대한 유정)'이라는 글자를 붙여야 한다.

[565] 이것은 두 번째 해석이다. 이에 따르면, 보리(Ⓢ bodhi : 覺)와 살타(Ⓢ sattva : 有情)는 모두 누군가에 의해 추구되는 대상(소연 경계)을 가리키고, 그 소연 경계의 이름을 들어서 그것을 추구하는 자를 지칭한 것이다. 따라서 굳이 뒤에 '마하살'을 붙이지 않더라도, '보리살타'란 '깨달음과 유정을 소연으로 삼는 자', 즉 상구보리上求菩提와 하화중생下化衆生을 추구하는 대승의 보살을 뜻한다.

[566] 이것은 세 번째 해석으로서, '보리와 살타'가 모두 누군가에 의해 추구되는 대상(소연의 경계)을 가리키고 그 소연의 이름을 들어서 그것을 추구하는 자를 지칭한다고 보는 점에서는 앞의 해석과 동일하다. 그런데 차이점은 여기서는 '살타'를 '정진精進'으로 본다는 것이다. 이에 따르면, '보리살타'란 '깨달음과 정진을 소연으로 삼는 자'를 뜻하는데, 이는 모든 삼승의 수행자들에게 공통되기 때문에 십지 이상의 대승 보살

무성 보살은 (『불지경론』에서 말한) 뒤의 두 가지 의미에 의거하기 때문에 『섭대승론석』 제1권에서 다음과 같이 말한다. 〈보살이란 보리·살타를 소연 경계로 삼기 때문에 보살이라 한다.⁵⁶⁸ 이는 경계를 따라 이름을 붙인 것이니, 마치 부정관不淨觀 등과 같다.⁵⁶⁹ 혹은 그의 마음이 보리를 구하는 데 의지도 있고 능력도 있기 때문에 (그를) 보살이라 이름한다.⁵⁷⁰〉⁵⁷¹

또 친광은 다음과 같이 말한다. 〈이 중에 보살에게는 세 가지 대사大事가 있으므로 마하살(위대한 존재)이라 한다. 첫째는 수가 큼이니, (보살들의 수가) 무량함 등을 말한다. 둘째는 덕이 큼이니, 대승에 머무는 것 등을 말한다. 셋째는 업이 큼이니, 재난과 횡액 등을 그치게 하는 것이다."⁵⁷²

『십지경론』에 의하면 또한 세 가지 의미가 있으니, 따라서 제1권에서 다음과 같이 말한다. "세 가지 위대함이 있기 때문에 마하살이라 한다. 첫째는 원이 크고, 둘째는 행이 크며, 셋째는 중생에게 이익을 줌이 크다."⁵⁷³

【보살마하살의 의미를 자세히 분별하면, 예를 들어 『대반야경』 제37권과 제71권과 제411권과 제486~487권과 제538권과 제556권, 『대품경』 제6권, 『대지도론』 제45권과 제34~35권과 같다.】

만 지칭하기 위해서는 반드시 뒤에 '마하살'이라는 말을 붙여야 한다.
567 『佛地經論』 권2(T26, 300a19).
568 이것은 앞에 나온 친광의 『佛地經論』의 두 번째 해석과 동일하다.
569 부정不淨한 것을 소연의 경계로 삼는 관을 일컬어 '부정관不淨觀'이라 하는 것과 마찬가지로 보리·살타를 소연의 경계로 삼는 자를 일컬어 '보리살타', 즉 '보살'이라고 이름했다는 것이다.
570 이것은 앞에 나온 친광의 『佛地經論』의 세 번째 해석과 동일하다. '보리를 추구하는 데 있어 의지도 있고 능력도 있다'는 것은 이전에 '보리를 추구하면서 용맹정진한다'는 것과 동일한 맥락이다.
571 이상은 『攝大乘論釋』 권1(T31, 380c3) 참조.
572 『佛地經論』 권2(T26, 300a29) 참조.
573 『十地經論』 권1(T26, 127b15).

所言菩薩摩訶薩者。若具梵音。應作是言。菩提薩埵摩訶薩埵。爲存略故。但言菩薩。菩提名覺。薩埵此土翻爲有情。或精進義。由斯。親光佛地論中。釋有三義。故第二云。所言菩薩摩訶薩者。謂諸菩薩[1] 求菩提故。此通三乘。爲簡取大。故須復說摩訶薩言。又緣菩提薩埵爲境。故名菩薩。具足自利利他大願。求大菩提。利有情故。又薩埵者。是勇猛義。精進勇猛。求大菩提。故名菩薩。此通諸位。今取地上諸大菩薩。是故復說摩訶薩言。無性菩薩。依後二義。故攝大乘論第一卷云。言菩薩者。菩提薩埵爲所緣境。故名菩薩。從境得名。如不淨觀等。或卽彼心爲求菩提。有志有能。故名菩薩。又親光云。此中菩薩。有三大事。名摩訶薩。一者數大。謂無量等。二者德大。住大乘等。三者業大。息災橫等。依十地論。亦有三義。故第一云。有三大故。名摩訶薩。一者願大。二者行大。三者利益衆生大。【若廣分別菩薩摩訶薩義。如大般若第三十七。第七十一。第四百一十一。第四百八十六七。及第五百三十八。五百五十六。大品經第六。智度論第四五。第三十四五也。】

---
1) ㉻『佛地經論』권2(T26, 300a19)에는 '菩薩'은 '薩埵'로 되어 있고, 후자에 의거해 번역하였다.

"갖가지 불국토로부터 이 모임에 와 있으니"라고 한 것은 세 번째로 그들이 온 장소를 밝힌 것이다. 교법을 듣기 위해 시방 세계로부터 온 것이다.

問 어찌 자씨(彌勒)보살이 이 방토에 머무는 자가 아니겠는가. 그런데 어째서 타방에서 왔다고만 하는가?

答 『불지경론』에서 말한 것처럼, 나태와 교만한 마음으로 이 모임에 와서 교법을 듣고자 하지 않는 경우를 대치하기 위해 우선 '타방에서 왔다'고 설한 것이다. 구체적으로 설하면 그 논과 같다.[574]【보살이 타방에서 온 뜻을 자세하게 분별하면 『해절경소』 제1권, 『보적론』 제1권, 『대지도론』 제10권과 같다.】

---
[574] 『佛地經論』 권2(T26, 300b2) 참조.

從種種佛土而來集會者。此卽第三顯其來處。爲聽法故。從十方來。問。豈不慈氏住在此方。如何但言從他方來。答。如佛地論。爲欲對治懈怠憍慢不來集會求聞法故。且說他方。具說如彼。【若廣分別菩薩他方來意。如解節經疏第一。寶積論第一。智度論第十也。】

나) 보살들의 공덕을 찬탄함

경 모두가 대승에 머물고,

皆住大乘。

석 이하는 두 번째로 (보살들의) 모든 공덕을 찬탄한 것이다.
　그런데 이 경문을 판석하면서 친광 보살은 네 번 부차적으로(復次) 해석하였다. 첫 번째는 십대十大에 의거해 열 구의 경문을 해석한 것이다. 두 번째는 십지十地에 의거해 열 구의 경문을 해석한 것이다. 세 번째는 십바라밀(十度)에 의거해 열 구의 경문을 해석한 것이다. 네 번째는 십원十願에 의거해 열 구의 경문을 해석한 것이다.

釋曰。自下第二讚諸功德。然判此經。親光菩薩。四復次釋。一約十大。釋十句經。二依十地。釋十句經。三約十度。釋十句經。四約十願。釋十句經。

(가) 십대十大에 의거해 열 구의 경문을 해석함

이것은 첫 번째에 해당한다. 열 구의 경문은 곧 열 개의 단락이 된다.

此卽初也。十句經文。卽爲十段。

㉮ 정진의 위대함

이것은 첫 번째로 정진의 위대함(精進大)을 해석한 것이다.

친광은 다음과 같이 해석한다. "정진의 힘으로 대승에 안주하면서, 유정들을 구제하여 생사의 세계를 떠나서 스스로 발심하여 무상의 보리에 나아가도록 한다."[575] 【해 대승이란 곧 중생을 교화하고 보리를 구하는 것을 대승이라 한다. 어떤 이는 '법성진여를 대승으로 삼는다'고 한다. 지금은 해석하기를, 『금강반야경』에서 말한 '광대한 마음' 등[576]을 '대승에 머문다'고 한다.】

此卽第一釋精進大。親光釋云。由精進力。安住大乘。拔濟有有。[1]令離生死。及自發趣無上菩提。【解云。大乘者。卽用化生及求菩提。爲大乘也。有云。法性眞如。以爲大乘。今解。金剛般若中廣大心等。以爲住大乘。】

1) ㉮ '有'는 '情'인 듯하다. ㉯ 『佛地經論』에 따르면 '情'이 바르다.

㉯ 그 인의 위대함

경 대승법을 밟아 가며

遊大乘法。

석 두 번째는 그들의 인의 위대함(因大)을 찬탄한 것이다.

친광의 해석에서는 "십지 등을 문聞·사思·수修 등을 통해 점차로 밟아 간다."[577]고 하였다. 【해 "십지 등"이라 한 것은 (십지뿐만 아니라) 등각·묘각까지 똑

---

575 『佛地經論』 권2(T26, 300b12).
576 이는 『金剛經』에서 말한 네 가지 마음, 즉 광대심廣大心, 제일심第一心, 상심常心, 부전도심不顚倒心 등을 말한다.
577 『佛地經論』 권2(T26, 300b14).

같이 취한 것이다. 이것이 곧 대승이며, 또한 보살이 밟아 가는 곳이기도 하다. "문·사·수 등"이란 (문혜·사혜·수혜라는) 세간의 삼혜三慧를 말하며, "등"이란 (유루의 삼혜뿐만 아니라) 무루의 수혜까지 똑같이 취한 것이다. 이것은 삼혜가 십지의 경지에서 차례로 일어나서 불지佛地를 생기게 할 수 있음을 밝힌 것이다. 따라서 '인이 위대하다'고 한다. 【해】 또 '대승'이란 모두 법성진여이니, 십지 보살은 삼혜와 그에 상응하는 법을 통해 점차로 진여의 경계를 깨달아서 불과佛果를 낼 수 있다. 따라서 '인이 위대하다'고 한다.】

釋曰。第二讚其因大。親光釋云。卽十地中。[1] 以聞思修等。漸次而遊。【解云。十地等者。等取等覺妙覺。此卽大乘。亦是所遊之處。聞思修等者。世間三慧。等言。等取無漏修慧。此明三慧。於十地境。次第而起。能生佛地。故名因大。又解。大乘皆法性眞如。十地菩薩。以三慧及相應法。漸次了知眞如之境。能生佛果。故名因大也。】

1) ㉠『佛地經論』권2(T26, 300b14)에 따르면, '中'은 '等'의 오기다.

㉰ 소연의 위대함

【경】 모든 중생들에 대해 그 마음이 평등하고,

於諸衆生。其心平等。

【석】 세 번째는 소연의 위대함(所緣大)을 해석한 것이다.
친광의 해석에서는 "곧 모든 유정들에 대해 자타의 평등함을 얻었으니, 큰 자비 등의 평등한 방편 때문이다."[578]라고 하였다. 【해】 이 공덕은 자비 등을 체로 삼고 모든 유정들을 소연 경계로 삼기 때문에 '소연이 위대하다'고 한다. 이전의

---

578 『佛地經論』권2(T26, 300b15).

공덕이 지혜를 체로 삼기 때문에 진여를 경계로 삼는다면, 이 공덕은 자비 등을 체로 삼기 때문에 유정을 경계로 삼는다. 이는 『반야론』에서 '한 몸으로 여기는 대비(同體大悲) 때문에 평등한 방편이라 한다'고 한 것에 해당한다.】

釋曰。第三釋所緣大。親光釋云。卽於一切有情。得自他平等。以大慈等平等方便故。【解云。此德慈等爲體。一切有情爲所緣境。名所緣大。前德以智體故。眞如爲境。此以慈等爲體性故。有情爲境。此卽波若論中。同體大悲故。名平等方便也。】

㉔ **시간의 위대함**

경 모든 '분별分別' 및 '분별 아닌 것'(不分別)'에 대한 갖가지 분별을 떠났으며,

離諸分別及不分別種種分別。

석 네 번째는 시간의 위대함(時大)을 밝힌 것이다.
친광은 다음과 같이 해석한다. "즉 모든 시간을 마치 한 순간처럼 평등하게 굴리는 것이다. 겁劫을 '분별'이라 한다. (보살은) 일체의 겁과 비겁非劫에 대한 분별을 끊었기 때문에, 겁과 비겁을 분별하지 않기 때문에, 오랫동안 수행하면서도 싫증내지 않을 수 있다."[579]
해 범음으로 겁랍파劫臘波(S kalpa)[580]라는 것은 여기 말로 '분별分別'이

---

[579] 『佛地經論』 권2(T26, 300b18).
[580] 겁랍파劫臘波(S kalpa) : 겁파劫波(劫跛·劫簸) 또는 갈랍파羯臘波 등으로 음역하고, 분별시분分別時分·분별시절分別時節·장시長時·대시大時·시時 등으로 의역한다. 본래 고대 인도 바라문교에서 지극히 큰 시간의 단위였는데, 불교에서 그것을 따라

라 번역한다. 유위의 법은 시겁時劫에 포섭되고 (시겁의) 부분부분마다 차별되므로 '분별'이라 이름하고, 무위의 법은 시겁에 포섭되지 않고 시겁의 부분부분마다 차별됨이 없으므로 '분별 아닌 것(不分別)'이라 이름한다. 이 두 가지(분별과 분별 아닌 것)는 소연경계이다. "갖가지 분별"이란 바로 분별하는 마음이니, 앞의 '분별과 분별 아닌 것'이라는 경계를 소연으로 삼기 때문에 '갖가지 분별'이라 하였다.[581]

여기서의 의미를 설하면 다음과 같다. 만약 '이것은 시겁이다, 이는 시겁이 아니다'라는 분별이 있으면, 시겁이 길다고 보고 수행에 싫증을 느낀다. 그러나 모든 보살 등은 모든 겁과 비겁에 대한 분별을 끊었기 때문에, (이로 인해) 겁과 비겁을 분별하지 않기 때문에, 능히 오랫동안 수행하면서도 싫증을 내지 않고, 나아가 삼무수겁三無數劫[582]에 이르는 모든 장구한 시간을 마치 한 순간인 것처럼 평등하게 굴린다. 이는 마치 사람이 자지 않을 때는 낮과 밤을 분별하여 '밤이 길다'고 하지만 자고 있을 때는 밤을 분별하지 않기 때문에 긴 밤을 지나고도 밤이 긴 줄 알지 못하는 것처럼, 무수겁을 거치는 것도 또한 이와 같다.

釋曰。第四明時大也。親光釋云。卽於一切時。猶如一念。平等而轉。劫名分別。以於一切劫與非劫。分別斷故。以不分別劫與非劫故。能長時修行無厭。釋[1]云。梵音名劫臘波。此翻爲分別。有爲之法。時劫所攝。分分差別。爲分別。無爲之法。非時劫攝。無有時劫分分差別。名不分別。此二是所緣境。種種分別者。是能分別心。緣前分別不分別境。故云種種分別。此中意

서 계산할 수 없는 장대한 시간으로 간주했다.
581 경문에서 앞의 "분별과 분별 아닌 것"이 소연所緣의 경계에 해당한다면, 뒤의 "갖가지 분별"은 능연能緣의 마음에 해당한다.
582 삼무수겁三無數劫 : 삼아승기겁이라고도 한다. 보살이 모든 수행을 충족시켜서 불과佛果를 성취하는 데 걸리는 제1·제2·제3의 아승기겁을 가리킨다.

說。若有分別。此是時劫。此非時劫。見時劫長。修行有厭。諸菩薩等。以於一切劫與非劫分別何[2]故。以不分別劫與非劫故。能長時修行無厭。乃至三無數劫。一切長時。猶如一念。平等而轉。如人不睡分別日夜。卽謂夜長。若睡眠時。不分別夜。故雖經長夜。不覺夜長。經無數劫。亦復如是。

1) ⑩ '釋'은 '解'인 듯하다. 이것은 원측의 풀이에 해당하는데, 이것을 '釋云'이라 한 사례는 없고 모두 '解云'이라 하였다. 2) ⑩ '何'는 '斷'의 오기다.

따라서 무성의 『섭대승론석』 제6권에서는 다음과 같이 말한다. "무량한 겁을 거쳐서야 불과佛果를 이루니, 시간이 이미 장구한데 어째서 '빠르다'고 하는가? 이 주장은 맞지 않다. 시겁이 오래되었다는 것은 오직 분별일 뿐이기 때문이다. 예를 들면 어떤 게송에서 다음과 같이 말한다. 〈꿈속에서 몇 해가 지났다 하지만, 깨어 보면 잠깐 동안이네. 따라서 시간이 무량하다 해도 한 찰나에 거두어진다네.〉 또 부처님의 정진은 지극히 치열하기 때문에 많은 겁을 거치면서도 잠깐 동안이라고 말한다. 예를 들면 어떤 게송에서 다음과 같이 말한다. 〈어리석은 자는 잠깐 동안 닦고도 게으른 마음에 오래되었다 의심하지만, 부처님은 무량한 겁 용맹정진하시고도 잠깐이라 하시네.〉"[583] 이것도 이와 같으니, 따라서 이처럼 '모든 시간들을 마치 한 순간처럼 (평등하게 굴린다)'고 말한 것이다.

是故無性攝大乘釋第六卷云。經無量劫。乃成佛果。時旣長久。云何言疾。此義不然。時劫長遠。唯分別故。如有頌言。處夢謂經年。覺[1]乃須臾頃。故雖時[2]無量。攝在一刹那。又佛精進極熾然故。雖經多時。[3] 而謂少時。如有頌言。愚修雖少時。怠心疑已久。佛於無量劫。勇猛[4]謂須臾。此亦如是。故作此言。於一切時。猶如一念。

---

583 『攝大乘論釋』권6(T31, 419a5).

1) ㉡『攝大乘論釋』권6(T31, 419a8)에는 '覺'이 '寤'로 되어 있다.   2) ㉡『攝大乘論釋』권6(T31, 419a9)에는 '雖時'가 '時雖'로 되어 있다.   3) ㉡『攝大乘論釋』권6(T31, 419a10)에는 '時'가 '劫'으로 되어 있다.   4) ㉡『攝大乘論釋』권6(T31, 419a13)에는 '勇猛'이 '勤勇'으로 되어 있다.

⑷ **무염의 위대함**

경 일체의 온갖 마군의 원수들을 굴복시키고,

摧伏一切衆魔怨敵。

석 다섯 번째는 무염의 위대함(無染大)을 나타낸 것이다.
친광은 다음과 같이 해석한다. "모든 마군의 원수를 꺾어 버린 것을 말하니, 일체의 섭수되는 것들을 버리기 때문에 마군의 원수들을 꺾어 버릴 수 있다."[584] 【해】 섭수한 다섯 가지 묘한 욕망의 경계를 버리기 때문에 번뇌마의 원수를 굴복시킬 수 있다. 혹은 이것이 근본이 되어 사마四魔[585]를 온전히 떠난다고 할 수도 있다.】
또 친광은 다음과 같이 말한다. "가령 (경에서) 설하듯, 보살들이 모든 섭수하는 사事들에 대해 (그것들이) 견실하지 않음을 알아서 마음으로 탐내거나 구하지 않으면 곧 모든 마군의 원수들을 굴복시킬 수 있다."[586]
【해】 친광은 경전을 인용하여 이를 증명하였다. 예를 들면『반주삼매경』에서 다음과 같이 말한다. "이 법은 견고하지 않고 항상 생각 속에 성립하는 것이니, 공을 이해하고 통찰한 이는 일체 상념想念이 없다."[587] 마군을 굴복시키는 이치가 여기에서 지극하게 드러난다.】

---

584 『佛地經論』권2(T26, 300b20).
585 사마四魔 : 번뇌마·온마·사마·자재천마를 말한다. 이전의 열여덟 가지 원만 중의 무외의 원만(無畏圓滿)을 설한 곳(p.287)에서 각주 292 참조.
586 『佛地經論』권2(T26, 300b21).

『열반경』에서는 여덟 가지 마를 세우는데, 유위의 네 가지 전도에다 다시 무위의 네 가지 전도를 더하여 '마'라고 통칭한 것이다.[588] 이는 소승종에서는 과실이 되지 않고, 혹은 대승에서는 번뇌마에 속하기도 한다. 따라서 여러 교에서 생략하고 설하지 않았다.

네 종류 마를 자세히 해석하면, 앞의 열여덟 가지 원만 중에서 설한 것과 같다.[589]

釋曰。第五顯無染大。親光釋云。謂諸摧[1]魔怨。以捨一切所攝受故。能[2]魔怨。【解云。以捨攝受五妙欲境故。能摧伏煩惱魔怨。或可由斯爲本。具離四魔。】又親光云。如說菩薩若於一切所攝受事。如[3]不堅實。心不貪求。卽能摧伏一切魔怨。【解云。親光引經證成。如般舟經云。諸[4]法不堅固。常立在於念。以解見空者。一切無於[5]念。摧魔之義理極於此。】依涅槃經。立八種魔。謂有爲四倒上。更加無爲四倒。通名爲魔。小乘宗中。不成過失。或大乘中。煩惱魔攝。故諸敎中。略而不說。廣釋四魔。如前十八圓滿中說。

---

1) ㉠『佛地經論』권2(T26, 300b20)에 따르면, '諸摧'는 '摧諸'의 오기다. 2) ㉮ '能' 다음에 '摧'가 탈락된 듯하다. ㉠『佛地經論』에 따르면 '能' 다음에 '伏'이 누락되었다.
3) ㉠『佛地經論』권2(T26, 300b22)에 따르면, '如'는 '知'의 오기다. 4) ㉠『般舟三昧經』권1(T13, 906a10)에는 '諸'가 '是'로 되어 있다. 5) ㉠『般舟三昧經』권1(T13,

587 이것은『般舟三昧經』권3(T13, 906a10)에 나오는 게송이다.
588 유위有爲의 네 가지 전도(四倒)와 무위無爲의 네 가지 전도로 구분한 것을 말한다. 유위의 네 가지 전도란 범부가 생사유위법에 집착하여 일으킨 네 가지 잘못된 견해다. 첫째는 항상 세간의 무상한 것들을 영원하다고 집착하고, 둘째는 모든 고통스러운 것들을 즐겁다고 집착하며, 셋째는 아가 없는데 아라고 집착하고, 넷째는 깨끗하지 않은 것을 깨끗하다고 집착한다. 무위의 네 가지 전도란 성문·연각이 유위의 네 가지 전도를 떠나기는 했지만, 열반에 대해 이것은 아무것도 없는 적멸한 세계라고 집착해서 네 가지 망견을 일으키는 것이다. 즉 열반의 상·낙·아·정에 대해, 그것은 무상하고, 즐거움이 없으며, 참된 아가 없고, 깨끗하지 않다고 헛되게 집착하는 것을 말한다.
589 열여덟 가지 원만 중에 열세 번째인 '무외無畏 원만'을 설한 곳(pp.287~288) 참조.

906a10)에 따르면, '於'는 '想'의 오기다.

㈔ 작의의 위대함

경 일체의 성문·독각이 갖는 모든 작의作意[590]를 멀리 떠났으며,

遠離一切聲聞獨覺所有作意。

석 여섯 번째는 작의의 위대함(作意大)을 밝힌 것이다.
친광은 '이승의 분별작의를 멀리 떠난 것'이라고 해석하였다.[591] 세친과 무성의 『섭대승론석』 제6권에서도 친광과 같이 말한다.
양梁 『섭대승론석』 제7권에서는 다음과 같이 말한다. "(**논**) 성문·독각의 사유를 버리고 떠나기 때문이다.……(**석**) '이승의 사유'란 고제苦諦의 무상無常 등 생사의 과실을 자주 관하거나 열반적정의 공덕을 자주 관하는 것을 말한다.[592] 이러한 관은 다만 자신을 사랑하는 것일 뿐 중생에게 이익 주는 일을 저버린 것이다."[593]

釋曰。第六辨作意大。親光釋云。遠離二乘分別作意。世親無性攝論第六亦

---

590 작의作意(S manaskāra): 유식종에서는 모든 인식 활동에 항상 따라 일어나는 다섯 가지 변행심소(五遍行心所) 중의 하나로서, 마음을 하나의 대상으로 초점을 맞추게 하는 '주의작용'을 가리킨다.
591 『佛地經論』 권2(T26, 300b23) 참조.
592 성문·연각은 사제四諦의 이치를 관하여 이에 통달하면 견도見道의 성자가 된다. 이 사제의 관에서는 고제·집제·도제·멸제 하의 각기 네 가지 행상씩 관한다. 이 중에서 고제에 대해서 고苦·공空·비아非我·무상無常 등의 네 가지 행상을 관하기 때문에 '생사의 과실을 자주 관한다'고 하였고, 멸제에 대해서 멸滅·정靜·묘妙·리離 등의 네 가지 행상을 관하기 때문에 '열반적정의 공덕을 자주 관한다'고 하였다.
593 세친의 『攝大乘論釋』 권7(T31, 201c28).

同親光。梁攝論第七卷云。捨離聲聞獨覺思惟故。二乘思惟。謂數觀苦無常
等生死過去。[1] 及數觀涅槃寂靜功德。此觀但愛自身。捨利益衆生事。

1) ⑩『攝大乘論釋』권7(T31, 201c29)에 따르면, '去'는 '失'의 오기다.

㉗ 주지의 위대함

경 광대한 법미의 희락에 의해 유지되고,

廣大法味喜樂所持。

석 일곱 번째는 주지의 위대함(住持大)[594]이다.
친광의 해석에서는 "대승의 법미에 대한 희락을 음식으로 삼는다."[595] 고 하였다.

양의『섭대승론석』에서는 다음과 같이 말한다. "대승의 십이부경을 광대한 법(大法)이라 하고 진여·해탈 등을 맛(味)이라 한다. 이 법미를 반연하면서 모든 희락을 내고, (이 즐거움이) 보살의 오분법신五分法身[596]을 자라게 한다. 이 구절은 '주지'의 원만함과 청정함을 바로 밝힌 것이다."[597]

또『법화경』에서는 "법희식法喜食과 선열식禪悅食 이외에 다시 다른 음식에 대한 생각이 없다."[598]고 하였다.

釋曰。第七住持大。親光釋云。卽用大乘法味喜樂爲食。梁攝論云。大乘

---

594 주지의 위대함(住持大) : 이것은 보살의 청정한 몸을 길러 주고 유지시키는 것의 위대함을 논한 것이다.
595 『佛地經論』권2(T26, 300b25).
596 오분법신五分法身 : 계·정·혜·해탈·해탈지견 등을 말한다.
597 『攝大乘論釋』권15(T31, 263b29).
598 『法華經』권4「五百弟子受記品」(T9, 28b18).

十二部經。名爲大法。眞如解脫等爲味。經¹⁾此法味。生諸喜樂。長養菩薩五分法身。此句正明住持圓淨。又法華云。法喜禪悅食。更無餘食想。

1) ㉑ '經'은 '以'인 듯하다. ㉓ 『攝大乘論釋』에 따르면, '經'은 '緣'의 오기다.

㉮ 청정의 위대함

경 다섯 가지 두려움을 넘어섰으며,

超五怖畏。

석 여덟 번째는 청정의 위대함(淸淨大)이다.

친광은 다음과 같이 해석한다. "다섯 가지 두려움(五怖畏)을 넘어선다는 것은 삼업이 청정하여 모든 두려움을 벗어난 것을 말하니, 범계犯戒 등이나 모든 악취惡趣의 두려움의 원인이 없기 때문이다. 다섯 가지 두려움이란 첫째는 (전부 보시해 버리면) 먹고 살지 못할까 하는 두려움이고, 둘째는 악명에 대한 두려움이며, 셋째는 죽음에 대한 두려움이고, 넷째는 악도에 떨어지는 두려움이며, 다섯째는 대중을 무서워하는 두려움이다.⁵⁹⁹

---

599 이상의 다섯 가지 두려움은 견도 이전의 사람들이 일으키는 두려움이다. 첫 번째 불활외不活畏는 초학자가 비록 보시를 행하면서도 자기 물자가 떨어져 살지 못할까 두려워하기 때문에 항상 재물을 축적하므로 가진 것을 다 보시하지 못하는 것을 말한다. 두 번째 악명외惡名畏는 초학자가 중생을 교화하면서도 술집이나 방탕한 곳에 다니면, 마음이 태연자약할 수 없고 오히려 타인의 비방을 두려워하게 되는 것을 말한다. 세 번째 사외死畏는 비록 광대한 마음을 일으켜서 재물을 보시하는 일 등을 하지만 다만 죽음을 두려워하기 때문에 몸을 버리지는 못하는 것을 말한다. 네 번째 악도외惡道畏는 불선한 업을 지어 악도에 떨어질까 두려워하기 때문에 항상 공포에 처해 있는 것을 말한다. 다섯 번째 겁중외怯衆畏는 왕정 같은 곳이나 혹은 교법의 의미를 잘 아는 위덕을 갖춘 대중 앞에 처하여 자기의 언행에 과실이 있을까 두려워하여 그 앞에서 사자후를 토하지 못하는 것을 말한다. 이 다섯 가지 두려움은 초지初地에 들어갈 때 멀리 떠나게 된다.

이와 같은 다섯 가지 두려움은 청정의요지淸淨意樂地[600]를 증득할 때 모두 멀리 떠나게 된다."[601]

【다섯 가지 두려움을 자세하게 해석하면, 『불지론』제2권, 『선계경』제8권, 『십주비바사론』제2권, 『불성론』제3권, 『십지론』제2권, 『대비바사론』제75권, 『순정리론』제49권 등과 같다.】

釋曰。第八淸淨大。親光釋云。謂超五怖畏。卽三業淸淨。出諸怖畏。無犯戒等諸惡趣等怖畏因故。五怖畏者。一不活畏。二惡誦[1]畏。三死畏。四惡趣畏。五怯衆畏。如是五畏。證得淸淨意樂地時。皆已遠離。【廣釋五怖畏。如佛地論第二。善戒經第八。十住婆沙第二。佛性論第三。十地論第□。[2] 婆沙七十五。順正理四十九等也。】

1) ㉠ '誦'은 '名'인 듯하다. ㉡『佛地經論』에 따르면, '名'이 바르다. 2) ㉠ □에 들어갈 자는 '二'인 듯하다. ㉡ '二'가 바르다. 『十地經論』권2(T26, 137a3)에 '五怖畏'에 대한 설명이 나온다.

㉝ 증득의 위대함

경 한결같이 불퇴전지에 들어갔고,

一向趣入不退轉地。

석 아홉 번째는 증득의 위대함(證得大)이다.
친광은 다음과 같이 해석한다. "한결같이 불퇴전의 지위에 들어갔다

---

600 청정의요지淸淨意樂地: 『瑜伽師地論』에서 말하는 정승의요지淨勝意樂地를 가리킨다. 보살이 이 지를 증득하면 더 이상 계율을 범하거나 그에 어긋나는 일이 없게 된다고 한다. 『瑜伽師地論』권41(T30, 516a20) 참조.
601 『佛地經論』권2(T26, 300b26).

는 것은 곧 일체지기별지一切智記別地[602]를 얻었을 때는 한결같이 물러나지 않게 됨을 말한다. 이전의 칠지에서는 여전히 가행의 공용功用(의식적인 노력)을 굴리는 일이 있고 아직 불퇴전의 무공용無功用의 도를 얻지는 못하였다. 그 나머지 (팔지 이상의) 모든 지에서는 가행의 공용이 없는 도를 얻어서 굴리어 한결같이 불퇴전지에 들어간다."[603]

【지금 호법종에 의하면, 삼지三智의 문에서 가행지加行智는 한결같이 유루이고,[604] 팔지 이상부터는 일체 현행하지 않는다. 또 팔지 이상은 모든 번뇌가 다 현행하지 않으므로 불퇴지라고 한다. 나중에 분별하겠다.】

또 『장엄경론』 제10권에서는 불퇴보살의 품류에는 세 가지가 있다고 한다. 첫째는 아직 성숙되지 않은 불퇴이니, 신행지信行地를 말한다.[605] 둘째는 이미 성숙된 불퇴이니, 초지에서 칠지까지를 말한다. 셋째는 지극히 성숙된 불퇴이니, 팔지 이상을 말한다.[606]

『반주삼매경』과 『보리자량론』과 『불지경론』 제6권에서도 모두 팔지 이상을 불퇴지라고 설하는데, 번거로울까 봐 서술하지 않는다.

釋曰。第九證得大。親光釋云。一向趣入不退轉地。即得一切智記別[1]時。一向不退。前七地中。猶有加行功用運轉。未得不退無功用道。其餘諸地。行[2]

---

602 일체지기별지一切智記別地 : 이 사람은 곧 일체지一切智를 증득할 것이라고 기별記別(예언)을 받게 되는 지위를 말한다. 이를 불퇴전지라고 하며, 다음에 언급되듯 십지 중에서 제8지 이상을 가리킨다.
603 『佛地經論』 권2(T26, 300c1).
604 여기서 말한 삼지三智란 가행지加行智·근본지根本智·후득지後得智를 말하는데, 이 중에서 가행지는 심사尋思의 지혜로서 도道의 인因에 해당하므로 '한결같이 유루의 지혜다'라고 하였다. 이에 반해 근본지는 정증正證의 지혜로서 도의 체體이고, 후득지는 관에서 나와 작용을 일으키는(出觀起用) 지혜로서 도의 과果에 해당한다.
605 신행지信行地란 보살의 52계위 중에서 초지初地에 들기 이전, 즉 지전地前을 총칭한 말이다. 그런데 신행지 중에서 특히 십주十住의 일곱 번째를 '불퇴주不退住'라고 한다.
606 이상은 『大乘莊嚴經論』 권10(T31, 641c1) 참조.

無加行功用運轉。一向趣入不退轉地。【今護法宗。三智門中。加行智。一向有漏。八地已上。一切不行。又八地已上。一切煩惱。皆不現行。名不退地。後當分別。】又莊嚴論第十卷云。不退菩薩品類有三。一未成不退。謂信行地。二已成不退。謂初地至七地。三極成不退。謂八地已上。般舟三昧經。菩提資粮論。佛地第六。皆說八地已上。名不退地。恐繁不述。

1) ㉑『佛地經論』권2(T26, 300c2)에 따르면, '別' 다음에 '地'가 누락되었다. 2) ㉑『佛地經論』권2(T26, 300c4)에 따르면, '行'은 '得'의 오기다.

㉔ 업의 위대함

경 모든 중생의 모든 재앙을 그치게 하는 지위를 현전해 낸다.

息一切衆生一切災橫地。而現在前。

석 이것은 열 번째로 그들의 업의 위대함(業大)을 해석한 것이다.
친광은 다음과 같이 해석한다. "모든 보살들은 능히 모든 유정들이 안팎의 고뇌로 핍박받는 것을 그치게 해 주는 지위를 현전해 낸다. 이 지위에는 대비大悲·대자大慈가 있으니, 이 두 종류로 인해 능히 모든 내부의 질병 따위 고통이나 외부의 가난 등의 번뇌에 의해 핍박받는 것을 그치게 할 수 있다. 이 두 종류는 유정들에게 이익과 즐거움을 많이 지어 주기 때문에, 이것을 획득한 자를 일컬어 '업이 위대하다'고 한다."[607] 『불지경론』에서는 '재앙은 미혹에 의해 일으켜진 업이고 또 그에 의해 얻어진 결과'라고 하였다.[608]

607 『佛地經論』권2(T26, 300c8).
608 『佛地經論』권1(T26, 295a29) 참조.

양조梁朝『섭대승론석』에서는 "삼계의 고제를 '모든 재앙'이라 한다."⁶⁰⁹고 하였다.

이상으로 아홉 종류 공덕의 (위대함) 및 업의 위대함에 의거해서 경의 열 구句를 다 해석했다.

> 釋曰。此卽第十釋其業大。親光釋云。謂諸菩薩。能息一切有情內外苦惱逼迫地位現前。此地中有大悲大慈。由此二種。能息一切內病等苦。外貪¹⁾等惱之所逼迫。此二多作有情利樂。故得此者。名爲業大。佛地論云。災橫卽道²⁾惑所發業及所得果。梁朝論云。三界苦諦。名一切災橫。上來。以約九德及業釋經十句訖。

1) ㉠『佛地經論』권2(T26, 300c10)에 따르면, '貪'은 '貧'의 오기다. 2) ㉠ '道'는 '迷'의 오기인 듯하다.『佛地經論』에도 '道惑'이라 되어 있으나, 여기에는 '煩惱'에 상응하는 단어가 나와야 하므로 '迷惑'으로 간주하였다.

(나) 십지에 의거해서 열 구의 경문을 해석함

두 번째 부차적 설명은 십지十地의 행을 기준으로 해서 경의 열 구句에 배당시킨 것이다.⁶¹⁰ 따라서 친광은 다음과 같이 말한다.

> 第二復次。約十地行故。配經十句。故親光云。

다시 "모두가 대승에 머물고"라는 것은, 말하자면 초지初地에 머물면서 온 누리에 가득 찬 참된 법계를 증득할 때 처음으로 진실한 대승법을 증득하기 때문에 '대승에 머문다'고 한 것이다.

---

609 진제 역, 세친의『攝大乘論釋』권15(T31, 263c10) 참조.
610 이상으로 보살의 공덕을 십대十大에 의거해서 해석하였고, 이하는 십지十地에 의거해서 해석한 것이다. 모두 친광의『佛地經論』에 의거한 해석이다.

"대승법에서 노닐며"라는 것은, 말하자면 제2지에서는 보살의 삼취계三聚戒[611]를 수행하기 때문이다. 대승의 행법이 곧 삼취계다.

"모든 중생에 대해 그 마음이 평등하고"라는 것은, 말하자면 제3지에서는 모든 뛰어난 선정을 얻어 사무량심(자·비·희·사)을 발하여 모든 유정들에게 평등하게 이익과 즐거움을 주기 때문이다.

復次。皆住大乘者。謂住初地。證得遍滿眞法界時。初得眞實大乘法故。名住大乘。遊大乘法者。謂第二地。修行菩薩三聚戒故。大乘行法。卽三聚戒。於諸衆生其心平等者。謂第三地。得諸勝定。發四無量。平等利樂諸有情故。

"모든 분별과 (분별 아닌 것에 대한 갖가지 분별을) 떠났으며"라는 것은, 말하자면 제4지에서 삼십칠보리분법[612]을 얻어 '모든 분별과 분별 아닌 것'에 대한 갖가지 분별을 떠나기 때문이다. '모든 분별'이란 견도에서 끊어지는 분별기아견分別起我見[613]으로서 이는 초지에서 이미 떠

---

611 삼취계三聚戒 : 대승보살의 세 종류 계법을 가리킨다. 첫째, 섭율의계攝律儀戒란 모든 악을 없애고 끊는 것인데, 악을 방지하는 모든 율의를 포함한다. 둘째, 섭선법계攝善法戒는 보살이 닦는 계로서, 신·구·의의 선업을 닦거나 육바라밀 등의 선법을 행하는 것이다. 셋째, 섭중생계攝衆生戒는 자비심으로 모든 중생을 거두어 이익을 주는 것을 말한다.
612 삼십칠보리분법三十七菩提分法 : '보리분'이란 깨달음으로 인도하는 원인을 뜻하며, 넓은 의미에서는 지혜를 구하는 서른일곱 가지 수행 방법, 즉 삼십칠도품三十七道品을 총칭하는 말이다. 이 서른일곱 가지 법은 모두 보리(깨달음)에 수순해서 나아가기 때문에 보리분법이라 부르는데, 즉 사념처四念處와 사정근四正勤과 사여의족四如意足과 오근五根과 오력五力과 칠각분七覺分과 팔지성도八支聖道 등을 가리킨다.
613 분별기아견分別起我見 : 현재의 후천적 외부 조건들(現在外緣)로 인해 일어난 아견我見을 가리킨다. 가령 그릇된 스승(邪師)의 그릇된 가르침(邪敎)에서 '불변의 자아' 등에 대해 듣거나 '나'와 '남'을 구분하는 세간의 언어적 관행을 실천함으로써 분별기아견이 일어난다. 이 분별기는 끊기도 쉬워서 모두 견도에서 끊어진다. 『成唯識論』 권1(T31, 2a10) 참조.

났고, '분별 아닌 것'이란 수도에서 끊어지는 구생기아견俱生起我見[614]으로서 이는 이 제4지에서 떠난다.[615] 곧 이 두 가지와 상응하는 모든 법을 '갖가지 분별'이라 하니, 행해行解가 다르기 때문이다. 비록 (이 아견들을) 이전의 지위와 이후의 지위에서 떠나기는 해도, 다 없어진 곳에서 총괄하여 말한 것이다. 예를 들면 제4정려에서 고·낙을 떠난다고 말하거나,[616] 제3과(불환과)에서 오하분결五下分結을 떠난다고 하는 것과 같다.[617]

어떤 이는 다음과 같이 말한다. 〈이 제4지에서 제7식 중의 구생번뇌를 모두 멀리 떠난다.〉

어떤 이는 다음과 같이 말한다. 〈이 지에서는 제6식 중의 구생아견을 모두 멀리 떠나는 것이지 제7식의 (구생번뇌를) 떠나는 것은 아니다. 칠지까지도 오히려 미세한 번뇌가 현행하기 때문이다. 만약 제7식이 없다면, 오염의 소의(染依)가 없어질 것이고, 오식과 유사하지 않을 것이

---

[614] 구생기아견俱生起我見 : 후천적 조건이 아니라 하나의 개별적 '몸(身)'을 갖고 태어남으로써 그 몸과 함께 일어나는 생득적인 아견을 가리킨다. 이 구생기는 끊기가 어려워서 수도에서 끊어진다.『成唯識論』권1(T31, 2a10) 참조.

[615] 친광의 첫 번째 해석에서는 '분별'은 '시간(時劫)'을, '분별 아닌 것'이란 즉 '시간에 속하지 않는 것'을 뜻하였다. 그러나 지금의 해석은 그와는 다른 것으로서, 가령 친광의『佛地經論』에서 두 번째 부차적 설명과 유사하다.

[616] 색계의 네 번째 정려靜慮에는 심심·사伺·우憂·희喜·고苦·낙樂·입식入息·출식出息 등의 여덟 가지 재환災患이 없다고 한다. 또 여덟 가지 재환의 바람이 선정의 물(定水)을 동요시키지 않기 때문에 이를 부동정不動定이라 한다. 따라서 다른 선정에서도 어느 정도 고락을 떠나기는 하지만 특별히 이 제4선정을 가리켜서 '고락을 떠난다'고 한다는 것이다.

[617] 성문의 세 번째 과인 불환과不還果(ⓢ anāgāmin)에서는 오하분결五下分結을 떠난다고 한다. 오하분결이란 삼계 중의 하층 세계(욕계)에 있는 다섯 가지 결혹結惑, 즉 욕탐欲貪·진에瞋恚·유신견有身見·계금취견戒禁取見·의疑 등을 가리킨다. 불환과의 전단계인 예류과와 일래과에서도 욕계의 구품九品의 수혹修惑의 일부가 끊어지기는 하지만, 불환과의 성자는 이미 욕계의 구품의 수혹을 다 끊었기에 다시 욕계에 와서 생을 받지 않게 된다. 따라서 불환과에서 욕계의 오하분결이 끊어졌다고 말한다는 것이다.

다.[618] 제7식의 미세한 혹을 이미 멀리 떠났다면, 5지·6지·7지의 여섯 가지 식의 거친 혹도 마땅히 현행하지 않을 것이다. 이는 『유가사지론』과 『해심밀경』의 설과 모순된다. 또 예를 들어 이승의 금강유정金剛喩定[619]에서 제7식의 미혹과 육식 중의 가장 미세한 번뇌들이 일시에 모두 끊어지는데, 어째서 여기서는 먼저 제7식의 미세한 번뇌를 떠나고 나서 나중에 육식의 거친 번뇌를 떠난다고 하겠는가? 그러므로 제4지에서 무아지無我智를 얻어서 의식 중의 구생아견을 없애는 것이지, 아직 제7식의 미세한 번뇌 및 육식 중의 나머지 수도소단修道所斷의 혹惑(번뇌)을 떠나는 것은 아니다.〉

이상은 '영구히 멸하는 것은 아니다'라는 숨겨진 비난(伏難)에 대해 설한 것이다.[620] 그것은 제10지인 금강심일 때라야 수도소단의 종자를 단박에 없애기 때문이다.

離諸分別等者。謂第四地。得三十七菩提分法。離諸分別及不分別種種分別。諸分別者。即見所斷分別我見。初地已離。不分別者。即修所斷俱生我見。此地中離。即此二種相應諸法。名種種分別。行解異故。雖前後離。盡處總說。如第四定說離苦根。[1] 如第三果離下分結。有義。此地。第七識中俱生煩惱。一切遠離。有義。此地。第六識中。俱生我見。一切遠離。非第七識。

---

618 제7식이 없으면 제6식의 근根 역할을 하는 소의가 없어진다. 그렇다면 이는 오식이 언제나 근에 의지해서 일어나는 경우와는 다를 것이라는 말이다.
619 금강유정金剛喩定 : 소승의 성문이나 대승의 보살이 수행에서 막 완성되려는 단계에서 현현하는 금강에 비유되는 선정이다. 이 선정에서는 최후의 번뇌가 일어나는 것을 끊어 없애는데, 극히 미세한 번뇌를 끊어 없애고 각자의 최고의 과를 얻는다고 한다.
620 경문으로 표현되지는 않았지만 글의 저변에 깔려 있는 비난을 '숨겨진 비난(伏難)'이라 한다. 앞에서처럼 '제4지에서 갖가지 분별을 떠난다'고 주장하는 경우, 이에 대해 '제4지에서 번뇌를 영구히 떠나는 것은 아니다'라고 비난이 제기될 수 있다. 따라서 이 반박과 관련된 내용을 서술했다는 말이다.

以七地來. 猶有微細煩惱現行. 若無第七. 應無染依. 應不似五. 第七細惑. 若已遠離. 五六七地. 六識麤惑. 應不現行. 卽違瑜伽解深密說. 又如二乘金剛喩定. 第七識或俱²⁾六識中最細煩惱. 一時俱斷. 云何此中先離第七微細煩惱. 後離六識麤煩惱耶. 是故四地得無我智. 滅意識中俱生我見. 未離第七微細煩惱及六識中餘修斷惑. 此說伏難. 非是永滅其第十地金剛心時. 方頓滅修斷種故.

1) ㉥『佛地經論』 권2(T26, 300c22)에 따르면, '根'은 '樂'의 오기다.   2) ㉥『佛地經論』 권2(T26, 300c28)에 따르면, '或俱'는 '惑與'의 오기다.

"일체의 온갖 마군의 원수들을 굴복시키고"라는 것은, 말하자면 제5지에서 사성제가 모두 평등함을 관하여, 생사와 열반의 차별에 집착하는 마군의 원수들을 굴복시키는 것이다.

"일체의 성문·연각들이 갖는 모든 작의(所有作意)⁶²¹를 멀리 떠났으며"라는 것은, 말하자면 제6지에서 십이지의 염染·정淨 연기가 모두 평등함(平等性)을 관하여 잡염을 싫어하고 청정을 좋아하는 이승二乘의 계념분별繫念分別⁶²²을 멀리 떠나는 것이다.

"광대한 법미의 희락에 의해 유지되고"라는 것은, 말하자면 제7지에서 무상無相의 이치를 증득하고 공의 지혜(空智) 안에서 유의 수승한 행(有勝行)을 일으켜서 대법락을 수용하는 것이다.

---

621 여기에 나온 '소유작의所有作意'라는 문구는 본래 『佛地經論』에는 '계념분별繫念分別'이라 되어 있다. 그런데 지금은 『解深密經』 경문의 '이승의 소유작의를 떠났다'는 말의 의미를 해석하기 위해 인용된 것이므로 일단 '소유작의'를 살려서 번역하였다. 이 '작의'란 넓은 의미에서는 분별分別 혹은 사유思惟의 범주에 포함되는데, 『佛地經論』에서 '이승의 작의'를 구체적으로 '계념분별'이라 표현한 것일 뿐 의미상으로 큰 차이는 없다.

622 계념분별繫念分別: '계념'이란 현념懸念·현상懸想이라고도 하는데, 즉 하나의 경계만을 염념하면서 그 외의 것은 생각하지 않는 것이다. 소승의 작의作意란 이처럼 고제나 멸제의 특정한 행상行相에 정신을 집중한 상태에서 분별하는 것이므로 '계념분별'이라고 하였다.

"다섯 가지 두려움을 넘어섰으며"라는 것은, 말하자면 제8지에서 다섯 가지 두려움의 원인을 떠났으므로 '다섯 가지 두려움을 넘어섰다'고 한 것이다. 다섯 가지 두려움의 과보는 초지에서 이미 떠난다.

"한결같이 불퇴전지에 들어갔고"라는 것은, 말하자면 제9지에서는 결정코 제10지에 들어가게 되니, 보살대중의 수행이 원만해진 불퇴전의 지위다.

"모든 중생들의 (모든 재앙을) 그치게 해 주는 (지위를 현전해 낸다.)"는 것은, 말하자면 제10지에서 위대한 법신을 얻어 큰 자비의 구름을 일으키고 큰 법의 비를 내려서 모든 중생들이 고뇌로 핍박받는 일을 그치게 해 주는 것이다.[623]

摧伏一切衆魔怨敵者。謂第五地。觀四聖諦皆平等性。摧伏執取生死涅槃差別魔怨。遠離一切聲聞獨覺所有作意[1]者。謂第六地。觀十二支染淨緣起。皆平等性。遠離二乘厭患雜染欣樂淸淨繫念分別。廣大法味喜樂所持者。謂第七地。證無相理。於空智[2]有勝行。受大法樂。超[3]五怖畏因。名超五怖。五怖畏果。初地已離。一向趣入不退轉位者。謂第九地。決定趣入第十。菩薩衆行圓滿不退轉位。息諸衆生等者。謂第十地。得大法身。起大悲雲。雨大法雨。息除一切衆生苦惱所逼迫事。

---

1) ㉠『佛地經論』 권2(T26, 301a7)에는 '所有作意'가 '繫念分別'이라 되어 있다. 자세한 것은 해당 번역문 주석 참조. 2) ㉠『佛地經論』 권2(T26, 301a10)에 따르면, '智' 다음에 '中起'가 누락되었다. 3) ㉮ '超' 앞에 '超五怖畏者謂第八地'라는 여덟 자가 탈락된 듯하다. ㉠『佛地經論』 권2(T26, 301a11)에 따르면, 문장이 많이 누락되었다. '超五怖畏因'에 해당하는 원문은 "超五怖畏者。謂第八地。一切煩惱不復現行。離五怖因。"이다.

---

623 이상은 『佛地經論』 권2(T26, 300c11) 참조.

(다) 십바라밀·십원에 의거해 열 구의 경문을 해석함

세 번째는 십바라밀(十度)을, 네 번째는 십원十願을, 경의 열 구에 배당시키는 것이다. 마땅히 십바라밀과 십원에 배당시켜 해석해야 하니, 예를 들면 제4권 『경기經記』의 해석과 같다.[624]

第三十度。第四十願。配經十句。如應配釋十度十願。如第四卷經記中釋。

다) 뛰어난 보살부터 이름을 나열함

경 그 이름은 해심심의밀의보살마하살, 여리청문보살마하살, 법용보살마하살, 선청정혜보살마하살, 광혜보살마하살, 덕본보살마하살, 승의생보살마하살, 관자재보살마하살, 자씨보살마하살, 만수실리보살마하살 등이니, (이들이) 상수가 되었다.

其名曰。解甚深義密意菩薩摩訶薩。如理請問菩薩摩訶薩。法涌菩薩摩訶薩。善淸淨慧菩薩摩訶薩。廣慧菩薩摩訶薩。德本菩薩摩訶薩。勝義王[1)]菩薩摩訶薩。觀自在菩薩摩訶薩。慈氏菩薩摩訶薩。曼殊室利菩薩摩訶薩等。而爲上首。

―――
1) ㉯ '王'은 '生'의 오기다.

석 세 번째는 뛰어난 자부터 이름을 나열한 것이다.
간략히 세 가지 내용을 설명하겠다. 첫째는 이름을 해석하고, 둘째는 열 명을 설하게 된 이유를 설명하며, 셋째는 문답으로 '일생보처'에 대해

―――
624 제4권 『經記』의 해석이란 원측의 『解深密經疏』 중에서 『解深密經』 권4 「地波羅蜜多品」에 해당하는 부분을 가리킨다.

분별하겠다.

釋曰。第三就勝列名。略辨三義。一釋名字。二說十所由。三問答分別一生補處。

(가) 이름의 해석

이름을 해석한다는 것은 본래 두 가지 의미가 있다. 첫째는 공통되는 이름이고, 둘째는 개별적 이름이다.

공통되는 이름이라 한 것은, 예를 들면 『유가사지론』 제46권에서 다음과 같이 설한다. 〈모든 보살에게는 공덕에 따라 붙인 가명假名이 열여섯 종류가 있다. 이른바 '보리살타'와 '마하살타'라고 이름하고 나아가서 열여섯 번째로 '법사'라고 이름한다.〉[625] 『현양성교론』 제8권에서도 『유가사지론』과 똑같이 설한다.

『대승장엄경론』 제12권에 나온 이름은 조금 다르지만 뜻은 거의 동일하다.[626] 또 『대승장엄경론』에서는 다음과 같이 말한다. "이 열여섯 가지 이름은 모두 의미에 따라 세운 것이니, 모든 보살들은 모두 이 이름을 갖고 있다. 사람들이 이 이름을 들으면, 마땅히 이는 보살임을 알아야 한다."[627]

해 지금 '보살마하살'이라 한 것은 공통된 이름 가운데 (보리살타·마하살타라는) 처음의 두 호칭에 해당하니, 의미는 이전에 해석한 것과 같

---

625 『瑜伽師地論』 권46(T30, 549a26) 참조.
626 『大乘莊嚴經論』 권12(T31, 656a17)에서 나열된 보살의 통명은 다음과 같다. 마하살摩訶薩, 유혜자有慧者, 상성취上成就, 항복자降伏子, 항복지降伏持, 능항복能降伏, 항복아降伏牙, 용맹勇猛, 상성上聖, 도사導師, 대명칭大名稱, 위유비爲有悲, 대복덕大福德, 자재행自在行, 정설자正說者.
627 『大乘莊嚴經論』 권12(T31, 656a25) 참조.

다.⁶²⁸ 【(『유가사지론』에 나온) 열여섯 종류 이름은 다음과 같다. 첫 번째 보리살타菩提薩埵라고 하고, 두 번째 마하살타摩訶薩埵라고 하며, 세 번째 성취각혜成就覺慧라고 하고, 네 번째 최상조명最上照明이라 하며, 다섯 번째 최승진자最勝眞子 또는 최승지자最勝之子라고 하고, 여섯 번째 최승주지最勝住持 또는 최승소의最勝所依라고 하며, 일곱 번째 보능항복普能降伏 또는 최승소사最勝所使라고 하고, 여덟 번째 최승맹아最勝萌芽라고 하며, 아홉 번째 용건勇健 또는 맹건猛健이라 하고, 열 번째 최승성最勝聖 또는 상궤법사上軌範師라고 하며, 열한 번째 상주商主라고 하고, 열두 번째 구대명칭具大名稱이라 하며, 열세 번째 연민憐愍 또는 성취자비成就慈悲라고 하고, 열네 번째 대복大福이라 하며, 열다섯 번째 자재自在 또는 부자재富自在라고 하고, 열여섯 번째 법사法師라고 한다.】

개별적 이름은 뒤에서 자세히 해석한 것과 같다.⁶²⁹

言釋名者。自有二義。一通。二別。言通名者。如瑜伽論四十六云。一切菩薩。隨德假名。有十六種。所謂名爲菩提薩埵。摩訶薩埵。乃至十六名爲法師。顯揚第八。亦同瑜伽。莊嚴十二卷。名雖少異。意況大同。又莊嚴云。此十六名。皆依義立。一切菩薩。總有此名。若人聞有此名。應知卽是菩薩。解云。今言菩薩摩訶薩者。卽通名中。初二號也。釋義如前。【十六名者。一名菩提薩埵。二名摩訶薩埵。三名成就覺慧。四名最上照明。五名最勝眞子。亦名最勝之子。六名最勝住持。亦名最勝所依。七名普能降伏。亦名最勝所使。八名最勝萌芽。九名勇健。亦名猛健。十名最勝聖。亦名上軌範師。十一名商主。十二名具大名稱。十三名憐愍。亦名成就慈悲。十四名大福。十五名自在。亦名富自在。十六名法師。】言別名者。如後廣釋。

---

628 '보리살타마하살타'에 대해서는 "또 수많은 보살마하살들이 갖가지 불국토로부터 이 모임에 와서"라는 경문의 해석에서 이미 자세히 논한 바 있다. '제4장-2.-3)-(5)-②-나. 보살중을 나타냄'(p.396) 참조.

629 경문에서 나열된 해심심의밀의보살마하살, 여리청문보살마하살 등 열 명의 보살들은 각기 다른 품에 따라 등장하여 세존과 문답하는데, 각 품의 서두에서 그 보살들의 이름에 대해 자세하게 해석하였다.

("만수실리보살마하살 등이니"라고 했는데,) '등'이란 그 밖의 한량없는 보살들을 똑같이 취한 것이다.

"상수가 되었다."는 것은 열 명의 보살이 이 무리 중에 가장 제일이므로 '상수'라고 하였다. 따라서 『불지경론』에서는 "묘생보살이 이 무리 중에 가장 제일이므로 상수라고 한다."[630]고 하였다.

> 等者。等取其餘無量諸菩薩也。而爲上首者。謂十菩薩。於此衆中最第一故。名爲上首。故佛地云。妙生菩薩。於此衆中。最第一故。名爲上首。

(나) 열 명의 이름을 설하게 된 이유

열 명을 설한 의도를 말하면, 세 가지 뜻이 있다. 첫 번째 보살은 최초로 심오한 의미를 해석하였고, 다음 세 보살은 각기 승의제의 한 가지 상相을 물었으며, 뒤의 여섯 보살은 각기 한 품의 차별적 의미를 물었기 때문에, 따라서 오직 열 명만 열거하였다.

해 또 간략하게 하기 위해 다만 열 명을 설한 것일 수 있다. 예를 들면 『불지경론』 제2권에서 다음과 같이 말한다. "이 경에서는 생략했기 때문에 오직 하나의 이름만을 나열하였고, 그 밖의 여러 모임들에서는 그 수만 열거한 경우도 있는데, 법을 결집한 자들의 의도는 생략하는 데 있었기 때문이다."[631]

또 『대지도론』 제7권에서는 다음과 같이 말한다. 〈**문** 보살들은 매우 많은데 어째서 유독 스물두 종류 보살 이름만을 설합니까? **답** 보살은 한량없어서 다 말할 수가 없으니, 모두 다 말한다면 문자로 기재하기 어렵다. 다시 보살은 두 종류에 지나지 않으니, 이른바 재가·출가와 차방·타방이

---

630 『佛地經論』 권2(T26, 301a21).
631 『佛地經論』 권2(T26, 301a23).

다. 재가는 발다파라䟦陀婆羅(Ⓢ Bhadra-pāla) 등을 말하고 출가는 묘덕妙德 등을 말하며, 차방은 자씨慈氏 등을 말하고 타방은 관음觀音 등을 말한다. 이 두 가지를 말했다면, 모든 보살을 다 포괄한다는 것을 알아야 한다.〉632

> 說十意者。有其三義。第一菩薩。初解釋甚深義故。次三菩薩。各問勝義一種相故。後六菩薩。各問一品差別義故。故唯列十。又解。爲存略故。但說十也。如佛地論第二卷云。此經略故。唯列一名。所餘衆會。但擧其數。結集法者。意在略故。又智度論第七卷云。問曰。菩薩甚多。何以獨說二十二種菩薩名字。答曰。菩薩無量。說不可盡。若都說者。文字難載。復次。菩薩不過二種。所謂在家。出家。此方。他方。在家謂䟦陀¹⁾羅等。出家謂妙德等。此方謂慈氏等。他方謂觀音等。若說此二。當知一切都已攝盡。

1) ㉓『大智度論』권7(T25, 111a5)에는 '陀' 다음에 '婆'가 있다.

(다) 문답으로 일생보처에 대해 설명함

🔲문 『해절경』에서는 미륵·관음·문수사리를 모두 일생보처보살이라 했는데, 일생보처와 최후신은 어떤 차별이 있는가?633

> 問。解節經云。彌勒觀音文殊師利。皆是一生補處菩薩。一生補處。與最後身。有何差別。

---

632 이상은 『大智度論』 권7(T25, 111a1) 참조.
633 일생보처보살과 최후신보살이 같은지 다른지에 대해 여러 가지 학설들이 있었기 때문에, 이에 대한 문답을 시설하여 해명하고 있다. 일생보처一生補處(Ⓢ eka-jāti-pratibaddha)란, 가령 도솔천에 있는 미륵보살처럼, 이번 생만 거치면 내생에서는 반드시 세간에서 성불할 수 있는 이를 말한다. 최후신最後身(Ⓢ antima-deha)이란 생사하는 몸 중에서 최후의 몸을 뜻하는데, 소승에서는 모든 번뇌를 끊고 열반을 증득한 아라한을 가리키고, 대승에서는 불과佛果인 등각等覺을 증득한 보살의 몸을 가리킨다.

📖 살바다종에서는 미륵彌勒 등과 같은 도사다천覩史多天(도솔천)의 몸을 '일생보처'라고 하고, 사람 가운데 태어나 성불한 몸을 최후신이라 한다. 따라서 『구사론』 제11권에서는 도사다천에 머무는 일생소계一生所繫(일생보처)보살과 최후신보살은 결코 중간에 요절하는 일이 없다고 하였다.[634] 『순정리론』 제31권도 『구사론』과 동일하다. 【❓ 이치상으로 도사다천에서 한량 없는 생을 거쳐야 하는데 어째서 다만 일생이라고 하는가? 만약 보살이 자재함을 얻었기 때문에 오직 '일생'이라 했다면, 어떻게 『대비바사론』 등과 회통시켜 해석하겠는가? 이 의미는 난해하니, 다시 생각해 보아야 한다.】

答. 薩婆多宗. 如彌勒等. 覩史多天身. 名爲一生. 生人中成佛身者. 名最後身. 故俱舍論第十一云. 覩史多天. 一生所繫菩薩. 及最後身. 必無中夭. 順正理論第三十一亦同俱舍.【問. 理應覩史經無量生. 如何但說名一生耶. 若言菩薩得自在故唯一生者. 如何會釋大婆沙等. 此義難. 更須思.】

이제 대승에 의하면 여러 교설들이 서로 다르다.
어떤 성스런 가르침에서는 오직 천신天身을 일생보처라고 설한다. 예를 들면 『대반야경』 제7권에서는 '일생소계의 도사천의 보살'이라 하였다.[635]
어떤 성스런 가르침에서는 오직 천신을 최후신이라 설한다. 예를 들면 『불지경론』 제5권에서 "도사다천의 후신後身보살이 이 가운데서 교화한

---

634 『俱舍論』에 따르면 어떤 특별한 유정들은 중간에 요절하는 일이 없다. 그 중에서 도사다천에 머무는 일생소계보살은 무시이래로 많은 생사에 계박되었고 이제 오직 한 생만 거치면 성불을 이루는 자를 말한다. 이 보살은 수명이 4천 세로 정해져 있으므로 결코 중간에 요절하는 일이 없다. 또 최후유最後有(최후신)보살은 이 몸에 의지해서 무학無學의 지위를 증득하도록 결정되어 있으므로, 만약 아직 과를 증득하지 못했다면 결코 중간에 요절하는 일이 없다. 『俱舍論』 권11(T29, 62a2), 『俱舍論記』 권11(T41, 191c18) 참조.
635 『大般若經』 권7(T5, 37b26) 참조.

다."**636**고 하였다.

어떤 성스런 가르침에서는 천신을 일생보처 및 최후생最後生(최후신)이라 한다. 예를 들면 『보리자량론』 제1권에서 '일생소계보살은 도솔타천兜率陀天(도솔천)에 들어가고 최후생보살은 도솔타천에 머문다'고 하였다.**637**

어떤 성스런 가르침에서는 오직 인신人身을 일생보처라고 한다. 예를 들면 『해절경』 등에서는 관음과 문수를 일생보처라고 하였다.**638**

어떤 성스런 가르침에서는 오직 인신을 최후생이라 한다. 예를 들면 『유가사지론』 제48권에서 '최후생이란 이 생에서 등각의 아뇩다라삼먁삼보리를 실현할 수 있는 모든 보살들이다'라고 하였으니, 구체적으로 설하면 그 논과 같다.**639**

어떤 성스런 가르침에서는 오직 인신을 일생보처 및 최후생이라 설한다. 예를 들면 『대지도론』 제40권에서 다음과 같이 말한다. 〈일생보처를 간혹 상相으로 알아보는 경우가 있으니, 예를 들어 아사타阿私陀(Ṣ Asita) 선인은 그 몸의 상을 보고 이번 생에 성불할 것임을 알았고,**640** 산야珊若 바라문은 우유죽(乳糜)을 먹는 것을 보고 그가 오늘 성불할 것임을 알았다.**641** 말후신末後身보살은 방편의 힘으로 악업의 과보를 받고 마魔의 괴롭

---

636 『佛地經論』 권5(T26, 316c5).
637 『菩提資糧論』 권1(T32, 518a23) 참조.
638 『解節經』(T16, 711c10) 참조.
639 『瑜伽師地論』 권48(T30, 563b14) 참조.
640 석존釋尊이 가비라성 정반왕淨飯王의 장자로 태어났을 때, 관상을 잘 보는 아사타선인阿私陀仙人은 '이 왕자가 과거세에 좋은 선근을 심었던 공덕으로 몸에 수승한 상호相好를 갖추고 태어났고 일체의 좋은 일을 성취할 자'임을 알았다. 또 그는 일찍이 예언하길, '왕자가 재가에 있으면 반드시 전륜성왕轉輪聖王이 되고 출가하면 무상보리를 성취할 것'이라고 하였다.
641 석존이 고행을 포기한 후 니련선하尼連禪河에서 목욕하고 소 치는 여자아이에게 우유죽을 공양받고 나서 비로소 깨달음을 얻었다. 이 일화와 관련해서, 『大智度論』 권40(T25, 350a13)에는 "산야 바라문은 우유죽을 보고서 오늘 성불할 자가 마땅히 먹을 것임을 알았다."고 하였고, 같은 책 권42(T25, 368b19)에는 "산야 바라문은 일체지인一切智人의 상相을 잘 알아보는 자인데, 보살이 우유죽을 드시는 것을 보고서,

힘 등이 있음을 나타낸다.〉642

어떤 성스런 가르침에서는 천신을 '일생보처'라고 설하고 인신을 '최후유最後有(최후신)'라고 한다. 예를 들면『유가사지론』제46권과『현양성교론』제8권이니, 그 논들에서 다음과 같이 말한다. 〈일생소계란 이번 생에 곧바로 이어서 다음 생에 무상정등보리를 증득할 자이고, 최후유란 이번 생에 머물면서 무상정등보리를 증득할 수 있는 자이다.〉643 이는 대개 살바다의 학설과 동일하다.

今依大乘。諸教不同。自有聖敎。唯說天身。名爲一生。如大般若第七卷云。一生所繫覩史天菩薩。自有聖敎。唯說天身。名最後。如佛地論第五卷云。覩史多天後身菩薩。於中教化。自有聖敎。唯說天身。名爲一生及最後生。如菩提資粮論第一卷云。一生所繫菩薩。入兜率陀。最後生菩薩。住兜率陀。自有聖敎。唯說人身。名爲一生。如解節經等。觀音文殊。名一生補處。自有聖敎。唯說人身。名最後生。如瑜伽四十八云。最後生者。諸菩薩於此生中。能現等覺阿耨多羅三藐三菩提。具說如彼。自有聖敎。唯說人身。名爲一生及最後生。如智度論第四十云。一生補處者。或以相知。如阿私陀仙人。觀其身相。知今世成佛。見1)食2)乳糜。知今日成佛。末後身菩薩。以方便力。受惡業報。現有魔惱等。自有聖敎。說天名一生。說人名後有。如瑜伽論第四十云。3) 顯揚第八。彼云。一生所繫者。此生無間。當證無上正等菩提。最後有者。謂卽住此生。能證無上正等菩提。大同薩婆多。

1) ㉮『大智度論』권40(T25, 350a13)에는 '見' 앞에 '珊若婆羅門'이 있는데, 이것을 넣어야 의미가 분명해진다.   2) ㉮『大智度論』권40(T25, 350a14)에는 '食'이 없으나, 넣어도 무방하다.   3) ㉮ '云'은 '六'의 오기인 듯하다. 다음 인용문은『瑜伽師地論』제46권에 나온다.

오늘 마땅히 성불할 자임을 알았다."고 하였다.
642 이상은『大智度論』권40(T25, 350a12) 참조.
643 『瑜伽師地論』권46(T30, 549a18).『顯揚聖敎論』권8(T31, 521a15) 참조.

그런데 천天 등을 '일생一生'이라고 한 것에 대해 예로부터 서로 전해 오길 본래 세 가지 해석이 있다. 한편에서는 천신天身을 일생이라 설하니, 사람의 생(人生)은 최후신에 속하기 때문이다. 한편에서는 인신人身을 일생이라 설하니, 사람의 생을 다시 받아야 비로소 성불하기 때문이다. 한편에서는 인신과 천신을 합해서 일생이라 하니, 예를 들어 일곱 생의 예류과 등을 설할 때 (천상과 인간의) 두 생을 합해서 일생이라 설하기 때문이다.[644]

문 천신을 일생이라 설한 것이라면, 이것은 『대지도론』의 학설과 어떻게 회통시켜 해석할 수 있겠는가? 『대지도론』 제38권에서는 '삼생 보살은 오직 도솔천에 난다'고 하였다.[645]

해 실제로는 삼생이니, 인생과 천생과 최후생을 말한다. 그런데 천신을 삼생이라 설한 것은, 삼생 중의 한 생(천생)의 수를 일부러 삼생이라 설한 것이다. 인신은 이미 받았고, 최후신은 성불한 것이기 때문에, 인생과 최후생은 삼생이라 설하지 않은 것이다.

然說天等名一生者。古來相傳。自有三釋。一云。卽說天身。名爲一生。人生卽是後身攝故。一云。說人身名爲一生。更受人生。方成佛故。一云。人天合說。名爲一生。如說七生預流果等。合說二生爲一生故。問。若說天身名一生者。智度論說。如何會釋。故智度論三十八云。三生菩薩。唯生兜率。解云。據實三生。謂人生天生最後生。而說天身名三生者。三中一數。故說三生。人身已受故。後身成佛故。是故不說人生後生名三生也。

---

644 예류과預流果의 성자는 윤회생사하면서 마지막에 인간계와 천계에서 각기 일곱 번을 왕복한다. 그는 14생 사이에 반드시 아라한과를 증득하고 결코 여덟 번째 생을 받는 일은 없다고 한다. 따라서 극칠반유極七返有·극칠반極七返이라 한다.
645 『大智度論』 권38(T25, 341c16)에 나오는 삼생보처三生補處의 보살에 관한 문답 참조.

문 자씨보살은 보처補處라고 할 수 있지만 어떻게 나머지 보살들을 보처라고 부르겠는가?

답 예를 들어 『대지도론』 제7권에서는 다음과 같이 해석한다. 〈미륵보살을 제외하고 그 밖의 보살들은 비록 차방에서 부처님 자리(佛處)를 보좌해 주는(贊補) 것은 아니지만, 시방의 국토에서 모두 부처님 자리를 보좌해 주기 때문에 보처라고 부른다.〉[646]

문 자씨보살은 이치상으로는 여러 생을 거칠 텐데 어째서 천의 일생만 말하는가?

답 실제로는 여러 생이지만 다 같은 천생이기 때문에 일생이라 한 것이다.

문 그렇다면, 『대지도론』의 학설과 위배된다. 그 논의 제4권에서는 다음과 같이 말한다. 〈하지의 천은 수명이 짧으니, 부처님이 아직 태어나지 않으셨을 때 수명을 이미 마쳤기 때문이다. 상지의 천은 수명이 기니, 부처님이 멸도하신 후에야 목숨을 비로소 마치기 때문이다. 도솔천은 길지도 않고 짧지도 않으니, 부처님이 세상에 나셨을 때 마침 서로 만나기 때문이다. (그래서) 보처보살은 항상 그 (도솔천) 안에서 태어난다.〉[647] 『대비바사론』 제178권도 『대지도론』과 동일하다. 【생각해 보라.】

問. 慈氏菩薩. 可言補處. 如何餘者稱補處耶. 答. 如智度論第七釋云. 除彌勒外. 餘菩薩衆. 雖非此方. 贊補佛處. 於十方國. 皆補佛處. 故稱補處. 問. 慈氏菩薩. 理應多生. 如何說言天一生耶. 答. 據實多生. 同是天故. 名爲一生. 問. 若爾. 便違智度論說. 故第四云. 下天壽短. 佛未出時. 命已終

---

646 『大智度論』 권7(T25, 111a19)에 나오는 문답 참조.
647 이상으로 문답이 이어지는데, 여기에는 질문만 있고 대답은 없다. 여기서 인용된 『大智度論』의 문장은 일생보처보살이 욕계와 색계의 많은 천天들이 있음에도 오직 욕계 육천欲界六天 중의 네 번째 도솔천에서만 태어나는 이유를 설명한 것이다. 그런데 이것이 질문인지 대답인지 명확하지 않다. 『大智度論』 권4(T25, 89c2) 참조.

故。上天壽長。佛滅度後。命始終故。兜率天不長不短。佛出世時。正相會故。補處菩薩。常生其中。大婆沙論百七八。亦同智論。【思。】

🔵 일생보처란 어떤 몸에 의거해서 설한 것인가? 실제로 현행한 몸(實行)에 의한 것인가, 변화로 지어낸 상(化相)에 의한 것인가?

🔵 삼신 중에서 법신은 '보처'의 의미가 없으니, (법신에는) 최초와 최후의 뜻이 없기 때문이다. 수용신의 경우는 본래 두 가지가 있다.

첫째, 자수용신은 비록 반열반처般涅槃處에 들어간다는 의미는 없지만, 최초의 성불을 도와준다는 의미는 있다. 따라서 『유가사지론』 제46권에서는 구경究竟보살은 본래 두 종류가 있다고 하였으니, 첫째는 일생소계이고 둘째는 최후신에 머무는 자다.[648] 이에 준해 보면 실제로 현행한 몸이라 해도 이치상 어긋나는 것은 아니다. 그 이유는 무엇인가? 사실에 근거해서 논하자면, 돈오頓悟보살은 제10지에서 변역생사變易生死를 하니, 비록 분단신分段身이 전후로 이숙하면서 '어떤 것이 다하면 다른 것이 생기는(別盡別生)' 일은 없지만, 두 가지 장애(번뇌장과 소지장)의 종자로 인해 변역신變易身의 전후로 이숙하면서 어떤 것이 다하면 다른 것이 생기는 것이다. 이로 인해 또한 이미 등각에 들어간 자와 아직 등각에 들어가지 못한 자의 차별적 의미가 있고, 따라서 두 종류로 구분한 것이다.

이 말의 뜻을 설하자면, 변역생사는 두 가지 장애의 종자의 힘으로 인해 자주 생하고 멸한다는 것이다. 따라서 『성유식론』에서는 "전의 이숙異熟이 이미 다하면 다시 그 밖의 이숙이 생겨난다."[649]고 하였다.[650] 이는 이

---

[648] 구경보살 중에서 도솔천에 머물면서 천天에서는 오직 이 한 생生만 다하면 다시 욕계에 태어나 반드시 성불하는 자를 '일생소계'라고 하고, 이미 욕계에 태어나서 도道를 이뤘다면 이 몸은 생사의 마지막에 존재하는 것이기 때문에 '최후신'이라 한다. 『瑜伽師地論』 권46(T30, 549a171), 『瑜伽師地論略纂』 권11(T43, 138c22) 참조.
[649] 『成唯識論』 권8(T31, 43a11).
[650] 이 인용문은 유식삼십송의 제19송으로서, "이전의 이숙異熟"이란 이전 생들(前前生)

승二乘에서 '번뇌장이 없기 때문에 전의 이숙이 다하면 후의 이숙이 생긴 다는 것'을 인정하지 않고 '다만 수명을 연장하여 변역생사를 받게 하는 것이다'라고 말하는 것과는 같지 않다. 구체적으로 설하면 그 논과 같다.

둘째, 타수용신과 변화신은 모두 일생보처의 의미를 갖고 있다. 마치 아미타불에 대해 부모가 있는 자로서 열반에 든다는 의미가 있고,[651] 이로 인해 관음이 부처님 자리를 보좌하는 것을 일컬어 일생보처보살이라 하는 것과 같다.[652] 그런데 저 아미타불은 본래 두 가지가 있다. 첫째는 지상보살을 위해 나타낸 것이니, 이는 타수용신이다.[653] 둘째는 지전의 이생異生(범부)과 이승을 위해 나타낸 것이니, 이는 변화신에 속한다.[654]

問。一生者。依何身說。爲約實行。爲化相耶。答。三身中法身。無有補處之義。無初後故。若受用身。自有二種。一自受用。雖無入般涅槃處之義。而

의 업의 이숙과異熟果를 말하고, "그 밖의 이숙"이란 이후 생들(後後生)의 업의 이숙과를 말한다. 말하자면 그 밖의 생을 불러낼 업종자가 무르익었다면, 이전의 업력으로 받아야 할 이숙의 과보를 다 수용했을 때, 다시 또 다른 생이라는 이숙의 과보가 생겨난다는 것이다. 원측에 따르면, 몸이 실제로 나고 죽는 분단생사分段生死의 경우뿐만 아니라 변역생사變易生死하는 일생보처의 변역신變易身의 경우도 이장二障의 종자로 인해 이전의 과보가 다하면 또 다른 과보가 생기는 방식으로 윤회하는 것이다.

651 『無量壽經』에 따르면 오랜 겁劫 이전의 과거에 국왕의 지위를 버리고 출가했던 '법장비구法藏比丘'가 세자재왕불世自在王佛의 처소에서 제불諸佛의 정토淨土에 대해 숙지하고 오랜 겁 수행해서 아미타불阿彌陀佛이 되었는데, 서방의 극락정토極樂淨土를 과보로서 획득하고 거기서 설법하고 계신다고 한다. 그런데 이 아미타불의 전신前身인 법장비구는 본래 부모가 있는 몸으로 태어났기 때문에 변화신에 속한다는 것이다.

652 아미타불의 양 옆에서 관음보살觀音菩薩과 대세지보살大勢至菩薩이 보좌하고 있다고 하는데, 이를 흔히 아미타삼존阿彌陀三尊이라 한다.

653 부처님의 수용신受用身 중에서 타수용신은 도력이 높은 십지 이상의 보살들에게만 보인 몸을 말한다.

654 부처님의 몸 중에서 도력이 낮은 십지 이전의 이승이나 범부에게 보인 몸은 변화신에 속한다.

有贊補初成佛義。故瑜伽論四十六云。究竟菩薩。自有二種。一者一生所繫。二者住最後身。准此實行。於理無違。所以者何。據實爲論。頓悟菩薩。第十地中。變易生死。雖無分別[1]前後異熟別盡別生。由二障種。而有變易前後異熟別盡別生。由斯。亦有已入等覺未入等覺差別義。故分爲二種。此中意說。變易生死。由二障種子力故。數數生滅。故成唯識云。前異熟旣盡。復生餘異熟。不同二乘。無煩惱障故。不許前異熟盡復[2]異熟生。但言延命令受變易。具說如彼。二他受用身。及變化身。皆有一生補處之義。如彌陀佛。說有父母入涅槃義。由斯。觀音贊補佛處。名爲一生補處菩薩。然彼彌陀自有二種。一爲地上菩薩所現。是他受用。二爲地前異生二乘。變化身攝。

1) ㉇ '別'은 '段'의 오기다. 2) ㉑ '復'는 '後'인 듯하다.

문 그렇다면, 점오漸悟보살이 마땅히 오직 일생보처일 것이니, 어떤 것이 다하면 다른 것이 생겨나는 일은 없기 때문이다.[655]

해 이는 마치 관세음보살을 일생보처라고 설하는 것과 같다. 이치상 위배되지 않으니, 최후신을 일생보처라고 한 것이기 때문이다.

問。若爾。漸悟應唯一生。無別盡別生故。解云。如觀世音菩薩。說爲一生。於理無違。卽最後身爲一生故。

---

655 규기窺基의 『阿彌陀經通贊疏』 권1(T37, 330c22)에 따르면, '점오漸悟'란 이승과二乘果(無學果)를 이미 증득하고 대승으로 발심한 자로서, 더 받을 생生의 수가 극히 적거나 전혀 없는 자이다. 만약 이미 정생定生(선정으로 태어남)하였다면, 곧 이 한 생이 남아 있다. 그러므로 위의 문답에서 이 점오보살이야말로 말 그대로 한 생만 있고 다른 생은 없는 자이므로 '일생보처'에 해당하지 않는가라고 물은 것이다.

찾아보기

가라迦羅 / 201
가라시迦羅時 / 201, 205
가란타죽림迦蘭陀竹林 / 233
가루라迦樓羅 / 239, 272
가루라신迦樓羅神 / 277
가립된 음성 / 70
가말라병迦末羅病 / 132
가명시설시假名施設時 / 200
가신歌神 / 275
가실차별문假實差別門 / 69
가외可畏 / 268
가짜 소리(假聲) / 79
가행지加行智 / 333, 411
가호천假號天 / 266
각각위인실단各各爲人悉檀 / 184, 186
각천覺天 / 70
갈계달락가보羯鷄怛諾迦寶 / 239
건달바乾闥婆 / 268, 277
건달박健達縛 / 268
건도犍度 / 169
겁劫 / 402
겁랍파劫臘波 / 402
겁비나왕劫比拏王 / 279
겁중외怯衆畏 / 409
겁파劫波 / 201
게로다揭路茶 / 272
견도십육심見道十六心 / 258
견망존진종遣妄存眞宗 / 139

견분見分 / 66
견혜堅慧 / 90
결정심決定心 / 112, 117
결집結集 / 193
경계주境界住 / 233
경량부經量部 / 122
경무등境無等 / 142
경부經部 / 123, 208
경부종經部宗 / 79, 102, 188
경안輕安 / 389
경첩귀輕捷鬼 / 268
경境·행行·과果 / 63, 163
계경契經 / 63, 83, 145
계념분별繫念分別 / 417
계신戒身 / 234
계운부雞胤部 / 89, 122
고苦·공空·비아非我·무상無常 / 407
고법지인苦法智忍 / 258
공계색空界色 / 247
공교처工巧處 / 385
공덕현功德賢 / 155
공륜空輪 / 274
공문空門 / 231
공삼매空三昧 / 294
공일현색空一顯色 / 245, 250
공空해탈문 / 294
과무등果無等 / 142
과果의 원만 / 261
관觀 / 292
관음觀音 / 423

광명번光明幡 / 137
광본廣本 / 154, 227
광택 법사光宅法師 / 176
광통光統 / 146
광통삼교光統三敎 / 146
광혜廣慧 / 381
교기인연분敎起因緣分 / 162
교증이법敎證二法 / 315
교체敎體 / 65
구垢 / 285
구경究竟보살 / 429
구나라타拘那羅陀 / 156
구나발타라求那跋陀羅 / 155
구대명칭具大名稱 / 421
구분九分의 달마達磨 / 202
구생기아견俱生起我見 / 415
96종류 외도 / 362
권속眷屬의 원만 / 265
극칠반極七返 / 427
극칠반유極七返有 / 427
근견설根見說 / 187
근본지根本智 / 346
근분정近分定 / 389
금金 / 238
금강군金剛軍 / 90
『금강선론金剛仙論』 / 216
금강유정金剛喩定 / 416
금시조金翅鳥 / 239, 272
기별記別 / 145
기소유如其所有 / 382
기원림祇洹林 / 325
긴나라緊那羅 / 278
긴날락緊捺洛 / 275
길상吉祥 / 220

길(路)의 원만 / 289
길장 법사吉藏法師 / 198

나가서나那伽犀那 / 191, 192
나유타那由他 / 193
낙수樂受 / 389
낙주樂主 / 389, 390
난생卵生 / 273
난타難陀 / 67
네 가지 전도(四倒) / 406
논의論議 / 145
논의경論議經 / 149
누진지증명漏盡智證明 / 384
누진지증통명漏盡智證通明 / 383
누진통漏盡通 / 384, 387
능변식能變識 / 67
능전能詮 / 63, 65, 116, 179

다문부多聞部 / 89, 122
다섯 가지 두려움(五怖畏) / 409
단견斷見 / 344
단덕斷德 / 305
단변斷邊 / 344
단식段食 / 280
단엄端嚴 / 220
달마達磨 / 202
달마장達摩藏 / 149
담무참曇無懺 / 148, 221

대당 삼장 / 80, 86, 91, 100, 192, 221, 247, 250, 268
대복大福 / 421
대승법장大乘法藏의 결집結集 / 194
대신봉황大身鳳凰 / 272
『대업론大業論』 / 236
대자재천大自在天 / 258
대중부大衆部 / 89, 122, 145
대청大靑 / 239
대치실단對治悉檀 / 184
대혜大慧 / 381
도사다천覩史多天 / 424
도사천궁覩史天宮 / 322
도솔타천兜率陀天 / 425
도안道安 / 163
독두의식獨頭意識 / 113
독자부犢子部 / 122, 188
돈교頓敎 / 145
돈오頓悟보살 / 429
동법유同法喩 / 115
동상同相 / 103
동수득同隨得 / 202
동시의식同時意識 / 117~119
등각等覺 / 423
『등론燈論』 / 167
등류심等流心 / 112
등류이식等流耳識 / 120

라후라睺 / 271

마노馬瑙 / 238, 239
마니광용왕摩尼光龍王 / 277
마덕늑가摩德勒伽 / 83
마하살타摩訶薩埵 / 421
마후라신摩睺羅神 / 278
막호락가莫呼洛伽 / 275
만교滿敎 / 148, 200
만자교滿字敎 / 148
말니末尼 / 309
말후신末後身보살 / 425
맹건猛健 / 421
머묾(住) / 230
멸려차蔑戾車 / 124
멸滅·정靜·묘妙·리離 / 407
명明 / 385
명名·구句·문文 / 68, 70, 73, 75, 76, 78, 79, 83~86
명名·미味·구句 / 83, 202
명천名天 / 266
명칭名稱 / 220
명행족明行足 / 297
모파락게랍바牟婆落揭拉婆 / 238, 239
목련존자 / 137
묘덕妙德 / 423
묘시조妙翅鳥 / 272
묘음妙音 / 70, 188
무공용無功用의 불사佛事 / 309
무등혜無等慧 / 381
무분별묘지無分別妙智 / 333
무상無相 / 61
무상문無相門 / 231
무상사無上士 / 297

무상삼매無相三昧 / 294
무상승無上乘 / 151
무상無相의 대승 / 140
무상無相해탈문 / 294
무색정無色定 / 389
무성無性 / 79, 109, 150
무소득無所得 / 141
무외無畏의 원만 / 287
무원문無願門 / 231
무원삼매無願三昧 / 294
무원無願해탈문 / 294
무위해탈無爲解脫 / 370
무작無作 / 80
무종성無種性 / 151
무표색無表色 / 247
묵빈默擯 / 171
문文과 의義 / 85, 87, 175
문문성취 / 166
문소성혜聞所成慧 / 290
문의文義 / 191
문門의 원만 / 293
문장(句) / 116
미륵彌勒 / 424
미륵보살彌勒菩薩 / 428
미륵종彌勒宗 / 82, 186, 189, 209
미사수명주未捨壽命住 / 234
미세율微細律 / 169
밀림산주부密林山住部 / 122
『밀적경密迹經』 / 136

바가바婆伽婆 / 213, 218, 221

바라제목차율의波羅提木叉律儀 / 374
바파밀다라波頗蜜多羅 / 149
바파바頗 삼장 / 149
박가범薄伽梵 / 164, 211, 221, 297
반교半教 / 148, 200
반라야般羅若 / 292
반야덕般若德 / 215
반음시半音時 / 200
반자교半字教 / 148
발기분發起分 / 164
발기서發起序 / 165
발다파라颰陀婆羅 / 423
방광方廣 / 145
방소方所의 원만 / 256
112가지 분별추중번뇌分別麤重煩惱 / 365
128가지 번뇌 / 365
번뇌煩惱 / 284, 285
번뇌마煩惱魔 / 218, 220, 287
범단梵壇 / 171
범법梵法 / 171
범음梵音 / 124, 128, 130
범음성梵音聲 / 130
범주梵住 / 230, 234, 310
법계法界 / 345, 346
법계등류法界等流 / 346
법구法教 / 70, 188
법락法樂 / 103, 376
법무애法無礙 / 84
법미法味 / 280, 282, 408
법사法師 / 421
법상부法上部 / 122
법수출체문法數出體門 / 71
법신法身 / 311, 341
법신덕法身德 / 214

법신불法身佛 / 102
법장부法藏部 / 122
법장비구法藏比丘 / 430
법희식法喜食 / 283, 408
『베다(明論)』 / 72
변설무애辨說無礙 / 84
변역생사變易生死 / 200, 429
변역신變易身 / 358, 429
변화신變化身 / 103, 133, 312, 341
별교別敎 / 146
별상시別相時 / 201
별서別序 / 165
『별장別章』 / 145
별해탈율의別解脫律儀 / 374
보광정승천신普光淨勝天神 / 277
보능항복普能降伏 / 421
보리살타菩提薩埵 / 421
보리살타마하살타菩提薩埵摩訶薩埵 / 396
보리유지菩提留支 / 155, 177, 193, 198, 199, 216, 221
보살菩薩 / 357
보살마하살菩薩摩訶薩 / 396
보살보菩薩寶 / 240
보살장菩薩藏 / 148
보살중菩薩衆 / 395
보살지菩薩智 / 333
보익輔翼의 원만 / 264
보처補處 / 428
복전福田 / 391
본모本母 / 83
본사本事 / 145
본생本生 / 145
본원本願 / 191
본주법本住法 / 93

본질本質 / 87, 88, 90, 91, 98, 131
부단정不端正 / 269
부동정不動定 / 415
부자재富自在 / 421
부정관不淨觀 / 184, 397
부정성不定性 / 150
부정종성不定種性 / 151
『부집이론部執異論』 / 123
『부집이론기部執異論記』 / 122
부처의 종자(佛種) / 334
북산주부北山住部 / 122
분단생사分段生死 / 200
분단신分段身 / 358
분단유전시分段流轉時 / 200
분량分量의 원만 / 252
분별分別 / 402
분별기아견分別起我見 / 414
분별론자分別論者 / 126, 370
분별설부分別說部 / 126
분별시분分別時分 / 201
분별시절分別時節 / 201
분별 아닌 것(不分別) / 402
불佛 / 213, 214
불佛·바가바婆伽婆 / 215
불사佛事 / 107, 108
불사라가弗師羅伽 / 238
불사의변역시不思議變易時 / 200
불산심不散心 / 112
불설不說 / 92
불설佛說 / 92, 98
불염오무지不染汚無知 / 386
불요의교不了義敎 / 147
불이不二 / 60
불자佛子 / 367, 368

불종佛種 / 367
불종성佛種性 / 150
불주佛住 / 231, 310
불지佛智 / 333
불지佛地 / 341, 342, 344
불토佛土 / 105
불퇴不退 / 411
불퇴삼매금시不退三昧金翅 / 272
불퇴전지不退轉地 / 410
불퇴주不退住 / 411
불환과不還果 / 415
불활외不活畏 / 409
비겁非劫 / 402
비니毗尼 / 83
비량比量 / 115
비마질다毗摩質多 / 271
비밀秘密 / 354
비밀문秘密門 / 354
비비상천非非想天 / 266
비시식非時食 / 201
비유譬喩 / 145
비유리毗瑠璃 / 238
비유상비무상천非有想非無想天 / 266
비유자譬喩者 / 188
비직설非直說 / 109, 110
비천非天 / 269
비택멸非擇滅 / 80
빛(光)·그림자(影)·밝음(明)·어둠(闇)·연기(烟)·구름(雲)·먼지(塵)·안개(霧) / 244

사思 / 114
사捨 / 204
사교四敎 / 146, 148
사교邪敎 / 71, 101
사념처四念處 / 171
사덕四德 / 335
사마四魔 / 405
사마死魔 / 218, 220, 287
사무량심四無量心 / 231
사무애辭無礙 / 84
사무애변四無礙辯 / 84
사무외四無畏 / 232
사방四謗 / 234
사불四佛 / 353
사사공양四事供養 / 233
사생지증명死生智證明 / 384
사생지증통명死生智證通明 / 383
사소성혜思所成慧 / 290
사시四時 / 110
사식思食 / 280
사실단四悉檀 / 182
사아급마四阿笈摩 / 140
사업事業의 원만 / 283
사여의四如意 / 272
사외死畏 / 409
사제의 법륜 / 140
사중四衆 / 357
사지舍脂 / 269
사행邪行 / 330
산심散心 / 112, 119
산야珊若 바라문 / 425
살바다종 / 72, 102, 187, 208, 249, 370

삼과법문三科法門 / 70
삼교三教 / 146, 148
삼덕三德 / 214
삼마야三摩耶 / 201
삼마야시三摩耶時 / 201, 205
삼마지三摩地 / 292
삼명三明 / 383, 384, 386
삼무등三無等 / 63
삼무수겁三無數劫 / 403
삼무위三無爲 / 80
삼밀三密 / 135, 136
삼법륜三法輪 / 61
삼법정체문三法定體門 / 69
삼법품三法品 / 70
삼분과경三分科經 / 162
삼분설三分說 / 66, 67
삼삼매三三昧 / 231
삼성三性 / 60
삼세의 평등한 법성法性 / 320
삼시三時 / 148
삼신三身 / 102, 312, 342
삼십이상三十二相 / 107
삼십칠도품三十七道品 / 73, 414
삼십칠보리분법三十七菩提分法 / 414
삼장(현장) / 75
삼장三藏 / 144
삼지三智 / 411
삼취계三聚戒 / 414
상想 / 114
상견常見 / 344
상궤범사上軌範師 / 421
상변常邊 / 344
상분相分 / 67
『상속해탈경相續解脫經』 / 155, 158

『상속해탈여래소작수순처요의경相續解脫如來所作隨順處了義經』 / 155
『상속해탈지바라밀요의경相續解脫地波羅蜜了義經』 / 155
상위방相違謗 / 234
상응박相應縛 / 256
상응혜견설相應慧見說 / 188
상주商主 / 421
상호相好 / 107
생상生相 / 117
생신불生身佛 / 102
생인生因 / 258
생정천生淨天 / 266
생천生天 / 266
서경西京 / 222
서분序分 / 162
서산주부西山住部 / 122
석수石樹 / 241
선서善逝 / 297
선열식禪悅食 / 283, 408
선인仙人 / 211
선화륜旋火輪 / 127
설가부說假部 / 122
설교시說教時 / 168
설교주說教主 / 168
설법說法 / 101~105
설법의 차별 / 101
설산부雪山部 / 122
설일체유부說一切有部 / 122, 123
설출세부說出世部 / 89, 122
섭망귀진문攝妄歸眞門 / 66, 69
섭상귀식문攝相歸識門 / 66, 69
섭익攝益의 원만 / 284
성교량聖教量 / 83

성교정설분聖教正說分 / 162
성덕聲德 / 71, 72
성량聲量 / 83
성론聲論 / 72
성명론聲明論 / 110
성문 / 355, 357, 363, 367
성문승 / 151
성문장聲聞藏 / 148
성문종성 / 150
성문중聲聞衆 / 356, 360
성소작지成所作智 / 129, 132
성어聖語 / 121, 123
성언량聖言量 / 83
성제聲諦 / 71
성주聖住 / 230, 234, 310
성취각혜成就覺慧 / 421
성취자비成就慈悲 / 421
세간식世間食 / 280
세간에 두루 노니시던 시(世流布時) / 201
세간의 조신厝神 / 275
세간해世間解 / 297
세계실단世界悉檀 / 184, 185
세우世友 / 70
세제일법世第一法 / 258
세존世尊 / 297
세 종류 아난 / 174
소달람素怛纜 / 63
소소연疎所緣 / 88
소연박所緣縛 / 256
소의所依 / 190
소전所詮 / 63, 65, 116, 139, 179
소지장所知障 / 160
소피기所被機 / 168
소행所行 / 316

소화처所化處 / 168
속혜速慧 / 380
손감방損減謗 / 234
솔이심率爾心 / 112, 117
솔이오식率爾五識 / 112
솔이의식率爾意識 / 113
솔이이식率爾耳識 / 117, 118, 120
솔이타심率爾墮心 / 113, 119
수受 / 114
수數 / 208
수기授記 / 320
수능엄삼매首楞嚴三昧 / 231
수다라脩多羅 / 83
수레(乘)의 원만 / 292
수론數論 / 71
수소성혜修所成慧 / 290
수용신受用身 / 103, 254, 312, 341
수용신분受用身分 / 339
수용신의 국토 / 254
숙명통宿命通 / 196, 387
숙주수념지증통명宿住隨念智證通明 / 383
숙주지宿住智 / 325
숙주지증명宿住智證明 / 384
숙주통宿住通 / 384
순세외도順世外道 / 72
습생濕生 / 273
승결택혜勝決擇慧 / 380
승론勝論 / 72
승조僧肇 / 175
승해勝解 / 114, 228, 328, 338, 370
시록림施鹿林 / 61
시분時分 / 208
시설施設 / 318
시時성취 / 166

시해탈時解脫 / 372
식食 / 280
식견설識見說 / 187, 188
식상차별문識相差別門 / 69
식소변識所變 / 67
식식識食 / 280
신경안身輕安 / 389
신경지증통神境智證通 / 385
신노림申怒林 / 202
신도神都 / 222
신밀身密 / 135, 136
신상信相보살 / 353
신신성취 / 166
신족력神足力 / 137
신족통神足通 / 385
신표색身表色 / 247
신표업身表業 / 246
신행지信行地 / 411
실단悉檀 / 182
실재의 음성 / 70
심경안心輕安 / 389
심구심尋求心 / 112, 117, 118, 119
심밀心密 / 138
『심밀해탈경深密解脫經』 / 155, 158
심해탈心解脫 / 370
심향행尋香行 / 268
십대十大 / 399, 413
십력十力 / 231
십이부경十二部經 / 74, 144
십지十地 / 413
십팔불공법十八不共法 / 232

아나율阿那律 / 170
아난阿難 / 167
아난타阿難陀 / 174, 196
아난해阿難海 / 174, 196
아난현阿難賢 / 174, 196
아누루阿㝹樓豆 / 170
아니로두阿泥盧豆 / 170
아라한阿羅漢 / 357
아문我聞 / 182
아미타불阿彌陀佛 / 430
아사타阿私陀 / 425
아소락阿素洛 / 269
아수라阿修羅 / 269, 277
아습마게랍바阿濕摩揭拉婆 / 238, 239
악구惡口 차익車匿 / 171
악도외惡道畏 / 409
악명외惡名畏 / 409
악신樂神 / 275, 277
안립安立 / 318
안혜安慧 / 67
야차夜叉 / 268
야차신夜叉神 / 277
약본略本 / 154
약차藥叉 / 268
『양론기梁論記』 / 238
어밀語密 / 135, 136
언음言音 / 363
여래如來 / 297
여래의 법온法蘊 / 73
여래의 언음言音 / 122
여래의 음성 / 73
여소유성如所有性 / 299

여시如是 / 175	욕欲 / 114
여시아문如是我聞 / 174	용龍 / 267
여의주如意珠 / 241	용건용건勇健 / 268, 271, 421
연각승緣覺乘 / 151	용군龍軍 / 90
연각종성緣覺種性 / 150	용맹대사龍猛大士 / 61
연민憐愍 / 421	용맹종龍猛宗 / 81, 182, 205, 209
열여덟 가지 원만 / 235	용신龍神 / 277
염念 / 114	우바리憂波離 / 172
염정심染淨心 / 112	운신運身 / 385
영략影略 / 99	원교圓敎 / 146
영략호현影略互顯 / 99	원음圓音 / 60, 121
영상影像 / 87, 88, 90, 91, 98, 131	원음시圓音時 / 200
영상影像의 색 / 251	원지願智 / 196
영수領受 / 391	월장月藏 / 90
예류과預流果 / 427	위의주威儀住 / 234
예토穢土 / 223, 358, 359	유규劉虬 / 146
오구의식五俱意識 / 116, 120	유분식有分識 / 126
오대외도五大外道 / 362	유소득有所得 / 141
오변행五遍行 / 114	유순由旬 / 271
오별경五別境 / 114	유식唯識 / 61
오부五部의 아함阿含 / 202	유위해탈有爲解脫 / 370
오분법신五分法身 / 102, 234, 408	유정천有頂天 / 266
오사五事 / 173	유통분流通分 / 162
오시교五時敎 / 146, 149	육구의六句義 / 72
오심五心 / 111, 115	육성취六成就 / 166
오아급마五阿笈摩 / 140	육시六時 / 310
오유五唯 / 71	육의六義 / 167, 173
오인도五印度 / 90	육합석六合釋 / 63
오하분결五下分結 / 415	은銀 / 238
온마蘊魔 / 218, 220, 287	은덕恩德 / 305
왕룡王龍 / 267	음광부飮光部 / 122
요의교了義敎 / 147	음성(聲) / 68, 78, 79, 82, 84, 85, 109, 116, 118, 119
요의대승了義大乘 / 62	
요의了義의 대승 / 140	음성(聲)·명名·구句·문文 / 65, 66, 68,

78, 79, 84, 85
음소(字) / 116, 118, 119
음陰·입入·지持 / 209
응공應供 / 297
응송應誦 / 145
응신應身 / 341
응지應持 / 135
의교봉행분依敎奉行分 / 162
의리義利 / 284
의무애義無礙 / 84
의밀意密 / 135, 136, 138
의신疑神 / 269, 275
의요意樂 / 125, 228
의주석依主釋 / 63
의지依持의 원만 / 295
의지주依止住 / 233
이가종실문以假從實門 / 68, 69
이교二敎 / 145, 148
이류보살異類菩薩 / 332
이름(名) / 116, 118, 119, 120
이무기 신(蟒神) / 275
『이부종륜론異部宗輪論』 / 121
이분설二分說 / 67
20부파 / 121
이십오제二十五諦 / 71
이음異音 / 121
이장二藏 / 144
이장위승理長爲勝 / 78
이제二諦 / 61
이혜利慧 / 380
인룡人龍 / 267
인보人寶 / 240
인비인人非人 / 276
인연因緣 / 145

인因의 원만 / 257
인천교人天敎 / 151
인人·천天의 종성 / 150
일곱 가지 보배 / 238
일교一敎 / 145, 148
일상신一相身 / 263
일생一生 / 427
일생보처一生補處 / 423
일생보처보살一生補處菩薩 / 423
일생소계一生所繫 / 424
일설부一說部 / 89, 122, 145
일시一時 / 198
일안견설一眼見說 / 188
일음一音 / 82, 89, 121, 128, 129, 131, 135, 145, 148
일체묘지一切妙智 / 333
일체종지一切種智 / 313
일체지기별지一切智記別地 / 411
일합상一合相 / 263

자득법自得法 / 93
자상自相 / 103, 120
자설自說 / 145
자성自性 / 86, 87, 111, 330
자성분별自性分別 / 330
자성신분自性身分 / 336
자수용신自受用身 / 103, 254
자씨慈氏 / 423
자씨보살慈氏菩薩 / 61, 428
자재自在 / 220, 421
자정慈定 / 288

자증분自證分 / 67
작의作意 / 114, 407
장長·단短·방方·원圓·고高·하下·정正·
　부정不正 / 245
장실丈室 / 60
장이 삼장長耳三藏 / 179, 200
재횡災橫 / 286, 287
적진주赤眞珠 / 238, 239
전纏 / 285
전구纏垢 / 284
전다라旃陀羅 / 374
전륜왕轉輪王 / 107, 266
전서前序 / 165
전석轉釋 / 356
전전인展轉因 / 77
전轉·조照·지持 / 91
전타라건다旃陀羅乾多 / 238
점교漸敎 / 145
점오漸悟보살 / 431
정定 / 114
정광불定光佛 / 326
정교正敎 / 91, 92, 101, 131
정량부正量部 / 122
정변지正遍知 / 297
정승의요지淨勝意樂地 / 410
정신定身 / 234
정위正位 / 369
정종분正宗分 / 162
정지正智 / 346
정천淨天 / 266
정체지正體智 / 282
정토淨土 / 279, 358, 359
정토의 궁전 / 60
제다산부制多山部 / 122

제위와 파리 / 146
제일의실단第一義悉檀 / 184, 186
제청帝靑 / 239
조복調伏 / 83
조복지調伏智 / 332
조어장부調御丈夫 / 297
존귀尊貴 / 220
존망은진종存妄隱眞宗 / 139
종체宗體 / 65
주주성취 / 166
주인(主)의 원만 / 263
주지住持의 원만 / 280
주처住處 / 235
주처住處의 원만 / 289
중衆 / 364
중국中國 / 204
중도中道 / 344
중성취衆成就 / 166, 351
중현衆賢 / 78
증상심增上心 / 390
증상연增上緣 / 133, 191
증신분證信分 / 164
증신서證信序 / 165
증익방增益謗 / 234
지止 / 292
지덕智德 / 305
지룡地龍 / 267, 275
지의智顗 / 175
직설直說 / 109, 110
진기소유盡其所有 / 382
진나陳那 / 66
진망구견종眞妄俱遣宗 / 139
진망구존종眞妄俱存宗 / 139
진망차별문眞妄差別門 / 69

해심밀경소 제1 서품 • 443

진성眞性 / 60
진소유성盡所有性 / 299
진여의 맛(眞如味) / 282
『진제기眞諦記』 / 158~160, 301
진제 삼장 / 148, 156, 166, 179, 194, 203, 214, 223, 233, 238, 246, 268, 301, 352, 362, 368

차거車渠 / 238, 239
차별差別 / 86, 87, 111, 330
차별분별差別分別 / 330
처處성취 / 166
천天 / 266
천고天鼓 / 214
천노闡弩 비구 / 171
천룡天龍 / 267
천마天魔 / 218, 220, 287
천보天寶 / 240
천신天神 / 277
천신天身 / 424
천안통天眼通 / 384, 387
천이天耳 / 385
천이지증통天耳智證通 / 385
천인사天人師 / 297
천주天住 / 230, 234, 310
첩혜捷慧 / 380
청변淸辨 / 91
청정의요지淸淨意樂地 / 410
청·황·적·백 / 244
촉觸 / 114
촉식觸食 / 280

총현이문總顯已聞 / 168
최상조명最上照明 / 421
최승맹아最勝萌芽 / 421
최승성最勝聖 / 421
최승소사最勝所使 / 421
최승소의最勝所依 / 421
최승주지最勝住持 / 421
최승지자最勝之子 / 421
최승진자最勝眞子 / 421
최후생最後生 / 425
최후신最後身 / 423
최후유最後有 / 424, 426
출리열반出離涅槃 / 293
출세간식出世間食 / 280
출혜出慧 / 380
충신虫身 / 358
취봉산鷲峯山 / 62
취집聚集 / 109, 111, 116, 120
치성熾盛 / 220
친광親光 / 90
친소연親所緣 / 88
친의親依 / 156
칠계교七階教 / 146
칠례구七例句 / 221
칠사七事 / 166
『칠사기七事記』 / 167, 169, 214
칠전성七轉聲 / 221
칠진여七眞如 / 299

타수용신他受用身 / 103, 133, 254, 340
타심지他心智 / 385

타심지증통他心智證通 / 385
태생胎生 / 273
택멸擇滅 / 80
통교通敎 / 146
통서通序 / 164, 165
통서문通序文 / 224
퇴법아라한退法阿羅漢 / 372

파리頗梨 / 238
파리주頗梨珠 / 239
파사견시破邪見時 / 201
파지가頗胝迦 / 238, 239
팔부八部 / 276
팔부대중 / 266, 276, 279
팔시八時 / 109, 110
팔십수호八十隨好 / 107
팔인八忍 / 258
팔전성八轉聲 / 110
팔풍八風 / 316
평가정의評家正義 / 70, 76, 78
폐유리吠瑠璃 / 238
포악暴惡 / 268
표색表色 / 250
풍륜제風輪際 / 273
풍송諷誦 / 145

하늘 음악 / 309
학처學處 / 374, 375

한량없는 소의(無量所依) / 332, 333
해심밀경解深密經 / 62
『해심밀경解深密經』 / 141, 142, 157, 158
『해절경解節經』 / 156, 158, 224
해탈덕解脫德 / 215
해탈신解脫身 / 234
해탈지견신解脫知見身 / 234
행무등行無等 / 142
행사行捨 / 204
현량現量 / 116
현법락주現法樂住 / 388
현색顯色 / 237, 244
현색顯色의 원만 / 237
현시顯示 / 354
현시문顯示門 / 354
현장玄奘 / 157
현주부賢胄部 / 122
현현顯現 / 109, 111
형색形色 / 243, 244
형색逈色 / 252
형색形色의 원만 / 243
혜慧 / 114
혜보慧寶 / 381
혜신慧身 / 234
혜원慧遠 / 176
혜탄慧誕 / 146
혜해탈慧解脫 / 370
호념護念 / 333
호법護法 / 67, 91, 192
호법종護法宗 / 91, 131
호월護月 / 90
호해탈好解脫 / 372
화만華鬘 / 271
화생化生 / 273

화신化身 / 103, 132, 322, 341
화어化語 / 130, 132
화지부化地部 / 122
화합견설和合見說 / 188
후득지後得智 / 346

후서後序 / 165
후신後身보살 / 424
후지後智 / 346
희론방戲論謗 / 234
희법希法 / 145

원측圓測
(613~696)

스님의 휘諱는 문아文雅이고 자字는 원측圓測이며, 신라 국왕의 자손이다. 3세에 출가해서 15세(627)에 입당하였다. 처음에는 경사京師의 법상法常과 승변僧辯 등에게 강론을 들으면서 중국 구舊유식의 주요 경론들을 배웠다. 정관 연간正觀年間(627~649)에 대종문황제大宗文皇帝가 도첩을 내려 승려로 삼았다. 장안의 원법사元法寺에 머물면서 『비담론毗曇論』, 『성실론成實論』, 『구사론俱舍論』, 『대비바사론大毘婆沙論』 등 고금의 장소章疏를 열람하였다. 현장玄奘이 귀국한 이후에는 『유가사지론瑜伽師地論』, 『성유식론成唯識論』 등을 통해 신新유식에도 두루 통달하였다. 서명사西明寺의 대덕이 된 이후부터 본격적 저술 활동에 들어가서 『성유식론소成唯識論疏』, 『해심밀경소解深密經疏』, 『인왕경소仁王經疏』 및 『관소연론觀所緣論』, 『반야심경般若心經』, 『무량의경無量義經』 등의 소疏를 찬술하였다. 지금은 『인왕경소』 3권과 『반야바라밀다심경찬般若波羅蜜多心經贊』 1권, 그리고 『해심밀경소』 10권만 전해진다. 말년에 역경에 종사하다 낙양洛陽의 불수기사佛授記寺에서 84세로 생을 마감하였다. 후대에 중국 법상종法相宗의 양대 산맥 중 하나인 서명파西明派를 탄생시킨 장본인으로 추앙받았다.

옮긴이 백진순

이화여자대학교 사회학과와 동 대학원 철학과 석사과정을 거쳐, 연세대학교 대학원 철학과에서 『성유식론成唯識論』의 가설假說(upacāra)에 대한 연구」로 박사학위를 받았다. 현재는 동국대학교 불교학술원 조교수로 재직 중이다. 주로 중국 법상종의 유식 사상에 대한 논문들을 발표하였고, 역주서로 『인왕경소仁王經疏』가 있으며, 공저로 『인물로 보는 한국의 불교 사상』 등이 있다.

증의 및 윤문
ABC사업 역주팀